2023年 注册会计师全国统一考试

审　计

应试指导及母题精讲

编著◎鄢 翔

CPA

神奇母题® ①

團结出版社
UNITY PRESS

图书在版编目（CIP）数据

审计应试指导及母题精讲 / 鄢翔编著 . -- 北京 : 团结出版社 , 2023.3

ISBN 978-7-5126-9982-3

Ⅰ . ①审… Ⅱ . ①鄢… Ⅲ . ①审计—资格考试—自学参考资料 Ⅳ . ① F239

中国版本图书馆 CIP 数据核字 (2022) 第 245667 号

出　版：团结出版社

（北京市东城区东皇城根南街 84 号　邮编：100006）

电　话：（010）65228880 65244790

网　址：http://www.tjpress.com

E-mail：65244790@163.com

经　销：全国新华书店

印　刷：涿州汇美亿浓印刷有限公司

装　订：涿州汇美亿浓印刷有限公司

开　本：185mm × 260mm　16 开

印　张：28.5

字　数：417 千字

版　次：2023 年 3 月　第 1 版

印　次：2023 年 3 月　第 1 次印刷

书　号：978-7-5126-9982-3

定　价：96.00 元

前　　言

注册会计师考试科目多、难度大，需要考生投入大量的备考时间。本套神奇母题注会系列辅导教材，以考点母题为核心，从命题规律和考生学习规律出发，按照最新考试大纲和教材精心编写。本套辅导教材的特点包括：

1. 考点母题化

考点母题是根据命题规律和考试大纲，将教材内容中出题的考点进行精准锁定，同时将考点对应的真题出题方向和选项进行全面、精准归纳，形成真题出题的原料库。考点母题搭建起教材和考试之间的桥梁，掌握了考点母题就掌握了考试的秘方，解决了考生"学习学得好但考试不一定考得好"的问题，让考试更轻松，过关更高效。

2. 习题子题化

将考点母题按照真题的范式衍生出考点子题，考点子题完全按照真题的难度和要求命制，是高质量准真题。通过练习考点子题，掌握考点母题衍生真题的规律，举一反三，有的放矢，拒绝题海战术。把好题练好，练熟。

3. 教材形象化

看漫画学注会，将教材海量文字内容通过漫画的形式或图表的形式进行展示，将公式形象化，让教材通俗易通、一目了然。本书将核心考点内容都漫画化了，核心公式都形式化、可视化了，让内容更生动，学习更有趣。

4. 记忆口诀化

根据各科目考试特点，将需要记忆的考点总结成朗朗上口的记忆口诀，让考点入心入脑，不但让考生学会考点内容和母题内容，还让考生能轻松地记忆和准确运用。

5. 书课一体化

本套辅导教材为神奇母题课程的授课讲义，完全书课一体。神奇的考点母题授课团队均为高校教授、博士（生），考点把握精准、授课专业精彩、课时精短高效、课程资料精致。书中部分考点母题配有考点视频二维码，方便考生立体学习。

《审计》是注册会计师考试中难度较高的一门科目，特点是专业性高，考点杂，难度大，不易理解。本书的编写过程中，对部分审计概念辅以漫画解释，并设置【考点母题】、【考点子题】等栏目，将审计考试真题高度总结、浓缩，帮助考生以最短的时间熟悉绝大多数考点，提高备考效率。本书由鄢翔博士编著，李凤香、靳会芳参与了校对、编辑等工作，共同为学员提供一份高效拿下 CPA《审计》的通关宝典。

神奇的考点母题教研团队

鄢翔 博士

上海财经大学博士，首都经济贸易大学教师，审计教研室主任，硕士生导师

首都经济贸易大学国家级课程思政课程团队成员，主持北京市教委社科一般项目 1 项、首都经济贸易大学青年创新团队项目 1 项、首都经济贸易大学青年教师项目 1 项

参与国家自科基金项目、省部级基金项目、预算执行审计项目等多项

在《会计研究》、《审计研究》、《财经研究》等权威杂志发表学术论文 20 多篇

目　录

第 1 章　审计概述

本章思维导图

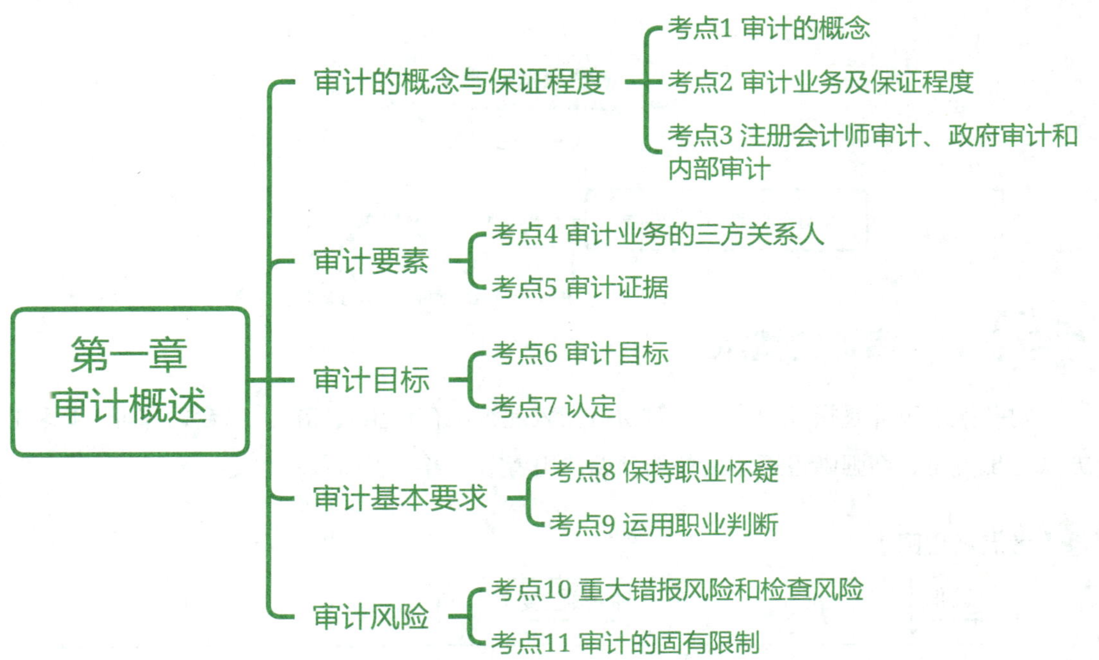

近三年本章考试题型及分值分布

题型	2022 年	2021 年	2020 年
单选题	2 题 2 分	4 题 4 分	4 题 4 分
多选题	2 题 4 分	2 题 4 分	1 题 2 分
简答题	—	—	—
综合题	—	—	—
合计	6 分	8 分	6 分

第一节　审计的概念与保证程度

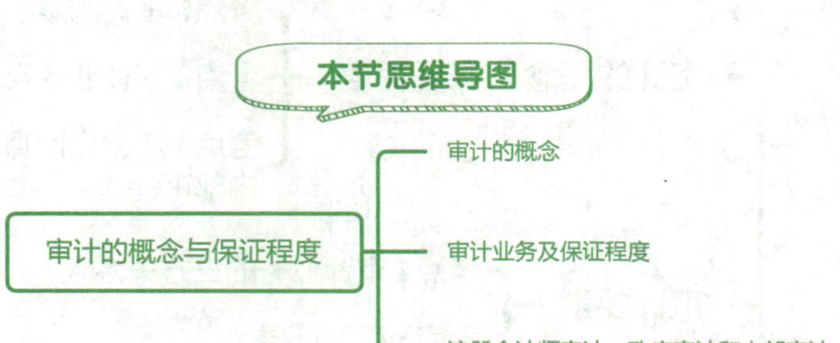

考点1 审计的概念

财务报表审计是指注册会计师对财务报表是否不存在**重大错报**提供**合理保证**，以积极方式提出意见，增强**除管理层之外**的预期使用者对财务报表信赖的程度。

【考点藏宝图】

较低　　　　信赖程度　　　　较高

管理层：编制财务报表 → 注册会计师：审计财务报表 → 预期使用者：使用财务报表

【考点母题——万变不离其宗】审计概念要素

（1）下列关于**财务报表审计**的说法中，正确的有（　）。
A．审计的用户是财务报表的预期使用者（包括**管理层**和**除管理层之外**的预期使用者） B．审计的目的是改善财务报表的质量，增强**除管理层之外**的预期使用者对财务报表的信赖程度 C．审计的目的是以合理保证的方式提高财务报表的可信度，**不涉及**为如何利用信息提供建议 D．合理保证是一种**高水平**保证 E．审计的基础是**独立性**和**专业性**，即注册会计师应独立于被审计单位和预期使用者，并具有专业胜任能力 F．审计的最终产品是**审计报告**
（2）下列关于**财务报表审计**的说法中，错误的有（　）。
A．审计的最终产品除了审计报告外，还有财务报表 B．财务报表审计能够对财务报表提供**绝对保证**　C．财务报表审计能够发现**所有**错报并加以控制 D．审计报告能够为财务报表使用者如何利用财务报表**提供建议** E．财务报表的使用者不包含被审计单位的内部人员

【考点子题——举一反三，真枪实练】

［1］（2019 年•单选题）下列有关财务报表审计的说法中，错误的是（　）。

A. 审计的目的是增强除管理层之外的预期使用者对财务报表的信赖程度

B. 审计不涉及为如何利用信息提供建议

C. 审计只提供合理保证，不提供绝对保证

D. 审计的最终产品是审计报告和已审计财务报表

［2］（2018 年•单选题）下列有关财务报表审计的说法中，错误的是（　）。

A. 财务报表审计的目的是改善财务报表的质量

B. 财务报表审计的基础是独立性和专业性

C. 财务报表审计可以有效满足财务报表预期使用者的需求

D. 财务报表审计提供的合理保证意味着注册会计师可以通过获取充分、适当的审计证据消除审计风险

［3］（2020 年•单选题）下列有关审计报告预期使用者的说法中，错误的是（　）。

A. 注册会计师可能无法识别所有的预期使用者

B. 预期使用者不包括被审计单位的管理层

C. 预期使用者可能不是审计业务的委托人

D. 预期使用者不包括执行审计业务的注册会计师

考点 2 审计业务及保证程度

【考点藏宝图】

【考点母题——万变不离其宗】审计业务及保证程度

（1）下列关于**注册会计师业务**的说法中，正确的有（　）。

A. 注册会计师执行的业务包括**鉴证业务**及**相关服务**

B. 鉴证业务包括审计业务、审阅业务以及其他鉴证业务

C. 相关服务包括代编财务信息、对财务信息执行商定程序、税务咨询和管理咨询等

D. 审计应提供**合理保证**，并以**积极**方式提出审计意见，审阅属于**有限保证**鉴证业务，以**消极**方式提出审阅结论

（2）下列有关**业务保证程度**的说法中，正确的有（　）。

A. 审计提供**合理保证**，审阅提供**有限保证**

B. 合理保证是**高水平的保证**、有限保证是**低于高水平的保证**

C. 合理保证以**积极**方式得出结论，有限保证以**消极**方式得出结论

D. 合理保证所需证据数量较多，有限保证所需证据数量较少

E. 合理保证采用的证据搜集程序较多，有限保证采用的证据搜集程序较少

（3）下列有关合理保证、有限保证与绝对保证的描述中，正确的有（　）。

	项目	合理保证（审计）	有限保证（审阅）
合理保证与有限保证	目标	在可接受的低审计风险下，以积极方式对财务报表**整体**发表审计意见，提供**高水平**的保证	在可接受的审阅风险下，以消极方式对财务报表整体发表审阅意见，提供**低于高水平的保证**。该保证水平**低于**审计业务的保证水平
	证据收集程序	**检查**记录或文件、检查有形资产、**观察**、**询问**、**函证**、**重新计算**、**重新执行**、**分析程序**等	主要采用**询问**和**分析程序**获取证据
	所需要证据数量	**较多**	**较少**
	检查风险	**较低**	**较高**
	财务报表可信性	较高	较低
	提出结论的方式	以**积极**方式提出结论。（我们认为，ABC公司财务报表在所有重大方面按照企业会计准则的规定编制，公允反映了ABC公司20×1年12月31日的财务状况以及20×1年度的经营成果和现金流量）	以**消极**方式提出结论。（根据我们的审阅，我们没有注意到任何事项使我们相信，ABC公司财务报表没有按照企业会计准则的规定编制，未能在所有重大方面公允反映被审阅单位的财务状况、经营成果和现金流量）
绝对保证	绝对保证是指注册会计师对鉴证对象信息整体不存在重大错报提供百分之百的保证		

【考点子题——举一反三，真枪实练】

[4]（2020 年 • 多选题）下列各项中，属于合理保证鉴证业务的有（　）。

A. 财务报表审计业务　　B. 内部控制审计业务

C. 财务报表审阅业务　　D. 审计和审阅以外的其他鉴证业务

[5]（2018 年 • 多选题）下列有关鉴证业务保证程度的说法中，正确的有（　）。

A. 审计提供合理保证，审阅和其他鉴证业务提供有限保证

B. 合理保证是高水平的保证、有限保证是中等水平的保证

C. 合理保证以积极方式得出结论，有限保证以消极方式得出结论

D. 合理保证所需证据数量较多，有限保证所需证据数量较少

[6]（2017 年 • 单选题）下列有关财务报表审计和财务报表审阅的区别的说法中，错误的是（　）。

A. 财务报表审计所需证据的数量多于财务报表审阅

B. 财务报表审计提出结论的方式与财务报表审阅不同

C. 财务报表审计采用的证据收集程序少于财务报表审阅

D. 财务报表审计提供的保证水平高于财务报表审阅

[7]（经典例题 • 单选题）下列各项中，属于鉴证业务的是（　）。

A. 代编财务信息　　B. 税务咨询

C. 对财务信息执行商定程序　　D. 预测性财务信息审核

考点 3　注册会计师审计、政府审计和内部审计

政府审计：是指政府审计机关，包括审计署和地方审计厅局，依法对国务院各部门和地方各级人民政府及其各部门的财政收支，国有的金融机构和企事业组织的财务收支，以及其他应当接受审计的财政收支、财务支出的真实 、合法和效益进行审计监督。

内部审计：是一种独立、客观的鉴证和咨询活动，它通过运用系统、规范的方法，审查和评价组织的业务活动、内部控制和风险管理的适当性和有效性，以促进组织完善治理、增加价值和实现目标。

审计类型	政府审计	注册会计师审计
联系	注册会计师审计和政府审计共同发挥作用，是维护市场经济秩序，强化经济监督的有利手段，是国家治理体系及治理能力现代化建设的重要方面	

续表

<table>
<tr><td rowspan="4">区分</td><td>审计依据</td><td>《中华人民共和国审计法》和审计署制定的国家审计准则等</td><td>《中华人民共和国注册会计师法》和财政部批准发布的注册会计师审计准则等</td></tr>
<tr><td>经费或收入来源</td><td>列入同级财政预算，由同级人民政府予以保证</td><td>由注册会计师和审计客户协商确定</td></tr>
<tr><td>取证权限</td><td>各有关单位和个人应当支持、协助审计机关工作，如实向审计机关反映情况，提供有关证明材料</td><td>很大程度上依赖于企业及相关单位配合和协助</td></tr>
<tr><td>对发现问题的处理</td><td>在职权范围内作出审计决定或向有关主管机关提出处理、处罚意见</td><td>提请企业调整或披露，否则出具非无保留意见的审计报告、必要时解除业务约定或向监管机构报告</td></tr>
</table>

<table>
<tr><th colspan="2">审计类型</th><th>内部审计</th><th>注册会计师审计</th></tr>
<tr><td colspan="2">联系</td><td colspan="2">注册会计师在执行业务时可以利用被审计单位的内部审计工作，内部审计应当做好与注册会计师审计的沟通和合作等协调工作，以提高审计效率和效果</td></tr>
<tr><td rowspan="3">区分</td><td>独立性</td><td>内审机构受所在单位的直接领导，独立性受到一定的限制，其独立性只是相对于本单位其他职能部门而言的</td><td>由独立于被审计单位和预期使用者的第三方进行的，具有较强的独立性</td></tr>
<tr><td>审计程序</td><td>可以根据所执行业务的目的和需求选择并实施必要的程序</td><td>需要严格按照执业准则的规定程序进行</td></tr>
<tr><td>审计作用</td><td>内部审计的结论只作为本单位改善工作的参考，对外不起鉴证作用，并对外保密</td><td>审计结论则要对外公开并起鉴证作用</td></tr>
</table>

【考点子题——举一反三，真枪实练】

[8]（2021年·单选题）下列有关注册会计师审计和政府审计的共同点的说法中，正确的是（ ）。

A. 注册会计师审计和政府审计的取证权限相同

B. 注册会计师审计和政府审计都可以对发现的问题提出处理、处罚意见

C. 注册会计师审计和政府审计的依据都是《中华人民共和国审计法》

D. 注册会计师审计和政府审计都是国家治理体系及治理能力现代化建设的重要方面

第二节　审计要素

本节思维导图

- 审计要素
  - 审计业务的三方关系人
  - 审计证据

注册会计师通过收集充分、适当的证据来评价财务报表是否在所有重大方面符合适用的财务报告编制基础，并出具审计报告，从而提高财务报表的可信性。因此，对于财务报表审计而言，审计业务要素包括审计业务的三方关系人、财务报表、财务报告编制基础、审计证据以及审计报告。

【考点藏宝图】

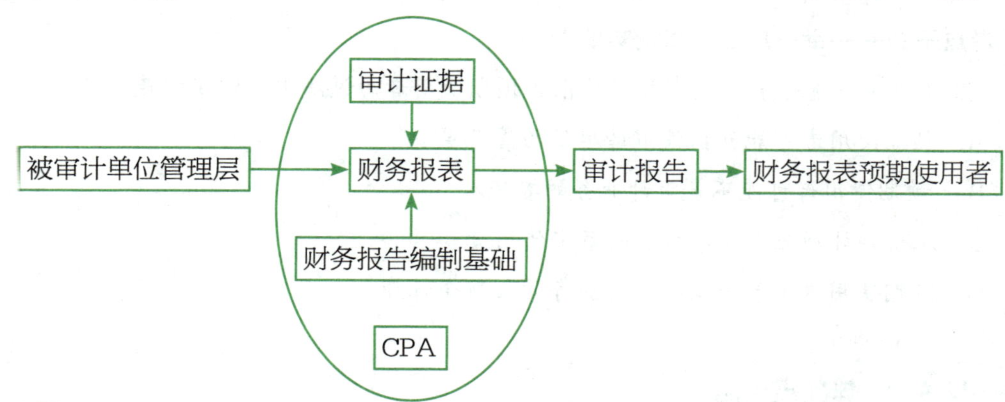

考点 4　审计业务的三方关系人

审计业务的三方关系人分别是注册会计师、被审计单位管理层（责任方）以及财务报表预期使用者。

【考点母题——万变不离其宗】审计业务三方关系人

（1）下列各项中，属于**审计业务要素**的有（　）。

续表

A. 财务报告编制基础 B. 审计报告 C. 财务报表 D. 审计证据 E. 审计业务的三方关系人
（2）下列关于**审计业务三方关系人**的说法，正确的有（ ）。
A. 审计业务三方关系人是注册会计师、被审计单位管理层（责任方）、财务报表预期使用者 B. 注册会计师需要对财务报表发表审计意见，且可以利用专家协助执行审计业务 C. 被审计单位管理层应按照适用的**财务报告编制基础编制财务报表**，设计、执行和维护必要的**内部控制**，向注册会计师提供必要的工作条件（如提供信息，不得限制注册会计师接触内部人员） D. 财务报表审计并不能减轻管理层或治理层的责任
（3）下列选项中，关于**预期使用者的说法，正确**的有（ ）。
A. **预期使用者是指**使用审计报告和财务报表的组织或人员 B. 管理层和预期使用者可能来自同一企业，但并不意味着两者就是同一方 C. 管理层可以是预期使用者，但**不能是唯一**的预期使用者 D. 注册会计师可能无法识别预期使用审计报告的**所有**组织和人员 E. 预期使用者**不包括**执行审计业务的注册会计师
（4）在确定执行审计工作的前提时，下列有关管理层责任的说法中，正确的有（ ）。
A. 管理层应当负责按照适用的财务报告编制基础编制财务报表 B. 管理层应当负责设计、执行和维护必要的内部控制 C. 管理层应当允许注册会计师查阅与编制财务报表相关的所有文件 D. 管理层应当允许注册会计师接触所有必要的相关人员 E. 管理层应当向注册会计师提供审计所需的其他的信息

【考点子题——举一反三，真枪实练】

[9]（2020年·单选题）下列有关审计报告预期使用者的说法中，错误的是（ ）。

A. 预期使用者可能包括被审计单位的管理层

B. 预期使用者可能不是审计业务的委托人

C. 注册会计师应当识别所有的预期使用者

D. 预期使用者不包括执行审计业务的注册会计师

考点5 审计证据

注册会计师对财务报表提供合理保证是建立在获取充分、适当证据的基础上。审计证据是指注册会计师为了得出审计结论和形成审计意见而使用的必要信息。

【考点母题——万变不离其宗】审计证据

（1）下列关于审计证据的说法，正确的有（ ）。

续表

A. 审计证据在性质上具有累积性，**主要**是在审计过程中通过实施审计程序获取的 B. 审计证据还可能包括从其他来源获取的信息 C. 审计证据既包括支持和佐证管理层认定的信息，也包括与这些认定**相矛盾**的信息 D. 在某些情况下，**信息的缺乏**（如管理层拒绝提供注册会计师要求的声明）本身也构成审计证据
（2）下列各项中，可能构成审计证据的有（ ）。 A. 注册会计师在本期审计中获取的信息 B. 被审计单位聘请的专家编制的信息 C. 注册会计师在以前审计中获取的信息 D. 会计师事务所接受与保持客户或业务时实施质量管理程序获取的信息
（3）下列关于审计证据特征的说法，错误的有（ ）。
A. 在接受或保持客户阶段的信息不能充当审计证据 B. 外部证据一定优于内部证据

【考点子题——举一反三，真枪实练】

[10]（2020 年•单选题）下列有关审计证据的说法中，错误的是（ ）。

A. 审计证据可能包括被审计单位聘请的专家编制的信息

B. 审计证据可能包括与管理层认定相矛盾的信息

C. 信息的缺乏本身不构成审计证据

D. 审计证据可能包括以前审计中获取的信息

[11]（2015 年•单选题）下列有关审计证据的说法中，正确的是（ ）。

A. 外部证据与内部证据矛盾时，注册会计师应当采用外部证据

B. 审计证据不包括会计师事务所接受与保持客户或业务时实施质量管理程序获取的信息

C. 注册会计师可以考虑获取审计证据的成本与所获取信息的有用性之间的关系

D. 注册会计师无需鉴定作为审计证据的文件记录的真伪

[12]（2012 年•单选题）下列关于审计证据的说法中，错误的是（ ）。

A. 审计证据主要是在审计过程中通过实施审计程序获取的

B. 审计证据不包括会计师事务所接受与保持客户时实施质量管理程序获取的信息

C. 审计证据包括支持和佐证管理层认定的信息，也包括与这些认定相矛盾的信息

D. 在某些情况下，信息的缺乏（如管理层拒绝提供注册会计师要求的声明）本身也构成审计证据

第三节 审计目标

本节思维导图

- 审计目标
  - 审计目标
  - 认定

考点6 审计目标

审计目标分为审计的总体目标和具体审计目标。审计的总体目标指注册会计师为完成整体审计工作而达到的预期目的。

注册会计师了解认定后，就很容易确定每个项目的具体审计目标，并以此作为评估重大错报风险以及设计和实施进一步审计程序的基础。

【考点宝藏图】

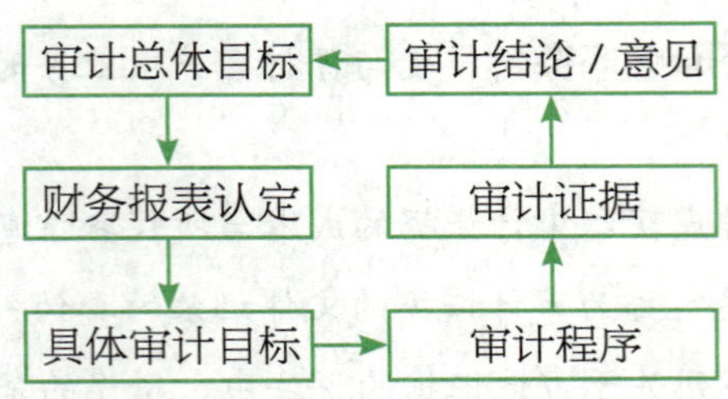

【考点母题——万变不离其宗】审计目标

（1）在执行财务报表审计工作时，注册会计师的总体目标有（　）。
A. 对财务报表整体是否**不存在**由于舞弊或错误导致的重大错报获取**合理保证**，使得注册会计师能够对财务报表是否在**所有重大**方面按照适用的财务报告编制基础编制发表审计意见 B. 按照审计准则的规定，根据审计结果对财务报表出具**审计报告**，并与管理层和治理层**沟通**
（2）下列关于具体审计目标及其特征的说法，正确的有（　）。
A. 具体审计目标与（管理层）认定具有严格的**对应**关系 B. 注册会计师需要通过具体审计目标设计和实施审计程序 C. 注册会计师实施审计程序获取充分、适当的审计证据，最终对审计的财务报表提供合理的保证

续表

（3）与**所审计期间各类交易、事项及相关披露**相关的审计目标有（　）。	
A. 发生	由发生认定推导的审计目标是确认已记录的交易是**真实的（没多记、高估）**
B. 完整性	确认已发生的交易确实**已经记录**，所有应包括在财务报表中的相关披露均已包括（**没少记、低估**）
C. 准确性	确认已记录的交易是按正确金额反映的，相关披露已得到恰当计量和描述（**数量、单价、金额是否正确**）
D. 截止	确认接近于资产负债表日的交易记录于恰当的期间（**没有提前或延后**）
E. 分类	确认被审计单位记录的交易经过适当分类（记录的“位置”恰当，**科目**正确）
F. 列报	确认被审计单位的交易和事项已被恰当地汇总或分解且表述清楚，相关披露在适用的财务报告编制基础下是相关的、可理解的（**表述清楚，相关，可理解**）
（4）与**期末账户余额及相关披露**相关的审计目标有（　）。	
A. 存在	确认记录的金额确实存在（**没多记、高估**）
B. 权利和义务	确认资产归属于被审计单位，负债属于被审计单位的义务（**归属权/所有权**属于被审计单位）
C. 完整性	确认已存在的金额**均已记录**，所有应包括在财务报表中的相关披露均已包括（**没少记、低估**）
D. 准确性、计价和分摊	确认资产、负债和所有者权益以恰当的金额包括在财务报表中，与之相关的计价或分摊调整已恰当记录，相关披露已得到恰当计量和描述（**金额/数字正确**，计价与分摊调整恰当）
E. 分类	确认资产、负债和所有者权益已记录于恰当的账户（记录的“位置”恰当，**科目**正确）
F. 列报	确认资产、负债和所有者权益已被恰当地汇总或分解且表述清楚，相关披露在适用的财务报告编制基础下是相关的、可理解的（**表述清楚，相关，可理解**）

【考点子题——举一反三，真枪实练】

[13]（2012年•多选题）关于注册会计师执行财务报表审计工作的总体目标，下列说法中，正确的有（　）。

A. 对财务报表整体是否不存在重大错报获取合理保证，使得注册会计师能够对财务报表是否在所有重大方面按照适用的财务报告编制基础编制发表审计意见

B. 对被审计单位的持续经营能力提供合理保证

C. 对被审计单位内部控制是否存在值得关注的缺陷提供合理保证

D. 按照审计准则的规定，根据审计结果对财务报表出具审计报告，并与管理层和治理层沟通

[14]（2013年•单选题）下列有关具体审计目标的说法中，正确的是（　）。

A. 如果财务报表中没有将一年内到期的长期借款列报为短期借款，违反了准确性、计价和分摊目标

B. 如果财务报表附注中没有分别对原材料、在产品和产成品等存货成本核算方法做出恰当的说明，违反了分类目标

C. 如果财务报表中将低值易耗品列报为固定资产，违反了准确性、计价和分摊目标

D. 如果已入账的销售交易是对确已发出商品、符合收入确认条件的交易的记录，但金额计算错误，违反了准确性目标，但没有违反发生目标

[15]（经典例题·单选题）甲注册会计师负责审计X公司2022年度财务报表，下列审计程序中，证实应收账款存在认定最佳的审计程序是（　）。

A. 检查销售文件以确定是否采用连续编号的销售单

B. 抽取发运凭证、销售合同等凭证追查至应收账款明细账

C. 复算期末计提的坏账准备

D. 向销售客户进行函证

考点7 认定

认定，是指管理层针对财务报表要素的确认、计量和列报（包括披露）作出一系列明确或暗含的意思表达。注册会计师在识别、评估和应对重大错报风险的过程中，将管理层的认定用于考虑可能发生的不同类型的错报。

【考点案例】

ABC公司财务报表上记录了“设备——5000万元”

包含的认定有：①设备归属于ABC公司

②设备总价值5000万元，没有多计

③不存在其他设备没记录在账，没有少计

④这“5000万”元应该记录在“设备”这一明细科目，而不是其他科目

【考点母题——万变不离其宗】认定的特征及分类

（1）下列关于认定的说法，正确的有（　）。	
认定的特征	A. 认定是管理层在财务报表中对财务报表各要素作出的表达和披露，有**明确的**，也有**暗含的** B. 认定与**具体审计目标**密切相关

续表

关于所审计期间各类交易、事项及相关披露的认定（利润表）	A. 发生认定	记录或披露的交易和事项**已发生**，且这些交易和事项与被审计单位有关（**没有多记**）
	B. 完整性认定	所有应当记录的交易和事项**均已记录**，所有应当包括在财务报表中的相关披露**均已包括**（**没有少记**）
	C. 准确性认定	与交易和事项相关的**金额**及其他数据已恰当记录，相关披露已得到恰当计量和描述（**金额准确**）
	D. 截止认定	交易和事项已记录于**正确的会计期间**（**入账日期正确，没有提前 / 推迟记录**）
	E. 分类认定	交易和事项已记录于恰当的账户（记录的“位置”恰当，**科目**正确）
	F. 列报认定	交易和事项已被**恰当地汇总**或**分解**且**表述清楚**，相关披露在适用的财务报告编制基础下是**相关的**、**可理解**的（**表述清楚，相关，可理解**）
关于期末账户余额及相关披露的认定（资产负债表）	A. 存在认定	记录的资产、负债和所有者权益是存在的（**没有多记**）
	B. 权利和义务认定	记录的资产由被审计单位**拥有或控制**，记录的负债是被审计单位应当履行的**偿还义务**（**归属权 / 所有权**属于被审计单位）
	C. 完整性认定	所有应当记录的资产、负债和所有者权益均已记录，所有应当包括在财务报表中的相关披露均已包括（**没有少记**）
	D. 准确性、计价和分摊认定	资产、负债和所有者权益以**恰当的金额**包括在财务报表中，与之相关的计价或分摊调整已**恰当记录**，相关披露已得到**恰当计量和描述**（**金额 / 数字正确**，计价与分摊调整恰当）
	E. 分类认定	资产、负债和所有者权益已记录于**恰当的账户**（记录的“位置”恰当，**科目**正确）
	F. 列报	资产、负债和所有者权益已被**恰当地汇总**或**分解**且**表述清楚**，相关披露在适用的财务报告编制基础下是**相关的**、**可理解**的（**表述清楚，相关，可理解**）

【考点子题——举一反三，真枪实练】

[16]（2014 年 • 单选题）下列各项认定中，与交易和事项、期末账户余额以及列报和披露均相关的是（　）。

A. 完整性　　B. 发生　　C. 截止　　D. 权利和义务

[17]（经典例题 • 多选题）下列有关认定的说法中，正确的有（　）。

A. 认定，是指管理层针对财务报表要素的确认、计量和列报（包括披露）作出一系列明确或暗含的意思表达

B. 认定与具体审计目标密切相关

C. 关于所审计期间各类交易、事项及相关披露的认定包括发生；完整性；准确性；截止；分类；列报

D. 关于期末账户余额及相关披露的认定包括存在；权利和义务；完整性；准确性、计价和分摊；分类；列报

[18]（经典例题·多选题）下列关于违反各项认定的表现的说法中，正确的有（　）。

A. 确实发生了某笔交易，但是入账期间不正确属于违反截止认定的表现

B. 该入账的没有入账，遗漏、隐瞒了交易属于违反完整性认定的表现

C. 交易和事项没有记录于恰当的账户属于违反列报认定的表现

D. 不该入账的入了账，无中生有属于违反准确性、计价和分摊认定的表现

第四节　审计基本要求

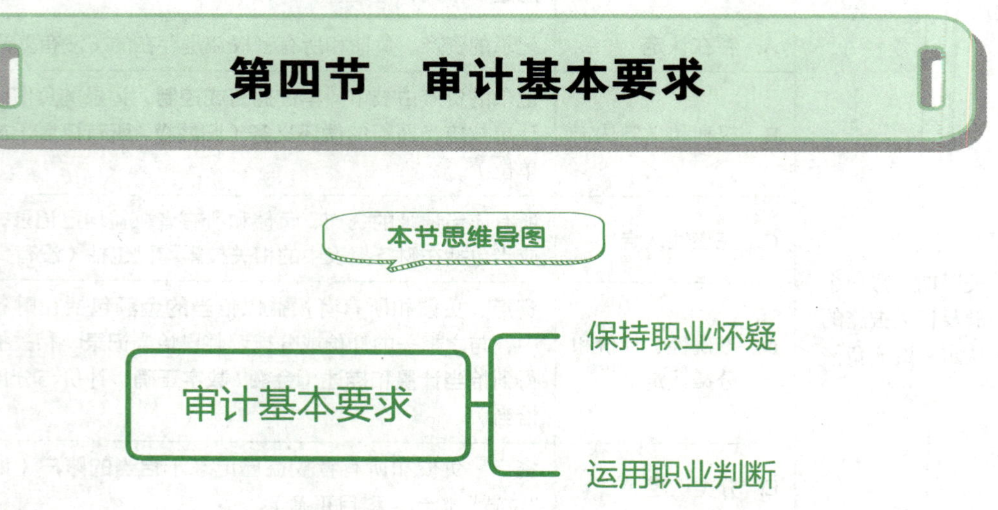

审计基本要求包括：遵守审计准则、遵守职业道德守则、保持职业怀疑、运用职业判断。

考点 8　保持职业怀疑

职业怀疑，是指注册会计师执行审计业务的一种**态度**，包括采取质疑的**思维方式**，对可能表明由于错误或舞弊导致错报的情况**保持警觉**，以及对审计证据进行**审慎评价**。

【考点母题——万变不离其宗】保持职业怀疑

（1）下列属于职业怀疑的要求的有（　）。

续表

<table>
<tr><td rowspan="2">A. 秉持一种质疑的理念</td><td>（2）下列关于秉持一种质疑的理念要求的说法，正确的有（　）。</td></tr>
<tr><td>A. 摒弃“存在即合理”的逻辑思维
B. 职业怀疑与职业道德基本原则相互关联
C. 保持独立性可以增强注册会计师在审计中保持职业怀疑的能力</td></tr>
<tr><td rowspan="2">B. 对引起疑虑的情形保持警觉</td><td>（3）下列属于可能引起疑虑的情形的有（　）。</td></tr>
<tr><td>A. 相互矛盾的审计证据
B. 引起对文件记录、对询问的答复的可靠性产生怀疑的信息
C. 明显不合商业情理的交易或安排
D. 表明可能存在舞弊的情况
E. 表明需要实施除审计准则规定外的其他审计程序的情形</td></tr>
<tr><td rowspan="2">C. 审慎评价审计证据</td><td>（4）下列关于审慎评价审计证据要求的说法，正确的有（　）。</td></tr>
<tr><td>A. 审慎评价审计证据是指质疑相互矛盾的审计证据的可靠性
B. 审计证据包括支持管理层认定的信息，也包括与管理层认定相互矛盾的信息
C. 在怀疑信息的可靠性或存在舞弊迹象时，注册会计师需要作出进一步调查，并确定需要修改哪些审计程序或实施哪些追加的审计程序
D. 审计中的**困难、时间或成本**等事项本身，**不能**作为省略不可替代的审计程序或满足于说服力不足的审计证据的**理由**</td></tr>
<tr><td rowspan="2">D. 客观评价管理层和治理层</td><td>（5）下列关于客观评价管理层和治理层的说法，正确的有（　）。</td></tr>
<tr><td>A. 不应依赖以往对管理层和治理层诚信形成的判断
B. 即使注册会计师认为管理层和治理层是正直、诚实的，也不能降低保持职业怀疑的要求
C. 不允许在获取合理保证的过程中满足于说服力不足的审计证据</td></tr>
<tr><td colspan="2">（6）下列有关职业怀疑的说法中，错误的有（　）。</td></tr>
<tr><td colspan="2">A. 职业怀疑态度能使注册会计师发现所有错报
B. 职业怀疑**应假定管理层诚信存在问题**，再制定相应措施
C. 注册会计师**应对所有项目持怀疑态度**
D. 会计师事务所的业绩评价机制会削弱注册会计师对职业怀疑的保持
E. 审计师胜任能力、审计时间和工作量要求等不会影响职业怀疑
F. 职业怀疑要求注册会计师质疑管理层的诚信</td></tr>
<tr><td colspan="2">（7）下列关于职业怀疑的作用的说法中，正确的有（　）。</td></tr>
<tr><td colspan="2">A.（风险评估时）有助于设计恰当的风险评估程序，有针对性地了解被审计单位及其环境等方面的情况；对引起疑虑的情形保持警觉，充分考虑错报发生的可能性和重大程度，有效识别和评估重大错报风险
B.（进一步审计程序时）有助于对评估出的重大错报风险，恰当设计进一步审计程序的性质、时间安排和范围，降低选取不适当的审计程序的可能性，对已获取的审计证据表明可能存在未识别的重大错报风险的情形保持警觉，并作出进一步调查
C. 有助于评价是否已获取充分、适当的审计证据、是否还需执行更多的工作以及审慎评价审计证据
D. 有助于发现舞弊、防止审计失败，不会受到以前对管理层、治理层正直和诚信形成的判断的影响</td></tr>
</table>

【考点子题——举一反三，真枪实练】

[19]（2018年•单选题）下列有关职业怀疑的说法中，错误的是（　）。

A. 注册会计师应当在整个审计过程中保持职业怀疑

B. 保持职业怀疑是注册会计师的必备技能

C. 保持职业怀疑可以使注册会计师发现所有由于舞弊导致的错报

D. 保持职业怀疑是保持审计质量的关键要素

[20]（2016年•单选题）下列有关职业怀疑的说法中，错误的是（　）。

A. 会计师事务所的业绩评价机制会削弱注册会计师对职业怀疑的保持

B. 注册会计师是否能够保持职业怀疑在很大程度上取决于其胜任能力

C. 审计的时间安排和工作量要求有可能会阻碍注册会计师保持职业怀疑

D. 保持独立性可以增强注册会计师在审计中保持职业怀疑的能力

[21]（2012年•多选题）关于注册会计师在计划和执行审计工作时保持职业怀疑的作用，下列说法中，正确的有（　）。

A. 降低检查风险　　B. 降低审计成本

C. 避免过度依赖管理层提供的书面声明　　D. 恰当识别、评估和应对重大错报风险

考点9　运用职业判断

职业判断，是指在审计准则、财务报告编制基础和职业道德要求的框架下，注册会计师综合运用相关知识、技能和经验，作出适合审计业务具体情况、有根据的行动决策。职业判断涉及注册会计师执业的**各个环节**。保持职业怀疑有助于注册会计师提高职业判断质量。

【考点母题——万变不离其宗】运用职业判断

（1）下列各项中，注册会计师应当运用职业判断的有（　）。
A. 确定**重要性**，识别和评估**重大错报风险** B. 为满足审计准则的要求和收集审计证据的需要，确定所需实施的**审计程序的性质、时间安排和范围** C. 为实现审计准则规定的目标和注册会计师的总体目标，评价是否已获取充分、适当的**审计证据**以及是否还需执行更多的工作 D. 评价管理层在运用适用的财务报告**编制基础**时作出的判断 E. 根据已获取的审计证据得出结论，如评价管理层在编制财务报表时作出的**会计估计**的合理性 F. 运用职业道德概念框架**识别、评估和应对**影响**职业道德基本原则**的不利因素
（2）下列各项中，有利于提高职业判断的可辩护性，且**需要适当做出书面记录**的内容的有（　）。

续表

A. 对职业判断问题和目标的描述 C. 收集到的相关信息 E. 就决策结论与被审计单位进行沟通的方式和时间	B. 解决职业判断相关问题的思路 D. 得出的结论以及得出结论的理由
(3)下列有关**职业判断**的说法中，错误的有（ ）。	
A. 注册会计师应书面记录所有的职业判断 B. 职业判断只涉及与具体会计处理相关的决策，而不涉及与遵守职业道德要求相关的决策	
(4)关于有助于注册会计师提高职业判断质量的因素，下列各项中，正确的有（ ）。	
A. 丰富的知识、经验和良好的专业技能 C. 保持职业怀疑	B. **独立**、客观和公正 D. 对职业判断作出适当的**书面记录**
(5)**下列属于衡量职业判断质量的因素有**（ ）。	
A. **准确性或意见一致性**（不同主体） C. **可辩护性**（根据审计工作底稿）	B. **决策一贯性和稳定性**（同一主体）

【考点子题——举一反三，真枪实练】

[22]（2017 年 • 单选题）下列有关职业判断的说法中，错误的是（ ）。

A. 职业判断能力是注册会计师胜任能力的核心

B. 注册会计师应当书面记录其在审计过程中作出的所有职业判断

C. 注册会计师保持独立有助于提高职业判断质量

D. 注册会计师工作的可辩护性是衡量职业判断质量的重要方面

[23]（2016 年 • 单选题）下列有关职业判断的说法中，错误的是（ ）。

A. 如果有关决策不被该业务的具体事实和情况所支持，职业判断并不能作为注册会计师作出不恰当决策的理由

B. 注册会计师恰当记录与被审计单位就相关决策结论进行沟通的方式和时间，有利于提高职业判断的可辩护性

C. 保持职业怀疑有助于注册会计师提高职业判断质量

D. 职业判断涉及与具体会计处理和审计程序相关的决策，但不涉及与遵守职业道德要求相关的决策

[24]（经典例题 • 多选题）下列各项中，注册会计师应当运用职业判断的有（ ）。

A. 评价审计抽样的结果

B. 评价管理层在编制财务报表时作出的会计估计的合理性

C. 确定所需实施的审计程序的性质、时间安排和范围

D. 确定财务报表整体的重要性

[25]（经典例题 • 多选题）下列各项中，属于衡量注册会计师职业判断质量的因素有（ ）。

A. 完整性和独立性　　B. 可辩护性

C. 决策一贯性和稳定性　　D. 准确性或意见一致性

第五节　审计风险

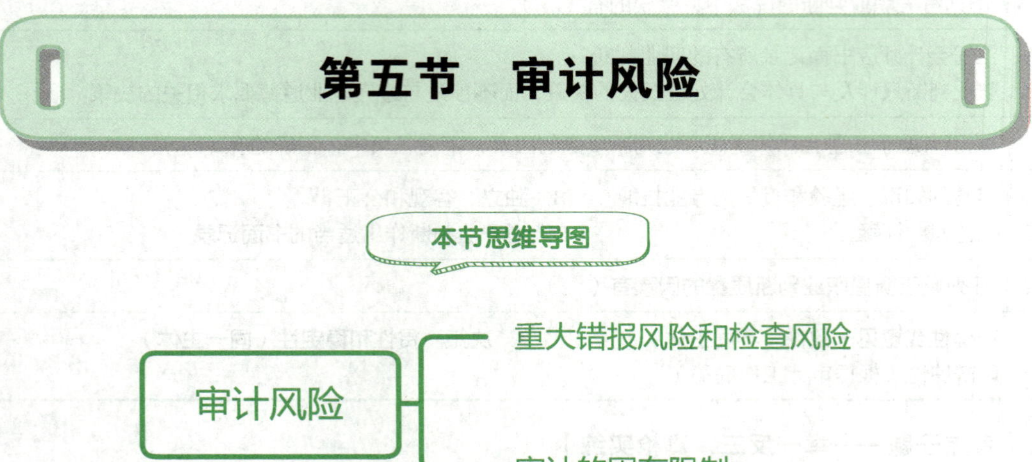

审计风险，是指当财务报表存在重大错报时，注册会计师发表**不恰当审计意见**的可能性。审计风险是一个与审计过程相关的技术术语，**并不是**指注册会计师执行业务的**法律后果**，如因诉讼、负面宣传或其他与财务报表审计相关的事项而导致损失的可能性。

审计风险取决于**重大错报风险**和**检查风险**。

【考点宝藏图】

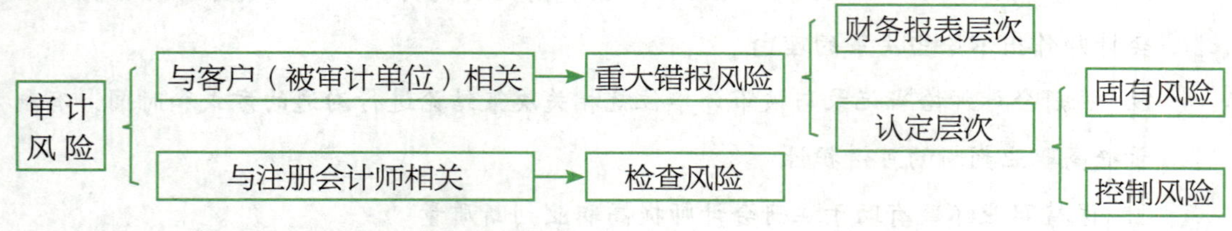

审计风险 = 重大错报风险 × 检查风险

考点 10　重大错报风险和检查风险

重大错报风险是指财务报表在**审计前**存在重大错报的可能性。重大错报风险与被审计单位的风险相关，且**独立于财务报表审计**而存在。

重大错报风险包括**财务报表层次**的重大错报风险以及**认定层次**的重大错报风险，其中认定层次的重大错报风险可以进一步细分为**固有风险**和**控制风险**。它们之间的关系用数学模型表示如下：

重大错报风险 = 固有风险 × 控制风险

固有风险是指在不考虑控制的情况下，某类交易、账户余额或披露的某一认定易于发生错报（该错报单独或连同其他错报可能是重大的）的可能性。固有风险因素可以是定性的，也可以是定量的。

虽然固有风险和控制风险不可分割地交织在一起，但审计准则规定，对于识别出的认定层次重大错报风险，注册会计师应当分别评估固有风险和控制风险。对于识别出的财务报表层次重大错报风险，审计准则未明确规定，是应当分别评估固有风险和控制风险，还是合并评估。

检查风险是指如果存在某一错报，该错报单独或连同其他错报可能是重大的，注册会计师为将审计风险降至可接受的低水平而实施程序后**没有发现**这种错报的风险。

【考点母题——万变不离其宗】重大错报风险和检查风险

<table>
<tr><td colspan="2">（1）下列关于财务报表层次重大错报风险的说法中，正确的有（　）。</td></tr>
<tr><td colspan="2">A. 财务报表层次重大错报风险与财务报表整体存在广泛联系，可能影响多项认定
B. 财务报表层次重大错报风险通常与控制环境有关，此类风险难以界定于某类交易、账户余额和披露的具体认定（如管理层凌驾于内控之上、管理层负面特征等）
C. 财务报表层次重大错报风险增大了认定层次发生重大错报的可能性，与注册会计师考虑由舞弊引起的风险尤其相关
D. 财务报表整体的重要性水平和评估的重大错报风险负相关</td></tr>
<tr><td colspan="2">（2）下列关于认定层次重大错报风险的说法中，正确的有（　）。</td></tr>
<tr><td>认定层次的重大错报风险</td><td>A. 有助于注册会计师确定认定层次上实施的进一步审计程序的性质、时间安排和范围</td></tr>
<tr><td>固有风险</td><td>B. 固有风险是指在不考虑控制的情况下，某类交易、账户余额或披露的某一认定易于发生错报（该错报单独或连同其他错报可能是重大的）的可能性
C. 固有风险可能与计算的复杂性、受重大计量不确定性影响的会计估计发生错报的可能性、产生经营风险的外部因素（如技术进步）相关
D. 固有风险还可能与多个甚至所有类别的交易、账户余额和披露有关，进而影响多个认定的固有风险。这些因素包括维持经营的流动资金匮乏、被审计单位处于夕阳行业等</td></tr>
<tr><td>控制风险</td><td>E. 控制风险是指某类交易、账户余额或披露的某一认定发生错报，该错报单独或连同其他错报是重大的，但没有被内部控制及时防止或发现并纠正的可能性
F. 控制风险取决于与财务报表编制有关的内部控制的设计和运行的有效性
G. 由于控制的固有局限性，某种程度的控制风险始终存在
H. 注册会计师一般同时评估固有风险及控制风险，但也可单独评估</td></tr>
<tr><td colspan="2">（3）下列关于检查风险的说法中，正确的有（　）。</td></tr>
</table>

续表

检查风险	A. 检查风险是指如果存在某一错报，该错报单独或连同其他错报可能是重大的，注册会计师为将审计风险降至可接受的低水平而实施程序后**没有发现**这种错报的风险 B. 检查风险取决于**审计程序**设计的合理性和执行的有效性 C. 检查风险**不可能降低为零** D. 检查风险可以通过适当计划、在项目组成员之间进行恰当的职责分配、保持职业怀疑态度以及监督、指导和复核项目组成员执行的审计工作得以降低
检查风险与重大错报风险的反向关系	E. 审计风险 = 重大错报风险 × 检查风险（**定量**） 100%- 审计风险 = 审计意见的可信赖程度 F. 当审计风险既定时，**重大错报风险越高**，注册会计师可接受的**检查风险水平越低**（**定性**） G. 注册会计师应当合理设计审计程序的性质、时间安排和范围，并有效执行审计程序，以控制检查风险
（4）下列有关**重大错报风险和检查风险**的说法中，错误的有（　）。	
A. 注册会计师无法单独评估固有风险和控制风险 C. 固有风险是指在各项目中都一致的风险 E. 检查风险是客观存在的，其产生早于注册会计师审计 F. 审计风险必须定量衡量	B. 固有风险和控制风险可以完全被避免 D. 检查风险可以被完全消除

【考点子题——举一反三，真枪实练】

[26]（2012年•单选题）下列各项中，属于认定层次重大错报风险的是（　）。

A. 被审计单位治理层和管理层不重视内部控制

B. 被审计单位管理层凌驾于内部控制之上

C. 被审计单位大额应收账款可收回性具有高度不确定性

D. 被审计单位所处行业陷入严重衰退

[27]（2018年•单选题）下列有关固有风险和控制风险的说法中，正确的是（　）。

A. 固有风险和控制风险与被审计单位的风险相关，独立财务报表审计而存在

B. 财务报表层次和认定层次的重大错报风险可以细分为固有风险和控制风险

C. 注册会计师无法单独对固有风险和控制风险进行评估

D. 固有风险始终存在，而运行有效的内部控制可以消除控制风险

[28]（2019年•单选题）下列有关重大错报风险的说法中，错误的是（　）。

A. 重大错报风险是指财务报表在审计前存在重大错报的可能性

B. 注册会计师应当从财务报表层次和各类交易、账户余额和披露认定层次考虑重大错报风险

C. 重大错报风险可进一步细分为固有风险和检查风险

D. 注册会计师可以定性或定量评估重大错报风险

[29]（2017 年 • 单选题）下列关于检查风险的说法中，错误的是（　）。

A. 检查风险是指注册会计师未能通过审计程序发现错报，因而发表不恰当审计意见的风险

B. 检查风险通常不可能降低为零

C. 保持职业怀疑有助于降低检查风险

D. 检查风险的高低取决于审计程序设计的合理性和执行的有效性

[30]（经典例题 • 多选题）下列有关审计风险的说法中，正确的有（　）。

A. 审计风险是当财务报表存在重大错报时，注册会计师发表不恰当审计意见的可能性

B. 实务中，注册会计师应当使用绝对数量表达审计风险水平

C. 审计风险是指注册会计师执行业务的法律后果

D. 重大错报风险独立于财务报表审计而存在

考点 11　审计的固有限制

审计的固有限制是注册会计师不可能将审计风险降至为零，不能对财务报表不存在由于舞弊或错误导致的重大错报获取绝对保证的原因。

审计的固有限制源于（1）**财务报告的性质**；（2）**审计程序的性质**；（3）**在合理的时间内以合理的成本完成审计的需要**。

【考点母题——万变不离其宗】审计的固有限制

（1）下列各项中，属于审计的固有限制来源的有（　）。

续表

A. **财务报告的性质**	（2）下列关于**财务报告性质的**说法，**正确的有**（　）。
	A. 管理层编制财务报表，需要根据被审计单位的事实和情况运用适用的财务报告编制基础的规定，在这一过程中需要作出判断 B. 许多财务报表项目涉及**主观**决策、评估或一定程度的不确定性，并且可能存在一系列可接受的解释或判断 C. 某些财务报表项目的金额本身就存在一定的变动幅度，这种变动幅度不能通过实施追加的审计程序来消除
B. **审计程序的性质**	（3）下列关于**审计程序性质**的说法，**正确的有**（　）。
	A. 管理层或其他人员可能有意或无意地**不提供**与财务报表编制相关的或注册会计师要求的全部信息 B. **舞弊**可能涉及精心策划和蓄意实施以进行隐瞒，因此，用以收集审计证据的审计程序可能对于发现舞弊是无效的（如注册会计师**无法鉴别文件真伪**） C. 审计不是对涉嫌违法行为的官方调查，注册会计师没有被授予特定的法律权力（如搜查权），而这种权力对调查是必要的
C. **在合理的时间内以合理的成本完成审计的需要**	（4）下列关于**在合理的时间内以合理的成本完成审计**的说法，**正确的有**（　）。
	A. 审计中的困难、时间或成本等事项本身，**不能作为**注册会计师省略不可替代的审计程序或满足于说服力不足的审计证据的正当理由 B. 制定适当的**审计计划**有助于保证执行审计工作需要的充分的时间和资源，以使审计工作以有效的方式得到执行 C. 将审计资源投向**最可能存在**重大错报风险的领域，并相应地在其他领域减少审计资源 D. 运用测试和其他方法检查总体中存在的错报
（5）下列关于**审计固有限制影响**的说法，**正确的有**（　）。	
A. 注册会计师不能对财务报表不存在由于舞弊或错误导致的重大错报获取**绝对保证** B. 注册会计师不可能将**审计风险降至为零** C. 注册会计师据以得出结论和形成审计意见的大多数审计证据是**说服性而非结论性的** D. 完成审计工作后，发现由于舞弊或错误导致的财务报表重大错报，其本身并**不表明**注册会计师没有按照审计准则的规定执行审计工作 E. 审计的固有限制并**不能作为**注册会计师满足于说服力不足的审计证据的理由	

【考点子题——举一反三，真枪实练】

[31]（2020年•单选题）下列各项中，不属于审计的固有限制来源的是（　）。

A. 管理层编制财务报表时需要作出判断

B. 管理层可能不提供注册会计师要求的全部信息

C. 注册会计师在合理的时间内以合理的成本完成审计的需要

D. 注册会计师对重大错报风险的评估可能不恰当

[32]（2018年•多选题）下列各项中，导致审计固有限制的有（　）。

A. 注册会计师没有被授予调查被审计单位涉嫌违法行为所必要的特定法律权力

B. 许多财务报表项目涉及主观决策、评估或一定程度的不确定性，并且可能存在一系列可接受的解释或判断

C. 被审计单位管理层可能拒绝提供注册会计师要求的某些信息

D. 注册会计师将审计资源投向最可能存在重大错报风险的领域，并且应减少其他领域的审计资源

[本章考点子题答案及解析]

[1] 【答案：D】审计的最终产品是审计报告，选项D错误。

[2] 【答案：D】审计的目的是改善财务报表的质量，增强预期使用者对财务报表的信赖程度，即以合理保证的方式提高财务报表的可信度，而不涉及为如何利用信息提供建议（选项A正确）。审计的基础是独立性和专业性。审计通常由具备专业胜任能力和独立性的注册会计师来执行，注册会计师应当独立于被审计单位和预期使用者（选项B正确）。审计的用户是财务报表的预期使用者，即审计可以用来有效满足财务报表预期使用者的需求（选项C正确）。注册会计师不可能将审计风险降至零，因此不能对财务报表不存在由于舞弊或错误导致的重大错报获取绝对保证。财务报表审计无法消除审计风险（选项D错误）。

[3] 【答案：B】预期使用者是指预期使用审计报告和财务报表的组织或人员，包括被审计单位的管理层，故选项B错误。

[4] 【答案：AB】审计属于合理保证的鉴证业务，选项AB正确；财务报表审阅属于有限保证的鉴证业务，选项C错误；审计和审阅以外的其他鉴证业务，既可能属于合理保证，也有可能属于有限保证，选项D错误。

[5] 【答案：CD】审计属于合理保证的鉴证业务，审阅属于有限保证的鉴证业务，其他鉴证业务可能是合理保证的鉴证业务，也可能是有限保证的鉴证业务，选项A错误；合理保证是高水平的保证，有限保证是低于高水平的保证，选项B错误。

[6] 【答案：C】选项C错误，财务报表审计是合理保证业务，注册会计师需要合理运用检查、观察、询问、函证、重新计算、重新执行和分析程序等审计程序；而在财务报表审阅中，保证程度是有限保证，运用的审阅程序有限，主要采用询问和分析程序。

[7] 【答案：D】选项ABC属于相关服务，选项D属于其他鉴证业务。

[8] 【答案：D】政府审计具有强制力，注册会计师审计无行政强制力，选项A错误；注册会计师审计对发现的问题不能提出处理、处罚意见，只能提请企业调整或披露，选项B错误；注册会计师审计的依据是《中华人民共和国注册会计师法》和财政部批准的注册会计师审计准则，选项C错误。

[9] 【答案：C】注册会计师可能无法识别使用审计报告的所有组织和人员，尤其在各种可能的预期使用者对财务报表存在不同的利益需求时。审计报告的收件人应当尽可能地明确为所有的预期使用者，但在实务中往往很难做到这一点。

[10] 【答案：C】审计证据既包括支持和佐证管理层认定的信息，也包括与这些认定相矛盾的信息。在

某些情况下，信息的缺乏（如管理层拒绝提供注册会计师要求的声明）本身也构成审计证据，可以被注册会计师利用，选项C错误。

[11]【答案：C】外部证据与内部证据矛盾时，表明某项审计证据可能不可靠，注册会计师应当追加必要的审计程序，选项A错误；会计师事务所接受与保持客户或业务时实施质量管理程序获取的信息属于审计证据，选项B错误；审计工作通常不涉及鉴定文件记录的真伪，但注册会计师应当考虑用作审计证据信息的可靠性，并考虑与这些信息生成和维护相关控制的有效性，选项D错误。

[12]【答案：B】选项B错误，审计证据是指注册会计师为了得出审计结论、形成审计意见时使用的所有信息，包括会计师事务所接受与保持客户时实施质量管理程序获取的信息。

[13]【答案：AD】注册会计师执行财务报表审计工作的总体目标包括：（1）对财务报表整体是否不存在重大错报获取合理保证，使得注册会计师能够对财务报表是否在所有重大方面按照适用的财务报告编制基础编制发表审计意见；（2）按照审计准则的规定，根据审计结果对财务报表出具审计报告，并与管理层和治理层沟通，选项AD正确。

[14]【答案：D】如果财务报表中没有将一年内到期的长期借款列报为短期借款，违背了分类认定，选项A错误；如果财务报表附注中没有分别对原材料、在产品和产成品等存货成本核算方法做出恰当的说明，违反了准确性、计价和分摊认定，选项B错误；如果财务报表中将低值易耗品列报为固定资产，违反了分类认定，选项C错误。

[15]【答案：D】选项A和选项B有助于证实完整性认定；选项C，检查期末计价的准确性证实的是准确性、计价和分摊认定；选项D有助于证实存在认定，因此选项D是最佳审计程序。

[16]【答案：A】与交易和事项、期末账户余额以及列报和披露均相关的是完整性认定，选项A正确。

[17]【答案：ABCD】认定，是指管理层针对财务报表要素的确认、计量和列报（包括披露）作出一系列明确或暗含的意思表达，与具体审计目标密切相关，ABCD均正确。

[18]【答案：AB】选项C错误，交易和事项没有记录于恰当的账户属于违反分类认定的表现；选项D错误不该入账的入了账，无中生有属于违反发生/存在认定的表现。

[19]【答案：C】保持职业怀疑，有助于使注册会计师认识到存在由于舞弊导致的重大错报的可能性，但不能使注册会计师发现所有由于舞弊导致的错报，选项C错误。

[20]【答案：A】会计师事务所的业绩评价机制会促进或削弱注册会计师对职业怀疑的保持程度，这取决于这些机制如何设计和执行，选项A错误。

[21]【答案：ACD】注册会计师有必要在整个审计过程中保持职业怀疑，以降低下列风险：（1）忽视异常的情形；（2）当从审计观察中得出审计结论时过度推而广之；（3）在确定审计程序的性质、时间安排和范围以及评价审计结果时使用不恰当的假设。

[22]【答案：B】注册会计师需要对职业判断作出适当的书面记录，但是并非对在审计过程中作出的所有职业判断均进行书面记录。

[23]【答案：D】职业判断涉及与具体会计处理和审计程序相关的决策，以及与遵守职业道德要求相关的决策，D错误。

[24]【答案：ABCD】注册会计师需要运用职业判断的重要领域包括：（1）确定重要性，识别和评估重大错报风险（选项D）；(2) 为满足审计准则的要求和收集审计证据的需要，确定所需实施的审计程序的性质、时间安排和范围（选项C）；（3）为实现审计准则规定的目标和注册会计师的总体目

标，评价是否已获取充分、适当的审计证据以及是否还需执行更多的工作（选项 A）；（4）评价管理层在运用适用的财务报告编制基础时作出的判断；（5）根据已获取的审计证据得出结论，如评价管理层在编制财务报表时作出的会计估计的合理性；（6）运用职业道德概念框架识别、评估和应对对职业道德基本原则的不利影响（选项 B）。

[25]【答案: BCD】衡量职业判断质量可以基于下列三个方面:（1）准确性或意见一致性（选项 D）；（2）决策一贯性和稳定性（选项 C）；（3）可辩护性（选项 B）。

[26]【答案: C】选项 ABD 均属于财务报表层次重大错报风险，选项 C 属于认定层次重大错报风险。

[27]【答案: A】认定层次的重大错报风险又可以进一步细分为固有风险和控制风险（选项 B 错误）。对于识别出的认定层次重大错报风险，注册会计师应当分别评估固有风险和控制风险（选项 C 错误）。固有风险与控制风险都无法完全被消除（选项 D 错误）。

[28]【答案: C】重大错报风险是指财务报表在审计前存在重大错报的可能性，重大错报风险与被审计单位的风险相关，且独立于财务报表审计而存在，在设计审计程序以确定财务报表整体是否存在重大错报时，注册会计师应当从财务报表层次和各类交易、账户余额和披露认定层次方面考虑重大错报风险。认定层次的重大错报风险又可以进一步细分为固有风险和控制风险，选项 C 错误。

[29]【答案: A】检查风险是指如果存在某一错报，该错报单独或连同其他错报可能是重大的，注册会计师为将审计风险降至可接受的低水平而实施程序后没有发现这种错报的风险。

[30]【答案: AD】实务中，注册会计师不一定用绝对数量表达审计风险水平，而是选用“高”“中”“低”等文字进行定性描述，选项 B 错误；审计风险并不是指注册会计师执行业务的法律后果，选项 C 错误。

[31]【答案: D】审计的固有限制源于:（1）财务报告的性质（选项 A）；（2）审计程序的性质（选项 B）；（3）在合理的时间内以合理的成本完成审计的需要（选项 C）；选项 D 不属于审计固有限制，不正确。

[32]【答案: ABCD】审计的固有限制源于:（1）财务报告的性质（选项 B）；（2）审计程序的性质（选项 A、C）；（3）在合理的时间内以合理的成本完成审计的需要（选项 D）。

第 2 章　审计计划

本章思维导图

近三年本章考试题型及分值分布

题型	2022 年	2021 年	2020 年
单选题	3 题 3 分	2 题 2 分	3 题 3 分
多选题	1 题 2 分	2 题 4 分	1 题 2 分
简答题	1 题 1 分	—	—
综合题	—	1 题 1 分	1 题 1 分
合计	6 分	7 分	6 分

第一节　初步业务活动

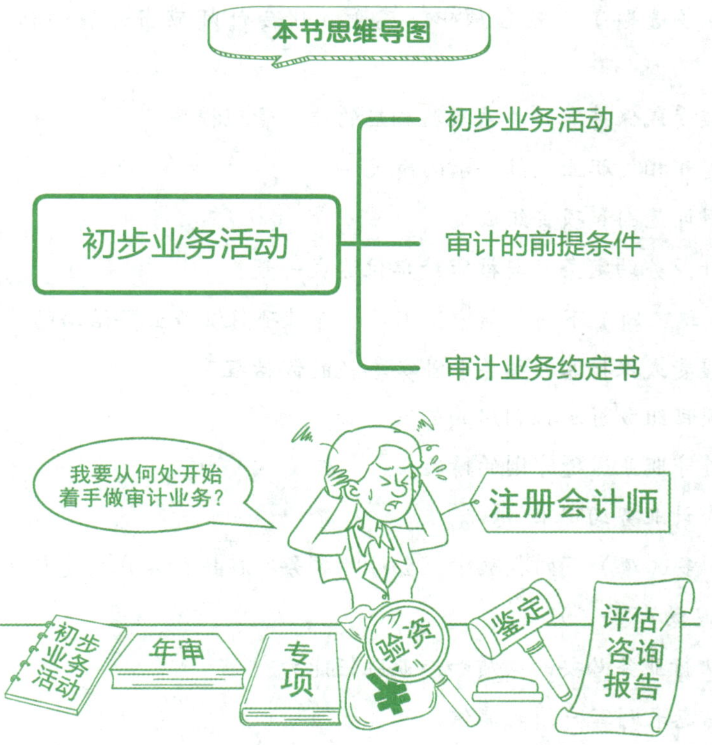

考点1　初步业务活动

在审计业务开始时，注册会计师需要开展初步业务活动以实现初步业务活动的目的。

【考点母题——万变不离其宗】初步业务活动的目的和内容

目的	（1）下列各项中，注册会计师开展**初步业务活动**的目的有（　）。
	A. 具备执行业务所需的**独立性和能力** B. 不存在因管理层**诚信**问题而可能影响注册会计师保持该项业务的意愿的事项 C. 与被审计单位之间**不存在**对业务约定条款的**误解**
属于初步业务活动	（2）下列各项中，属于注册会计师应当开展的初步业务活动的有（　）。
	A. 针对保持客户关系和具体审计业务实施相应的质量管理程序 B. 评价遵守相关**职业道德**要求的情况 C. 就审计业务约定条款达成**一致意见**

续表

不属于初步业务活动	（3）下列各项中，不属于注册会计师应当开展的初步业务活动的有（　）。
	A. 确定审计范围、项目组成员和拟利用的专家 B. 查阅前任注册会计师工作底稿 C. 设计审计抽样

【考点子题——举一反三，真枪实练】

[1]（2019年·多选题）下列各项中，属于注册会计师应当开展的初步业务活动的有（　）。

A. 针对接受或保持客户关系实施相应的质量管理程序

B. 评价遵守相关职业道德要求的情况

C. 确定审计范围和项目组成员

D. 就审计业务约定条款与被审计单位达成一致

[2]（2012年·单选题）下列各项中，不属于审计项目初步业务活动的是（　）。

A. 针对接受或保持客户关系和业务委托的评估程序

B. 确定项目组成员及拟利用的专家

C. 评价遵守职业道德守则的情况

D. 签署审计业务约定书

[3]（2018年·多选题）下列各项中，会计师事务所在执行客户接受与保持程序时应当获取相关信息的有（　）。

A. 具有执行业务必要的素质和专业胜任能力

B. 没有信息表明客户缺乏诚信

C. 能够遵守相关职业道德要求

D. 具有执行业务必要的时间和资源

考点2 审计的前提条件

审计的前提条件是指被审计单位管理层在编制财务报表时采用可接受的财务报告编制基础，以及管理层对注册会计师执行审计工作的前提的认可。

【考点母题——万变不离其宗】审计的前提条件

（1）下列各项中，属于财务报表**审计的前提条件**的有（　）。

续表

<table>
<tr><td rowspan="2">A. 财务报告编制基础可接受</td><td>（2）在确定财务报告编制基础的可接受性时，应当考虑的因素有（ ）。</td></tr>
<tr><td>A. 被审计单位的性质（企业？公共部门实体？非营利组织？）
B. 财务报表的目的（通用目的？特殊目的？）
C. 财务报表的性质（整套报表？单一报表？）
D. 法律法规是否规定了适用的财务报告编制基础</td></tr>
<tr><td rowspan="4">B. 就管理层的责任达成一致意见</td><td>（3）执行审计工作的前提是管理层已认可并理解其承担的责任，其责任有（ ）。</td></tr>
<tr><td>A. 按照适用的财务报告编制基础编制财务报表，并使其实现公允反映
B. 设计、执行和维护必要的内部控制，以使财务报表不存在由于舞弊或错误导致的重大错报
C. 向注册会计师提供必要的工作条件，包括允许注册会计师接触与编制财务报表相关的所有信息</td></tr>
<tr><td>（4）下列关于管理层的责任确认形式的说法，正确的有（ ）。</td></tr>
<tr><td>A. 注册会计师应当要求管理层就其已履行的某些责任提供书面声明（针对管理层责任的书面声明、支持其他审计证据或认定的书面声明等）
B. 如果管理层不认可其责任，或不同意提供书面声明，注册会计师承接此类审计业务是不恰当的</td></tr>
<tr><td colspan="2">（5）下列各项中，不属于财务报表审计的前提条件的有（ ）。</td></tr>
<tr><td colspan="2">A. 管理层承诺将更正注册会计师识别出的重大错报
B. 确定被审计单位是否违反相关法规、其内部控制是否有效
C. 管理层确定风险的应对措施</td></tr>
</table>

【考点子题——举一反三，真枪实练】

[4]（2018年•单选题）下列各项中，不属于财务报表审计的前提条件的是（ ）。

A. 管理层设计、执行和维护必要的内部控制，以使财务报表不存在由于舞弊或错误导致的重大错报

B. 管理层按照适用的财务报表编制基础编制财务报表，并使其实现公允反映

C. 管理层承诺将更正注册会计师在审计过程中识别出的重大错报

D. 管理层向注册会计师提供必要的工作条件

[5]（2014年•多选题）为了确定审计的前提条件是否存在，注册会计师应当就管理层认可并理解其责任与管理层达成一致意见。下列有关管理层责任的说法中，正确的有（ ）。

A. 管理层应当按照适用的财务报告编制基础编制财务报表，并使其实现公允反映

B. 管理层应当设计、执行和维护必要的内部控制，以使财务报表不存在由于舞弊或错误导致的重大错报

C. 管理层应当向注册会计师提供必要的工作条件，包括允许注册会计师接触与编制财务报表相关的所有信息

D. 管理层应当允许注册会计师在获取审计证据时不受限制地接触其认为必要的内部人员和其他相关人员

[6]（2021年•单选题）下列选项中，不属于审计的前提条件的是（ ）。

A. 存在可接受的财务报告编制基础

B. 管理层愿意接受非无保留意见的审计报告

C. 管理层认可并理解其对财务报表承担的责任

D. 管理层向注册会计师提供必要的工作条件

考点3 审计业务约定书

审计业务通常是指会计师事务所与被审计单位签订的，用以记录和确认审计业务**委托与受托关系、审计目标和范围、双方的责任以及报告格式**等事项的书面协议。会计师事务所承接任何审计业务，都应与被审计单位签订审计业务约定书。

【考点母题——万变不离其宗】审计业务约定书

<table>
<tr><td colspan="2">（1）下列各项中，通常需包含在审计业务约定书中的有（ ）。</td></tr>
<tr><td colspan="2">A. 财务报表审计的目标与范围　　B. 注册会计师的责任
C. 管理层的责任
D. 指出用于编制财务报表所适用的财务报告编制基础
E. 提及注册会计师拟出具的审计报告的预期形式和内容，以及对在特定情况下出具的审计报告可能不同于预期形式的内容的说明</td></tr>
<tr><td colspan="2">（2）下列各项中，通常无需包含在审计业务约定书中的有（ ）。</td></tr>
<tr><td colspan="2">A. 出具审计报告的时间
B. 第三方的责任</td></tr>
<tr><td colspan="2">（3）下列各项中，属于审计业务约定书的特殊考虑的有（ ）。</td></tr>
<tr><td colspan="2">A. 考虑特定需要（如沟通关键审计事项、收费的基础及安排、与前任审计师沟通、利用外部专家等事项）</td></tr>
<tr><td rowspan="2">B. 组成部分审计</td><td>（4）如果母公司的注册会计师同时也是组成部分注册会计师，在决定是否向组成部分单独致送审计业务约定书时，应考虑的因素有（ ）。</td></tr>
<tr><td>A. 组成部分注册会计师的委托人　　B. 是否对组成部分单独出具审计报告
C. 与审计委托相关的法律法规的规定　　D. 母公司占组成部分的所有权份额
E. 组成部分管理层相对于母公司的独立程度</td></tr>
</table>

续表

<table>
<tr><td rowspan="2">C. 连续审计（注册会计师可以决定不在每期都致送新的审计业务约定书或其他书面协议）</td><td>（5）下列情况下，需要注册会计师提醒被审计单位管理层关注或修改现有业务的约定条款的有（ ）。</td></tr>
<tr><td>A. 有迹象表明被审计单位误解审计目标和范围
B. 需要修改约定条款或增加特别条款
C. 被审计单位高级管理人员近期发生变动
D. 被审计单位所有权发生重大变动
E. 被审计单位业务的性质或规模发生重大变化
F. 法律法规的规定发生变化
G. 编制财务报表采用的财务报告编制基础发生变更</td></tr>
<tr><td rowspan="4">D. 审计业务约定条款的变更（将审计业务变更为保证程度较低的业务）</td><td>（6）下列各项中，变更审计业务的理由的有（ ）。</td></tr>
<tr><td>A. 环境变化对审计服务的需求产生影响（合理理由）
B. 对原来要求的审计业务的性质存在误解（合理理由）
C. 无论是管理层施加的还是其他情况引起的审计范围受到限制（非合理理由）</td></tr>
<tr><td>（7）下列关于审计业务约定条款变更的说法，正确的有（ ）。</td></tr>
<tr><td>A. 如果没有合理的理由，注册会计师不应同意变更业务
B. 变更为执行商定程序业务之外的业务时，不应在出具的报告中提及原审计业务和在原审计业务中已执行的程序</td></tr>
</table>

【考点子题——举一反三，真枪实练】

[7]（2019年•单选题）下列各项中，通常无需包含在审计业务约定书中的是（ ）。

A. 财务报表审计的目的与范围

B. 出具审计报告的日期

C. 管理层和治理层的责任

D. 用于编制财务报表所适用的财务报告编制基础

[8]（2016年•单选题）下列有关审计业务约定书的说法中，错误的是（ ）。

A. 审计业务约定书应当包括注册会计师的责任和管理层的责任

B. 如果集团公司的注册会计师同时也是组成部分注册会计师，则无须向组成部分单独致送审计业务约定书

C. 对于连续审计，注册会计师可能不需要每期都向被审计单位致送新的审计业务约定书

D. 注册会计师应当在签订审计业务约定书之前确定审计的前提条件是否存在

[9]（2018年•多选题）下列各项中，通常可以作为变更审计业务的合理理由的有（ ）。

A. 环境变化对审计服务的需求产生影响

B. 客观因素导致审计范围受到限制

C. 委托方对原来要求的审计业务的性质存在误解

D. 管理层对审计范围施加限制

第二节 总体审计策略和具体审计计划

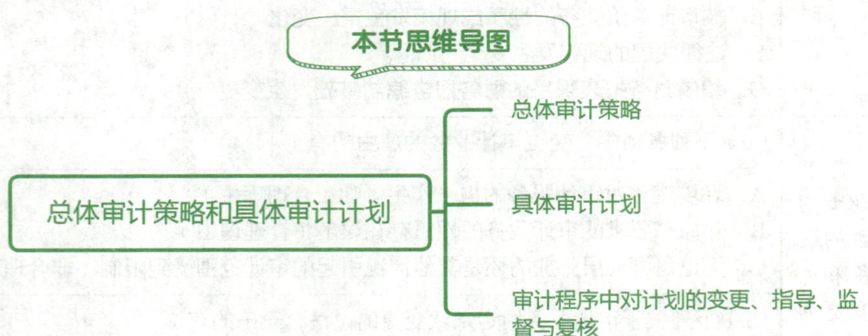

审计计划分为总体审计策略和具体审计计划两个层次，注册会计师应该针对总体审计策略中所识别的不同事项，制定具体审计计划，并考虑通过有效利用审计资源以实现审计目标。

【考点宝藏图】

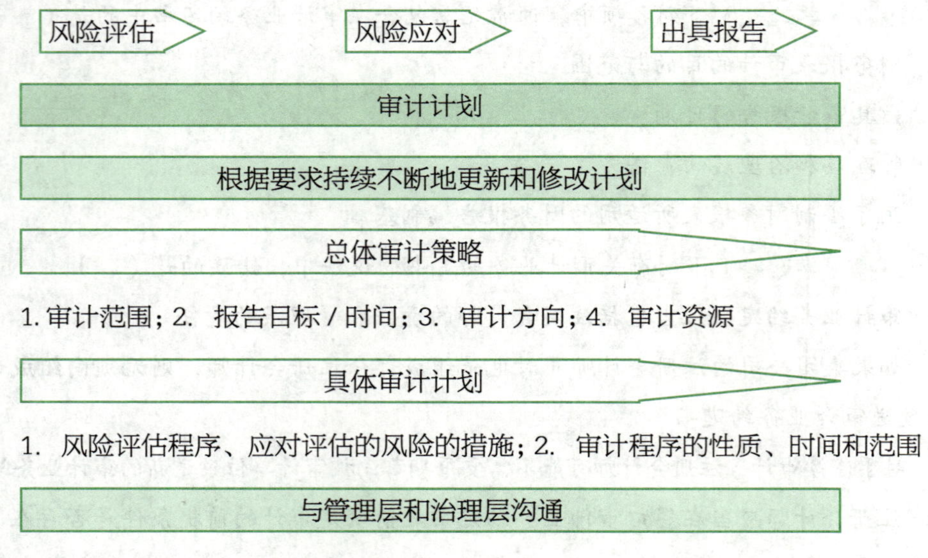

考点 4 总体审计策略

总体审计策略用以确定审计范围、时间安排和方向，并指导具体审计计划的制定。虽然制定总体审计策略的过程通常在具体审计计划之前，但是两项计划具有内在紧密联系，对其中一项的决定可能会影响甚至改变对另外一项的决定。

考虑事项	要点
审计范围	**财务报告的编制基础**、特定行业的报告要求、审计工作的范围、**组成部分**范围、确定如何编制合并报表、拟审计**经营分部**的性质、内部审计、对**以前审计工作**中获取审计证据的预期、信息技术影响等
报告目标、时间安排及所需沟通的性质	报告的时间安排、与管理层和治理层**讨论或沟通**、执行审计工作的时间安排、是否和**第三方沟通**等
审计方向	**确定重要性**、**重大错报风险较高的审计领域**、**财务报表层次**的重大错报风险对指导、监督及复核的影响、项目组人员选择、资源分配等
审计资源	向具体审计领域**调配的资源**的多少和时间、管理、指导监督这些资源（**如是否需要实施项目质量复核**）等

【考点母题——万变不离其宗】总体审计策略

（1）下列有关审计计划的说法中，正确的有（　）。
A. 在制定总体审计策略时，注册会计师应当考虑初步业务活动的结果 B. 制定总体审计策略的过程通常在具体审计计划之前 C. 总体审计策略指导具体审计计划的制定 D. 总体审计策略和具体审计计划相互影响 F. 在制定审计计划时，应当确定对项目组成员的工作进行复核的性质、时间安排和范围
（2）下列各项中，属于总体审计策略的活动的有（　）。
A. 确定重要性 B. 确定所依据的财务报告的编制基础 C. 预期涵盖的组成部分的范围 D. 重大错报风险较高的审计领域 E. 对以前审计工作中获取审计证据的预期 F. 与管理层和治理层进行沟通的内容、性质、时间安排及范围
（3）下列有关总体审计策略的说法中，错误的有（　）。
A. 总体审计策略不会受到具体审计计划的影响 B. 总体审计策略中无法评估重要性水平 C. 总体审计策略的核心是确定审计程序的性质、时间安排和范围

【考点子题——举一反三，真枪实练】

[10]（经典例题•单选题）下列关于审计计划的说法中，错误的是（　）。

A. 具体审计计划比总体审计策略更加详细

B. 总体审计策略的制定时间一般较具体审计计划要早

C. 总体审计策略指导具体审计计划的制定

D. 总体审计策略不受具体审计计划的影响

[11]（经典例题·多选题）以下内容中，属于总体审计策略的有（　）。

A. 考虑是否与外部专家进行沟通　　B. 考虑财务报表整体重要性水平

C. 考虑审计资源分配　　D. 考虑进一步审计程序

[12]（经典例题·多选题）下列各项中，属于总体审计策略的活动的有（　）。

A. 确定风险评估程序的性质、时间安排和范围

B. 确定进一步审计程序的总体审计方案

C. 确定重要性

D. 确定审计范围

考点5 具体审计计划

注册会计师应当为审计工作制定具体审计计划。具体审计计划比总体审计策略更加详细，其内容包括为获取充分、适当的审计证据以将审计风险降至可接受的低水平，项目组成员拟实施的审计程序的性质、时间安排和范围。

【考点宝藏图】

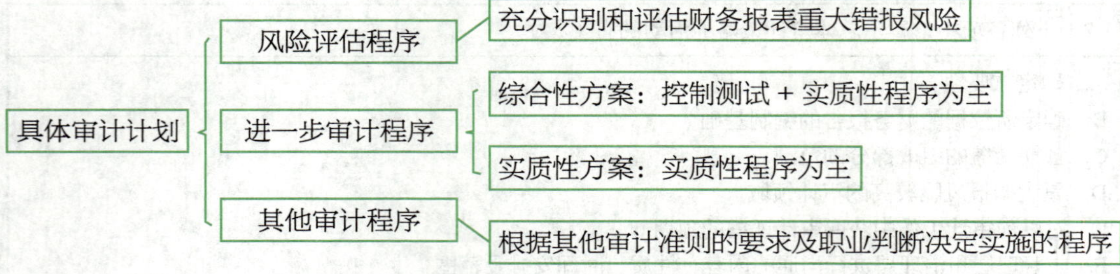

计划风险评估程序	风险评估程序的性质、时间安排和范围：识别和评估**重大错报风险**
计划实施的进一步审计程序（风险应对程序）	**控制测试**：确认控制运行是否有效 **实质性程序**：确认某一具体认定是否存在错报 **综合性方案**：控制测试＋实质性程序 **实质性方案**：以实质性程序为主 一般计划进一步审计程序需要依据风险评估程序的结果进行，注册会计师计划的进一步审计程序可以分为进一步审计程序的**总体方案**和拟实施的**具体审计程序**
计划其他审计程序	与**舞弊**相关的责任 与**持续经营**相关的考虑 对**法律法规**的考虑 对**关联方**的考虑

【考点母题——万变不离其宗】具体审计计划

（1）下列各项中，属于具体审计计划的活动的有（ ）。
A. 确定风险评估程序的性质、时间安排和范围 B. 确定进一步审计程序（控制测试、实质性程序）的性质、时间安排和范围 C. 确定其他审计程序的性质、时间安排和范围
（2）下列有关具体审计计划的说法中，错误的有（ ）。
A. 具体审计计划应当在实施进一步审计程序前完成 B. 具体审计计划不能影响总体审计策略 C. 具体审计计划比总体审计策略更重要

【考点子题——举一反三，真枪实练】

[13]（2016年•多选题）下列各项中，属于具体审计计划的活动的有（ ）。

A. 确定重要性

B. 确定是否需要实施项目质量复核

C. 确定风险评估程序的性质、时间安排和范围

D. 确定进一步审计程序的性质、时间安排和范围

[14]（2020年•单选题）下列有关计划审计工作的说法中，错误的是（ ）。

A. 在制定总体审计策略时，注册会计师应当考虑初步业务活动的结果

B. 注册会计师制定的具体审计计划应当包括风险评估程序、计划实施的进一步审计程序和其他审计程序

C. 注册会计师在制定审计计划时，应当确定对项目组成员的工作进行复核的性质、时间安排和范围

D. 具体审计计划通常不影响总体审计策略

[15]（经典例题•单选题）以下各项中，不属于具体审计计划考虑的内容是（ ）。

A. 计划控制测试　　B. 计划实质性程序

C. 确定审计方向　　D. 识别和评估财务报告的重大错报风险

考点6 审计程序中对计划的变更、指导、监督与复核

计划审计工作并非审计业务的一个孤立阶段，而是一个持续的、不断修正的过程，**贯穿于整个审计业务的始终**。在审计过程中，注册会计师应当在必要时对总体审计策略和具体审计计划作出更新和修改。

【考点母题——万变不离其宗】审计计划变更、指导、监督与复核

（1）下列关于审计计划变更的说法中，正确的有（ ）。
A. 审计计划的变更可能涉及对重要性水平的修改 B. 审计计划的变更可能涉及重大错报风险评估的更新和修改 C. 审计计划的变更可能涉及审计程序的更新和修改 D. 如果注册会计师在审计过程中对总体审计策略或具体审计计划作出重大修改，应当在审计工作底稿中记录作出的重大修改及其理由
（2）下列各项中，影响指导、监督与复核的性质、时间安排及范围的因素有（ ）。
A. 被审计单位的规模和复杂程度　　B. 审计领域 C. 评估的重大错报风险　　D. 执行审计工作的项目组成员的专业素质和胜任能力
（3）下列关于审计计划变更、执行与修改的表述中，错误的是（ ）。
A. 注册会计师需要考虑项目质量复核人员的经验和能力

【考点子题——举一反三，真枪实练】

[16]（2019年·单选题）在确定项目组内部复核的性质、时间安排和范围时，下列各项中，注册会计师无需考虑的是（ ）。

A. 被审计单位的规模　　B. 评估的重大错报风险

C. 项目组成员的专业素质和胜任能力　　D. 项目质量复核人员的经验和能力

第三节 重要性

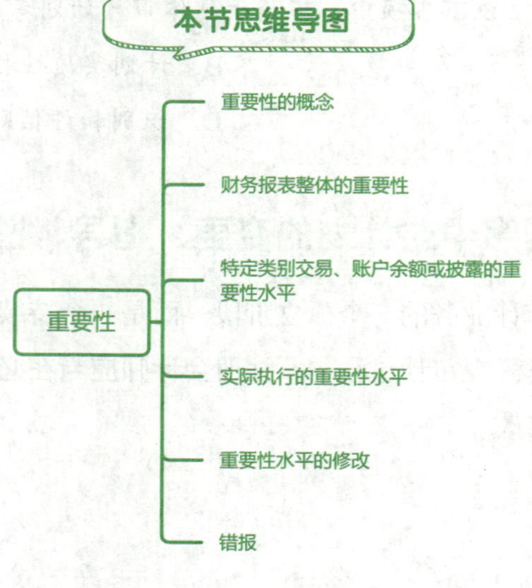

考点7　重要性的概念

重要性指财务报表中错报的重要性，错报是否重要的判断标准是该错报（包括漏报）单独或汇总起来是否可能影响财务报表使用者的**经济决策**。

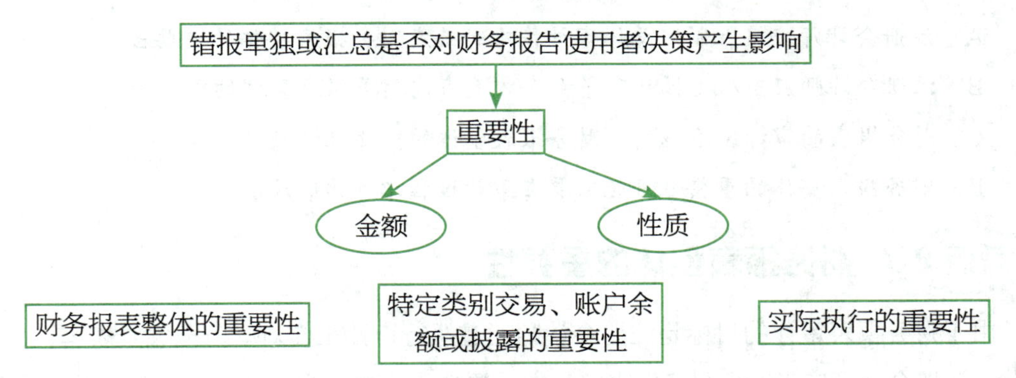

【考点母题——万变不离其宗】重要性概念

（1）下列关于重要性的说法中，正确的有（　　）。
A. 对重要性的判断是根据**具体环境**作出的，并受错报的**金额**或**性质**的影响 B. 重要性应在总体审计策略中确定 C. 审计证据越少，审计风险越高，重要性水平（包括实际执行的重要性水平）越低 D. 财务报表整体重要性水平应高于特定交易、账户余额或披露的重要性水平 E. 注册会计师应当制定一个或多个实际执行的重要性水平 F. 注册会计师应当根据所获得的新信息更新重要性

续表

(2)下列属于注册会计师使用整体(将财务报表作为整体)重要性水平目的的有( )。
A. 评价已识别的错报对财务报表的影响(形成审计结论阶段) B. 评价已识别的错报对审计报告中审计意见影响(形成审计结论阶段)
(3)确定重要性水平时,注册会计师需要考虑的因素有( )。
A. 对被审计单位及其环境的了解 B. 财务报告各项目的性质及其相互关系 C. 财务报表项目的金额及其波动幅度
(4)下列关于重要性的说法中,错误的有( )。
A. 判断某事项对财务报表使用者是否重大,需要**考虑特定**的信息需求者 B. 不需确定特定类别交易、账户余额或披露的实际执行的重要性 C. 注册会计师可以不制定实际执行的重要性水平 D. 合理预期错报金额很小,则认为错报是不重大的
(5)注册会计师在计划审计工作时对何种情形构成重大错报作出的判断,为下列( )方面提供了基础。
A. 确定风险评估程序的性质、时间安排和范围 B. 识别和评估重大错报风险 C. 确定进一步审计程序的性质、时间安排和范围

【考点子题——举一反三,真枪实练】

[17](2020年•单选题)下列有关财务报表整体的重要性的说法中,错误的是( )。

A. 注册会计师应当在制定总体审计策略时确定财务报表整体的重要性

B. 注册会计师应当从定性和定量两个方面考虑财务报表整体的重要性

C. 财务报表的审计风险越高,财务报表整体的重要性金额越高

D. 财务报表整体的重要性可能需要在审计过程中作出修改

考点8 财务报表整体的重要性

由于财务报表审计的目标是注册会计师通过执行审计工作对财务报表发表审计意见,因此,注册会计师应当考虑财务报表整体的重要性。只有这样,才能得出财务报表是否公允反映的结论。

注册会计师在制定总体审计策略时,应当确定财务报表整体的重要性,确定重要性需要运用职业判断。通常先选定一个基准,再乘以某一百分比,得到一个恰当的金额,将其作为“财务报表整体的重要性”。

【考点宝藏图】

重要性“杯子”

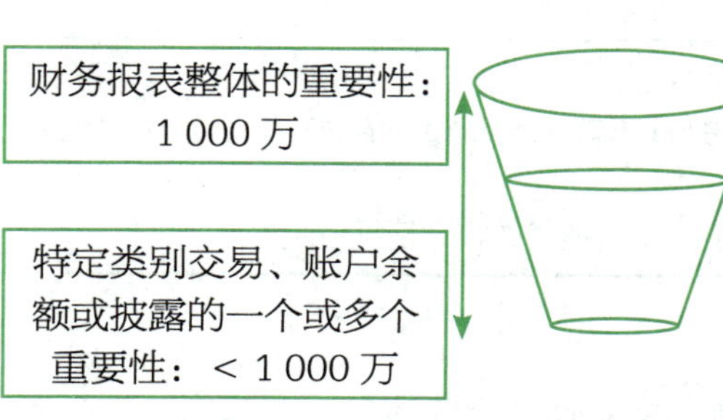

实际执行的重要性：
1 000 万的 50%–75%

特定类别交易、账户余额或披露重要性相关的实际执行的重要性：< 1 000 万的（50%–75%）

【考点母题——万变不离其宗】财务报表整体重要性水平的确定

（1）下列各项中，注册会计师为确定财务报表整体的重要性而选择基准时，通常需要考虑的因素有（　）。

A. **财务报表要素**（如资产、负债、所有者权益、收入和费用）

B. 是否存在特定会计主体的财务报表使用者**特别关注的项目**（如为了评价财务业绩，使用者可能更关注利润、收入或净资产）

C. 被审计单位的**性质**、所处的**生命周期**阶段以及所处**行业和经济环境**

D. 被审计单位的**所有权结构和融资方式**（例如，如果被审计单位仅通过债务而非权益进行融资，财务报表使用者可能更关注资产及资产的索偿权，而非被审计单位的收益）

E. 基准的相对波动性

（2）下列各项中，注册会计师为确定财务报表整体的重要性而选择基准时，通常无需考虑的因素有（　）。

A. 是否为首次接受委托的审计项目　B. 以前年度是否存在审计调整　C. 基准的重大错报风险

（3）下列有关在确定财务报表整体的重要性时选择**基准**的说法中，正确的有（　）。

A. 适当的基准取决于被审计单位的具体情况，如以营利为目的的实体通常采用经常性业务税前利润作为基准

B. 就选定的基准而言，相关的财务数据通常包括前期财务成果和财务状况、本期最新的财务成果和财务状况、本期的预算和预测结果

C. 如果被审计单位的经营规模较上年度没有重大变化，通常使用替代性基准确定的重要性不宜超过上年度的重要性

D. 注册会计师为被审计单位选择的基准在各年度中通常会保持稳定，但是并非必须保持一贯不变

（4）确定财务报表整体的重要性时，下列属于影响注册会计师对百分比选择因素的有（　）。

A. 被审计单位是否为上市公司或公众利益实体

B. 财务报表使用者的范围

C. 被审计单位是否由集团内部关联方提供融资或是否有大额对外融资（债券、银行贷款等）

D. 财务报表使用者是否对基准数据特别敏感（如具有特殊目的的财务报表的使用者）

E. 风险越大，百分比越低

（5）下列有关确定财务报表整体重要性水平的说法中，错误的有（　）。

续表

A. 本期财务数据的预算和预测结果不能作为基准 B. 注册会计师在确定重要性水平时，需要考虑与具体项目计量相关的固有不确定性（如会计估计） C. 基准与百分比一般呈正向关系 D. 随着重要性水平的提高，所审计项目越重要，所需搜集的审计证据也越多

【考点子题——举一反三，真枪实练】

[18]（2014年·单选题）注册会计师在确定重要性时通常选定一个基准。下列因素中，注册会计师在选择基准时不需要考虑的是（　）。

A. 被审计单位的性质

B. 以前年度审计调整的金额

C. 基准的相对波动性

D. 是否存在财务报表使用者特别关注的项目

[19]（经典例题·单选题）下列有关财务报表整体重要性水平的说法中，错误的是（　）。

A. 财务报表重要性水平的确定一般采用一定的基准乘以百分比

B. 计算重要性水平的基准，随着企业的特征而各不相同

C. 随着重要性水平的提高，所审计项目越重要，所需搜集的审计证据也越多

D. 财务报表重要性水平应在总体审计策略制定阶段确定

[20]（经典例题·单选题）下列有关在确定财务报表整体的重要性时选择基准的考虑中，错误的是（　）。

A. 如果被审计单位的经营规模较上年度没有重大变化，通常使用替代性基准确定的重要性不宜超过上年度的重要性

B. 若企业盈利水平稳定，则可以用经常性业务的税前利润作为基准

C. 需要选择较为稳定的因素作为基准

D. 本期财务数据的预算和预测结果不能作为基准

考点9 特定类别交易、账户余额或披露的重要性水平

【考点母题——万变不离其宗】特定类别交易、账户余额或披露的重要性水平

（1）下列关于特定类别交易、账户余额或披露的重要性水平的说法中，正确的有（　）。
A. 特定类别的重要性是注册会计师根据被审计单位特定情况判断的，在审计中可能存在，也可能不存在 B. 注册会计师判断存在特定类别的重要性，则存在对应的实际执行的重要性 C. 特定类别的重要性可能不止一个 D. 特定类别交易、账户余额或披露的重要性水平低于财务报表整体重要性水平，但其累计和不一定要等于财务报表整体重要性水平，可以高于财务报表整体重要性水平

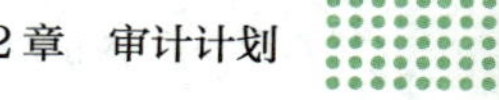

续表

（2）下列各项因素中，可能表明注册会计师需要确定特定类别交易、账户余额或披露的重要性水平的有（ ）。
A. **法律法规**或适用的**财务报告编制基础**是否影响财务报表使用者对特定项目（如关联方交易、管理层和治理层的薪酬及对具有较高估计不确定性的公允价值会计估计的敏感性分析）计量或披露的预期 B. 与被审计单位所处行业相关的**关键性披露**（如制药企业的研究与开发成本） C. 财务报表使用者是否特别关注财务报表中**单独披露**的业务的特定方面（如关于分部或重大企业合并的披露）
（3）下列关于特定类别交易、账户余额或披露的重要性的说法中，错误的有（ ）。
A. 任何情况下都（不）需要确定特定类别交易、账户余额或披露的重要性水平 B. 特定类别交易、账户余额或披露的重要性水平之和一定要等（小、大）于财务报表整体重要性水平

【考点子题——举一反三，真枪实练】

[21]（2012年•单选题）关于特定类别交易、账户余额或披露的重要性水平，下列说法中，错误的是（ ）。

A. 只有在适用的情况下，才需确定特定类别交易、账户余额或披露的重要性水平

B. 确定特定类别交易、账户余额或披露的重要性水平时，可将与被审计单位所处行业相关的关键性披露作为一项考虑因素

C. 特定类别交易、账户余额或披露的重要性水平应低于财务报表整体的重要性

D. 不需确定特定类别交易、账户余额或披露的实际执行的重要性

[22]（经典例题•多选题）下列各项关于特定类别交易、账户余额或披露的重要性水平的说法中，错误的有（ ）。

A. 特定类别交易、账户余额或披露的重要性水平之和是财务报表整体的重要性

B. 注册会计师确定的特定类别交易、账户余额或披露的重要性水平可能是一个或者多个

C. 特定类别交易、账户余额或披露的重要性水平的累计和可能高于财务报表整体的重要性水平

D. 注册会计师在所有审计业务中都应当确定特定类别交易、账户余额或披露的重要性水平

[23]（经典例题•单选题）下列情形中，不属于影响特定类别交易、账户余额或披露重要性水平的是（ ）。

A. 与被审计单位所处行业相关的关键性披露

B. 财务报表使用者特别关注财务报表中单独披露的业务的特定方面

C. 管理层和治理层对具有较高估计不确定性的公允价值会计估计的敏感性分析

D. 在审计期间，被审计单位某一管理层离职

考点10 实际执行的重要性水平

实际执行的重要性，是指注册会计师确定的**低于**财务报表整体重要性的**一个或多个**金额，旨在将未更正和未发现错报的汇总数超过财务报表整体的重要性的可能性降至适当的低水平。

第2章

【考点母题——万变不离其宗】实际执行的重要性水平

（1）下列关于实际执行的重要性的说法中，正确的有（　）。
A. 实际执行的重要性水平可以针对**财务报表整体重要性**及**特定类别交易、账户余额或披露的重要性**水平 B. 其值一般为**财务报表整体重要性**及**特定类别交易、账户余额或披露的重要性**水平的 50%–75% C. 注册会计师**无须**通过将财务报表整体的重要性**平均分配或按比例**分配至各个报表项目的方法来确定实际执行的重要性，而是根据对报表项目的风险评估结果 D. 在实际运用中，**可接受差异**、**可容忍错报**等应小于或等于实际执行的重要性水平
（2）确定实际执行的重要性并非简单机械的计算，需要注册会计师运用职业判断，应考虑的因素有（　）。
A. 对被审计单位的了解（这些了解在实施风险评估程序的过程中得到更新） B. 前期审计工作中识别出的错报的性质和范围 C. 根据前期识别出的错报对本期错报作出的预期
（3）下列情形中，注册会计师通常采用**较低**的百分比确定实际执行的重要性的有（　）。
A. 预期的公司**风险可能**较高 B. **首次**接受委托的审计项目 C. 连续审计项目，以前年度审计**调整较多** D. 项目总体**风险较高**（例如处于高风险行业、管理层能力欠缺、面临较大市场竞争压力或业绩压力等） E. 存在或预期存在值得关注的**内部控制缺陷**
（4）下列情形中，注册会计师通常采用**较高**的百分比确定实际执行的重要性的有（　）。
A. 预期的公司**风险可能**较低 B. **连续**审计项目，以前年度**审计调整较少** C. 项目总体风险为低到中等（例如处于非高风险行业、管理层有足够能力、面临较低的市场竞争压力和业绩压力等） D. 以前期间的审计经验表明**内部控制运行有效**
（5）在执行审计程序时，注册会计师通常选取金额超过实际执行的重要性的财务报表项目，这不代表可以对所有金额低于实际执行的重要性的财务报表项目不实施进一步审计程序，原因有（　）。
A. 单个金额低于实际执行的重要性的财务报表项目**汇总**起来可能金额**重大**（可能远远超过财务报表整体的重要性），注册会计师需要考虑汇总后的潜在错报风险 B. 对于存在**低估**风险的财务报表项目，不能仅仅因为其金额低于实际执行的重要性而不实施进一步审计程序 C. 对于识别出存在**舞弊**风险的财务报表项目，不能因为其金额低于实际执行的重要性而不实施进一步审计程序

续表

(6) 下列各项工作中，注册会计师通常要运用实际执行的重要性的有（ ）。
A. 确定需要对哪些类型的交易、账户余额或披露实施进一步审计程序 B. 在实施**实质性分析程序**时，注册会计师确定的已记录金额与预期值之间的**可接受差异额**通常不超过实际执行的重要性 C. 运用审计抽样实施**细节测试**时，注册会计师可以将**可容忍错报**的金额设定为**等于或低于**实际执行的重要性 D. 运用区间估计评价管理层点估计的恰当性时，注册会计师需要将**区间估计的区间**缩小至**等于或低于**实际执行的重要性
(7) 下列关于实际执行的重要性的说法中，错误的有（ ）。
A. 并非所有审计业务都需要确定实际执行的重要性 B. 随着被审计单位风险增加，实际执行的重要性水平越大 C. 对所有金额低于实际执行的重要性水平的财务报表项目，不再实施进一步审计程序

【考点子题——举一反三，真枪实练】

[24]（2012年•单选题）下列关于实际执行的重要性的说法中，错误的是（ ）。

A. 实际执行的重要性是指注册会计师确定的低于财务报表整体重要性的一个或多个金额

B. 注册会计师应当确定实际执行的重要性，以评估重大错报风险并确定进一步审计程序的性质、时间安排和范围

C. 确定实际执行的重要性，旨在将未更正和未发现错报的汇总数超过财务报表整体重要性的可能性降至适当的低水平

D. 以前年度审计调整越多，评估的项目总体风险越高，实际执行的重要性越接近财务报表整体的重要性

[25]（2018年•多选题）下列各项工作中，注册会计师通常要运用实际执行的重要性的有（ ）。

A. 运用实质性分析程序时，确定已记录金额与预期值之间的可接受差异额

B. 确定需要对哪些类型的交易，账户余额或披露实施进一步审计程序

C. 运用审计抽样实施细节测试时，确定可容忍错报

D. 确定未更正错报对财务报表整体的影响是否重大

[26]（2014年•多选题）下列有关在实施实质性分析程序时确定可接受差异额的说法中，正确的有（ ）。

A. 评估的重大错报风险越高，可接受差异额越低

B. 重要性影响可接受差异额

C. 确定可接受差异额时，需要考虑一项错报单独或连同其他错报导致财务报表发生重大错报的可能性

D. 需要从实质性分析程序中获取的保证程度越高，可接受差异额越高

[27]（经典例题•多选题）下列针对实际执行的重要性的说法中，错误的有（　）。

A. 注册会计师通常选择金额超过实际执行的重要性的财务报表项目实施进一步审计程序

B. 注册会计师对所有金额低于实际执行的重要性的财务报表项目不实施进一步审计程序

C. 在运用审计抽样实施细节测试时，注册会计师应当将可容忍错报的金额设定为不高于实际执行的重要性

D. 在运用审计抽样实施细节测试时，注册会计师应当将可容忍错报的金额设定为等于实际执行的重要性

[28]（经典例题•多选题）下列各项中，通常不超过实际执行的重要性的有（　）。

A. 可接受差异额　　B. 可容忍错报

C. 财务报表整体的重要性水平　　D. 财务报表的重大错报风险

考点11 重要性水平的修改

【考点母题——万变不离其宗】重要性水平的修改

（1）下列（　）原因可能导致重要性水平的修改。
A. 审计过程中情况发生**重大**变化（如决定处置被审计单位的一个重要组成部分） B. 获取新信息 C. 通过实施进一步审计程序，注册会计师对被审计单位及其经营所了解的情况发生变化
（2）下列（　）原因一般不会影响重要性水平的修改。
A. 固有不确定性

【考点子题——举一反三，真枪实练】

[29]（经典例题•单选题）随着审计过程的推进，注册会计师通常认为修改重要性水平的合理理由（　）。

A. 审计的时间预算重新调整

B. 约定的审计收费发生变化

C. 甲公司及其经营环境发生变化

D. 甲公司在下一年度采用新的固定资产折旧政策

错报

错报，是指某一财务报表项目的金额、分类或列报，与按照适用的财务报告编制基础应当列示的**金额、分类或列报**之间存在的**差异**；或根据注册会计师的判断，为使财务报表在所有重大方面实现公允反映，需要对金额、分类或列报作出的必要调整。错报可能是由于**错误**或**舞弊**导致的。

注册会计师需要在制定审计策略和审计计划时，确定一个**明显微小错报的临界值**，低于该临界值的错报视为明显微小的错报，**可以不累积**。这些错报的汇总数明显不会对财务报表产生重大影响。但如果不确定一个或多个错报是否明显微小，就不能认为这些错报是明显微小的。

【考点母题——万变不离其宗】错报

（1）下列选项中，属于可能导致错报原因的有（　）。

A. **收集或处理**用以编制财务报表的**数据**时出现错误
B. **遗漏**某项金额或披露，包括不充分或不完整的披露，以及为满足特定财务报告编制基础的披露目标而被要求作出的披露
C. 由于**疏忽**或**明显误解**有关事实导致作出不正确的会计估计
D. 注册会计师认为管理层对**会计估计**作出不合理的判断或对**会计政策**作出不恰当的选择和运用
E. 信息的**分类、汇总或分解**不恰当

（2）错报的类型分为（　）。

A. 事实错报（毋庸置疑的错报），这类错报产生于被审计单位**收集和处理数据**的错误，对事实的**忽略或误解**，或故意**舞弊**行为
B. 判断错报，由于注册会计师认为管理层对财务报表中的确认、计量和列报（包括对会计政策的选择或运用）作出不合理或不恰当的判断而导致的差异。这类错报产生于管理层和注册会计师对**会计估计值的判断**差异，或管理层和注册会计师对选择和运用**会计政策的判断**差异
C. 推断错报（注册会计师对总体存在的错报作出的最佳估计数），通常通过测试样本估计出的总体的错报减去在测试中发现的已经识别的具体错报

（3）下列有关明显微小错报的说法中，正确的有（　）。

A. 注册会计师可能将**低于某一金额**的错报界定为**明显微小的错报**，对这类错报**不需要累积**
B. **明显微小≠不重大**，其性质可能很重要
C. 明显微小错报的金额的数量级小于不重大错报的金额的数量级
D. 明显微小错报的临界值一般为财务报表整体重要性的 3%-5%，可以更高或更低，但通常不超过财务报表整体重要性的 10%
E. 注册会计师不需要累积明显微小的错报
F. 如果注册会计师不确定一个或多个错报是否明显微小，就不能认为这些错报是明显微小的

（4）下列各项因素中，注册会计师在确定明显微小错报的临界值时通常需要考虑的有（　）。

续表

A. **以前年度**审计中识别出的错报（包括已更正和未更正错报）的数量和金额 B. **重大错报风险**的评估结果 C. 被审计单位治理层和管理层对注册会计师与其沟通错报的**期望** D. 被审计单位的财务指标是否勉强达到监管机构的要求或投资者的期望
（5）下列关于错报的说法中，错误的有（　）。
A. 错报仅指财务报表披露金额上的差异或错误 B. 明显微小错报指财务报表整体没有重大错报 C. 明显微小错报一般为实际执行重要性的 3%-5%，一般不超过实际执行重要性水平的 10%

【考点子题——举一反三，真枪实练】

[30]（2018年•多选题）下列有关明显微小错报的说法中，错误的有（　）。

A. 注册会计师无需累积明显微小的错报

B. 明显微小错报是指对财务报表整体没有重大影响的错报

C. 金额低于明显微小错报临界值的错报是明显微小错报

D. 如果无法确定某错报是否明显微小，则不能认定为明显微小错报

[31]（2018年•多选题）下列各项因素中，注册会计师在确定明显微小错报的临界值时通常需要考虑的有（　）。

A. 以前年度审计中识别出的错报的数量和金额

B. 财务报表使用者的经济决策受错报影响的程度

C. 重大错报风险的评估结果

D. 被审计单位的财务指标是否勉强达到监管机构的要求

[32]（经典例题•多选题）下列对于错报的相关理解中，错误的有（　）。

A. 产生于被审计单位数据搜集及处理的错误一般属于判断错报

B. 推断错报一般指注册会计师对于错报作出的最佳估计数

C. 审计过程中累积的错报的汇总数接近财务报表整体的重要性时，未被发现的错报连同审计过程中累积的错报的汇总数不会超过财务报表整体的重要性水平

D. 若注册会计师与管理层对于会计估计的判断存在差异，可能会引起判断错报

[33]（2021年•多选题）下列有关明显微小错报的说法中，正确的有（　）。

A. 明显微小错报汇总起来明显不会对财务报表产生重大影响

B. 明显微小错报无需累积

C. 如果不能确定该项错报是否明显微小，则不能判定其为明显微小错报

D. 明显微小错报的金额的数量级小于不重大错报的金额的数量级

[34]（经典例题•简答题）上市公司甲公司是ABC会计师事务所的审计客户，A注册会计师负责审计甲公司2022年度财务报表。在审计过程中，A注册会计师遇到与重要

性相关的问题。具体情况摘录如下：

（1）在首次审计甲公司时，A注册会计师发现上市公司无多项审计调整，且风险适中，确定2022年度实际执行重要性水平为财务报表整体重要性水平的75%。

（2）甲公司的主要经营业务由于环境污染原因进行了停工整改，A注册会计师认为应该修改财务报表整体的重要性。

（3）A注册会计师审计时发现，甲公司的财务报表在会计估计上有着高度不确定性，因而将其财务报表整体重要性水平相应降低。

（4）2022年甲公司拟进行定向增发，A注册会计师发现，甲公司的财务指标刚好达到增发标准，因而其将2022年度明显微小错报的临界值定为财务报告整体的1%。

（5）A注册会计师发现甲公司应收账款项目存在舞弊，但因涉及的金额低于明显微小错报的临界值，A注册会计师并未实施进一步审计程序。

要求：针对上述第（1）至（5）项，逐项指出A注册会计师的做法是否恰当。如不恰当，简要说明理由。

［本章考点子题答案及解析］

［1］【答案：ABD】注册会计师应当开展下列初步业务活动：（1）针对保持客户关系和具体审计业务实施相应的质量管理程序（选项A）；（2）评价遵守相关职业道德要求的情况（选项B）；（3）就审计业务约定条款达成一致意见（选项D）。

［2］【答案：B】选项B不正确。注册会计师在本期审计业务开始时应当开展下列初步业务活动：一是针对保持客户关系和具体审计业务实施相应的质量管理程序；二是评价遵守相关职业道德要求的情况；三是就审计业务约定条款达成一致意见。

［3］【答案：ABCD】会计师事务所应当制定有关客户关系和具体业务接受与保持的政策和程序，以合理保证只有在下列情况下，才能接受或保持客户关系和具体业务：（1）能够胜任该项业务，并具有执行该项业务必要的素质、时间和资源（选项A、选项D）；（2）能够遵守相关职业道德要求（选项C）；（3）已考虑客户的诚信，没有信息表明客户缺乏诚信（选项B)。

［4］【答案：C】审计工作的前提条件包括：（1）按照适用的财务报告编制基础编制财务报告，并使其实现公允反映（如适用）。（2）设计、执行和维护必要的控制，以使财务报表不存在由于舞弊或者错误导致的重大错报。（3）向注册会计师提供必要的工作条件，包括允许注册会计师接触和编制财务报表相关的所有信息（如记录、文件和其他事项），向注册会计师提供审计所需要的其他信息，允许注册会计师在获取审计证据时不受限制地接触其认为必要的总部人员和其他相关人员。

［5］【答案：ABCD】四个选项均属于管理层的责任。管理层责任包括：

①按照适用的财务报告编制基础编制财务报表，并使其实现公允反映（选项A）；

②设计、执行和维护必要的内部控制，以使财务报表不存在由于舞弊或错误导致的重大错报（选项B）；

③向注册会计师提供必要的工作条件，包括允许注册会计师接触与编制财务报表相关的所有信息（选项CD）。

［6］【答案：B】审计工作的前提条件包括：（1）管理层在编制财务报表时采用的财务报告编制基础是可

接受的；（2）就管理层的责任达成一致意见：①按照适用的财务报告编制基础编制财务报表，并使其实现公允反映（如适用）。②设计、执行和维护必要的内部控制，以使财务报表不存在由于舞弊或错误导致的重大错报。③向注册会计师提供必要的工作条件。（3）确认的形式。

[7]【答案：B】审计业务约定书的具体内容和格式可能因被审计单位的不同而不同，但应当包括以下主要内容：（1）财务报表审计的目标与范围（选项A）；（2）注册会计师的责任；（3）管理层的责任（选项C）；（4）指出用于编制财务报表所适用的财务报告编制基础（选项D）；（5）提及注册会计师拟出具的审计报告的预期形式和内容，以及对在特定情况下出具审计报告可能不同于预期形式和内容的说明。

[8]【答案：B】如果集团公司的注册会计师同时也是组成部分注册会计师，需要考虑相关因素后，决定是否需要向组成部分单独致送审计业务约定书，选项B错误。

[9]【答案：AC】无论是管理层施加的还是其他情况引起的审计范围受到限制都不认为是变更审计业务的合理理由，故选项B、选项D不正确。

[10]【答案：D】选项D错误，总体审计策略和具体审计计划具有内在紧密联系，对其中一项的决定可能会影响甚至改变对另一项的决定。

[11]【答案：ABC】选项A，属于"报告目标、时间安排及所需沟通的性质"内容；选项B，属于"审计方向"内容；选项C，属于"审计资源"内容；选项D为具体审计计划内容。

[12]【答案：CD】选项AB属于具体审计计划。

[13]【答案：CD】AB属于制定总体审计策略需要考虑的内容。

[14]【答案：D】注册会计师应当针对总体审计策略中所识别的不同事项，制定具体审计计划，并考虑通过有效利用审计资源以实现审计目标。值得注意的是，虽然制定总体审计策略的过程通常在具体审计计划之前，但是两项计划具有内在紧密联系，对其中一项的决定可能会影响甚至改变对另外一项的决定，故选项D错误。

[15]【答案：C】确定审计方向是总体审计策略的内容。选项AB为具体审计计划中进一步审计程序内容，选项D为具体审计计划中风险评估程序内容。

[16]【答案：D】项目组成员的指导、监督以及对其工作进行复核的性质、时间安排和范围主要取决于下列因素：（1）被审计单位的规模和复杂程度（选项A）；（2）审计领域；（3）评估的重大错报风险（选项B）；（4）执行审计工作的项目组成员的专业素质和胜任能力（选项C）。

[17]【答案：C】注册会计师在制定总体审计策略时，应当确定财务报表整体的重要性（选项A正确）；对重要性的判断是根据具体环境作出的，并受错报的金额或性质的影响，或受两者共同作用的影响（选项B正确）；财务报表的审计风险越高，财务报表整体的重要性金额越低（选项C错误）；由于存在下列原因，注册会计师可能需要修改财务报表整体的重要性和特定类别的交易、账户余额或披露的重要性水平（如适用）：（1）审计过程中情况发生重大变化（如决定处置被审计单位的一个重要组成部分）；（2）获取新信息；（3）通过实施进一步审计程序，注册会计师对被审计单位及其经营所了解的情况发生变化（选项D正确）。

[18]【答案：B】在选择基准时，需要考虑的因素包括：财务报表要素；是否存在特定会计主体的财务报表使用者特别关注的项目；被审计单位的性质、所处的生命周期阶段以及所处行业和经济环境；被审计单位的所有权结构和融资方式；基准的相对波动性。

[19]【答案：C】随着重要性水平的降低，公司风险也相应更高，所搜集的审计证据也相应更多。

[20]【答案：D】选项D错误，能够作为基准的财务数据通常包括前期财务成果和财务状况、本期最新的财务成果和财务状况、本期的预算和预测结果。

[21]【答案：D】选项 D 错误。根据被审计单位的特定情况：下列因素可能表明存在一个或多个特定类别的交易、账户余额或披露，其发生的错报金额虽然低于财务报表整体的重要性，但合理预期将影响财务报表使用者依据财务报表作出的经济决策：（1）法律法规或适用的财务报告编制基础是否影响财务报表使用者对特定项目计量或披露的预期；（2）与被审计单位所处行业相关的关键性披露；（3）财务报表使用者是否特别关注财务报表中单独披露的业务的特定方面。

[22]【答案：AD】选项 A 错误，特定类别交易、账户余额或披露的重要性水平无需根据财务报表整体重要性比例确认；选项 D 错误，只有在适用的情况下，才需确定特定类别交易、账户余额或披露的重要性水平。

[23]【答案：D】影响因素包括：法律法规或适用的财务报告编制基础是否影响财务报表使用者对特定项目计量或披露的预期，与被审计单位所处行业相关的关键性披露，财务报表使用者是否特别关注财务报表中单独披露的业务的特定方面。

[24]【答案：D】选项 D 错误。如果以前年度审计调整越多，评估的项目总体风险越高，实际执行的重要性通常接近财务报表整体重要性的 50%，不是接近财务报表整体的重要性水平。

[25]【答案：ABC】实际执行的重要性在审计中的作用主要体现在以下几个方面：（1）注册会计师在计划审计工作时可以根据实际执行的重要性确定需要对哪些类型的交易、账户余额和披露实施进一步审计程序（选项 B），即通常选取金额超过实际执行的重要性的财务报表项目，因为这些财务报表项目有可能导致财务报表出现重大错报。（2）运用实际执行的重要性确定进一步审计程序的性质、时间安排和范围。例如，在实施实质性分析程序时，注册会计师确定的已记录金额与预期值之间的可接受差异额通常不超过实际执行的重要性（选项 A）；在运用审计抽样实施细节测试时，注册会计师可以将可容忍错报的金额设定为等于或低于实际执行的重要性（选项 C）。选项 D，运用财务报表整体的重要性。

[26]【答案：ABC】可接受差异额是指已记录金额与预期值之间可接受的差异额。选项 A，注册会计师评估的风险越高，越需要获取越有说服力的审计证据。为了获取具有说服力的审计证据，当评估的风险增加时，可接受差异额将会降低。选项 BD，注册会计师在确定可接受差异额时，受重要性和计划的保证水平的影响。选项 C，在确定可接受差异额时，注册会计师需要考虑一项错报单独或连同其他错报导致财务报表发生重大错报的可能性。

[27]【答案：BD】选项 B 错误，注册会计师通常选择金额超过实际执行的重要性的财务报表项目实施进一步审计程序，但是这并不意味着注册会计师可以对所有金额低于实际执行的重要性的财务报表项目不实施进一步审计程序；选项 D 错误，在运用审计抽样实施细节测试时，注册会计师可以将可容忍错报的金额设定为等于或低于实际执行的重要性。

[28]【答案：AB】选项 C，实际执行的重要性水平低于财务报表整体的重要性水平；选项 D，与实际执行的重要性水平无关。

[29]【答案：C】在审计执行阶段，随着审计过程的推进，注册会计师应当及时评价计划阶段确定的重要性水平是否仍然合理，并根据具体环境的变化或在审计执行过程中进一步获取的信息，修正计划的重要性水平。故四个选项中，只有选项 C 最符合题意。

[30]【答案：BC】注册会计师可能将低于某一金额的错报界定为明显微小的错报，对这类错报不需要累积，选项 A 正确。在制定审计策略和审计计划时，注册会计师需要确定一个明显微小错报的临界值，低于该临界值的错报视为明显微小的错报，但“明显微小”不等同于“不重大”，选项 B 错误。不确定一个或多个错报是否明显微小，就不能认为这些错报是明显微小的，选项 D 正确。

[31]【答案：ACD】在确定明显微小错报的临界值时，注册会计师可能考虑以下因素：（1）以前年度审

计中识别出的错报的数量和金额（选项 A）;（2）重大错报风险的评估结果（选项 C）;（3）被审计单位治理层和管理层对注册会计师与其沟通错报的期望;（4）被审计单位的财务指标是否勉强达到监管机构的要求或投资者的期望（选项 D）。而选项 B，财务报表使用者的经济决策受错报影响的程度，不属于考虑的因素。

[32]【答案：AC】选项 A 错误，产生于被审计单位收集和处理数据的错误一般属于事实错报；选项 C 错误，审计过程中累积错报的汇总数接近财务报表整体的重要性，未被发现的错报连同审计过程中累积错报的汇总数，可能超过财务报表整体的重要性。

[33]【答案：ABCD】注册会计师可能将低于某一金额的错报界定为明显微小的错报，对这类错报不需要累积，因为注册会计师认为这些错报的汇总数明显不会对财务报表产生重大影响，选项 AB 正确。如果不确定一个或多个错报是否明显微小，就不能认为这些错报是明显微小的，选项 C 正确。“明显微小”不等同于“不重大”，明显微小错报的金额的数量级更小，选项 D 正确。

[34]【答案】

（1）不恰当。首次审计应将实际执行的重要性水平确定为较低水平（偏向 50%）。

【知识点回顾】将实际执行重要性水平确定为较低水平的情况：首次接受委托的审计项目；连续审计项目；以前年度审计调整较多；项目总体风险较高；存在或预期存在值得关注的内部控制缺陷。

（2）恰当。

【知识点回顾】由于存在下列原因，注册会计师可能需要修改财务报表整体的重要性和特定类别的交易、账户余额或披露的重要性水平（如适用）：

①审计过程中情况发生重大变化（如决定处置被审计单位的一个重要组成部分）。

②获取新信息。

③通过实施进一步审计程序，注册会计师对被审计单位及其经营所了解的情况发生变化。

（3）不恰当。会计估计属于项目的固有不确定性，注册会计师在确定重要性水平时，不需要考虑与具体项目计量相关的固有不确定性。

【知识点回顾】财务报表含有高度不确定性的大额估计，注册会计师并不会因此而确定一个比不含有该估计的财务报表更高或更低的财务报表整体重要性，即确定重要性时，不需要考虑与具体项目相关的固有不确定性。

（4）恰当。

【知识点回顾】注册会计师可能将明显微小错报的临界值确定为财务报表整体重要性的 3%-5%，也可能低一些或高一些，甚至可以为零。

（5）不恰当。对于存在舞弊的财务报表项目，不管金额多少，都是重大的，不能因为其金额低于实际执行的重要性而不实施进一步审计程序。

【知识点回顾】注册会计师不能对所有金额低于实际执行的重要性的财务报表项目不实施进一步审计程序的原因：

①单个金额低于实际执行的重要性的财务报表项目汇总起来可能金额重大（可能远远超过财务报表整体的重要性），注册会计师需要考虑汇总后的潜在错报风险。

②对于存在低估风险的财务报表项目，不能仅仅因为其金额低于实际执行的重要性而不实施进一步审计程序。

③对于识别出存在舞弊风险的财务报表项目，不能因为其金额低于实际执行的重要性而不实施进一步审计程序。本题说明应收账款存在舞弊（属于特别风险），因而不能因为其金额低于实际执行的重要性而不实施进一步审计程序。

第 3 章　审计证据

本章思维导图

- 第三章 审计证据
  - 审计证据的性质
    - 考点1 审计证据的概念
    - 考点2 审计证据的充分性与适当性
  - 审计程序
    - 考点3 审计程序的种类及作用
  - 函证
    - 考点4 函证决策
    - 考点5 函证内容
    - 考点6 询证函的设计
    - 考点7 对函证的控制
    - 考点8 评价函证的可靠性
    - 考点9 实施函证时需要关注的舞弊风险迹象以及采取的应对措施
  - 分析程序
    - 考点10 分析程序的含义及目的
    - 考点11 用作风险评估程序
    - 考点12 用作实质性程序
    - 考点13 用于总体复核

近三年本章考试题型及分值分布

题型	2022 年	2021 年	2020 年
单选题	3 题 3 分	1 题 1 分	2 题 2 分
多选题	1 题 2 分	1 题 2 分	—
简答题	2 题 2 分	—	6 题 6 分
综合题	1 题 1 分	1 题 1 分	—
合计	8 分	4 分	8 分

第一节 审计证据的性质

本节思维导图

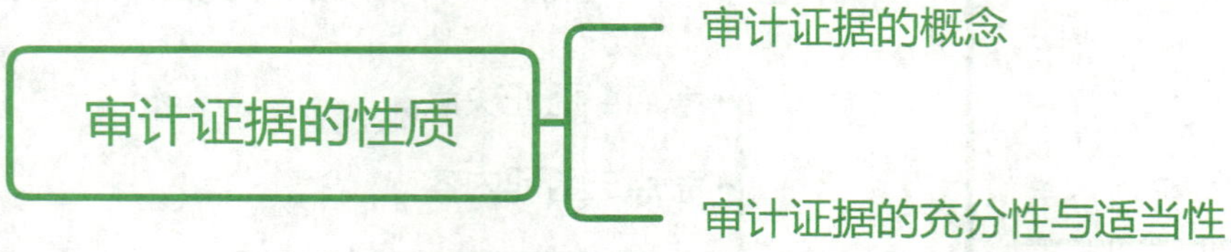

审计证据的性质
- 审计证据的概念
- 审计证据的充分性与适当性

考点1 审计证据的概念

审计证据是指注册会计师为了**得出审计结论、形成审计意见**而使用的**所有信息**。包括构成财务报表基础的会计记录所含有的信息及其他的信息。

审计证据
- 会计记录
  - ①原始凭证、记账凭证、总分类账和明细分类账、未在记账凭证中反映的对财务报表的其他调整
  - ②支持成本分配、计算、调节和披露的手工计算表和电子数据表
  - ③审计单位内部生成的手工或电子形式的凭证，与被审计单位进行交易的其他企业收到的凭证
- 其他的信息
  - ①注册会计师从被审计单位内部或外部获取的信息（会议记录、内部控制手册、询证函的回函、分析师报告、与竞争者的比较数据）
  - ②通过询问、观察和检查等审计程序获取的信息，如通过检查存货获取存货存在的证据
  - ③自身编制或获取的可以通过合理推断得出结论的信息，如注册会计师编制的各种计算表、分析表
- 没有会计信息，审计工作将无法进行；没有其他的信息，可能无法识别重大错报风险

【考点母题——万变不离其宗】审计证据

（1）下列有关审计证据的说法中，正确的有（ ）。

续表

A. 审计证据包括**会计信息**及**其他的信息**，二者缺一不可 B. 审计证据可能包括与管理层认定相矛盾的信息 C. 审计证据包括被审计单位聘请的专家编制的信息 D. 如果审计证据不一致，这种不一致可能是重大的 E. 在某些情况下，信息的缺乏本身也构成审计证据 F. 审计证据中的其他的信息和被审计单位财务报告中的其他信息是不同的
（2）下列有关审计证据的说法中，错误的有（　）。
A. 以前审计中获得的信息不属于审计证据 B. **“信息不足”**本身不能构成审计证据 C. 会计信息**或**其他的信息本身，足以提供充分适当的审计证据

【考点子题——举一反三，真枪实练】

[1]（2014 年 • 单选题）下列有关审计证据的说法中，错误的是（　）。

A. 审计证据包括会计师事务所接受与保持客户或业务时实施质量管理程序获取的信息

B. 审计证据包括从公开渠道获取的与管理层认定相矛盾的信息

C. 审计证据包括被审计单位聘请的专家编制的信息

D. 信息的缺乏本身不构成审计证据

[2]（2020 年 • 单选题）下列有关审计证据的说法中，错误的是（　）。

A. 审计证据可能包括与管理层认定相矛盾的信息

B. 在某些情况下，信息的缺乏本身也构成审计证据

C. 审计证据可能包括被审计单位聘请的专家编制的信息

D. 审计证据不包括以前审计中获取的信息

[3]（经典例题 • 多选题）下列各项中，属于会计记录中含有的信息的有（　）。

A. 支票存根

B. 被审计单位明细账

C. 被审计单位的内部控制手册

D. 分析师的报告

考点 2　审计证据的充分性与适当性

审计证据的**充分性**是对审计证据**数量**的衡量，主要与注册会计师确定的**样本量**有关。**适当性**是对审计证据**质量**的衡量，即审计证据在支持审计意见所依据的结论方面具有**相关性**和**可靠性**。

相关性是指用作审计证据的信息与审计程序的目的和所考虑的相关认定之间的逻辑联系。

可靠性是指证据的可信程度。

【考点母题——万变不离其宗】审计证据的充分性与适当性

（1）下列有关审计证据**充分性**的影响因素和作用的说法中，**正确**的有（ ）。
A. 评估的重大错报风险越高，需要的审计证据越多 B. 质量越高，需要的审计证据越少 C. 注册会计师仅靠获取更多的审计证据可能**无法**弥补其质量上的缺陷 D. 充分性是对于审计证据数量上的衡量
（2）下列有关审计证据**充分性**的影响因素中，**错误**的有（ ）。
A. 获得更多的审计证据能够弥补审计证据质量上的不足 B. 在适当的情况下，可以以获取审计证据的困难和成本为由减少不可替代的审计程序
（3）下列关于审计证据**相关性**的说法中，正确的有（ ）。
A. 审计证据的信息的**相关性**可能受测试**方向**的影响（如审计目的是查应收账款高估/低估；如**顺查查漏记，逆查查多记**） B. 特定审计程序可能只为某些认定提供**相关的**审计证据，有关某一特定认定的审计证据，**不能替代与其他认定相关的**审计证据 C. 不同来源或不同性质的审计证据可能与同一认定相关 D. 实质性程序保证程度越高（或评估的控制风险越低），所需要的审计证据越多
（4）下列关于审计证据**可靠性**的说法中，正确的有（ ）。
A. 从**外部独立来源**获取的审计证据比从其他来源获取的审计证据更可靠 B. **内部控制有效**时内部生成的审计证据比内部控制薄弱时内部生成的审计证据更可靠 C. **直接获取**的审计证据比间接获取或推论得出的审计证据更可靠 D. 以**文件、记录**形式（无论是纸质、电子或其他介质）存在的审计证据比口头形式的审计证据更可靠 E. 从**原件**获取的审计证据比从传真或复印件获取的审计证据更可靠
（5）下列关于审计证据适当性的影响因素中，错误的有（ ）。
A. 审计证据的可靠性能够影响相关性 B. 注册会计师初步评估的控制风险越低，需要通过控制测试获取的审计证据越少 C. 相关**或**可靠性高的审计证据是高质量的审计证据 D. 当不同证据相矛盾时，应采用“可靠性”相对较高的证据（如内外部证据矛盾时，相信外部证据） E. 内部证据一定不可靠
（6）下列有关审计证据的充分性和适当性的说法中，正确的有（ ）。
A. 审计证据的充分性和适当性分别是对审计证据数量和质量的衡量 B. 充分性和适当性是审计证据的两个重要特征，两者**缺一不可**，只有充分且适当的审计证据才是有证明力的 C. 审计证据的适当性不受审计证据的充分性的影响 D. 审计证据的适当性影响审计证据的充分性 E. 如果审计证据质量存在缺陷，仅靠获取更多的审计证据可能无法弥补审计证据质量上的缺陷
（7）下列有关**评价充分性与适当性时的特殊考虑**的说法中，正确的有（ ）。

续表

对文件记录可靠性的考虑	A. 审计工作**通常**不涉及鉴定文件记录的真伪，但应考虑其可靠性 B. 如果在审计过程中识别出的情况使其认为文件记录可能是伪造的，或文件记录中的某些条款已发生变动，注册会计师应当作出**进一步调查**，包括直接向**第三方询证**，或考虑利用**专家**的工作以评价文件记录的真伪
使用被审计单位生成信息时的考虑	C. 注册会计师为获取可靠的审计证据，实施审计程序时使用的被审计单位生成的信息需要足够**完整和准确**
证据相互矛盾时的考虑	D. 如果针对某项认定从不同来源获取的审计证据或获取的不同性质的审计证据能够**相互印证**，与该项认定相关的审计证据则具有**更强的说服力** E. 如果从不同来源获取的审计证据或获取的不同性质的审计证据**不一致**，表明某项审计证据**可能不可靠**，注册会计师应当**追加**必要的**审计程序**
获取审计证据时对成本的考虑	F. 注册会计师可以考虑成本与所获取信息的有用性之间的关系，但**不应**以获取审计证据的困难和成本为由**减少**不可替代的审计程序

【考点子题——举一反三，真枪实练】

[4]（2020年•单选题）下列有关审计证据的相关性的说法中，错误的是（　）。

A. 审计证据的相关性是审计证据适当性的核心内容之一

B. 审计证据的相关性影响审计证据的充分性

C. 审计证据的可靠性影响审计证据的相关性

D. 审计证据的相关性可能受测试方向的影响

[5]（2019年•单选题）下列各项中，不影响审计证据可靠性的是（　）。

A. 用作审计证据的信息与相关认定之间的关系

B. 被审计单位内部控制是否有效

C. 审计证据的来源

D. 审计证据的存在形式

[6]（2018年•单选题）下列有关审计证据的适当性的说法中，错误的是（　）。

A. 审计证据的适当性不受审计证据的充分性的影响

B. 审计证据的适当性包括相关性和可靠性

C. 审计证据的适当性影响审计证据的充分性

D. 审计证据的适当性是对审计证据质量和数量的衡量

[7]（2016年•单选题）下列有关审计证据可靠性的说法中，正确的是（　）。

A. 可靠的审计证据是高质量的审计证据

B. 审计证据的充分性影响审计证据的可靠性

C. 内部控制薄弱时内部生成的审计证据是不可靠的

D. 从独立的外部来源获得的审计证据可能是不可靠的

[8]（经典例题•单选题）下列关于审计证据的充分性的说法中，不正确的是（　）。

A. 注册会计师需要获取的审计证据的数量受其对重大错报风险评估的影响

B. 注册会计师需要获取的审计证据的质量不受审计证据数量的影响

C. 审计证据质量上的缺陷均可以通过更多的审计证据弥补

D. 注册会计师获取的审计证据应当充分，足以将与每个重要认定相关的审计风险限制在可接受的低水平

[9]（经典例题•单选题）下列关于审计证据的可靠性的说法中，错误的是（　）。

A. 以文件、记录形式存在的审计证据比口头形式的审计证据更可靠

B. 间接获取或推论得出的审计证据是不可靠的

C. 内部控制有效时内部生成的审计证据比内部控制薄弱时内部生成的审计证据更可靠

D. 从外部独立来源获取的审计证据比从其他来源获取的审计证据更可靠

[10]（经典例题•单选题）下列关于注册会计师对审计证据的评价的说法中，错误的是（　）。

A. 审计工作通常不涉及鉴定文件记录的真伪

B. 用作审计证据的信息与相关认定之间的关系不影响审计证据的可靠性

C. 如果针对某项认定从不同来源获取的审计证据或获取的不同性质的审计证据能够相互印证，与该项认定相关的审计证据则具有更强的说服力

D. 注册会计师无需考虑生成和维护用作审计证据的信息的相关控制的有效性

第二节　审计程序

考点3　审计程序的种类及作用

审计程序是指注册会计师在审计过程中的某个时间，对将要获取的某类审计证据如何进行收集的详细指令。

审计程序	含义	要点	运用范围
检查	注册会计师对被审计单位内部或外部生成的，以纸质、电子或其他介质形式存在的**记录和文件**进行审查，或对资产进行**实物**审查 检查具有方向性（顺查—查低估；逆查—查高估）	（1）检查记录或文件对应多项认定 （2）检查实物资产最能证明“存在”，不一定能证明权利和义务和准确性、计价和分摊等 （3）为时点证据	风险评估程序 控制测试 实质性程序

续表

观察	注册会计师察看相关人员正在从事的活动或实施的程序	**（1）仅限于观察发生的时点** （2）被观察人员的行为可能因被观察而受到影响	风险评估程序 控制测试 实质性程序
询问	注册会计师以**书面或口头**方式，向被审计单位内部或外部的知情人员获取财务信息和非财务信息，并对答复进行评价的过程	（1）证明力较弱，要求有其他证据进行佐证；必要时获取书面声明 （2）仅询问无法获取充分、适当的审计证据	风险评估程序 控制测试 实质性程序
函证	注册会计师直接从第三方获取书面答复以作为审计证据的过程，书面答复可以采用纸质、电子或其他介质等形式	（1）能实现多项认定（存在、发生等），针对"完整性"的证明力较弱；无法应对准确性、计价和分摊认定 （2）证明力较强，金额、交易条款、协议等均可函证	实质性程序
重新计算	注册会计师对记录或文件中的数据计算的准确性进行核对，可以通过手工或电子方式进行	主要实现准确性、计价和分摊；准确性认定	实质性程序
重新执行	注册会计师独立执行原本作为被审计单位**内部控制**组成部分的程序或控制	成本较高，证明力较强	控制测试
分析程序	注册会计师通过分析不同财务数据之间以及**财务数据与非财务数据**之间的内在关系，对**财务信息**作出评价。**还包括**必要时对识别出的、与其他相关信息不一致或与预期值差异重大的波动或关系进行调查	证明力有限，一般不作为直接证据，只能作为佐证	风险评估程序 实质性程序

【考点母题——万变不离其宗】审计程序

（1）下列有关审计程序的说法中，正确的有（　）。
A. 检查、观察和询问在风险评估程序、控制测试和实质性程序中均适用 B. 重新执行仅用于控制测试 C. 实质性程序分为实质性分析程序和细节测试 D. 重新计算和函证仅用于实质性程序（细节测试） E. 分析程序不用于了解内部控制、控制测试和细节测试
（2）下列有关审计程序的说法中，错误的有（　）。
A. 注册会计师就管理层的口头答复，一定需要获取其书面声明 B. 通过询问可获得充分适当的审计证据

【考点子题——举一反三，真枪实练】

[11]（2019年·单选题）下列审计程序中，不适用于细节测试的是（　）。

A. 函证　　B. 检查　　C. 重新执行　　D. 询问

[12]（2018年·单选题）下列有关询问程序的说法中，错误的是（　）。

A. 询问可以以口头或书面方式进行

B. 询问适用于风险评估、控制测试和实质性程序

C. 注册会计师应当就管理层对询问作出的口头答复获取书面声明

D. 询问是指注册会计师向被审计单位内部或外部的知情人员获取财务信息和非财务信息，并对答复进行评价的过程

[13]（经典例题·多选题）下列有关审计程序的说法中，不正确的有（　）。

A. 分析程序通常用于了解企业内部控制

B. 控制测试程序不包括穿行测试

C. 重新执行通常用作细节测试

D. 作为其他审计程序的补充，询问广泛应用于整个审计过程中

第三节　函证

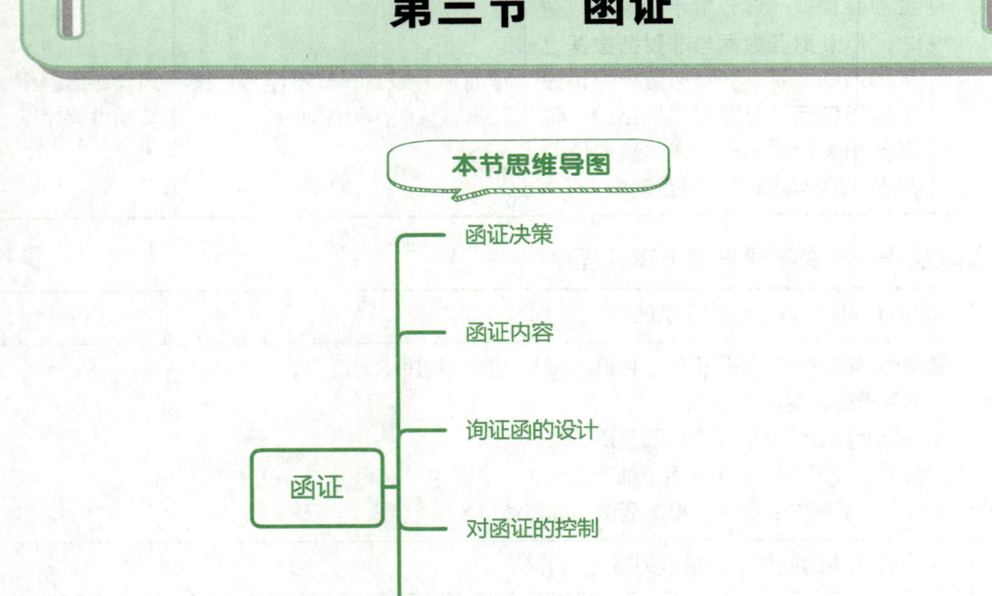

考点4 函证决策

注册会计师应当确认是否有必要实施函证以获取**认定层次**的充分、适当的审计证据。注册会计师应当考虑被审计单位的经营环境、内部控制的有效性、账户或交易的性质、被询证者处理询证函的习惯做法及回函的可能性等，以确定函证的内容、范围、时间和方式。

【考点母题——万变不离其宗】函证决策

（1）在作出是否有必要实施函证的决策时，注册会计师**应当考虑**的因素有（　）。
A. 评估的认定层次重大错报风险 B. 函证程序针对的认定 C. 实施除函证以外的其他审计程序获取的审计证据
（2）在作出是否有必要实施函证的决策时，注册会计师**可以考虑**的因素有（　）。
A. 被询证者对函证事项的了解　　B. 预期被询证者回复询证函的能力或意愿 C. 预期被询证者的客观性
（3）下列有关函证的说法中，正确的有（　）。
A. 认定层次**重大错报风险水平越高**或属于**特别风险**，注册会计师获取的审计证据的**相关性和可靠性**的**要求越高**（如**考虑**是否通过**函证**特定事项以降低检查风险） B. 函证可以为某些认定提供审计证据，但是对不同的认定，函证的证明力是不同的 C. 在函证**应收账款**时，函证可能为存在、权利和义务认定提供**相关可靠**的审计证据，但是**不能为计价和分摊认定**（应收账款涉及的坏账准备计提）提供证据 D. 应付账款的完整性通过函证程序很难实现，注册会计师应当实施函证以外的审计程序
（4）下列有关函证决策的说法中，错误的有（　）。
A. 函证前需要考虑被审计单位是否允许注册会计师进行函证 B. 函证能够为计价和分摊认定提供充分适当的审计证据

【考点子题——举一反三，真枪实练】

[14]（2017年•多选题）下列各项因素中，通常影响注册会计师是否实施函证的决策的有（　）。

A. 评估的认定层次重大错报风险　　B. 函证信息与特定认定的相关性

C. 被询证者的客观性　　D. 被审计单位管理层的配合程度

[15]（经典例题•单选题）下列各项中，不影响注册会计师确定是否实施函证程序以获取认定层次的充分、适当的审计证据的是（　）。

A. 评估的认定层次重大错报风险

B. 预期被询证者回复询证函的能力或意愿

C. 针对同一认定可以从不同来源获取的审计证据或获取的不同性质的审计证据

D. 被审计单位是否允许注册会计师实施函证程序

考点5 函证内容

【考点母题——万变不离其宗】函证内容

<table>
<tr><td colspan="2">（1）下列各项属于函证的对象的有（ ）。</td></tr>
<tr><td rowspan="2">A. 银行存款、借款及与金融机构往来的其他重要信息</td><td>（2）下列有关银行存款、借款及与金融机构往来的其他重要信息函证的说法中，正确的有（ ）。</td></tr>
<tr><td>A. 注册会计师应当对银行存款（包括零余额账户和在本期内注销的账户）、借款及与金融机构往来的其他重要信息实施函证程序
B. 除非有充分证据表明某一银行存款、借款及与金融机构往来的其他重要信息对财务报表不重要且与之相关的重大错报风险很低，可不进行函证，且应当在审计工作底稿中说明理由</td></tr>
<tr><td rowspan="2">B. 应收账款</td><td>（3）下列有关应收账款函证的说法中，正确的有（ ）。</td></tr>
<tr><td>A. 注册会计师应当对应收账款实施函证程序
B. 除非有充分证据表明应收账款对财务报表不重要，或函证很可能无效，可不进行函证，并实施替代审计程序，获取相关、可靠的审计证据，且在审计工作底稿中说明理由</td></tr>
<tr><td colspan="2">C. 函证的其他内容（函证通常适用于账户余额及其组成部分，但是不一定限于这些项目，如函证应付账款、应收票据、交易性金融资产等）</td></tr>
<tr><td colspan="2">（4）如果采用审计抽样方式确定函证程序的范围，注册会计师可以从总体中选取特定项目，可能包括的项目有（ ）。</td></tr>
<tr><td colspan="2">A. 金额较大的项目　　B. 账龄较长的项目
C. 交易频繁但期末余额较小的项目　　D. 重大关联方交易
E. 重大或异常的交易　　F. 可能存在争议、舞弊或错误的交易</td></tr>
<tr><td colspan="2">（5）下列有关函证时间的说法中，正确的有（ ）。</td></tr>
<tr><td colspan="2">A. 注册会计师通常以资产负债表日为截止日，在资产负债表日后适当时间内实施函证
B. 如果重大错报风险评估为低水平，注册会计师可选择资产负债表日前适当日期为截止日实施函证，并对所函证项目自该截止日起至资产负债表日止发生的变动实施实质性程序</td></tr>
<tr><td colspan="2">（6）如果管理层要求不实施函证，下列处理正确的有（ ）。</td></tr>
<tr><td colspan="2">A. 注册会计师应当考虑该项要求是否合理，并获取审计证据予以支持，并实施替代审计程序
B. 如果认为管理层的要求不合理，且被其阻挠而无法实施函证，注册会计师应当视为审计范围受到限制，并考虑对审计报告可能产生的影响</td></tr>
<tr><td colspan="2">（7）分析管理层要求不实施函证的原因时，下列属于注册会计师考虑的有（ ）。</td></tr>
<tr><td colspan="2">A. 管理层是否诚信
B. 是否可能存在重大的舞弊或错误
C. 替代审计程序能否提供与这些账户余额或其他信息相关的充分、适当的审计证据</td></tr>
</table>

续表

(8)下列有关函证范围及内容的说法中，错误的有（　）。
A. 如重大错报风险评估为高水平，注册会计师可选择在资产负债日前适当日期（期中）进行函证 B. 注册会计师只能够在资产负债表日后进行函证程序 C. 对于小规模企业零余额账户、本期注销账户，注册会计师可以不对应收账款和银行存款进行函证 D. 函证仅适用于账户余额及其组成部分的认定确认

【考点子题——举一反三，真枪实练】

[16]（2018年·简答题）ABC会计师事务所的A注册会计师负责审计甲公司2017年度财务报表。审计工作底稿中与函证相关的部分内容摘录如下：

（1）甲公司2017年年末的一笔大额银行借款已于2018年初到期归还。A注册会计师检查了还款凭证等支持性文件，结果满意，决定不实施函证程序，并在审计工作底稿中记录了不实施函证程序的理由。

（2）A注册会计师评估认为应收账款的重大错报风险较高，为尽早识别可能存在的错报，在期中审计时对截至2017年9月末的余额实施了函证程序，在期末审计时对剩余期间的发生额实施了细节测试，结果满意。

（3）A注册会计师对应收乙公司的款项实施了函证程序。因回函显示无差异，A注册会计师认可了管理层对应收乙公司款项不计提坏账准备的处理。

（4）A注册会计师拟对甲公司应付丙公司的款项实施函证程序。因甲公司与丙公司存在诉讼纠纷，管理层要求不实施函证程序。A注册会计师认为其要求合理，实施了替代审计程序，结果满意。

（5）A注册会计师评估认为应付账款存在低估风险，因此，在询证函中未填列甲公司账面余额，而是要求被询证者提供余额信息。

要求：针对上述第（1）~（5）项，逐项指出A注册会计师的做法是否恰当。如不恰当，简要说明理由。

[17]（经典例题·多选题）下列有关注册会计师是否实施函证程序的说法中，正确的有（　）。

A. 在对银行存款实施函证程序时，不需要函证在本期内注销的账户

B. 如果有充分证据表明某一银行存款对财务报表不重要且与之相关的重大错报风险很低，注册会计师可以不对其实施函证程序

C. 对小型企业财务报表执行审计时，注册会计师不应当实施应收账款函证程序

D. 对上市公司财务报表实施审计时，注册会计师可能不对应收账款实施函证程序

[18]（经典例题·单选题）下列有关函证的说法中，错误的是（　）。

A. 函证仅适用于账户余额及其组成部分的认定确认

B. 管理层要求不实施函证时，注册会计师需要考虑其合理性

C. 被审计单位预期重大错报风险越大的项目，越可能被纳入函证范围

D. 对于期末余额较小的余额，也有可能被函证

考点6 询证函的设计

【考点宝藏图】

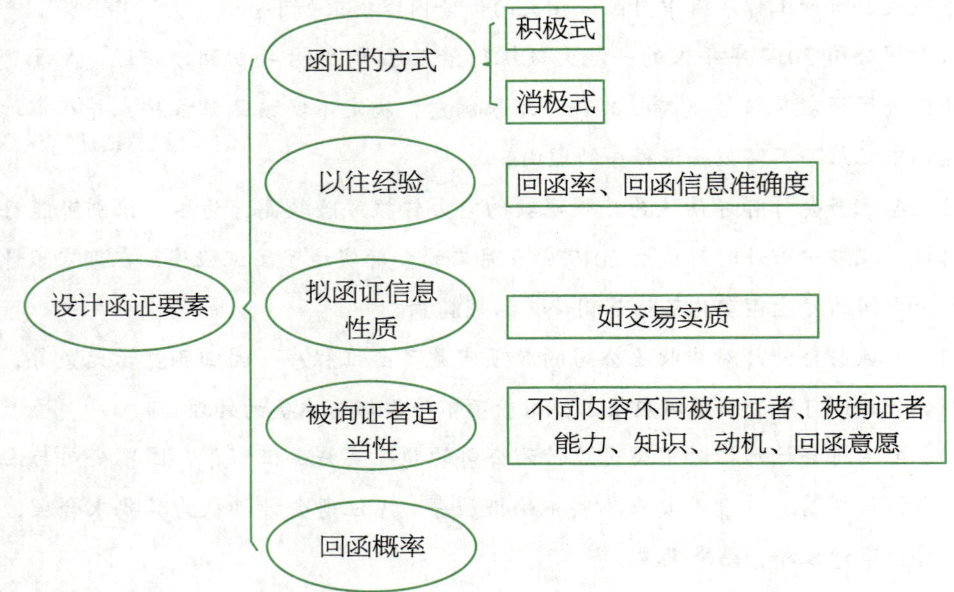

【考点母题——万变不离其宗】询证函的设计

（1）下列有关积极式函证的说法中，正确的有（　）。
A. 注册会计师应当要求被询证者在所有情况下**必须回函** B. 积极函证可以在询证函中**列明（或不列明）**拟函证的账户余额或其他信息，要求被询证者确认（或填写）所函证的款项是否正确 C. 只有注册会计师收到回函，才能为财务报表认定提供审计证据
（2）下列有关积极函证未收到回函的处理，正确的有（　）。
A. 注册会计师应当考虑必要时**再次**向被询证者寄发询证函 B. 如还未能得到被询证者的回应，注册会计师应当实施**替代审计程序** C. 替代程序不能提供注册会计师所需要的审计证据时，注册会计师应当确定其对**审计工作**和**审计意见**的影响（如**信息只能从被审计单位外部获取；存在特定舞弊风险因素时**）
（3）下列有关消极式函证的说法中，正确的有（　）。

续表

A. 消极式函证只要求被询证者仅在**不同意**询证函列示信息的情况下**才**予以**回函** B. 未收到消极式询证函的回函提供的审计证据，**远不如**积极式询证函的回函提供的审计证据有说服力
（4）如果注册会计师采用消极式函证，需要同时满足的情况有（ ）。
A. 重大错报风险评估为低水平 B. 涉及大量余额较小的账户 C. 预期不存在大量的错误 D. 没有理由相信被询证者不认真对待函证
（5）下列有关函证设计及其内容的说法中，错误的有（ ）。
A. 如被审计单位与应收账款、银行存款存在认定的内部控制设计良好且有效运行，可以适当减少函证的样本量 B. 注册会计师应与被审计单位商定，并决定函证对象 C. 如果注册会计师在采用积极的函证方式时没有收到回函，应认定函证信息错误 D. 对于应收账款，必须采用积极的函证方式 E. 注册会计师只能够选取同一（积极或消极）模式的函证形式 F. 积极的函证一定能够获取充分、适当的审计证据（或一定是获取充分、适当审计证据的必要程序）

【考点子题——举一反三，真枪实练】

[19]（经典例题•多选题）下列有关函证的说法中，正确的有（ ）。

A. 如果注册会计师认为取得积极式函证回函是获取充分、适当的审计证据的必要程序，则替代程序不能提供注册会计师所需要的审计证据

B. 对于某些认定，函证所能提供的审计证据的相关性程度并不高

C. 如果被审计单位与银行存款存在认定有关的内部控制设计良好并有效运行，注册会计师可适当减少函证的样本量

D. 函证程序不适用于控制测试

[20]（经典例题•单选题）注册会计师在执行函证程序时，下列说法正确的是（ ）。

A. 当注册会计师根据以往经验认为，即使询证函设计恰当，回函率仍很低，应考虑实施消极的函证方式获取审计证据

B. 注册会计师了解到被审计单位与第三方之间的交易重大错报风险评估为低水平，确定采用消极的函证方式

C. 对获得被审计单位管理层授权的询证函，被询证者可能更愿意回函，在某些情况下，如果没有获得授权，被询证者甚至不能够回函，因此注册会计师实施函证前需要与被审计单位进行沟通，以商定函证对象

D. 注册会计师要考虑函证所提供的审计证据的可靠性还受到被询证者的能力、独立性、客观性、回函者是否有权回函等因素的影响

[21]（经典例题•单选题）下列关于积极的函证方式和消极的函证方式的说法中，错误的是（ ）。

A. 如果采用积极的函证方式，注册会计师应当要求被询证者在所有情况下必须回函，确认询证函所列示信息是否正确，或填列询证函要求的信息

B. 对于应收账款的函证程序，必须采用积极的函证方式

C. 注册会计师在考虑相关账户余额是否可能低估时，向供应商发出消极式询证函可能是有用的程序

D. 采用消极的函证方式，如果被询证者同意询证函上列示的信息，则不予回函

[22]（经典例题·单选题）在实施函证程序时，下列有关积极的函证方式的说法中，正确的是（　）。

A. 函证方式分为积极和消极两种方式，注册会计师只能选择其中一种使用

B. 如果重大错报风险较高，取得积极式询证函回函是获取充分、适当的审计证据的必要程序

C. 在询证函中不列明账户余额或其他信息，而要求被询证者填写有关信息或提供进一步信息，会导致被询证者对所列示信息根本不加以验证就予以回函确认

D. 如果认为取得积极式询证函回函是获取充分、适当的审计证据的必要程序，未获得回函，注册会计师应当确定其对审计工作和审计意见的影响

考点7 对函证的控制

注册会计师应当对函证的**全过程**保持控制。

【考点母题——万变不离其宗】对函证的控制

（1）对询证函的控制应包括的事项有（　）。

续表

<table>
<tr><td rowspan="2">A 函证发出前的控制措施</td><td>（2）下列关于函证发出前控制措施的说法，正确的有（ ）。</td></tr>
<tr><td>A. 询证函经被审计单位盖章后，应当由注册会计师直接发出
B. 询证函中填列的需要被询证者确认的信息是否与被审计单位账簿中的有关记录保持一致。对于银行存款的函证，需要银行确认的信息是否与银行对账单等保持一致
C. 考虑选择的被询证者是否适当，包括被询证者对被函证信息是否知情、是否具有客观性、是否拥有回函的授权等
D. 是否已在询证函中正确填列被询证者直接向注册会计师回函的地址
E. 是否已将部分或全部被询证者的名称、地址与被审计单位有关记录进行核对（电话、网站、合同、发票都可作为核对标准）</td></tr>
<tr><td rowspan="2">B. 通过不同方式发出询证函时的控制措施</td><td>（3）下列关于不同方式发出询证函时控制措施的说法，正确的有（ ）。</td></tr>
<tr><td>A. 通过邮寄方式发出询证函时，可不使用被审计单位本身的邮寄设施，而是独立寄发询证函（例如，直接在邮局投递）
B. 通过跟函的方式发出询证函时，注册会计师需要在整个过程中保持对询证函的控制
C. 通过电子方式发送询证函时，在发函前可以基于对特定询证方式所存在风险的评估，考虑相应的控制措施</td></tr>
</table>

【考点子题——举一反三，真枪实练】

[23]（2019年•简答题）ABC会计师事务所的A注册会计师负责审计甲公司2018年度财务报表。审计工作底稿中与函证相关的部分内容摘录如下：

（1）A注册会计师对甲公司年内已注销的某人民币银行账户实施函证，银行表示无法就已注销账户回函。A注册会计师检查了该账户的注销证明原件，核对了亲自从中国人民银行获取的《已开立银行结算账户清单》中的相关信息，结果满意。

（2）在实施应收账款函证程序时，A注册会计师将财务人员在发函信封上填写的客户地址与销售部门提供的客户清单中的地址进行核对后，亲自将询证函交予快递公司发出。

（3）甲公司根据销售合同在发出商品时确认收入。客户乙公司回函确认金额小于函证金额，甲公司管理层解释系期末发出商品在途所致。A注册会计师检查了合同、出库单以及签收单等支持性文件，并与乙公司财务人员电话确认了相关信息，结果满意。

（4）A注册会计师对应收账款余额实施了函证程序，有15家客户未回函。A注册会计师对其中14家实施了替代程序，结果满意；对剩余一家的应收账款余额，因其小于明显微小错报的临界值，A注册会计师不再实施替代程序。

（5）甲公司未对货到票未到的原材料进行暂估。A注册会计师从应付账款明细账中选取90%的供应商实施函证程序，要求供应商在询证函中填列余额信息。

要求：针对上述第（1）-（5）项，逐项指出A注册会计师的做法是否恰当。如不恰当，简要说明理由。

第3章

考点8 评价函证的可靠性

函证所获取的审计证据的可靠性主要取决于注册会计师设计询证函、实施函证程序和评价函证结果等程序的适当性。

【考点宝藏图】

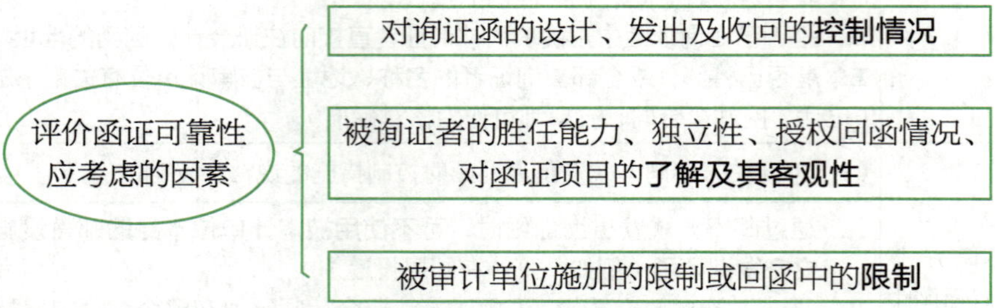

评价函证可靠性应考虑的因素：
- 对询证函的设计、发出及收回的**控制情况**
- 被询证者的胜任能力、独立性、授权回函情况、对函证项目的**了解及其客观性**
- 被审计单位施加的限制或回函中的**限制**

【考点母题——万变不离其宗】评价函证的可靠性

（1）不同回函方式下，注册会计师应验证的信息（实施的审计程序）有（　）。	
邮寄方式	A. 回函是否是原件 B. 回函是否由被询证者直接寄给注册会计师 C. 信封中记录的发件方名称、地址是否与询证函中记载的被询证者名称、地址一致 D. 邮戳显示发出城市或地区是否与被询证者的地址一致 E. 被询证者加盖在询证函上的印章以及签名中显示的被询证者名称是否与询证函中记载的被询证者名称一致 F. 在认为必要的情况下，注册会计师还可以进一步与被审计单位持有的其他文件进行核对或亲自前往被询证者进行核实等
跟函方式	G. 了解被询证者处理函证的通常流程和人员 H. 确认处理询证函人员的身份和处理询证函的权限，如索要名片、观察员工卡或姓名牌等 I. 观察处理询证函的人员是否按照正常流程认真处理询证函
电子形式	J. 注册会计师和回函者采用一定的程序为电子形式的回函创造安全环境，可以降低该风险 K. 电子函证程序涉及多种确认发件人身份的技术，如加密技术、电子数码签名技术、网页真实性认证程序 L. 当注册会计师存有疑虑时，可以与被询证者联系以核实回函的来源及内容。必要时，注册会计师可以要求被询证者提供回函原件
口头回复	M. 可以要求被询证者提供直接书面回复，如果仍未收到书面回函，则需要通过实施替代程序，寻找其他审计证据以支持口头回复中的信息
（2）下列各项关于回函的可靠性的说法，正确的有（　）。	

续表

A. 针对不同的回函方式，注册会计师都应当验证其可靠性 B. 如果被询证者将回函寄至被审计单位，**被审计单位将其转交**注册会计师，该回函**不能视为**可靠的审计证据 C. 对函证的口头回复**不符合**函证的要求，**不能作为**可靠的审计证据（应要求书面回复） D. 转交给注册会计师的回函**不能视为**可靠的审计证据，注册会计师可以要求被询证者直接书面回复
（3）下列选项中，对回函**可能不产生**不利影响的表述，正确的有（ ）。
A. 回函中存在免责或其他**限制条款**是影响外部函证可靠性的因素之一，但这种限制**不一定**使回函失去可靠性 B. 回函中格式化的**免责条款**可能**并不会**影响所确认信息的可靠性 C. 其他限制条款如果与测试的认定无关，也**不会**导致回函失去可靠性
（4）下列选项中，对回函**可能产生**不利影响的限制条款及其影响的表述，正确的有（ ）。
A. 可能使注册会计师对回函中所包含信息的**完整性**、**准确性**或注册会计师能够**信赖**其所含信息的程度**产生怀疑**的条款 B. “本信息是从电子数据库中取得，可能**不包括**被询证方所拥有的**全部信息**” C. “本信息既**不保证准确**也**不保证是最新**的，其他方可能会持有不同意见” D. “接收人不能依赖函证中的信息” E. 如限制条款使回函难以作为可靠的审计证据，注册会计师可能需要执行额外的或替代审计程序或考虑对审计工作和审计意见的影响
（5）针对函证的不符事项，下列说法正确的有（ ）。
A. 注册会计师应当调查不符事项，以确定是否表明存在错报 B. 某些不符事项**并不表明**存在错报，如可能是由于函证时间安排、计量或书写错误导致
（6）下列有关函证评价的说法中，错误的有（ ）。
A. 函证中的免责声明一定会削弱函证的可靠性　　B. 电子回函一定不可靠 C. 口头回函可能能够提供充分适当的审计证据　　D. 若回函与事实不符，则一定存在错报

【考点子题——举一反三，真枪实练】

[24]（2021年•单选题）下列选项中，不会影响回函的可靠性的是（ ）。

A. 回函的及时性　　B. 回函包含的限制条款

C. 回函发出及收回的控制情况　　D. 被询证者的客观性

[25]（2016年•多选题）下列有关询证函回函可靠性的说法中，错误的有（ ）。

A. 被询证者对于函证信息的口头回复是可靠的审计证据

B. 询证函回函中的免责条款削弱了回函的可靠性

C. 由被审计单位转交给注册会计师的回函不是可靠的审计证据

D. 以电子形式收到的回函不是可靠的审计证据

[26]（经典例题•单选题）下列选项中，一般不属于影响回函可靠性的因素为（ ）。

A. 注册会计师是否能够直接收到回函

B. 回函地址是否与被询证单位记载中的地址一致

C. 被审计单位的内部控制薄弱

D. 回函中带有限制性条款

[27]（经典例题•多选题）下列选项中，属于影响邮寄方式回函可靠性的有（　）。

A. 回函件不是原件

B. 回函单位地址与被审计单位记载中的不一致

C. 回函由被审计单位转交给注册会计师

D. 注册会计师没有向被询证单位人员索要名片、观察员工卡或姓名牌等

实施函证时需要关注的舞弊风险迹象以及采取的应对措施

在函证过程中，注册会计师需要始终保持职业怀疑，对舞弊风险迹象保持警觉。

【考点母题——万变不离其宗】实施函证时对舞弊风险的关注及应对

（1）下列各项属于与函证有关的舞弊风险迹象的有（　）。

A. 管理层**不允许**寄发询证函
B. 管理层试图**拦截、篡改**询证函或回函，如坚持以特定的方式发送询证函
C. 被询证者将回函寄至被审计单位，**被审计单位**将其**转交**注册会计师
D. 注册会计师跟进访问被询证者，发现**回函信息**与**被询证者记录不一致**
E. 从**私人电子信箱**发送的回函
F. 收到**同一日期**发回的、**相同笔迹**的多份回函
G. 位于不同地址的多家被询证者的回函邮戳显示的**发函地址相同**
H. 收到不同被询证者用快递寄回的回函，但快递的交寄人或发件人是**同一个人**或是被审计单位的员工
I. 回函邮戳显示的发函地址与被审计单位记录的被询证者的地址不一致
J. 不正常的回函率（偏高或偏低）
K. 被询证者缺乏**独立性**

（2）针对函证有关的舞弊风险迹象，注册会计师可以采取的应对措施有（　）。

A. 验证被询证者是否**存在**、是否与被审计单位之间缺乏**独立性**，其业务性质和规模是否与被询证者和被审计单位之间的交易**记录相匹配**
B. 将与从其他来源得到的被询证者的**地址**（合同、网络等）相比较，验证地址有效性
C. 将被审计单位档案中有关被询证者的**签名**样本、公司公章与回函核对
D. 要求与被询证者相关人员**直接沟通**讨论询证事项，考虑是否有必要前往被询证者工作地点以验证其是否存在
E. 分别在**中期和期末**寄发询证函，并使用被审计单位账面记录和其他相关信息核对相关账户的期间**变动**
F. 考虑从**金融机构**获得被审计单位的信用记录，加盖该金融机构公章，并与被审计单位会计记录相核对，以证实是否存在被审计单位没有记录的贷款、担保、开立银行承兑汇票、信用证、保函等事项。根据金融机构的要求，注册会计师获取信用记录时可以考虑由被审计单位人员陪同前往

续表

(3)下列有关函证时存在舞弊风险的迹象及应对的说法，错误的是（ ）。
A. 若存在舞弊风险，注册会计师应使用其他审计程序替代函证

【考点子题——举一反三，真枪实练】

[28](经典例题·单选题)下列有关识别函证舞弊迹象的说法中，错误的是（ ）。

A. 当被询证者缺乏独立性时，应考虑其舞弊风险

B. 被审计单位坚持要求注册会计师使用特定的函证方式，应考虑其舞弊风险

C. 为降低舞弊风险，注册会计师可以在函证前核对询证地址有效性

D. 如函证存在可能的舞弊迹象，应采用替代审计程序，替代函证进行审计证据搜集

[29](经典例题·多选题)下列选项中，与函证有关的舞弊迹象可能有（ ）。

A. 管理层阻止注册会计师发函

B. 回函从私人电子邮箱发出

C. 同一时间收到多份字迹相同但来自不同被函证单位的回函

D. 询证函回函由被审计单位转交给注册会计师

[30](经典例题·简答题)ABC会计师事务所负责甲公司2022年度财务报表审计，财务报表整体重要性水平为100万，明显微小错报临界值为7万。有关审计程序部分内容摘录如下：

(1)注册会计师在发函时，没有使用被审计单位的邮寄设施，而是直接前往邮局进行函证投递。

(2)甲公司对客户乙的一笔应收账款计提了100%的坏账准备，因此注册会计师认为对该笔应收账款没有函证的必要。

(3)甲公司账面上A银行存款有200万元，而注册会计师得到A银行回函显示存款为100万元，据此，注册会计师出具了非无保留意见。

(4)注册会计师A与甲公司人员直接去往甲公司客户乙公司处进行函证，由于乙公司关键负责人不在，注册会计师A委托乙公司其他人员处理函证，并核对了信息，认可了该回函结果。

(5)回函时，注册会计师A发现回函地址与被审计单位合同中标明的客户地址不一致，被审计单位人员解释为客户变更工作场所导致，注册会计师A在核实回函信息后，认为该回函可靠。

要求：针对上述第(1)至(5)项，逐项指出审计项目组的做法是否恰当。如不恰当，简要说明理由。

[31](经典例题·简答题)A注册会计师负责对甲公司2022年度财务报表实施审计，对

银行存款实施了函证，编制了审计工作底稿，部分内容摘录如下：明显微小错报临界值为3万元，在甲公司财务报表中，显示银行A账面余额100万元；银行B，账户b1账面余额200万元，账户b2账面余额2万元；银行C，账面余额4万元；银行D，账面余额500万元。

（1）由于银行C账面余额较小，注册会计师A拟使用消极方式向该银行进行函证。

（2）银行B中，由于账户b2所占比例较低，且数额小于明显微小错报临界值，注册会计师A认为没有向b2账户函证的必要。

（3）注册会计师A评估b1账户的重大错报风险较低，因此选取了资产负债日前适当日期对银行进行了函证。

（4）银行B的回函中注明：本信息是从电子数据库中取得，可能不包括被询证方所拥有的全部信息，注册会计师认为该回函具有限制性条款，并判断回函不可靠。

（5）银行A未在规定时间内回函，且注册会计师再次发函后仍未回复，由于A银行的回函信息无法通过替代程序获取，注册会计师出具了非无保留意见。

要求：针对审计说明第(1)至(5)项，逐项指出A注册会计师的做法是否恰当。如不恰当，简要说明理由。

第四节　分析程序

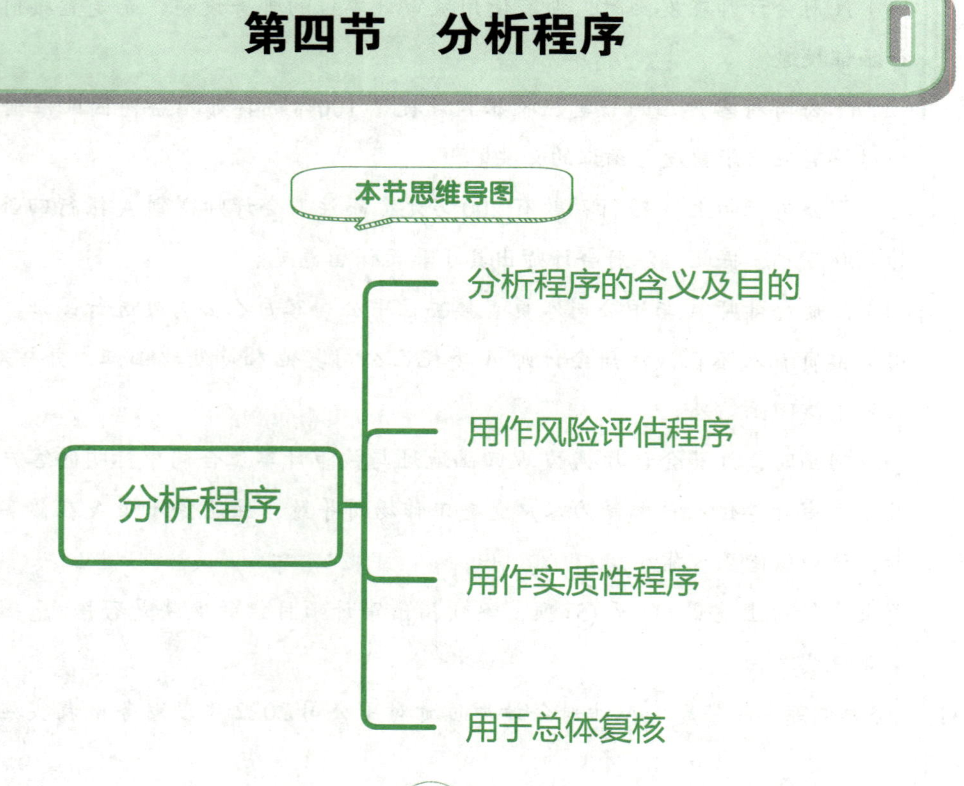

考点 10　分析程序的含义及目的

分析程序，是指注册会计师通过分析不同**财务数据之间**以及**财务数据与非财务数据**之间的内在关系，对**财务信息**作出评价。分析程序还包括在必要时对识别出的、与其他相关信息**不一致或与预期值差异**重大的波动或关系**进行调查**。

【考点母题——万变不离其宗】分析程序

（1）下列有关分析程序的说法中，正确的有（　）。
A. 分析程序用作风险评估程序时，以**了解被审计单位及其环境等方面情况**并评估财务报表层次和认定层次的**重大错报风险** B. 当使用分析程序**比细节测试能更有效**地将认定层次的检查风险降至可接受的水平时，分析程序可以**用作实质性程序** C. 分析程序可以在审计结束或临近结束时对财务报表进行**总体复核** D. 注册会计师在**风险评估**阶段和**审计结束**时的总体复核阶段**必须**运用分析程序，在**实施实质性程序**阶段**可选**用分析程序 E. 分析程序所使用的信息可以是财务信息，也可以是非财务信息 F. 注册会计师进行分析的重点通常集中在财务报表层次（用于总体复核阶段）
（2）下列有关分析程序的说法中，错误的有（　）。
A. 在所有审计程序中，分析程序都不是必须的 B. 分析程序适用于所有的财务报表认定

【考点子题——举一反三，真枪实练】

[32]（2020 年•单选题）下列有关分析程序的说法中，错误的是（　）。

A. 分析程序所使用的信息可能包括非财务数据

B. 注册会计师不需要在所有审计业务中运用分析程序

C. 对某些重大错报风险，分析程序可能比细节测试更有效

D. 分析程序并不适用于所有财务报表认定

[33]（2016年·单选题）下列有关分析程序的说法中，正确的是（ ）。

A. 分析程序是指注册会计师通过分析不同财务数据之间的内在关系对财务信息作出评价

B. 注册会计师无需在了解被审计单位及其环境等方面情况的各个方面实施分析程序

C. 细节测试比实质性分析程序更能有效地将认定层次的检查风险降至可接受的水平

D. 用于总体复核的分析程序的主要目的在于识别那些可能表明财务报表存在重大错报风险的异常变化

考点11 用作风险评估程序

【考点母题——万变不离其宗】用作风险评估程序

下列有关分析程序用作风险评估程序的说法中，正确的有（ ）。	
总体要求	A. 注册会计师在实施风险评估程序时，**应当**运用分析程序
在风险评估程序中的具体运用	B. 注册会计师可以将分析程序与**询问、检查和观察**程序结合运用，以识别和评估**财务报表**及**认定层次**的重大错报风险 C. 在运用分析程序时，注册会计师应重点关注关键的**账户余额、趋势和财务比率关系**等方面，对比预期与实际金额或状况 D. 注册会计师**无须**在了解被审计单位及其环境等方面情况的**每一方面**都实施分析程序（如内部控制）
风险评估过程中运用的分析程序的特点	E. 主要目的在于识别那些可能表明财务报表存在重大错报风险的**异常变化** F. 与**实质性分析程序**相比，在风险评估过程中使用的分析程序并**不足以**提供充分、适当的审计证据

【考点子题——举一反三，真枪实练】

[34]（2018年·单选题）下列有关用作风险评估程序的分析程序的说法中，错误的是（ ）。

A. 此类分析程序的主要目的在于识别可能表明财务报表存在重大错报风险的异常变化

B. 此类分析程序所使用数据的汇总性较强

C. 此类分析程序通常不需要确定预期值

D. 此类分析程序通常包括对账户余额变化的分析，并辅之以趋势分析和比率分析

考点 12　用作实质性程序

实质性分析程序是指用作实质性程序的分析程序，它与细节测试都可用于收集审计证据，以识别财务报表认定层次的重大错报。

注册会计师**应当**针对评估的**认定层次**重大错报风险设计和**实施实质性程序**。

使用分析程序的考虑事项：

- **认定**的重大错报风险和实施的细节测试
- 评价数据的**可靠性**和实施的细节测试
- 对已记录的金额或比率作出**预期**，并评价预期值是否足够**精确**以识别重大错报

【考点母题——万变不离其宗】实质性分析程序

（1）下列有关实质性分析程序的说法中，正确的有（　）。
A. 并未要求注册会计师在实施**实质性程序**时必须使用分析程序（注册会计师可以不实施实质性分析程序） B. 实质性分析程序**较细节测试**的精确度更差，证明能力较弱 C. 实质性分析程序通常更适用于在一段时间内存在预期关系的大量交易 D. 当使用分析程序比细节测试能**更有效**地将**认定**层次的检查风险降至可接受的水平时，注册会计师可以考虑**单独或结合**细节测试，运用实质性分析程序 E. 分析程序并**不适用于所有**的财务报表**认定**
（2）下列各项属于数据的**可靠**性影响因素的有（　）。
A. 可获得信息的**来源**　B. 可获得信息的**可比性**　C. 可获得信息的性质和**相关性** D. 与信息编制相关的控制，用以确保信息完整、准确和有效
（3）在评价作出预期的准确程度是否足以在计划的保证水平上识别重大错报时，注册会计师应当考虑的因素有（　）。
A. 对实质性分析程序的预期结果作出预测的准确性 B. 信息**可分解**程度（可分解度越高，预期越准确） C. 财务和非财务信息的可获得性
（4）下列对记录金额与预期金额间的可接受差异的说法，正确的有（　）。
A. 可接受差异受**重要性**和**计划的保证水平**影响（重要性水平越低，计划保证水平越高，可接受差异越小） B. 可接受差异受**评估的风险**影响（风险越高，可接受差异越小）
（5）下列有关实质性分析程序的说法中，错误的有（　）。
A. 实质性分析程序不能提供充分、适当的审计证据 B. 实质性分析程序不适用于识别出特别风险的认定

【考点子题——举一反三，真枪实练】

[35]（2019年•单选题）下列有关实质性分析程序的说法中，错误的是（　）。

A. 实质性分析程序达到的精确度低于细节测试

B. 实质性分析程序并不适用于所有财务报表认定

C. 实质性分析程序提供的审计证据是间接证据，因此无法为相关财务报表认定提供充分、适当的审计证据

D. 注册会计师可以对某些财务报表认定同时实施实质性分析程序和细节测试

[36]（2017年•单选题）下列有关实质性分析程序的适用性的说法中，错误的是（　）。

A. 实质性分析程序通常更适用于在一段时间内存在预期关系的大量交易

B. 实质性分析程序不适用于识别出特别风险的认定

C. 对特定实质性分析程序适用性的确定，受到认定的性质和注册会计师对重大错报风险评估的影响

D. 注册会计师无需在所有审计业务中运用实质性分析程序

[37]（2020年•单选题）在实施实质性分析程序时，注册会计师需要对已记录的金额或比率作出预期。下列各项因素中，与作出预期所使用数据的可靠性无关的是（　）。

A. 可获得信息的相关性　　B. 信息的可分解程度

C. 可获得信息的可比性　　D. 与信息编制相关的控制

[38]（经典例题•多选题）下列各项因素中，注册会计师在确定实质性分析程序的可接受差异额时不需要考虑的有（　）。

A. 重要性　　B. 计划的保证水平

C. 数据的准确性　　D. 可获得信息的来源

[39]（经典例题•多选题）在实施实质性分析程序时，影响数据可靠性的因素有（　）。

A. 可获得信息的来源　　B. 信息的可分解程度

C. 可获得信息的相关性　　D. 可获得信息的可比性

用于总体复核

【考点母题——万变不离其宗】用于总体复核

下列有关分析程序用于总体复核的说法中，正确的有（　）。	
总体要求	A. 在审计结束或临近结束时，运用分析程序是**强制要求**

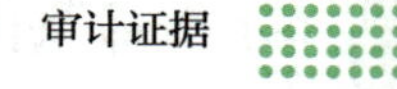

续表

总体复核阶段执行分析程序特点	B. 注册会计师运用分析程序的目的是确定财务报表**整体**是否与其对被审计单位的了解一致 C. 所进行的比较和使用的**手段**与**风险评估程序中**使用的分析程序基本**相同**，但两者的**目的不同** D. 往往集中在财务报表层次，不如实质性分析程序那样详细和具体

【考点子题——举一反三，真枪实练】

[40]（2017年•单选题）下列有关注册会计师在临近审计结束时运用分析程序的说法中，错误的是（　）。

A. 注册会计师进行分析的重点通常集中在财务报表层次

B. 注册会计师采用的方法与风险评估程序中使用的分析程序基本相同

C. 注册会计师进行分析并非为了对特定账户余额和披露提供实质性的保证水平

D. 注册会计师进行分析的目的在于识别可能表明财务报表存在重大错报风险的异常变化

【本章考点子题答案及解析】

[1] 【答案：D】在某些情况下，信息的缺乏本身也构成审计证据，可以被注册会计师利用。

[2] 【答案：D】审计证据可能包括从其他来源获取的信息，如以前审计中获取的信息或会计师事务所接受与保持客户或业务时实施质量管理程序获取的信息，故选项D错误。

[3] 【答案：AB】选项CD属于其他的信息。

[4] 【答案：C】审计证据的相关性是指用作审计证据的信息与审计程序的目的和所考虑的相关认定之间的逻辑联系。审计证据的可靠性是指证据的可信程度，并不影响审计证据的相关性，故选项C错误。

[5] 【答案：A】审计证据的可靠性受其来源和性质的影响，并取决于获取审计证据的具体环境（选项C）。注册会计师在判断审计证据的可靠性时，通常会考虑下列原则：（1）从外部独立来源获取的审计证据比从其他来源获取的审计证据更可靠；（2）内部控制有效时内部生成的审计证据比内部控制薄弱时内部生成的审计证据更可靠（选项B）；（3）直接获取的审计证据比间接获取或推论得出的审计证据更可靠；（4）以文件、记录形式（无论是纸质、电子或其他介质）存在的审计证据比口头形式的审计证据更可靠（选项D）；（5）从原件获取的审计证据比从传真件或复印件获取的审计证据更可靠。审计证据的相关性，是指用作审计证据的信息与审计程序的目的和所考虑的相关认定之间的逻辑联系，选项A错误。

[6] 【答案：D】审计证据的充分性是对审计证据数量的衡量，审计证据的适当性是对审计证据质量的衡量，选项D错误。

[7] 【答案：D】相关性和可靠性是审计证据适当性的核心内容，只有相关且可靠的审计证据才是高质量的，选项A错误；审计证据的可靠性受其来源和性质的影响，并取决于获取审计证据的具体环境，不受充分性的影响，选项B错误；内部控制薄弱时生成的审计证据可能是可靠的，选项C

错误。

[8]【答案：C】选项C不正确，审计证据质量上的缺陷可能无法靠获取更多的审计证据弥补。

[9]【答案：B】直接获取的审计证据比间接获取或推论得出的审计证据更可靠，但这只是相对而言的，间接获取或推论得出的审计证据并不是一定不可靠。

[10]【答案：D】选项D错误，注册会计师应当考虑生成和维护用作审计证据的信息的相关控制的有效性。

[11]【答案：C】选项C，重新执行适用于控制测试，不适用于细节测试。

[12]【答案：C】针对某些事项，注册会计师可能认为有必要向管理层和治理层（如适用）获取书面声明，以证实对口头询问的答复，因此选项C错误。

[13]【答案：AC】选项A错误，了解内部控制时通常不用分析程序；选项C错误，重新执行适用于控制测试，不适用于细节测试。

[14]【答案：ABC】评估的认定层次重大错报风险水平越高，注册会计师对通过实质性程序获取的审计证据的相关性和可靠性的要求越高（选项A）；对特定认定，函证的相关性受注册会计师选择函证信息的影响（选项B）；注册会计师是否实施函证还受被询证者对函证事项的了解、预期回复能力及意愿，以及预期被询证者的客观性等因素影响（选项C）；函证是注册会计师直接从第三方（被询证者）获取书面答复以作为审计证据的过程，因此不选择选项D。

[15]【答案：D】选项D，被审计单位同意与否不改变注册会计师确定在具体情况下是否需要实施函证程序。

[16]【答案】

（1）不恰当。应当对重要的银行借款实施函证程序。

（2）不恰当。重大错报风险较高时，应当考虑在期末或接近期末实施函证/在期末审计时应再次发函；只有重大错报风险评估为低水平，才可以在期中实施函证。

（3）不恰当。函证不能为准确性、计价和分摊认定/应收账款坏账准备的计提提供充分证据。

（4）不恰当。还应考虑可能存在重大的舞弊或错误，以及管理层的诚信度。

（5）恰当。

[17]【答案：BD】选项A错误，注册会计师应当对银行存款（包括零余额账户和在本期内注销的账户）、借款及与金融机构往来的其他重要信息实施函证程序，除非有充分证据表明某一银行存款、借款及与金融机构往来的其他重要信息对财务报表不重要且与之相关的重大错报风险很低；选项C错误，对于小型企业，注册会计师也应当对应收账款实施函证程序，除非有充分证据表明应收账款对财务报表不重要，或函证很可能无效。

[18]【答案：A】函证通常适用于账户余额及其组成部分（如应收账款明细账），但是不一定限于这些项目。

[19]【答案：ABD】（1）注册会计师应当对银行存款（包括零余额账户和在本期内注销的账户）、借款及与金融机构往来的其他重要信息实施函证程序，除非有充分证据表明某一银行存款、借款及与金融机构往来的其他重要信息对财务报表不重要且与之相关的重大错报风险很低。

（2）注册会计师应当对应收账款实施函证程序，除非有充分证据表明应收账款对财务报表不重要，或函证很可能无效。如果认为函证很可能无效，注册会计师应当实施替代审计程序，获取相关、可靠的审计证据。

【提示】如果不对应收账款、银行存款、借款及与金融机构往来的其他重要信息实施函证程序，应当在审计工作底稿中说明理由。

[20]【答案：D】选项AB均不同时满足进行消极函证的条件，因而无法确定使用哪类函证；选项C中，注册会计师不应与被审计单位沟通商定函证对象（如被审计单位不同意函证零余额账户）；注册会计师应当向对所询证信息知情的第三方发送询证函。同时还要考虑函证所提供的审计证据的可靠性受到被询证者的能力、独立性、客观性、回函者是否有权回函等因素的影响，因此选择选项D。

[21]【答案：B】选项B错误，应收账款函证可能采用消极的函证方式。

[22]【答案：D】选项A错误，函证方式分为积极的函证方式和消极的函证方式，注册会计师可采用积极的或消极的函证方式实施函证，也可将两种方式结合使用；选项B错误，重大错报风险较高并不表明取得积极式询证函回函是获取充分、适当的审计证据的必要程序；选项C错误，在询证函中列明拟函证的账户余额或其他信息，要求被询证者确认所函证的信息是否正确，可能导致被询证者对所列示信息根本不加以验证就予以回函确认。

[23]【答案】

（1）恰当。

（2）不恰当。客户清单属于内部信息/客户清单并不是用以验证发函地址准确性的适当证据；应当通过合同、公开网站等来源核对地址。

（3）恰当。

（4）不恰当。应对所有未回函的余额实施替代程序。

（5）不恰当。应从供应商清单中选取函证对象/从应付账款明细账中选取函证对象不足以应对低估风险。

[24]【答案：A】在评价函证的可靠性时，注册会计师应当考虑：（1）对询证函的设计、发出及收回的控制情况；（2）被询证者的胜任能力、独立性、授权回函情况、对函证项目的了解及其客观性；（3）被审计单位施加的限制或回函中的限制。

[25]【答案：ABD】只对询证函进行口头回复不是对注册会计师的直接书面回复，不符合函证的要求，因此，不能作为可靠的审计证据，选项A错误；回函中存在免责或其他限制性条款是影响外部审计函证可靠性的因素之一，但这种限制不一定使回函失去可靠性，注册会计师能否依赖回函信息以及依赖的程度取决于免责或限制条款的性质和实质，选项B错误；电子形式收到的回函，由于回函者的身份及其授权情况很难确定，对回函的更改也难以发觉，因此可靠性存在风险。注册会计师和回函者采用一定的程序为电子形式的回函创造安全环境，可以降低该风险。如果注册会计师确信这种程序安全并得到适当控制，则会提高相关回函的可靠性，选项D错误；如果被询证者将回函寄往被审计单位，被审计单位将其转交给注册会计师，该回函不能视为可靠的审计证据，因此不选择选项C。

[26]【答案：C】被审计单位内部控制薄弱不会影响回函的可靠性，被询证单位的情况可能会对回函可靠性造成影响。

[27]【答案：ABC】选项D为跟函时影响函证可靠性的内容。

[28]【答案：D】如果函证存在舞弊迹象，则注册会计师应针对舞弊风险，采取应对措施，而并非直接不采用函证形式。

[29]【答案：ABCD】管理层不允许寄发询证函；从私人电子信箱发送的回函；收到同一日期发回的、相同笔迹的多份回函以及被询证者将回函寄至被审计单位，被审计单位将其转交注册会计师都是函证可能存在舞弊的迹象。

[30]【答案】

（1）恰当。

【知识点回顾】询证函发出前，若通过邮寄方式发出询证函，可不使用被审计单位本身的邮寄设施，而是独立寄发询证函（例如，直接在邮局投递）。

（2）不恰当。注册会计师应当对应收账款实施函证程序，除非有充分证据表明应收账款对财务报表不重要，或函证很可能无效。

【知识点回顾】应收账款全额计提坏账准备，只是应收账款账面价值为零，但这笔应收账款仍然是存在的，所以需要对其实施函证程序，除非满足可以不对应收账款实施函证的条件（对财务报表不重要或函证很可能无效）。

（3）不恰当。审计项目组应当调查不符事项，以确定是否表明存在错报。

【知识点回顾】回函差异可能是由于函证程序的时间安排、计量或书写错误造成的，并不一定表明存在错报，当回函出现差异时应当调查原因，以确定是否存在错报。

（4）不恰当。注册会计师应了解函证处理人员，并确认其权限。

【知识点回顾】跟函时，注册会计师应了解被询证者处理函证的通常流程和处理人员，确认处理询证函人员的身份和处理询证函的权限，如索要名片、观察员工卡或姓名牌等。

（5）不恰当。注册会计师应当对客户地址作进一步调查。

【知识点回顾】回函邮戳显示的发函地址与被审计单位记录的被询证者的地址不一致，应考虑回函舞弊情况。

[31]【答案】

（1）不恰当。注册会计师向银行寄发的询证函，应当采用积极的函证方式。

【知识点回顾】函证银行存款比较特殊，需要采用积极的函证方式，不涉及采用消极的函证方式。

（2）不恰当。注册会计师应当对银行存款实施函证，除非有充分证据表明某一银行存款对财务报表不重要且与之相关的重大错报风险很低。

【知识点回顾】对于银行存款，包括本期内注销的账户、零余额账户，都是应当函证的，除非有充分证据表明某一银行存款对财务报表不重要且与之相关的重大错报风险很低。

（3）恰当。

【知识点回顾】如果重大错报风险评估为低水平，注册会计师可选择资产负债表日前适当日期为截止日实施函证，并对所函证项目自该截止日起至资产负债表日止发生的变动实施实质性程序。

（4）恰当。

【知识点回顾】可能使注册会计师对回函中所包含信息的完整性、准确性或注册会计师能够信赖其所含信息的程度产生怀疑的条款会降低回函的可靠性。

（5）恰当。

【知识点回顾】积极的函证未收到回函时，注册会计师应当考虑必要时再次向被询证者寄发询证函，如还未能得到被询证者的回应，注册会计师应当实施替代审计程序，替代程序不能提供注册会计师所需要的审计证据时，注册会计师应当确定其对审计工作和审计意见的影响（如信息只能从被审计单位外部获取；存在特定舞弊风险因素时）。

[32]【答案：B】注册会计师在风险评估阶段和审计结束时的总体复核必须运用分析程序，选项B错误。

[33]【答案：B】分析程序，是指注册会计师通过分析不同财务数据之间以及财务数据与非财务数据之间的内在关系，对财务信息作出评价，选项A错误；实质性分析程序和细节测试都可用于收集审计证据，以识别财务报表认定层次重大错报风险，选项C错误；在审计结束或临近结束时，注册会计师运用分析程序的目的是确定财务报表整体是否与其对被审计单位的了解一致，选项D错误。

[34]【答案：C】在运用分析程序时，注册会计师应重点关注关键的账户余额、趋势和财务比率关系等方面，对其形成一个合理的预期，因此选项C是错误的。

[35]【答案：C】虽然相对于细节测试而言，实质性分析程序能够达到的精确度可能受到种种限制，所提供的证据在很大程度上是间接证据，证明力相对较弱，但当使用分析程序比细节测试能更有效地将认定层次的检查风险降至可接受的水平时，注册会计师可以考虑单独或结合细节测试，运用实质性分析程序。实质性分析程序不仅仅是细节测试的一种补充，在某些审计领域，如果重大错报风险较低且数据之间具有稳定的预期关系，注册会计师可以单独使用实质性分析程序获取充分、适当的审计证据，选项C错误。

[36]【答案：B】考虑针对所涉及认定评估的重大错报风险和实施的细节测试（如有），确定特定实质性分析程序对这些认定的适用性，因此选项B是错误的。

[37]【答案：B】数据的可靠性受其来源和性质的影响，并取决于获取该数据的环境。因此，在确定数据的可靠性是否能够满足实质性分析程序的需要时，下列因素是相关的：

（1）可获得信息的来源；

（2）可获得信息的可比性（选项C）；

（3）可获得信息的性质和相关性（选项A）；

（4）与信息编制相关的控制，用以确保信息完整、准确和有效（选项D）。

[38]【答案：CD】注册会计师在确定已记录金额与预期值之间可接受的，且无需做进一步调查的差异额时，受重要性（选项A）和计划的保证水平（选项B）的影响。

[39]【答案：ACD】影响信息可靠性的因素包括：可获得信息的来源；可获得信息的可比性；可获得信息的性质和相关性；与信息编制相关的控制，用以确保信息完整、准确和有效。

[40]【答案：D】在审计结束或临近结束时，注册会计师运用分析程序的目的是确定财务报表整体是否与其对被审计单位的了解一致，因此选项D是错误的。

第 4 章 审计抽样方法

本章思维导图

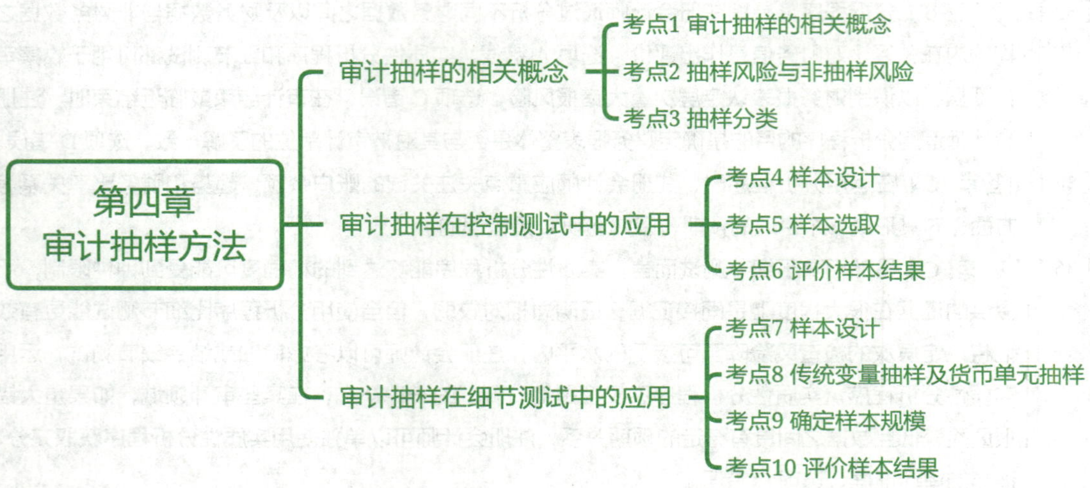

近三年本章考试题型及分值分布

题型	2022 年	2021 年	2020 年
单选题	2 题 2 分	2 题 2 分	2 题 2 分
多选题	2 题 4 分	—	—
简答题	—	—	—
综合题	—	—	—
合计	6 分	2 分	2 分

第一节 审计抽样的相关概念

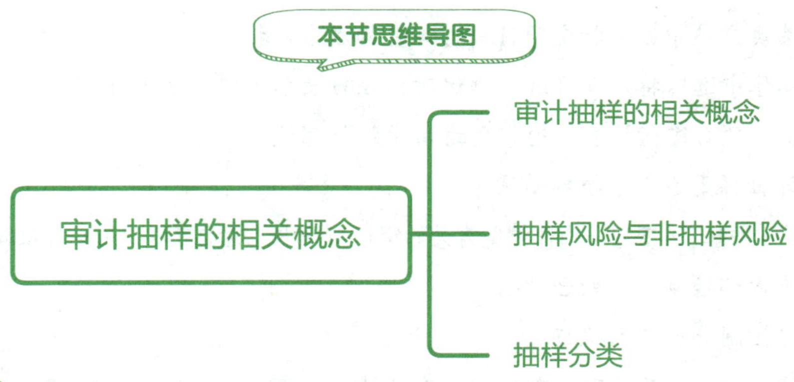

考点 1 审计抽样的相关概念

审计抽样指注册会计师对具有审计相关性的总体中，**低于百分之百**的项目实施审计程序，使**所有抽样单元都有被选取的机会**，为注册会计师针对整个总体得出结论提供合理基础。

【考点母题——万变不离其宗】审计抽样的相关概念

（1）下列各项中，属于审计抽样基本特征的有（ ）。
A. 对**低于** 100% 的项目实施审计程序 B. **所有**抽样单元都有被选取的机会 C. 可根据样本**推断总体**（但样本代表性与其规模无关）
（2）下列有关审计抽样适用程序的说法中，正确的有（ ）。
A. 风险评估程序通常不涉及审计抽样 B. **控制测试**（当控制的**运行留下轨迹**时），可使用审计抽样 C. 实质性程序中，**细节测试**可使用审计抽样，实质性分析程序不宜使用审计抽样
（3）下列有关审计抽样的样本代表性的说法中，正确的有（ ）。
A. 如果样本的选取是无偏向的，该样本通常具有代表性 B. 样本具有代表性并不一定意味着样本错报率等于总体错报率 C. 代表性与样本规模无关，而与如何选取样本相关 D. 样本代表性与整个样本而非样本中的单个项目相关 E. 样本的代表性通常只与错报的发生率而非错报的特定性质相关

续表

(4) 下列关于审计抽样的说法中，错误的有（　）。	
A. 对**特定项目**进行抽样属于审计抽样	B. 选取**全部样本**属于审计抽样
C. 样本的推断错报与总体错报一定相同	

【考点子题——举一反三，真枪实练】

[1]（2013年•单选题）下列有关选取测试项目的方法的说法中，正确的是（　）。

A. 从某类交易中选取特定项目进行检查构成审计抽样

B. 从总体中选取特定项目进行测试时，应当使总体中每个项目都有被选取的机会

C. 对全部项目进行检查，通常更适用于细节测试

D. 审计抽样更适用于控制测试

[2]（2019年•单选题）下列与内部控制有关的审计工作中，通常可以使用审计抽样的是（　）。

A. 评价内部控制设计的合理性

B. 确定控制是否得到执行

C. 测试自动化信息处理控制的运行有效性

D. 测试留下运行轨迹的人工控制的运行有效性

[3]（经典例题•多选题）下列各项中，不属于审计抽样基本特征的有（　）。

A. 所有抽样单元被选取的机会均等

B. 可以根据样本项目的测试结果推断出有关抽样总体的结论

C. 可以基于某一特征从总体中选出特定项目实施审计程序

D. 对具有审计相关性的总体中低于百分之百的项目实施审计程序

考点2 抽样风险与非抽样风险

抽样风险是指注册会计师根据样本得出的结论，不同于对整个总体实施与样本同样的审计程序得出的结论的可能性。

非抽样风险是指注册会计师由于任何与抽样风险无关的原因而得出错误结论的可能性。

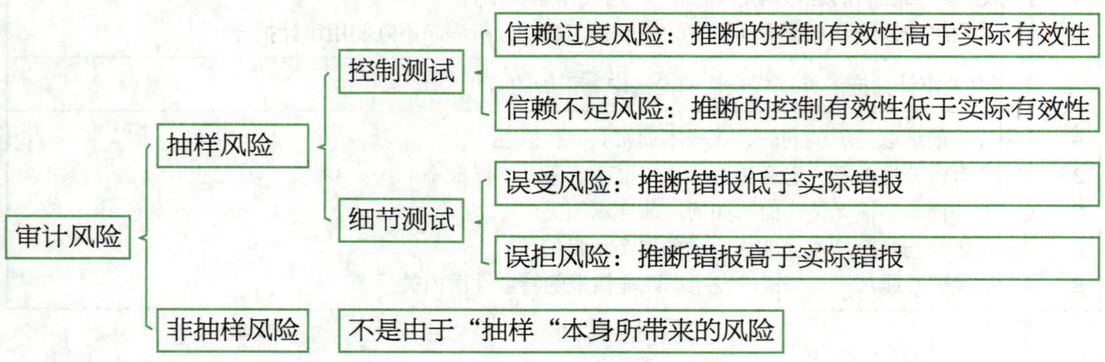

【考点母题——万变不离其宗】抽样风险与非抽样风险

<table>
<tr><td colspan="2">（1）下列关于抽样风险的说法中，正确的有（　）。</td></tr>
<tr><td colspan="2">A. 信赖过度风险及信赖不足风险与控制测试相关，误受风险和误拒风险与细节测试相关
B. 信赖过度风险和误受风险影响审计效果，信赖不足风险和误拒风险影响审计效率
C. 抽样风险与样本规模呈反比，注册会计师在控制测试或细节测试中，均可以通过扩大样本规模降低抽样风险</td></tr>
<tr><td colspan="2">（2）下列关于非抽样风险的说法中，正确的有（　）。</td></tr>
<tr><td colspan="2">A. 非抽样风险在所有审计业务中均存在　　B. 非抽样风险与审计样本规模无关
C. 非抽样风险不能量化
D. 注册会计师可以通过采取适当的质量管理政策和程序降低非抽样风险</td></tr>
<tr><td rowspan="2">E. 非抽样风险是人为因素造成的</td><td>（3）下列可能导致非抽样风险的有（　）。</td></tr>
<tr><td>A. 注册会计师选择了不适于实现特定目标的审计程序
B. 注册会计师选择了不适于实现特定目标的测试目标
C. 注册会计师未能适当地定义误差
D. 注册会计师未能适当地评价审计发现的情况</td></tr>
</table>

【考点子题——举一反三，真枪实练】

[4]（2015 年 • 单选题）下列有关抽样风险的说法中，错误的是（　）。

A. 除非注册会计师对总体中所有的项目都实施检查，否则存在抽样风险

B. 注册会计师可以通过扩大样本规模降低抽样风险

C. 在使用统计抽样时，注册会计师可以准确地计量和控制抽样风险

D. 控制测试中的抽样风险包括误受风险和误拒风险

[5]（2013 年 • 多选题）下列有关非抽样风险的说法中，正确的有（　）。

A. 注册会计师实施控制测试和实质性程序时均可能产生非抽样风险

B. 注册会计师保持职业怀疑有助于降低非抽样风险

C. 注册会计师可以通过扩大样本规模降低非抽样风险

D. 注册会计师可以通过加强对审计项目组成员的监督和指导降低非抽样风险

[6]（2016年•单选题）下列有关抽样风险的说法中，错误的是（　）。

A. 在使用非统计抽样中，注册会计师可以对抽样风险进行定性的评价和控制

B. 如果注册会计师对总体中的所有项目都实施检查，就不存在抽样风险

C. 注册会计师未能恰当地定义误差将导致抽样风险

D. 无论是控制测试还是细节测试，注册会计师都可以通过扩大样本规模降低抽样风险

考点3 抽样分类

	统计抽样	非统计抽样
含义	（1）随机选取样本项目 （2）运用概率论评价样本结果，包括计量抽样风险	不同时具备统计抽样两个基本特征
优点	（1）**客观地计量**和精确地控制抽样风险 （2）高效地设计样本 （3）计量所获取证据的充分性 （4）**定量**评价样本结果	（1）操作简单，使用成本低 （2）适合**定性**分析
缺点	（1）需要特殊的专业技能，增加培训注册会计师的成本 （2）单个样本项目要符合统计要求，可能需要支出额外的费用	不计量抽样风险

	属性抽样	变量抽样
含义	一种用来对总体中某一事件**发生率**得出结论的统计抽样方法	一种用来对总体**金额**得出结论的统计抽样方法
适用程序	控制测试（定性）	细节测试（定量）

【考点母题——万变不离其宗】统计抽样与非统计抽样、属性抽样与变量抽样

（1）下列有关统计抽样和非统计抽样的说法中，正确的有（　）。
A. 二者在设计、实施和评价样本时均需要**职业判断** B. 均能通过**扩大样本规模**降低抽样风险 C. 都需要通过样本特征判断总体，并将风险降至可接受水平 D. 选择统计抽样或非统计抽样，主要是出于**成本效益**考虑 E. 如果设计得当，非统计抽样能够提供与统计抽样同样有效的结果
（2）下列有关属性抽样及变量抽样的说法中，正确的有（　）。
A. 在属性抽样中，设定控制的每一次发生或偏离都被赋予**同样的权重**，而不管交易的金额大小 B. 属性抽样与变量抽样都是**统计抽样方法** C. **货币单元抽样**是运用属性抽样的原理得出以金额表示的结论
（3）下列有关于审计抽样类型的说法中，错误的有（　）。
A. 随意选样可以用于统计抽样中　　B. 非统计抽样可以无需考虑抽样风险 C. 统计（非统计）抽样要比非统计（统计）抽样好

【考点子题——举一反三，真枪实练】

[7]（经典例题 • 多选题）下列有关审计抽样的说法中，正确的有（　）。

A. 抽样风险与样本规模反向变动

B. 使用统计抽样时，不能采用随意选样

C. 选取特定项目实施测试，不能推断总体

D. 在统计抽样与非统计抽样方法之间进行选择时主要考虑成本效益

[8]（2017 年 • 多选题）下列各项中，属于统计抽样特征的有（　）。

A. 随机选取样本项目　　B. 评价非抽样风险

C. 运用概率论评价样本结果　　D. 运用概率论计量抽样风险

[9]（2021 年 • 单选题）下列各项中，关于统计抽样和非统计抽样的说法错误的是（　）。

A. 统计抽样和非统计抽样都可以客观计量抽样风险

B. 统计抽样和非统计抽样都难以量化非抽样风险

C. 统计抽样和非统计抽样都需要注册会计师的职业判断

D. 如果设计得当，非统计抽样能够提供与统计抽样同样有效的结果

[10]（经典例题 • 多选题）有关属性抽样和变量抽样的说法中，正确的有（　）。

A. 属性抽样为非统计抽样，变量抽样为统计抽样

B. 属性抽样及变量抽样都需要将风险降至可接受水平

C. 变量抽样主要评价总体金额

D. 属性抽样主要评价总体发生率 / 偏差率

第二节 审计抽样在控制测试中的应用

本节思维导图

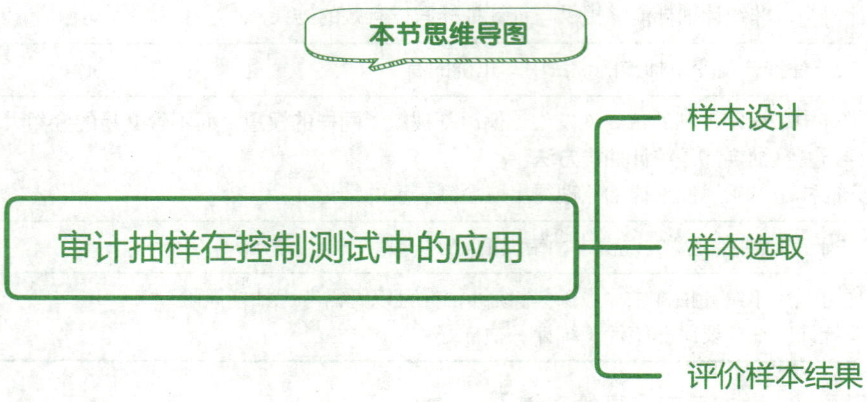

考点4 样本设计

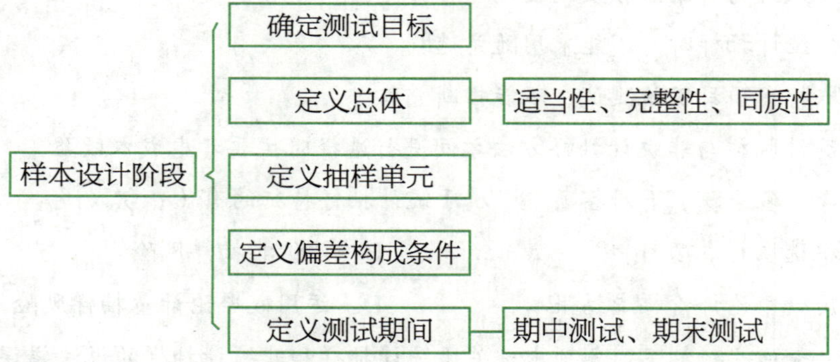

【考点母题——万变不离其宗】样本设计

在控制测试中运用审计抽样时，样本设计阶段应注意的事项有（ ）。
A. 总体需要符合**适当性、完整性、同质性** 适当性：适合于特定的审计目标，包括适合于测试的**方向** 完整性：应从总体项目**内容**和涉及**时间**等方面确定总体的完整性 同质性：总体中**所有**项目应该具有相同的性质 B. 抽样单元通常是能够提供控制运行证据的**一份文件**资料、**一个记录**或其中一行 C. 控制测试中，偏差是指偏离对设定控制的预期执行

【考点子题——举一反三，真枪实练】

[11]（经典例题•单选题）注册会计师运用审计抽样实施控制测试时的说法，正确的是（ ）。

A. 注册会计师应当选择具有单一特征的总体进行抽样

B. 能够提供控制运行证据的一份文件资料、一个记录或其中一行，都可以作为注册会计师定义的抽样单元

C. 对抽样单元定义变宽泛一定导致审计效果不佳

D. 注册会计师可能高估剩余项目的数量，年底如果部分被选取的编号对应的项目没有发生，注册会计师可以直接删除未发生的项目编号

考点5 样本选取

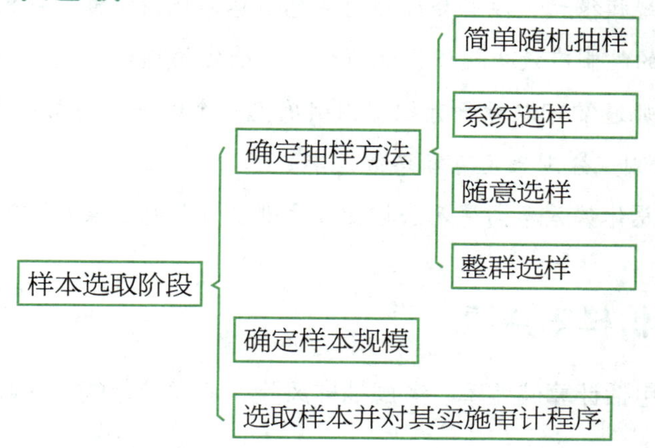

【考点母题——万变不离其宗】选取样本阶段

（1）有关抽样方法的说法中，正确的有（　）。
A. 简单随机抽样适用于统计抽样和非统计抽样，每一样本被选的概率相同 B. 系统选样是每隔相同的间隔选取样本，每一样本被选的概率相同 C. 随意选样时注册会计师需要避免有意识的偏向或可预见性，保证每个样本都有机会被选择，仅适用于非统计抽样 D. 整群选样是从总体中选取一（多）群连续项目，通常不用于审计抽样
（2）确定样本规模时，下列说法中正确的有（　）。
A. **风险越大**（可容忍偏差率越低），**样本规模越大** B. 可接受的信赖过度风险与样本规模反向变动 C. 可容忍偏差率（与控制有效性相关）与样本规模反向变动 D. 预计总体偏差率与样本规模同向变动，但若预计偏差高得无法接受，注册会计师通常决定不实施控制测试 E. 除非总体规模非常小（2000以上为大规模），否则**总体规模对样本规模的影响几乎为零** F. 控制运行时间越长、控制程序越复杂、人工控制实施比例越多，样本规模越大
（3）下列关于选取样本并对其实施审计程序的说法中，正确的有（　）。
A. 尚未结束前已发现大量偏差，此时注册会计师应考虑是否有必要继续进行测试 B. 若无法使用替代程序，则需考虑将该样本视为控制偏差

【考点子题——举一反三，真枪实练】

[12]（2021年·单选题）使用审计抽样实施控制测试时，下列各项中与样本规模同向变动的是（　）。

A. 总体规模　　B. 可容忍偏差率

C. 可接受的信赖过度风险　　D. 预计总体偏差率

[13]（经典例题·单选题）下列有关注册会计师使用审计抽样实施控制测试的说法中，错误的是（　）。

A. 如果总体规模很大，注册会计师通常忽略总体规模对样本规模的影响

B. 计划评估的控制有效性越低，注册会计师确定的可容忍偏差率通常越高

C. 注册会计师通常可以对所有控制测试确定一个统一的可接受信赖过度风险水平，对每一项控制测试分别确定可容忍偏差率

D. 如果预期总体偏差率高得无法接受，注册会计师应当实施控制测试

考点6 评价样本结果

评价样本结果包括计算偏差率、考虑抽样风险、考虑偏差的性质和原因以及得出总体结论。

样本偏差率 = 发现的样本偏差数 / 样本规模

样本偏差率是对总体偏差率的**最佳估计**。

统计抽样：总体偏差率上限 = 风险系数 / 样本量

非统计抽样：无法直接计算，通常使用估计的总体偏差率与可容忍偏差率相比较。

【考点母题——万变不离其宗】评价样本结果阶段

（1）下列关于评价样本结果的说法中，正确的有（　）。	
统计抽样	A. **总体偏差率上限**低于可容忍偏差率，总体可以接受 B. **总体偏差率上限**大于或等于可容忍偏差率，总体不能接受 C. 总体偏差率上限低于但接近可容忍偏差率，考虑是否接受总体
非统计抽样	D. **总体偏差率**大于可容忍偏差率，总体不能接受 E. 总体偏差率大大低于可容忍偏差率，总体可以接受 F. 总体偏差率**低于但接近**可容忍偏差率，**总体不能接受** G. 总体偏差率与可容忍偏差率之间的差额不大也不小，考虑是否接受总体
发现控制偏差的处理	H. 扩大样本规模，进一步搜集审计证据 I. 增加对相关账户的实质性程序

【考点子题——举一反三，真枪实练】

[14]（经典例题·单选题）有关注册会计师评价控制测试中抽样结果的说法中，错误的是（　）。

A. 若注册会计师采用统计抽样，总体偏差率上限低于可容忍偏差率时，总体可以接受

B. 若注册会计师采用非统计抽样，总体偏差率低于可容忍偏差率时，总体可以接受

C. 若注册会计师采用统计抽样，总体偏差率上限高于可容忍偏差率时，总体不能接受

D. 若注册会计师采用非统计抽样，总体偏差率略高于可容忍偏差率时，总体不能接受

第三节　审计抽样在细节测试中的应用

本节思维导图

审计抽样在细节测试中的应用
- 样本设计
- 传统变量抽样及货币单元抽样
- 确定样本规模
- 评价样本结果

考点 7　样本设计

【考点母题——万变不离其宗】样本设计阶段

下列关于细节测试抽样样本设计阶段的说法中，正确的有（　）。

A. 细节测试的目的是识别财务报表中各类**交易、账户余额和披露**中存在的重大错报

B. 测试目标的方向会影响总体（适当性）

C. 总体的完整性包括代表总体的实物的完整性

D. 单个重大项目（金额较大或重大风险错报较高）通常不构成总体，应当单独逐一检查

E. 抽样单元可能是一个账户余额、一笔交易或交易中的一个记录，甚至是每个货币单元，并考虑实施计划的审计程序或替代程序的难易程度

F. 其些情况下，被审计单位在不同客户之间误登明细账不影响总账余额，不构成错报

G. 注册会计师应将被审计单位自己发现，且在适当期间更正的错报排除在外

【考点子题——举一反三，真枪实练】

[15]（2019年•多选题）注册会计师运用审计抽样实施细节测试时，下列各项中，可以作为抽样单元的有（ ）。

A. 一个账户余额 B. 一笔交易

C. 交易中的一个记录 D. 每个货币单元

[16]（经典例题•单选题）有关细节测试样本设计的说法中，错误的是（ ）。

A. 若样本金额重大，可将之排除在总体之外单独检查

B. 测试应收账款高估与低估所采用的抽样总体一致

C. 抽样单元可以是一个账户余额、一笔交易或交易中的一个记录

D. 细节测试一般采用变量抽样

考点8 传统变量抽样及货币单元抽样

在细节测试中进行审计抽样，可能使用统计抽样，也可能使用非统计抽样。注册会计师在细节测试中常用的统计抽样方法包括**货币单元抽样**和**传统变量抽样**。

【考点母题——万变不离其宗】传统变量抽样及货币单元抽样

（1）下列关于货币单元抽样的说法中，正确的有（ ）。
A. 货币单元抽样以**属性抽样**原理为基础，通常比传统变量抽样更易于使用 B. 在确定所需的样本规模时**无须直接考虑**总体的特征（如变异性） C. 项目被选取的概率与其货币金额大小成比例，**无需通过分层**减少变异性，而传统变量抽样通常需要对总体进行分层以减小样本规模 D. 使用系统选样法选取样本时，如项目金额等于或大于选样间距，则该项目一定会被选中（**自动识别所有单个重大项目**） E. 如果注册会计师**预计不存在错报**，货币单元抽样的样本规模通常比传统变量抽样方法更小 F. 货币单元抽样的样本更**容易设计**，且可在能够获得完整的最终总体之前开始选取样本 G. 货币单元抽样不适用于测试总体的**低估**（尤其是账面金额小但被严重低估时） H. 对**零余额或负余额**的选取需要在设计时予以特别考虑

续表

I．当发现错报时，如果风险水平一定，评价样本时**可能高估抽样风险**的影响，从而拒绝一个可接受的总体 J．在货币单元抽样中，注册会计师通常需要逐个累计总体金额 K．当预计总体**错报的金额增加**时，货币单元抽样所需的样本规模也会增加，可能大于传统变量抽样所需的规模 L．如果在样本中没有发现错报，总体错报的上限 = 保证系数 × 选样间隔（基本精确度）
（2）下列关于传统变量抽样的说法中，正确的有（　）。
A．如账面金额与审定金额之间存在**较多差异**，传统抽样可能只需较小样本规模就能满足审计目标 B．注册会计师关注总体**低估**时，传统变量抽样比货币单元抽样更合适 C．需要在每一层**追加**选取**额外的样本**项目时，传统变量抽样更易于扩大样本规模 D．对**零余额或负余额**项目的选取，传统变量抽样不需要在设计时予以特别考虑 E．传统变量抽样比货币单元抽样更**复杂**，通常需要借助计算机程序 F．在确定样本规模时，需要估计总体特征的标准差，而这种估计往往**难以作出** G．如果存在**非常大**的项目，或总体账面金额与审定金额之间**差异巨大**，且**样本规模**比**较小**，可能不适用传统变量抽样 H．如果几乎不存在错报，传统变量抽样中的差异法和比率法将无法使用 I．在细节测试中的传统变量抽样主要有均值法（样本审定金额均值 * 总体规模）、差额法（样本平均错报 * 总体规模）、比率法（总体账面金额 * 比率）

【考点子题——举一反三，真枪实练】

[17]（经典例题•单选题）注册会计师从总体规模为1000，账面金额为100000元的存货项目中随机选择了200个项目作为样本，样本的审定金额为19600元、账面金额为22000元，如果采用均值法估算总体错报金额，那么推断的总体错报金额为（　）元。

A．98000　　B．12000　　C．10909　　D．2000

[18]（经典例题•单选题）下列关于传统变量抽样的说法中，正确的是（　）。

A．传统变量抽样是一种运用属性抽样原理对货币金额得出结论的统计抽样方法

B．如果发现错报金额与项目的数量紧密相关，注册会计师通常会选择差额法

C．传统变量抽样无须直接考虑总体的特征

D．注册会计师关注总体高估时，传统变量抽样比货币单元抽样更合适

考点9　确定样本规模

【考点母题——万变不离其宗】确定样本规模

下列关于细节测试中样本规模的影响因素的说法，正确的有（　）。	
A．可接受的误受风险与样本规模呈反比	B．可容忍错报与样本规模呈反比
C．预计总体错报与样本规模呈正比	D．总体规模对样本规模影响很小
E．总体的变异性与样本规模呈正比	F．增加单独测试的重大项目会减少样本规模

如果总体项目存在重大的变异性，注册会计师可以考虑将总体**分层**。

分层定义	将总体划分为多个子总体的过程，每个子总体由一组具有相同特征的抽样单元组成（注册会计师应当仔细界定子总体，以使每一抽样单元只能属于一个层）
必要性	在细节测试中，注册会计师确定适当的样本规模时要考虑特征的变异性，衡量这种变异或分散程度的指标是标准差（控制测试不需分层）
分层作用	降低每一层中项目的变异性，从而在抽样风险没有成比例增加的前提下减小样本规模，提高审计效率

【考点子题——举一反三，真枪实练】

[19]（2019年·单选题）在运用审计抽样实施细节测试时，下列情形中，对总体进行分层可以提高抽样效率的是（　）。

A. 总体规模较大　　B. 总体变异性较大

C. 预计总体错报较高　　D. 误拒风险较高

[20]（2017年·单选题）下列有关细节测试的样本规模的说法中，错误的是（　）。

A. 误受风险与样本规模反向变动

B. 误拒风险与样本规模同向变动

C. 可容忍错报与样本规模反向变动

D. 总体项目的变异性越低，通常样本规模越小

[21]（2013年·多选题）下列各项中，直接影响控制测试样本规模的因素有（　）。

A. 可容忍偏差率

B. 拟测试总体的预期偏差率

C. 控制所影响账户的可容忍错报

D. 注册会计师在评估风险时对相关控制的依赖程度

考点10 评价样本结果

【考点母题——万变不离其宗】评价样本结果

在细节测试中，评价审计抽样结果应注意的事项有（　）。
A. 分析样本误差时，注册会计师应当对所有误差进行定性评估 B. 根据样本错报估计总体错报金额时，可以使用比率法、差额法以及货币单元抽样法等 C. 使用货币单元抽样法时，若某单元金额大于等于间隔，样本错报金额就是该单元的错报金额；若小于间隔，则推断错报金额 = 该样本错报百分比 * 单元间隔 D. 统计抽样中，总体错报上限大于或等于可容忍错报，总体不能接受，小于可容忍错报时，总体可以接受 E. 非统计抽样中，推断的总体错报远低于可容忍错报，总体可接受；接近或超过可容忍错报时，总体不能接受；与可容忍错报差距不大不小时，应当仔细考虑 F. 通常注册会计师不能通过提高可容忍错报来接受总体

【考点子题——举一反三，真枪实练】

[22]（2016年·多选题）下列有关注册会计师在实施审计抽样时评价样本结果的说法中，正确的有（ ）。

A. 在分析样本误差时，注册会计师应当对所有误差进行定性评估

B. 注册会计师应当实施追加的审计程序，以高度确信异常误差不影响总体的其余部分

C. 控制测试的抽样风险无法计量，但注册会计师在评价样本结果时仍应考虑抽样风险

D. 在细节测试中，如果根据样本结果推断的总体错报小于可容忍错报，则总体可以接受

[23]（经典例题·单选题）审计抽样中，关于评价样本结果的说法错误的是（ ）。

A. 在控制测试中，样本偏差率是对总体偏差率的最佳估计，因此无须考虑抽样风险

B. 在控制测试中采用统计抽样，若总体偏差率上限低于但接近可容忍偏差率，注册会计师可以考虑接受总体

C. 在控制测试中，若总体偏差率上限高于可容忍偏差率，无论何种抽样方式，均应拒绝总体

D. 在细节测试中采用非统计抽样，如果推断的总体错报小于可容忍错报，但两者很接近，总体不能接受

[24]（经典例题·简答题）A注册会计师负责审计甲公司2022年度财务报表。在了解甲公司内部控制后，A注册会计师决定采用统计抽样的方法对拟信赖的内部控制进行测试，部分做法摘录如下：

（1）为测试甲公司2022年度所有已发运商品都已开单的控制是否有效运行，A注册会计师将2022年度已开单的项目界定为测试总体。

（2）为测试甲公司应收账款相关的内部控制是否有效，A注册会计师将2022年1月15日至12月31日间的所有应收账款明细账定义为测试总体。

（3）为测试甲公司对于客户的信用审批相关控制是否有效，A注册会计师将信用审批缺乏信用部门主管签字定义为存在控制偏差的情况之一。

（4）为测试甲公司核算相关控制的有效性，A注册会计师将其2022年的应收明细账和应付明细账定义为一个抽样总体。

（5）甲公司与原材料采购批准相关的控制每日运行数次，A注册会计师确定样本规模为25个，考虑到该控制自2022年7月1日起发生重大变化，A注册会计师从上半年和下半年的交易中分别选取12个和13个样本实施控制测试。

要求：针对上述第（1）至（5）项，逐项指出A注册会计师的做法是否恰当。如不恰当，简要说明理由。

[本章考点子题答案及解析]

[1] 【答案：C】审计抽样的特征之一是所有抽样单元都有被选取的机会，选项A错误；从总体中选取特定

项目进行测试，并非所有的项目都有机会被选上，选项B错误；当控制的运行留下轨迹时，注册会计师可以考虑使用审计抽样实施控制测试。对于未留下运行轨迹的控制，注册会计师通常实施询问、观察等审计程序，以获取有关控制运行有效性的审计证据，此时不宜使用审计抽样，选项D错误。

[2]【答案：D】当控制的运行留下轨迹时，注册会计师可以考虑使用审计抽样实施控制测试，选项D正确。

[3]【答案：AC】审计抽样应当同时具备三个基本特征：(1)对具有审计相关性的总体中低于百分之百的项目实施审计程序(选项D正确)；(2)所有抽样单元都有被选取的机会(选项A错误)；(3)可以根据样本项目的测试结果推断出有关抽样总体的结论(选项B正确)。可以基于某一特征从总体中选出特定项目实施审计程序属于选取特定项目测试，不属于审计抽样(选项C错误)。

[4]【答案：D】控制测试中的抽样风险包括信赖过度风险和信赖不足风险。

[5]【答案：ABD】注册会计师可以通过扩大样本规模降低抽样风险，选项C错误。

[6]【答案：C】注册会计师未能恰当地定义误差将导致非抽样风险，选项C错误。

[7]【答案：ABCD】样本规模越大，抽样风险越低；选取特定项目进行测试，一般无法推断总体。

类型	统计抽样	非统计抽样
定义	同时具备下列特征的抽样方法： (1) 随机选取样本项目 (2) 运用概率论评价样本结果，包括计量抽样风险	不同时具备统计抽样两个基本特征的抽样方法
对抽样风险的考虑	量化抽样风险，并通过调整样本规模精确地控制抽样风险	不能量化抽样风险 【提示】虽然不能量化抽样风险，但需要定性的考虑

[8]【答案：ACD】统计抽样，是指同时具备下列特征的抽样方法：①随机选取样本项目；②运用概率论评价样本结果，包括计量抽样风险。

[9]【答案：A】选项A说法错误，非统计抽样无法客观计量抽样风险，统计抽样能够客观地计量抽样风险，并通过调整样本规模精确地控制风险，这是与非统计抽样最重要的区别。

[10]【答案：BCD】属性抽样与变量抽样都是统计抽样，选项A错误。

[11]【答案：B】选项A可能造成特定类型选样，不属于审计抽样；注册会计师定义的抽样单元应与审计测试目标相适应，抽样单元通常是能够提供控制运行证据的一份文件资料、一个记录或其中一行，每个抽样单元构成了总体中的一个项目，因此选择选项B；选项C，抽样单元应与抽样目的相适应，定义变宽不一定会降低审计效果；选项D，注册会计师可能高估剩余项目的数量，导致部分被选取的编号对应的交易没有发生，可以用其他交易代替。

[12]【答案：D】选项A，除非总体非常小，一般而言，总体规模对样本规模的影响几乎为零；选项BC，可容忍偏差率和可接受的信赖过度风险与样本规模反向变动。

[13]【答案：D】如果预期总体偏差率高得无法接受，意味着控制有效性很低，注册会计师通常决定不实施控制测试，选项D错误。

[14]【答案：B】采用非统计抽样时，如果总体偏差率低于但接近可容忍偏差率，总体不能接受。

[15]【答案：ABCD】在细节测试中，注册会计师应根据审计目标或所实施审计程序的性质定义抽样单元，抽样单元可能是一个账户余额、一笔交易或交易中的一个记录（如销售发票中的单个项目），甚至是每个货币单元，选项 ABCD 都正确。

[16]【答案：B】测试目标的方向不同，会导致抽样总体的不同。

[17]【答案：D】采用均值法的情况下，推断的总体错报金额 =100000−19600/200×1000=2000(元)。

[18]【答案：B】选项 A 错误，货币单元抽样是一种运用属性抽样原理对货币金额得出结论的统计抽样方法，传统变量抽样并不涉及运用属性抽样原理；选项 C 错误，货币单元抽样无须直接考虑总体的特征；选项 D 错误，注册会计师关注总体低估时，传统变量抽样比货币单元抽样更合适。

[19]【答案：B】分层可以降低每一层中项目的变异性，从而在抽样风险没有成比例增加的前提下减小样本规模，提高审计效率，如果总体项目存在重大的变异性，注册会计师可以考虑将总体分层，选项 B 正确。

[20]【答案：B】误受风险与样本规模反向变动、误拒风险与样本规模反向变动。

[21]【答案：ABD】可容忍错报是影响细节测试样本规模的因素。

[22]【答案：AB】在使用统计抽样时，控制测试的抽样风险可以计量。无论在统计抽样还是非统计抽样中，注册会计师在评价样本结果时，都应考虑抽样风险，选项 C 错误；在细节测试中，使用非统计抽样方法，如果根据样本结果推断的总体错报小于可容忍错报，但二者很接近，则总体不能接受，选项 D 错误。

[23]【答案：A】选项 A 错误，如果使用审计抽样获取审计证据，需要考虑抽样风险。

[24]【答案】

（1）不恰当。A 注册会计师应当将甲公司 2022 年度所有已发运的项目界定为测试总体。

【知识点回顾】注册会计师测试的内部控制是所有发运的商品都有相关的单据，此时将所有含有单据的项目选取出来进行测试，发现不了已发运但没有开单的情况，定义的总体不适当。

（2）不恰当。A 注册会计师应当将甲公司 2022 年度所有销售单界定为测试总体。

【知识点回顾】注册会计师在界定总体时，需要保证总体的完整性，本题测试的是 2022 年度的信用审批控制是否得到有效运行，但定义的总体并不是一整年，总体不完整。

（3）恰当。

【知识点回顾】审批客户的信用状况时，需由信用部门相关人员审批并签字。

（4）不恰当。A 注册会计师应当将应收和应付明细账单独定义为两个测试总体。

【知识点回顾】在界定控制测试的总体时除了考虑总体的适当性和完整性外，还必须考虑总体的同质性。

（5）不恰当。因为控制发生重大变化，应当分别测试 2022 年上半年和下半年与原材料采购批准相关的内部控制，各抽取 25 个样本。

【知识点回顾】控制发生重大变化，前后期间的控制不具有同样的特征（缺乏同质性），应当定义为不同的总体，分别测试，即各选择 25 个样本分别测试，而不是作为一个测试总体一共测试 25 个样本。

第 5 章 信息技术对审计的影响

本章思维导图

- 第五章 信息技术对审计的影响
  - 信息技术对企业财务报告和内部控制的影响
    - 考点1 信息技术对于内部控制的影响
    - 考点2 信息技术产生的风险以及注册会计师面临的挑战
  - 信息技术中的一般控制和信息处理控制
    - 考点3 信息技术一般控制
    - 考点4 信息处理控制
    - 考点5 信息技术一般控制、信息处理控制与公司层面控制三者间的关系
  - 信息技术对审计过程的影响
    - 考点6 信息技术对审计的影响
    - 考点7 信息技术审计范围的确定
    - 考点8 计算机辅助审计技术
    - 考点9 数据分析

近三年本章考试题型及分值分布

题型	2022 年	2021 年	2020 年
单选题	—	—	1 题 1 分
多选题	—	1 题 2 分	—
简答题	—	—	—
综合题	—	—	—
合计	0 分	2 分	1 分

扫码畅听增值课

第一节　信息技术对企业财务报告和内部控制的影响

考点1 信息技术对于内部控制的影响

【考点母题——万变不离其宗】信息技术对于内部控制的影响

（1）下列关于信息技术影响的说法，正确的有（　）。
A. 自动化控制能够有效处理**大流量**交易及数据 B. 自动化控制比较不容易被绕过 C. 自动化信息系统、数据库及操作系统的相关安全控制可以实现有效的**职责分离** D. 自动化信息系统可以提高信息的**及时性、准确性**，并使信息变得更易获取 E. 自动化信息系统可以提高管理层对企业业务活动及相关政策的**监督水平**
（2）下列关于信息技术影响的说法，错误的有（　）。
A. 自动化控制表明信息系统已**完全取代**人工控制 B. 信息系统对于控制的影响**不会随着**被审计单位对于信息系统的依赖程度而变化 C. 相关自动化控制活动**不会包括**人工部分 D. 随着信息技术的发展，内部控制的**目标**也随之改变

【考点子题——举一反三，真枪实练】

[1]（经典例题•单选题）下列关于信息技术对企业财务报告和内部控制的影响的说法中，错误的是（　）。

A. 自动化控制下，也会给企业带来一些财务报表的重大错报风险

B. 如果依赖相关信息系统所形成的财务信息和报告作为审计工作的依据，注册会计师需要在整个过程中考虑信息的准确性、完整性、授权体系及访问限制四个方面

C. 随着信息技术的发展，内部控制的形式、内涵以及目标发生了变化

D. 信息技术在改变被审计单位内部控制的同时，也产生了特定的风险

[2]（经典例题•多选题）下列关于信息技术对于内部控制影响的说法中，正确的有（　）。

A. 自动化控制能够更好地处理大流量的交易及数据

B. 自动化信息系统可以提高信息处理的及时性和准确性

C. 自动化信息系统能够降低信息获取成本

D. 拥有自动化的内控程序中不会包括人工控制

考点2 信息技术产生的风险以及注册会计师面临的挑战

【考点母题——万变不离其宗】信息技术产生的风险以及注册会计师面临的挑战

（1）下列关于信息技术下的内部控制目标的说法中，正确的有（　）。
A. 提高管理层决策制定的**效果**和业务流程的**效率** B. 提高会计信息的**可靠性** C. 促进企业遵守法律和法规
（2）下列关于信息技术下的内部控制目标，错误的是（　）。
A. 信息系统技术下的内部控制目标发生了**改变**
（3）下列关于信息技术产生风险的说法中，正确的有（　）。
A. 信息系统或相关系统程序可能会对数据进行**错误处理** B. 信息系统或相关系统程序可能会去处理那些本身就**错误的数据** C. 自动化信息系统、数据库及操作系统的相关安全控制如果无效，会增加对数据信息**非授权访问**的风险 D. **数据丢失**风险或数据**无法访问**风险，如系统瘫痪 E. 不适当的人工干预，或人为绕过自动化控制
（4）下列关于信息技术产生风险的说法中，错误的是（　）。
A. 由于信息技术存在风险，因而在处理大量数据时的效率低于人工控制

第5章

【考点子题——举一反三，真枪实练】

[3]（2020年·单选题）下列各项中，不受被审计单位信息系统的设计和运行直接影响的是（　）。

A. 审计风险的评估

B. 注册会计师对被审计单位业务流程的了解

C. 需要收集的审计证据的性质

D. 财务报表审计目标的制定

[4]（经典例题·单选题）下列关于注册会计师与信息系统相关风险评估的说法中，错误的是（　）。

A. 处理大流量交易及数据时效率低于人工控制

B. 系统故障可能会导致数据的丢失

C. 安全控制失效可能会导致记录被篡改

D. 管理层可能会对信息系统中的权限设置进行人为干预

第二节　信息技术中的一般控制和信息处理控制测试

信息技术的一般控制，是指为了保证信息系统的安全，对整个信息系统以及外部各种环境要素实施的、对所有的应用或控制模板具有普遍影响的控制措施。

信息处理控制，是指与被审计单位信息系统中下列两方面相关的控制：（1）信息技术应用程序进行的信息处理；（2）人工进行的信息处理。信息处理既包括人工进行的控制，也包括自动化控制。

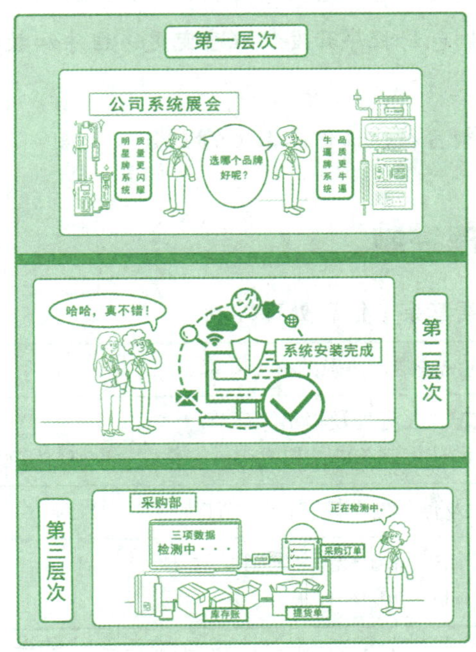

考点 3　信息技术一般控制

信息技术环境下，人工控制的基本原理并不会发生实质变化，注册会计师仍需要按照标准执行相关的审计程序。对于自动化控制，需要从信息技术一般控制审计、信息处理控制审计以及公司层面技术控制三方面考虑。

【考点母题——万变不离其宗】信息技术的一般控制

（1）下列关于信息技术一般控制的说法中，正确的有（　）。

A. 信息技术一般控制是指为了**保证信息系统的安全**，对**整个信息系统**以及**外部各种环境**要素实施的、对所有的应用或控制模块具有普遍影响的控制措施 B. 信息技术一般控制通常会对实现部分或全部财务报表认定作出**间接贡献** C. 信息技术一般控制也可能对实现信息处理目标和财务报表认定作出**直接贡献** D. 信息技术一般控制包括**程序开发**、**程序变更**、**程序和数据访问**以及**计算机运行**四个方面
（2）下列关于信息技术一般控制的说法中，错误的有（　）。
A. 信息技术一般控制是对**部分或特定**信息系统实施的措施 B. 信息技术一般控制只能对实现部分或全部财务报表认定作出**间接贡献**

【考点子题——举一反三，真枪实练】

［5］（2018年•单选题）下列有关信息技术一般控制的说法中，错误的是（　）。

A. 信息技术一般控制只能对实现部分或全部财务报表认定做出间接贡献

B. 信息技术一般控制对所有信息处理控制具有普遍影响

C. 信息技术一般控制包括程序开发、程序变更、程序和数据访问以及计算机运行四个方面

D. 信息技术一般控制旨在保证信息系统的安全

考点4 信息处理控制

【考点母题——万变不离其宗】信息处理控制

（1）下列关于信息处理控制的说法中，正确的有（　）。
A. 信息处理控制一般要经过输入、处理及输出等环节 B. 与人工控制类似，系统自动化控制关注的要素包括完整性、准确性、存在和发生等
（2）常见的系统自动化控制以及信息处理控制审计关注点有（　）。
A. 系统自动生成报告　　B. 系统配置和科目映射 C. 接口控制　　D. 访问和权限

【考点子题——举一反三，真枪实练】

［6］（经典例题•多选题）以下属于信息处理控制的有（　）。

A. 财务系统定期生成分析报告　　B. 计算机运行故障管理

C. 财务系统中设定各科目映射关系　　D. 信息系统的外包和预算管理

［7］（经典例题•单选题）下列有关于信息处理控制的说法中，错误的是（　）。

A. 信息处理控制审计关注点包括程序开发、程序变更、程序和数据访问以及计算机运行

B. 信息处理控制一般要经过输入、处理及输出等环节

C. 信息处理控制与人工控制的目标相似

D. 系统自动化控制关注的要素包括完整性、准确性、存在和发生等

考点 5　信息技术一般控制、信息处理控制与公司层面控制三者间的关系

【考点母题——万变不离其宗】信息技术一般控制、信息处理控制与公司层面控制三者间的关系

<table>
<tr><td>（1）下列关于信息技术一般控制、信息处理控制及公司层面控制的说法中，正确的有（　）。</td></tr>
<tr><td>A. 公司层面信息技术控制情况代表了该公司的信息技术控制的整体环境
B. 公司层面信息技术控制会影响该公司信息技术一般控制和信息处理控制的部署和落实
C. 信息技术一般控制是基础，信息技术一般控制的有效与否会直接关系信息处理控制的有效性是否能够信任
D. 执行信息技术一般控制和信息处理控制审计之前，会首先执行配套的公司层面信息技术控制审计（公司控制—一般控制—信息处理控制）
E. 信息处理控制可能是设计在计算机应用系统中的、有助于达到信息处理目标的控制</td></tr>
<tr><td>（2）下列关于信息技术一般控制、信息处理控制及公司层面控制的说法中，错误的有（　）。</td></tr>
<tr><td>A. 信息技术的一般控制是信息处理控制及公司层面控制的基础
B. 注册会计师一般先实施信息技术一般控制或信息处理控制</td></tr>
</table>

【考点子题——举一反三，真枪实练】

［8］（经典例题·单选题）关于信息技术一般控制、信息处理控制与公司层面控制三者之间的关系，以下说法中，错误的是（　）。

A. 信息技术一般控制有效与否会直接影响信息处理控制的有效性是否能够信任

B. 一般控制是信息处理控制的基础

C. 公司层面信息技术控制决定信息技术一般控制和信息处理控制的风险基调

D. 信息技术一般控制的有效性会直接影响公司层面信息技术控制

［9］（经典例题·单选题）关于信息技术一般控制、信息处理控制与公司层面控制三者之间的关系，以下说法中，正确的是（　）。

A. 信息技术的一般控制是信息处理控制及公司层面控制的基础

B. 信息处理控制是一般控制及公司层面控制的基础

C. 信息技术的公司层面控制是一般控制及信息处理控制的基础

D. 信息技术的一般控制情况代表了该公司的信息技术控制的整体环境

第三节　信息技术对审计过程的影响

考点6 信息技术对审计的影响

原则	不改变	信息技术在企业中的应用并不改变注册会计师制定审计目标、进行风险评估和了解内部控制的原则性要求
	影响	注册会计师必须更深入了解企业的信息技术应用范围和性质，因为系统的设计和运行对审计风险的评价、业务流程和控制的了解、审计工作的执行以及需要收集的审计证据的性质（和数量）都有直接的影响
对审计过程的影响	对审计线索的影响	信息技术环境下，从业务数据的具体处理过程到报表的输出都由计算机按照程序指令完成，数据均保存在磁性介质上，从而影响审计线索，如数据储存介质、存取方式以及处理程序
	对审计技术手段的影响	注册会计师需要掌握相关信息技术，把信息技术当作一种有力的审计工具
	对内部控制的影响	注册会计师会对被审计单位的内部控制进行审查与评价，以此作为制定审计方案和决定抽样范围的依据
	对审计内容的影响	各项会计事项都是由计算机按照程序进行自动处理，信息系统的特点及固有风险决定了信息化环境下审计的内容，包括对信息化系统的处理和相关控制功能的审查
	对注册会计师的影响	不仅要有丰富的会计、审计、经济、法律、管理等方面的知识和技能，还需要熟悉信息系统的应用技术、结构和运行原理，有必要对信息化环境下的内部控制作出适当的评价

【考点子题——举一反三，真枪实练】

[10]（经典例题•单选题）下列有关信息技术对审计的影响的说法中，错误的是（　）。

A. 被审计单位对信息技术的运用改变了注册会计师制定审计目标、进行风险评估和了解内部控制的原则性要求

B. 被审计单位对信息技术的运用影响注册会计师需要获取的审计证据的数量和性质

C. 被审计单位对信息技术的运用影响审计线索

D. 注册会计师会对被审计单位的内部控制进行审查与评价，以此作为制定审计方案和决定抽样范围的依据

[11]（2019年•单选题）下列有关信息技术对审计的影响的说法中，错误的是（ ）。

A. 被审计单位对信息技术的运用不改变注册会计师制定审计目标、进行风险评估和了解内部控制的原则性要求

B. 被审计单位对信息技术的运用影响审计内容

C. 被审计单位对信息技术的运用影响注册会计师需要获取的审计证据的性质

D. 被审计单位对信息技术的运用不影响注册会计师需要获取的审计证据的数量

考点7 信息技术审计范围的确定

【考点母题——万变不离其宗】信息技术审计范围的确定

（1）下列关于信息技术对审计范围影响的说法中，正确的有（ ）。
A 如果注册会计师计划依赖自动化控制或自动化信息系统生成的信息，就需要适当扩大信息技术审计的范围 B. 注册会计师在确定审计策略时，需要结合被审计单位**业务流程复杂度、信息系统复杂度、系统生成的交易数量**和**业务对系统的依赖程度、信息和复杂计算的数量、信息技术环境规模和复杂度**五个方面，对信息技术审计范围进行适当考虑 C. 信息技术环境复杂并不一定意味着信息系统是复杂的，反之亦然 D. 无论被审计单位运用信息技术的程度如何，注册会计师均需了解与审计相关的信息技术一般控制和信息处理控制
（2）下列关于信息技术对审计范围影响的说法中，错误的是（ ）。
A. 信息**技术环境**复杂一定会使得**信息系统**复杂

【考点子题——举一反三，真枪实练】

[12]（2016年•单选题）下列有关注册会计师评估被审计单位信息系统的复杂度的说法中，错误的是（ ）。

A. 信息技术环境复杂，意味着信息系统也是复杂的

B. 评估信息系统的复杂度，需要考虑系统生成的交易数量

C. 评估信息系统的复杂度，需要考虑系统中进行的复杂计算的数量

D. 对信息系统复杂度的评估，受被审计单位所使用的系统类型的影响

[13]（经典例题•多选题）下列有关信息技术对审计过程的影响的说法中，正确的有（ ）。

A. 被审计单位对信息技术的运用不影响注册会计师的工作

B. 注册会计师应当深入了解企业的信息技术应用范围和性质

C. 信息技术审计的范围与被审计单位在业务流程及信息系统相关方面的复杂度成正比

D. 被审计单位对信息技术的运用不影响注册会计师需要获取的审计证据的数量

考点8 计算机辅助审计技术

【考点母题——万变不离其宗】计算机辅助审计技术

（1）下列关于计算机辅助审计技术应用的说法中，正确的有（　）。
A. 计算机辅助审计技术分为面向系统（测试系统/程序）和面向数据（分析电子数据）的计算机辅助审计技术 B. 计算机辅助审计技术最广泛地应用于**实质性程序**、特别是**分析程序**相关方面 C. 计算机辅助审计技术使得对系统中每一笔交易进行测试成为可能 D. 计算机辅助审计技术也可用于**测试控制的有效性**（如穿行测试）
（2）下列关于计算机辅助审计技术应用的说法中，错误的有（　）。
A. 计算机辅助审计技术不能提高审计的工作效率/效果 B. 计算机辅助审计技术，只能运用于实质性程序

【考点子题——举一反三，真枪实练】

[14]（经典例题·多选题）下列关于计算机辅助审计技术的应用的说法中，恰当的有（　）。

A. 计算机辅助审计技术使得对系统中的每一笔交易进行测试成为可能

B. 计算机辅助审计技术通常分类为面向系统的计算机辅助审计技术和面向数据的计算机辅助审计技术

C. 计算机辅助审计技术能够提高审计大量交易的效率，但是不能提高审计工作的效果

D. 计算机辅助审计技术可用于测试控制的有效性

考点9 数据分析

【考点母题——万变不离其宗】数据分析

下列关于数据分析的说法中，正确的有（　）。
A. 数据分析是通过基础数据结构中的字段来提取数据，而**不是**通过数据记录的格式 B. 数据分析工具可用于风险分析、交易和控制测试、分析程序，用于为判断提供支撑并提供见解 C. 数据分析工具可以提高审计质量 D. 审计质量**不在于**工具本身，而在于分析和相应判断的质量

【考点子题——举一反三，真枪实练】

[15]（经典例题·多选题）下列关于数据分析的相关说法中，不正确的有（　）。

A. 数据分析是通过数据记录的格式来提取数据

B. 数据分析工具可用于交易和控制测试、分析性程序，但不能用于风险分析

C. 数据分析能够帮助注册会计师以快速、低成本的方式实现对被审计单位整套完整数据进行检查

D. 数据分析工具可以提高审计质量

[本章考点子题答案及解析]

[1] 【答案：C】选项 C 错误，随着信息技术的发展，内部控制虽然在形式及内涵方面发生了变化，但内部控制的目标并没有发生改变。

[2] 【答案：ABC】选项 D 错误，审计单位采用信息系统处理业务，并不意味着人工控制被完全取代，且相关控制也可能同时包括人工的部分。

[3] 【答案：D】注册会计师必须更深入了解企业的信息技术应用范围和性质，因为系统的设计和运行对审计风险的评价、业务流程和控制的了解、审计工作的执行以及需要收集的审计证据的性质（和数量）都有直接的影响，故选项 D 错误。

[4] 【答案：A】自动化控制能有效处理大流量交易及数据，选项 A 表述错误。

[5] 【答案：A】信息技术一般控制通常会对实现部分或全部财务报表认定作出间接贡献。在有些情况下，信息技术一般控制也可能对实现信息处理目标和财务报表认定作出直接贡献。因此，选项 A 不正确。

[6] 【答案：AC】选项 B 属于信息系统一般控制；选项 D 属于公司层面控制。

[7] 【答案：A】信息处理控制审计关注点包括系统自动生成报告、系统配置和科目映射、接口控制以及访问和权限。

[8] 【答案：D】公司层面信息技术控制是公司信息技术整体控制环境，决定了信息技术一般控制和信息处理控制的风险基调。

[9] 【答案：C】信息技术的公司层面控制是一般控制及信息处理控制的基础，信息技术的公司层面控制情况代表了该公司的信息技术控制的整体环境。

[10] 【答案：A】选项 A 错误，被审计单位对信息技术的运用不改变注册会计师制定审计目标、进行风险评估和了解内部控制的原则性要求。

[11] 【答案：D】被审计单位对信息技术的运用会影响注册会计师需要获取的审计证据的数量，选项 D 错误。

[12] 【答案：A】信息技术环境复杂并不一定意味着信息系统是复杂的，反之亦然，选项 A 错误。

[13] 【答案：BC】选项 A 错误，被审计单位对信息技术的运用影响注册会计师的工作；选项 D 错误，被审计单位对信息技术的运用影响注册会计师需要获取的审计证据的数量。

[14] 【答案：ABD】选项 C 错误，计算机辅助审计技术不仅能够提高审计大量交易的效率，还可以使审计工作更具效果。

[15] 【答案：AB】选项 A 不正确，数据分析是通过基础数据结构中的字段来提取数据，而不是通过数据记录的格式；选项 B 不正确，数据分析工具可以用于风险分析。

第6章 审计工作底稿

本章思维导图

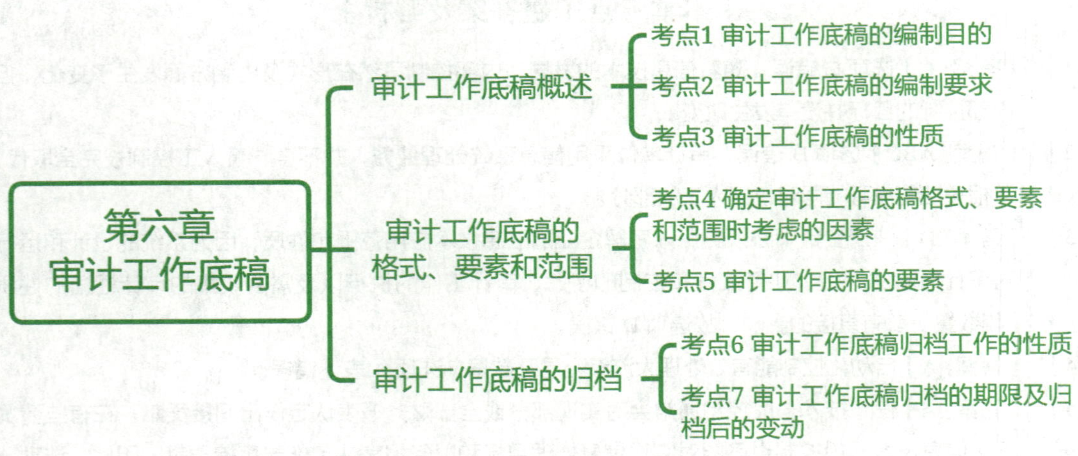

近三年本章考试题型及分值分布

题型	2022年	2021年	2020年
单选题	—	—	3题3分
多选题	—	1题2分	—
简答题	4题4分	—	—
综合题	—	—	—
合计	4分	2分	3分

第一节　审计工作底稿概述

本节思维导图

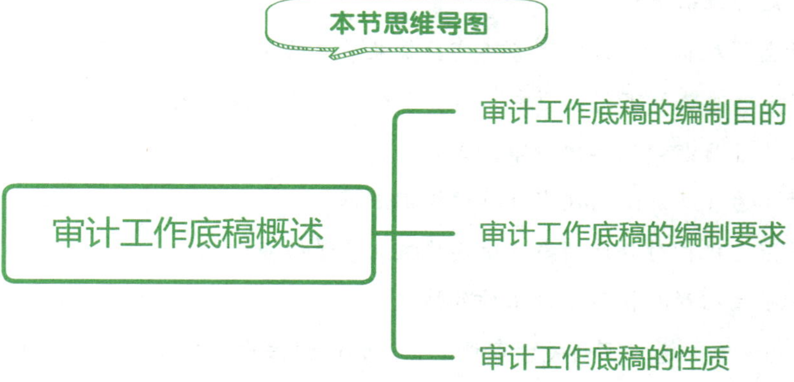

审计工作底稿，是指注册会计师对制定的审计计划、实施的审计程序、获取的相关审计证据，以及得出的审计结论作出的记录。审计工作底稿是审计证据的**载体**，是注册会计师在审计过程中形成的审计工作记录和获取的资料。

考点 1　审计工作底稿的编制目的

【考点母题——万变不离其宗】审计工作底稿的编制目的

（1）下列属于审计工作底稿编制目的的有（　）。
A. 提供**充分、适当的记录**，作为出具审计报告的基础（主要目的） B. 提供**证据**，证明注册会计师已按照审计准则和相关法律法规的规定计划和执行了审计工作（主要目的） C. 有助于项目组计划和执行审计工作 D. 有助于负责**督导**的项目组成员，履行指导、监督与复核审计工作的责任 E. 便于项目组**说明**其执行审计工作的情况 F. 保留对未来审计工作持续产生重大影响的事项的记录 G. 便于会计师事务所实施项目质量复核与检查 H. 便于监管机构对会计师事务所实施执业质量检查
（2）下列不属于审计工作底稿编制目的的有（　）。
A. 提供给后任注册会计师查阅　B. 防止在审计工作底稿归档后未经授权删除或增加审计工作底稿 C. 能为被审计单位诉讼提供证据 D. 便于财务报表预期使用者查阅其所需了解的事项

【考点子题——举一反三，真枪实练】

[1]（2016年·多选题）下列各项中，属于注册会计师编制审计工作底稿的目的的有（　）。

A. 有助于项目组计划和执行审计工作

B. 保留对未来审计工作持续产生重大影响的事项的记录

C. 便于后任注册会计师的查阅

D. 便于监管机构对会计师事务所实施执业质量检查

[2]（2020年·单选题）下列各项中，不属于编制审计工作底稿目的的是（　）。

A. 有助于项目组计划和执行审计工作

B. 有助于为涉及诉讼的被审计单位提供证据

C. 便于监管机构对会计师事务所实施执业质量检查

D. 便于项目组说明执行审计工作的情况

[3]（经典例题·单选题）下列关于审计工作底稿的说法中，错误的是（　）。

A. 审计工作底稿是审计报告的组成部分

B. 编制审计工作底稿便于监管机构对会计师事务所实施执业质量检查

C. 审计工作底稿形成于审计过程，也反映整个审计过程

D. 编制审计工作底稿有助于项目组计划和执行审计工作

考点2 审计工作底稿的编制要求

【考点母题——万变不离其宗】审计工作底稿的编制要求

（1）注册会计师编制工作底稿，是为了使未接触过该审计业务的有经验的专业人士了解（　）。
A. 按照审计准则和相关法律法规的规定实施的**审计程序的性质、时间安排和范围** B. 实施审计程序的结果和获取的**审计证据** C. 审计中遇到的重大事项和得出的结论，以及在得出结论时作出的重大**职业判断**
（2）下列关于有经验的人士的说法中，正确的有（　）。
A. 有经验的专业人士属于会计师事务所内部或外部的具有审计实务经验的人士 B. 有经验的专业人士应当了解注册会计师的审计过程 C. 有经验的专业人士应当了解审计准则及相关法律法规的规定 D. 有经验的专业人士应当了解被审计单位所处的经营环境 E. 有经验的专业人士应当了解与被审计单位所处行业相关的会计和审计问题

【考点子题——举一反三，真枪实练】

[4]（经典例题·单选题）下列各项中，不属于应当使未曾接触该项审计工作的有经验的

专业人士清楚了解的内容是（　）。

A. 实施审计程序的结果和获取的审计证据

B. 与被审计单位所处行业相关的会计和审计问题

C. 按照规定实施的审计程序的性质、时间安排和范围

D. 遇到的重大事项和得出的结论，以及作出的重大职业判断

考点3　审计工作底稿的性质

【考点母题——万变不离其宗】审计工作底稿的性质

（1）下列关于审计工作底稿存在的形式的说法中，正确的有（　）。
A. 审计工作底稿可以以纸质、电子或其他介质形式存在 B. 以电子或其他介质形式存在的审计工作底稿，应与其他纸质形式的审计工作底稿一并归档，并应能通过打印等方式，转换成纸质形式的审计工作底稿
（2）下列属于审计工作底稿设计和实施控制的目的有（　）。
A. 应使审计工作底稿清晰地显示其生成、修改及复核的时间和人员 B. 应在审计业务的**所有阶段**，保护信息的完整性和安全性 C. 应防止未经**授权**改动审计工作底稿 D. 应允许项目组和其他经授权的人员为适当履行职责而**接触**审计工作底稿
（3）审计工作底稿不包括的内容有（　）。
A. 已被取代的审计工作底稿的草稿或财务报表的草稿 B. 反映不全面或初步思考的记录 C. 存在印刷错误或其他错误而作废的文本 D. 重复的文件记录

【考点子题——举一反三，真枪实练】

[5]（2020年•单选题）会计师事务所应当针对审计工作底稿设计和实施适当的控制。下列各项中，通常不属于控制目的的是（　）。

A. 使审计工作底稿清晰显示其生成、修改及复核的时间和人员

B. 允许项目组以外的经授权的人员为适当履行职责而接触审计工作底稿

C. 防止在审计工作底稿归档后未经授权删除或增加审计工作底稿

D. 在审计业务的所有阶段保护信息的完整性和安全性

[6]（2012年•单选题）在某些例外情况下，如果在审计报告日后实施了新的或追加的审计程序，或者得出新的结论，应当形成相应的审计工作底稿。下列各项中，无需包括在审计工作底稿中的是（　）。

A. 有关例外情况的记录

B. 实施的新的或追加的审计程序、获取的审计证据、得出的结论及对审计报告的影响

C. 对审计工作底稿作出相应变动的时间和人员以及复核的时间和人员

D. 审计报告日后，修改后的被审计单位财务报表草稿

第二节　审计工作底稿的格式、要素和范围

本节思维导图

审计工作底稿的格式、要素和范围
- 确定审计工作底稿格式、要素和范围时考虑的因素
- 审计工作底稿的要素

考点4　确定审计工作底稿格式、要素和范围时考虑的因素

【考点母题——万变不离其宗】审计工作底稿格式、要素及范围的影响因素

（1）下列因素中，影响审计工作底稿格式、要素及范围的有（　）。	
A. 被审计单位的规模和复杂程度	B. 拟实施审计程序的性质
C. 识别出的重大错报风险	D. 已获取的审计证据的重要程度
E. 识别出的例外事项的性质和范围	
F. 当从已执行审计工作或获取审计证据的记录中不易确定结论或结论的基础时，记录结论或结论基础的必要性	
G. 审计方法和使用的工具	
（2）下列因素中，不影响审计工作底稿格式、要素及范围的有（　）。	
A. 审计程序的范围	B. 审计报告的日期

【考点子题——举一反三，真枪实练】

[7]（2020年•单选题）下列各项因素中，注册会计师在确定审计工作底稿的要素和范围时通常无需考虑的是（　）。

A. 审计方法　　B. 审计程序的范围

C. 已获取的审计证据的重要程度　　D. 识别出的例外事项的性质

考点 5　审计工作底稿的要素

审计工作底稿要素包括：审计工作底稿的标题；审计过程记录；审计结论；审计标识及其说明；索引号及编号；编制者姓名及编制日期；复核者姓名及复核日期；其他应说明事项。

审计过程记录需要注意**识别特征、重大事项及相关重大职业判断**。

【考点母题——万变不离其宗】审计工作底稿要素

下列有关审计工作底稿要素的描述，正确的有（　）。	
审计过程记录	A. 需要注意识别特征、重大事项及重大职业判断 B. 识别特征通常具有**唯一性**，如采购订单（订单日期和唯一编号），既定总体内一定金额以上的所有项目的审计程序（实施程序的范围并指明该总体），需要系统抽样的审计程序（样本来源、抽样起点和间隔），需询问特定人员（询问时间，姓名及职位），观察程序（观察时间、地点） C. 重大事项包括**引起特别风险的事项**、实施审计程序的结果，该结果表明财务信息可能**存在重大错报或需要修正以前对重大错报风险**的评估和针对这些风险拟采取的应对措施、**难以实施**必要审计程序的情形、导致出具**非无保留意见**及带强调事项段“与持续经营相关的重大不确定性”等段落相关的事项 D. 记录处理识别出的信息与针对某重大事项得出的最终结论不一致的情况

【考点子题——举一反三，真枪实练】

[8]（经典例题•多选题）针对审计工作底稿中记录的识别特征，以下说法中，正确的有（　）。

A. 对订购单进行细节测试，注册会计师可以以订购单的日期和其唯一编号作为测试订购单的识别特征

B. 针对被审计单位生成的采购订单进行细节测试，可以将订单的数量、单价和金额作为识别特征

C. 针对询问程序，可能会以询问的时间、被询问人的姓名及职位作为识别特征

D. 针对检查销售合同和协议，可以以合同编号作为主要识别特征

[9]（经典例题•多选题）审计过程记录中的重大事项包括（　）。

A. 引起特别风险的事项　　B. 难以实施必要审计程序的情形

C. 导致出具无保留意见的相关事项　　D. 导致出具非无保留意见的相关事项

第三节　审计工作底稿的归档

本节思维导图

- 审计工作底稿的归档
  - 审计工作底稿归档工作的性质
  - 审计工作底稿归档的期限及归档后的变动

考点6　审计工作底稿归档工作的性质

在审计报告日后将审计工作底稿归整为最终审计档案是一项**事务性的工作**，不涉及实施新的审计程序或得出新的结论。

【考点母题——万变不离其宗】审计工作底稿归档工作的性质

(1) 在归档期间，工作底稿能够做出变化的事务性变动包括（　）。	
A. 删除或废弃被取代的审计工作底稿	B. 对审计工作底稿进行分类、整理和交叉索引
C. 对审计档案归整工作的完成核对表签字认可	
D. 记录在审计报告日前获取的、与项目组相关成员进行讨论并达成一致意见的审计证据	

续表

（2）下列各项中，不属于在审计工作底稿归档期间的事务性变动的有（　）。
A. 将审计报告日获取的管理层声明加入工作底稿　　B. 删除未被取代的工作底稿 C. 记录在审计报告日后获取的、与项目组相关成员进行讨论并达成一致意见的审计证据

【考点子题——举一反三，真枪实练】

[10]（2019年•单选题）下列各项中，不属于在审计工作底稿归档期间的事务性变动的是（　）。

A. 删除被取代的审计工作底稿

B. 对审计工作底稿进行分类和整理

C. 将在审计报告日后获取的管理层书面声明放入审计工作底稿

D. 将在审计报告日前获取的、与项目组相关成员进行讨论并达成一致意见的审计证据放入审计工作底稿

[11]（经典例题•多选题）审计报告日后将审计工作底稿归整为最终审计档案是一项事务性的工作，下列各项中，属于在归档期间可以作出的事务性变动的有（　）。

A. 记录在审计报告日后获取的、与项目组成员进行讨论并达成一致意见的审计证据

B. 删除管理层书面声明的草稿

C. 对审计工作底稿进行分类、整理和交叉索引

D. 对审计档案归整工作的完成核对表签字认可

考点7　审计工作底稿归档的期限及归档后的变动

【考点母题——万变不离其宗】审计工作底稿归档期限及归档后变动

（1）下列有关审计工作底稿归档期限的说法中，正确的有（　）。
A. 审计工作底稿的归档期限为**审计报告日后60天内** B. 如果未能完成审计业务，则为**审计业务中止后的60天内** C. 如果针对同一财务信息执行不同的委托业务，出具多个不同的报告，应视为不同业务，**分别归档**
（2）下列有关审计工作底稿保存期限的说法中，正确的有（　）。
A. 自**审计报告日**或**审计业务中止日起**，至少保存10年 B. 在完成最终**审计档案的归整工作后**，注册会计师不应在规定的保存期限届满前删除或废弃任何性质的审计工作底稿
（3）下列属于需要变动审计工作底稿的情形的有（　）。
A. 注册会计师已实施了必要的审计程序，取得了充分、适当的审计证据并得出了恰当的审计结论，但审计工作底稿的记录不够充分 B. 审计报告日后，发现例外情况要求注册会计师实施新的或追加审计程序，或导致注册会计师得出新的结论

续表

（4）下列有关注册会计师在审计报告日后对审计工作底稿作出变动的做法中，正确的有（ ）。
A. 注册会计师按照要求可能需要修改或增加底稿，但不能删除底稿 B. 注册会计师应当记录修改或增加审计工作底稿的理由 C. 注册会计师应当记录修改或增加审计工作底稿的时间和人员，以及复核的时间和人员

【考点子题——举一反三，真枪实练】

[12]（经典例题•单选题）下列各项中，有关审计报告日后审计工作底稿的变动的说法中错误的是（ ）。

A. 删除管理层书面声明的草稿属于事务性变动

B. 在完成最终审计档案的归整工作后，注册会计师在规定的保存期限届满前不得增加或修改任何性质的审计工作底稿

C. 在完成最终审计档案的归整工作后，如果对审计工作底稿进行了变动，注册会计师应当记录修改或增加审计工作底稿的理由、时间和人员，以及复核的时间和人员

D. 审计工作底稿归档后需要变动审计工作底稿的情形包括注册会计师已实施了必要的审计程序，取得了充分、适当的审计证据并得出了恰当的审计结论，但审计工作底稿的记录不够充分

[13]（2020年•单选题）下列有关审计工作底稿归档期限的说法中，正确的是（ ）。

A. 注册会计师应当自财务报表报出日起60天内将审计工作底稿归档

B. 注册会计师应当自财务报表批准日起60天内将审计工作底稿归档

C. 如对同一财务信息出具两份日期相近的审计报告，注册会计师应当在较早的审计报告日后60天内将审计工作底稿归档

D. 如注册会计师未能完成审计业务，应当自审计业务中止后的60天内将审计工作底稿归档

[14]（经典例题•多选题）在某些例外情况下，如果在审计报告日后实施了新的或追加的审计程序，或者得出新的结论，应当形成相应的审计工作底稿。下列各项中，需要包括在审计工作底稿中的有（ ）。

A. 实施新的或追加的审计程序及对审计报告的影响

B. 修改审计工作底稿的理由

C. 对审计工作底稿作出相应变动的时间和人员以及复核的时间和人员

D. 审计报告日后，修改后的被审计单位财务报表草稿

[15]（经典例题•单选题）在完成最终审计档案的归整工作后，如果对工作底稿进行了修改，注册会计师应当记录的事项不包括（ ）。

A. 修改审计工作底稿耗费的时间　　B. 修改审计工作底稿的时间和人员

C. 修改审计工作底稿的理由　　D. 修改审计工作底稿的复核人员

[16]（经典例题•简答题）A 注册会计师负责对 M 公司 2022 年度财务报表进行审计。与审计工作底稿相关的部分事项摘录如下：

（1）由于在审计过程中识别出重大错报并提出审计调整建议，A 注册会计师重新评估并修改了重要性，用重新评估了重要性的工作底稿替代原审计工作底稿。

（2）A 注册会计师就审计中遇到的重大困难与 M 公司治理层进行了网络视频沟通，因双方沟通充分，故未纳入审计工作底稿。

（3）A 注册会计师采用电子表格记录了对存货实施的审计程序，因页数较多未打印成纸质工作底稿，直接将该电子表格归档。

（4）在对审计工作底稿进行归档的过程中，A 注册会计师对审计工作底稿进行了分类、整理和交叉索引，并签署了审计档案归整工作核对表。

（5）A 注册会计师在审计报告日后第 90 天完成了审计工作底稿的归档工作。

要求：针对上述第（1）至（5）项，逐项指出 A 注册会计师的做法是否恰当。如不恰当，简要说明理由。

第 6 章

[本章考点子题答案及解析]

[1]【答案：ABD】编制审计工作底稿的目的，不包括便于后任注册会计师的查阅。

[2]【答案：B】编制审计工作底稿还可以实现下列目的：

（1）有助于项目组计划和执行审计工作（选项 A）；

（2）有助于负责督导的项目组成员按照《中国注册会计师审计准则第 1121 号 – 对财务报表审计实施的质量管理》的规定，履行指导、监督与复核审计工作的责任；

（3）便于项目组说明其执行审计工作的情况（选项 D）；

（4）保留对未来审计工作持续产生重大影响的事项的记录；

（5）便于会计师事务所实施质量复核与检查；

（6）便于监管机构和注册会计师协会根据相关法律法规或其他相关要求，对会计师事务所实施执业质量检查（选项 C）。

[3]【答案：A】选项 A 错误，审计工作底稿，是指注册会计师对制定的审计计划、实施的审计程序、获取的相关审计证据，以及得出的审计结论作出的记录，并不属于审计报告。

[4]【答案：B】审计工作底稿的编制要求的基本要求，应当使未曾接触该项审计工作的有经验的专业人士清楚地了解：（1）按照规定实施的审计程序的性质、时间安排和范围（选项 C）；（2）实施审计程序的结果和获取的审计证据（选项 A）；（3）遇到的重大事项和得出的结论，以及作出的重大职业判断（选项 D）。

[5]【答案：C】无论审计工作底稿以哪种形式存在，会计师事务所都应当针对审计工作底稿设计和实

施适当的控制，以实现下列目的：

（1）使审计工作底稿清晰地显示其生成、修改及复核的时间和人员（选项A）；

（2）在审计业务的所有阶段，尤其是在项目组成员共享信息或通过互联网将信息传递给其他人员时，保护信息的完整性和安全性（选项D）；

（3）防止未经授权改动审计工作底稿；

（4）允许项目组和其他经授权的人员为适当履行职责而接触审计工作底稿（选项B）。

[6]【答案：D】选项D正确，审计工作底稿通常不包括已被取代的审计工作底稿的草稿或财务报表的草稿、反映不全面或初步思考的记录、存在印刷错误或其他错误而作废的文本，以及重复的文件记录等。由于这些草稿、错误的文本或重复的文件记录不直接构成审计结论和审计意见的支持性证据，因此，注册会计师通常无须保留这些记录。

[7]【答案：B】审计工作底稿的格式、要素和范围取决于诸多因素，如（1）被审计单位的规模和复杂程度；（2）拟实施审计证据的性质；（3）识别出的重大错报风险；（4）已获取的审计证据的重要程度（选项C）；（5）识别出的例外事项的性质和范围（选项D）；（6）当从已执行审计工作或获取审计证据的记录中不易确定结论或结论的基础时，记录结论或结论基础的必要性；（7）审计方法和使用的工具（选项A）。

[8]【答案：ACD】选项B错误，针对采购订单，可以以采购订单的日期和其唯一编号作为识别特征。

[9]【答案：ABD】审计过程记录中应考虑的重大事项包括：

（1）引起特别风险的事项（选项A）；

（2）表明财务信息可能存在重大错报或需要修正以前对重大错报风险的评估和针对这些风险拟采取的应对措施；

（3）难以实施必要审计程序的情形（选项B）；

（4）导致出具非无保留意见及带强调事项段“与持续经营相关的重大不确定性”等段落相关的事项（选项D）。

[10]【答案：C】在审计报告日后获取的管理层书面声明不属于事务性变动，选项C错误；如果在归档期间对审计工作底稿作出的变动属于事务性的，注册会计师可以作出变动，主要包括：（1）删除或废弃被取代的审计工作底稿（选项A）；（2）对审计工作底稿进行分类、整理和交叉索引（选项B）；（3）对审计档案归整工作的完成核对表签字认可；（4）记录在审计报告日前获取的、与项目组相关成员进行讨论并达成一致意见的审计证据（选项D）。

[11]【答案：BCD】如果在归档期间对审计工作底稿作出的变动属于事务性的，注册会计师可以作出变动，主要包括：

（1）删除或废弃被取代的审计工作底稿（选项B）；

（2）对审计工作底稿进行分类、整理和交叉索引（选项C）；

（3）对审计档案归整工作的完成核对表签字认可（选项D）；

（4）记录在审计报告日前获取的、与项目组相关成员进行讨论并达成一致意见的审计证据（选项A错误）。

[12]【答案：B】选项B错误，审计工作底稿的归整工作完成后，注册会计师在规定的保存期限届满前不得删除或废弃任何性质的审计工作底稿，但可以增加或修改，具体情形包括：

（1）注册会计师已实施了必要的审计程序，取得了充分、适当的审计证据并得出了恰当的审计结论，但审计工作底稿的记录不够充分；

（2）审计报告日后，发现例外情况要求注册会计师实施新的或追加审计程序，或导致注册会计师得出新的结论。

[13]【答案：D】审计工作底稿的归档期限为审计报告日后60天内，如果注册会计师未能完成审计业务，审计工作底稿的归档期限为审计业务中止后的60天内，选项D正确。

[14]【答案：ABC】审计工作底稿通常不包括财务报表草稿。注册会计师在完成最终审计档案的归整工作后，如果发现有必要修改现有审计工作底稿或增加新的审计工作底稿，无论修改或增加的性质如何，注册会计师均应当记录下列事项：（1）修改或增加审计工作底稿的理由；（2）修改或增加审计工作底稿的时间和人员，以及复核的时间和人员。

[15]【答案：A】在完成最终审计档案的归整工作后，如果对工作底稿进行了变动，注册会计师应当记录下列事项：

（1）修改或增加审计工作底稿的理由（选项C）；

（2）修改或增加审计工作底稿的时间和人员，以及复核的时间和人员（选项B、D）。

[16]【答案】

（1）不恰当。应当记录对重要性作出的修改以及理由，因此应当保留原重要性和重新评估的重要性之间的修改痕迹。

【知识点回顾】审计工作底稿形成于审计过程，也反映整个审计过程，只要属于能反映注册会计师审计工作过程的内容都需要纳入审计工作底稿，通过不断地获取审计证据对审计工作进行调整，本身就是审计工作的必要过程，这一过程需要反映在审计工作底稿中，即调整的痕迹需要保留在审计工作底稿中，即使重新评估了重要性，与之相关的旧的审计工作底稿也不能删除/被替代。

（2）不恰当。沟通的事项是以口头形式沟通的，注册会计师应当将其包括在审计工作底稿中，并记录沟通的时间和对象。

【知识点回顾】与治理层进行沟通本身也是审计工作的组成部分，沟通的内容属于注册会计师获取的一项审计证据，有助于注册会计师得出某些结论，需要纳入审计工作底稿。

（3）恰当。

【知识点回顾】对于以电子形式存在的审计工作底稿只是要求能够打印成纸质的，但是不要求注册会计师在实际工作中必须打印成纸质的，注册会计师可以根据自己的需要自行决定。

（4）恰当。

【知识点回顾】如果在归档期间对审计工作底稿作出的变动属于事务性的，注册会计师可以作出变动，主要包括：

①删除或废弃被取代的审计工作底稿；

②对审计工作底稿进行分类、整理和交叉索引；

③对审计档案归整工作的完成核对表签字认可；

④记录在审计报告日前获取的、与项目组相关成员进行讨论并达成一致意见的审计证据。

（5）不恰当。审计工作底稿的归档期限为审计报告日后60天内。

【知识点回顾】审计报告日后第90天归档，超过归档期限应为审计报告日后60天内的要求，实际完成时间可以比规定的期限早，不能比规定的期限晚。

第7章　风险评估

本章思维导图

第七章 风险评估
- 风险识别和评估概述 —— 考点1 风险识别和评估的概念及作用
- 风险评估程序、信息来源以及项目组内部的讨论 —— 考点2 风险评估程序和信息来源
- 了解被审计单位及其环境和适用的财务报告编制基础 —— 考点3 了解被审计单位及其环境和适用的财务报告编制基础
- 了解被审计单位的内部控制体系各要素
  - 考点4 内部控制的概念和要素
  - 考点5 了解内部控制的性质和程度
  - 考点6 内部控制的局限性
  - 考点7 与财务报表编制相关的内部环境
  - 考点8 与财务报表编制相关的风险评估工作
  - 考点9 与财务报表编制相关的信息系统与沟通
  - 考点10 与财务报表编制相关的控制活动
  - 考点11 对与财务报表编制相关的内部控制体系的监督
  - 考点12 在整体层面和业务流程层面了解内部控制
- 识别和评估重大错报风险
  - 考点13 识别和评估财务报表层次和认定层次的重大错报风险
  - 考点14 需要特别考虑的重大错报风险

近三年本章考试题型及分值分布

题型	2022年	2021年	2020年
单选题	1题1分	2题2分	1题1分
多选题	1题2分	—	—
简答题	1题1分	—	—
综合题	—	—	1题1分
合计	4分	2分	2分

第一节 风险识别和评估概述

风险三部曲：

找到风险：了解被审计单位及其环境	评估风险：评估重大错报风险	应对风险：总体应对措施及进一步审计程序

考点 1 风险识别和评估的概念及作用

风险导向审计下，注册会计师以重大错报风险的识别、评估和应对为审计工作的主线，最终将审计风险控制在可接受的低水平。

【考点母题——万变不离其宗】风险识别和评估的概念及作用

（1）下列有关风险评估和识别的说法中，正确的有（ ）。

A. 了解被审计单位及其环境是一个连续和动态的过程
B. 注册会计师对于被审计单位的了解程度**低于**管理层对于被审计单位的了解程度
C. 注册会计师应了解到足以识别和评估财务报表的重大错报风险，设计和实施进一步审计程序
D. 注册会计师应当运用职业判断确定需要了解被审计单位及其环境的程度
E. 了解被审计单位及其环境是必要程序

（2）下列有关风险评估和识别的说法中，错误的有（ ）。

A. 对于小规模的被审计单位，可以不用了解被审计单位及其环境
B. 了解被审计单位及其环境只能在特定的审计时段中进行

（3）下列选项中，属于风险识别和评估的作用的有（ ）。

A. 确定重要性水平，并随着审计工作的进程评估对重要性水平的判断是否仍然适当
B. 考虑会计政策的选择和运用以及财务报表的列报是否恰当
C. 识别与财务报表中金额或披露相关的需要特别考虑的领域
D. 确定在实施分析程序时所使用的预期值
E. 设计和实施进一步审计程序，以将审计风险降至可接受的低水平
F. 评价所获取审计证据的充分性和适当性

【考点子题——举一反三，真枪实练】

[1]（2017 年 • 单选题）下列有关了解被审计单位及其环境的说法中，正确的是（ ）。

A. 注册会计师无需在审计完成阶段了解被审计单位及其环境

B. 注册会计师对被审计单位及其环境了解的程度，低于管理层为经营管理企业而对被审计单位及其环境需要了解的程度

C. 对小型被审计单位，注册会计师可以不了解被审计单位及其环境

D. 注册会计师对被审计单位及其环境了解的程度，取决于会计师事务所的质量管理政策

[2]（经典例题·单选题）下列有关了解被审计单位及其环境的说法中，正确的是（　）。

A. 对于非上市实体，注册会计师可以不了解被审计单位及其环境

B. 注册会计师对被审计单位及其环境了解的程度，取决于会计师事务所的质量管理政策

C. 注册会计师对被审计单位及其环境的了解贯穿于整个审计过程

D. 注册会计师对被审计单位及其环境了解的程度，取决于被审计单位管理层的配合程度

第二节　风险评估程序、信息来源以及项目组内部的讨论

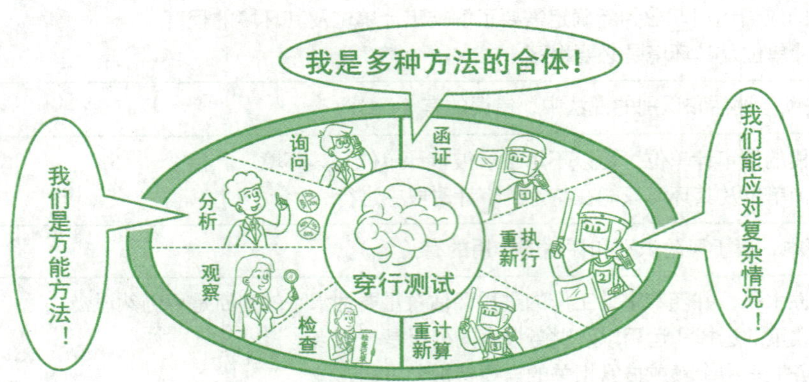

考点2　风险评估程序和信息来源

风险评估程序的目的是为了识别和评估财务报表**重大错报风险**。

【考点母题——万变不离其宗】风险评估程序和信息来源

（1）下列审计程序中，通常用于风险评估的有（　）。
A. **询问**管理层和被审计单位内部其他合适人员 B. **分析**程序（通常不用于了解内部控制） C. **观察和检查** D. **穿行测试**［综合程序］（了解内部控制时）
（2）下列审计程序中，通常不用于风险评估的有（　）。
A. 重新计算　　B. 重新执行　　C. 函证

【考点子题——举一反三，真枪实练】

［3］（经典例题•多选题）下列各项审计程序中属于在实施风险评估程序时会涉及到的有（　）。

A. 重新计算　　B. 询问相关人员　　C. 细节测试　　D. 分析程序

第三节　了解被审计单位及其环境和适用的财务报告编制基础

注册会计师应当实施风险评估程序，以了解下列三个方面：

1. 被审计单位及其环境，包括：

（1）组织结构、所有权和治理结构、业务模式（包括该业务模式利用信息技术的程度）；

（2）行业形势、法律环境、监管环境和其他外部因素；

（3）财务业绩的衡量标准，包括内部和外部使用的衡量标准。

2. 适用的财务报告编制基础、会计政策以及变更会计政策的原因。

3. 被审计单位内部控制体系各要素。

考点 3　了解被审计单位及其环境和适用的财务报告编制基础

【考点母题——万变不离其宗】了解被审计单位及其环境和适用的财务报告编制基础

（1）注册会计师应当多方面**了解被审计单位及其环境**，了解的方面主要包括有（　）。

续表

<table>
<tr><td rowspan="2">A. 被审计单位及其环境</td><td>（2）下列各项中，属于了解被审计单位及其环境的有（　）。</td></tr>
<tr><td>A. 组织结构、所有权和治理结构、业务模式
a. 组织结构，考虑复杂组织结构可能导致的重大错报风险
b. 所有权结构，可以识别关联方关系，了解被审计单位决策过程及所有者、治理层、管理层之间的界限
c. 治理结构，治理机构及人员参与度
d. 业务模式，了解和评价经营风险及其对财务报表重大错报的影响；包括被审计单位的目标、战略和业务模式，经营活动、融资活动和投资活动
B. 行业形势、法律环境、监管环境和其他外部因素
（主要了解市场需求、生产经营周期、行业关键指标和统计数据、与被审计单位产品相关的生产技术、能源供应与成本、行业惯例、法律框架、税收政策、货币及汇率政策等）
C. 财务业绩的衡量基础，包括内部和外部使用的衡量标准
a. 关键业绩指标（财务的或非财务的）、关键比率、趋势和经营统计数据
b. 同期财务业绩比较分析
c. 预算、预测、差异分析，分部信息与分部、部门或其他不同层次的业绩报告
d. 员工业绩考核与激励性报酬政策
e. 被审计单位与竞争对手的业绩比较</td></tr>
<tr><td rowspan="4">B. 适用的财务报告编制基础、会计政策及其变更会计政策的原因</td><td>（3）了解被审计单位适用的财务报告编制基础，以及如何根据被审计单位及其环境的性质和情况运用该编制基础时，注册会计师可能需要考虑的事项包括（　）。</td></tr>
<tr><td>A. 被审计单位与适用的财务报告编制基础相关的财务报告实务
a. 会计政策和行业惯例
b. 收入确认
c. 金融工具以及相关信用损失的会计处理
d. 外币资产、负债与交易
e. 异常或复杂交易的会计处理
B. 就被审计单位对会计政策的选择和运用获得的了解，可能包括的相关事项
a. 被审计单位用于确认、计量和列报重大和异常交易的方法
b. 在缺乏权威性标准或共识的争议或新兴领域采用重要会计政策产生的影响
c. 环境变化（如适用的编制基础变化）
d. 新颁布的会计政策、法律法规，被审计单位采用的时间及如何采用或遵守这些规定</td></tr>
<tr><td>（4）下列各项中，有关了解固有风险如何影响认定易于发生错报的可能性的说法中，正确的有（　）。</td></tr>
<tr><td>A. 注册会计师应当了解固有风险如何影响各项认定易于发生错报的可能性
B. 有助于注册会计师识别可能导致各类交易、账户余额和披露的认定易于发生错报的固有风险因素
C. 有助于注册会计师初步了解错报发生的可能性和重要程度，识别认定层次的重大错报风险
D. 有助于注册会计师评估固有风险时，评估错报发生的可能性和重要程度</td></tr>
</table>

第7章

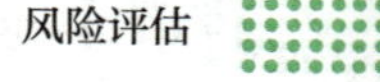

续表

B. 适用的财务报告编制基础、会计政策及其变更会计政策的原因	（5）与适用的财务报告编制基础要求的信息编制相关的固有风险因素包括（　）。
	A. 复杂性：如计算供应商返利准备，作出会计估计时潜在数据来源具有不同特征 B. 主观性：受知识或信息可获得性影响 C. 变化：随时间变化，被审计单位状况也会发生变化 D. 不确定性：获取知识或数据的能力受到限制，且管理层不能控制这些限制是产生不确定性的原因 E. 由影响固有风险的管理层偏向或其他舞弊风险因素导致易于发生错报的其他因素
	（6）有关固有风险因素对某类交易、账户余额和披露的影响的说法中，正确的有（　）。
	A. 某类交易、账户余额和披露由于其复杂性或主观性而导致易于发生错报的可能性，通常与其变化或不确定性的程度密切相关 B. 某类交易、账户余额和披露由于其复杂性或主观性而导致易于发生错误的可能性越大，注册会计师越有必要保持职业怀疑 C. 某些事项或情况影响由管理层偏向因素导致易于发生错报的可能性，这些事项也可能由其他舞弊风险因素导致易于发生错报的可能性
C. 被审计单位内部控制体系各要素	—
（7）下列有关了解被审计单位及其环境的说法中，错误的有（　）。	
A. 注册会计师在任何环境下，对于被审计单位的了解范围和程序大致相似 B. 注册会计师应该参与企业的政策制定 C. 经营风险**仅对**财务报表（认定）层次的重大错报风险产生影响 D. 所有的经营风险都（不）会造成重大错报风险	

【考点子题——举一反三，真枪实练】

[4]（2021 年·单选题）下列关于注册会计师了解被审计单位及其环境的相关说法中，错误的是（　）。

A. 了解被审计单位的筹资活动，可以评估被审计单位的融资情况，并预期能否持续经营

B. 了解被审计单位的治理结构，可以了解其经营策略和方向

C. 了解被审计单位的经营活动，可以预期重大交易事项的列报

D. 了解被审计单位的所有权结构，可以了解关联方关系和决策的过程

[5]（经典例题·单选题）注册会计师在实施风险评估程序时，了解被审计单位及其环境涉及的方面不包括（　）。

A. 组织结构、所有权和治理结构、业务模式

B. 被审计单位违反法律法规的行为

C. 行业形势、法律环境、监管环境和其他外部因素

D. 财务业绩的衡量标准

第四节 了解被审计单位内部控制体系各要素

本节思维导图

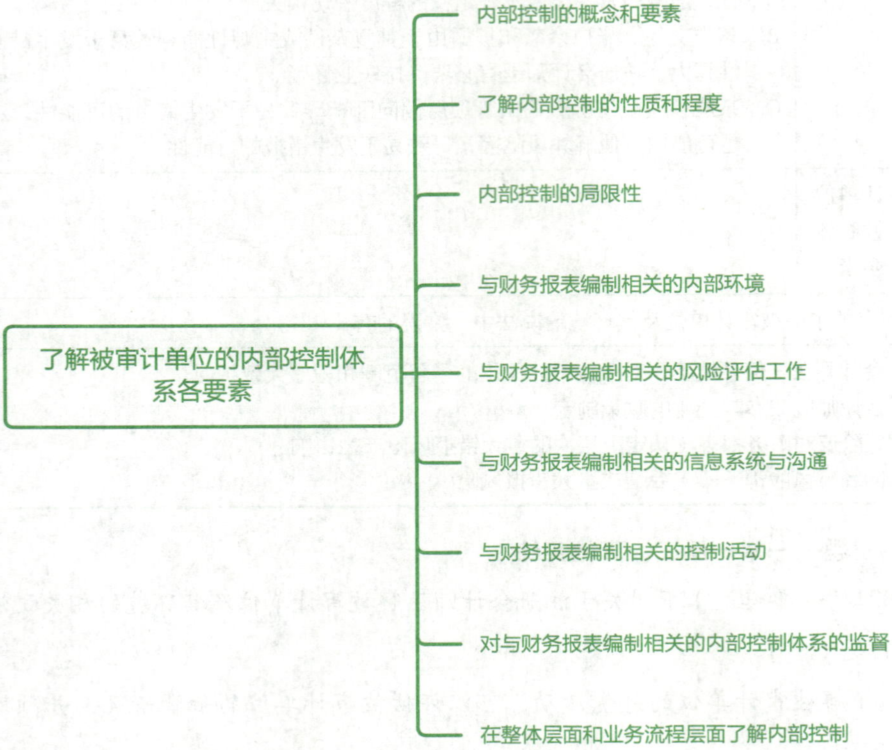

了解被审计单位的内部控制体系各要素
- 内部控制的概念和要素
- 了解内部控制的性质和程度
- 内部控制的局限性
- 与财务报表编制相关的内部环境
- 与财务报表编制相关的风险评估工作
- 与财务报表编制相关的信息系统与沟通
- 与财务报表编制相关的控制活动
- 对与财务报表编制相关的内部控制体系的监督
- 在整体层面和业务流程层面了解内部控制

考点4 内部控制的概念和要素

内部控制体系，是指由治理层、管理层和其他人员设计、执行和维护的体系，以合理保证被审计单位能够实现财务报告的可靠性，提高经营效率和效果，以及遵守适用的法律法规等目标。该体系包含以下五个相互关联的要素：

（1）内部环境（控制环境）；

（2）风险评估；

（3）信息与沟通（信息系统与沟通）；

（4）控制活动；

（5）内部监督。

【考点母题——万变不离其宗】内部控制的概念和要素

<table>
<tr><td colspan="2">（1）下列各项中属于内部控制的目标的有（　）。</td></tr>
<tr><td colspan="2">A. 财务报告的可靠性　　B. 经营的效率和效果
C. 遵守适用的法律法规的要求</td></tr>
<tr><td colspan="2">（2）下列各项中属于内部控制的要素的有（　）。</td></tr>
<tr><td colspan="2">A. 内部环境（控制环境）　　B. 风险评估
C. 信息与沟通　　D. 控制活动
E. 内部监督</td></tr>
<tr><td colspan="2">（3）下列有关直接控制和间接控制的说法中，正确的有（　）。</td></tr>
<tr><td rowspan="2">A. 注册会计师需要了解和评价的内部控制只是与财务报表审计相关的内部控制</td><td>（4）注册会计师在判断控制是否与审计相关时，可考虑的有（　）。</td></tr>
<tr><td>A. 被审计单位内部生成信息，该信息完整性和准确性的控制可能与审计相关
B. 与经营目标、合规目标相关的控制，考虑与实施审计程序时评价或使用的数据相关
C. 与财务报告和经营目标相关的控制，考虑仅限于与财务报告可靠性相关的控制</td></tr>
<tr><td colspan="2">B. 内部控制的责任主体是治理层、管理层及其他人员</td></tr>
<tr><td colspan="2">（5）下列有关直接控制和间接控制区分依据的说法中，正确的有（　）。</td></tr>
<tr><td colspan="2">A. 直接控制是指足以精准防止、发现或纠正认定层次错报的内部控制
B. 间接控制是指不足以精准防止、发现或纠正认定层次错报的内部控制
C. 信息系统与沟通以及控制活动要素中的控制主要为直接控制
D. 内部环境、风险评估和内部监督中的控制主要是间接控制（缺陷可能对财务报表产生广泛影响）</td></tr>
<tr><td colspan="2">（6）下列有关内部控制的说法中，错误的有（　）。</td></tr>
<tr><td colspan="2">A. 内部控制的责任主体是注册会计师
B. 注册会计师应当了解所有的内部控制
C. 注册会计师完全无需了解与经营目标相关的内部控制</td></tr>
</table>

【考点子题——举一反三，真枪实练】

[6]（2017 年 • 多选题）下列各项中，属于被审计单位设计和实施内部控制的责任主体的有（　）。

A. 被审计单位的治理层

B. 被审计单位的管理层

C. 被审计单位的普通员工

D. 负责被审计单位内部控制审计的注册会计师

[7]（经典例题•单选题）下列各项中，不属于内部控制要素的是（　）。

A. 控制活动和内部环境　　B. 非财务报告信息系统

C. 内部监督　　D. 风险评估

[8]（经典例题•多选题）在财务报表审计中，下列有关了解内部控制的说法中，正确的有（　）。

A. 在业务流程层面了解内部控制得出的评价结论只是初步结论

B. 在某些情况下，控制得到执行就能为控制运行的有效性提供证据

C. 与经营目标和合规目标相关的控制均与审计无关

D. 内部控制无论如何有效，都只能为被审计单位实现财务报告目标提供合理保证

考点5 了解内部控制的性质和程度

注册会计师了解内部控制的目的，就是为了评价控制设计的有效性以及控制是否得到执行。在评价控制设计的有效性以及控制是否得到执行时，注册会计师了解被审计单位内部控制体系各项要素，有助于其初步了解被审计单位如何识别和应对经营风险。

对内部控制了解的程度，是指注册会计师在实施风险评估程序时，了解被审计单位内部控制的范围及深度。包括评价控制设计的有效性，并确定其是否得到执行，但不包括对控制是否得到一贯执行的测试。

【考点母题——万变不离其宗】了解内部控制的性质和程度

（1）下列有关于对内部控制了解程度的说法中，正确的有（　）。
A. 注册会计师在了解内部控制时，应当评价控制的**设计**（是否能有效防止或发现并纠正重大错报），并确定其是否得到**执行**（是否正在被使用） B. 了解内部控制的审计程序有**询问、观察、检查和穿行测试** C. 当存在大额、异常、偶发交易，存在难以预测的情况，应对变化及监督自动控制有效性时，更适合人工控制而非自动化控制 D. 无论被审计单位的经营环境是以人工为主还是完全自动化，亦或是人工和自动化要素的组合，审计的总体目标和范围都没有区别
（2）下列有关于对内部控制了解程度的说法中，错误的有（　）。
A. **询问**本身能够评价控制的设计以及确定其是否得到执行 B. 注册会计师对控制的了解能够测试控制运行的**有效性**（什么时候能够测试有效性：除非有某些可以使控制得到一贯执行的自动化控制）

【考点子题——举一反三，真枪实练】

[9]（2017 年 • 多选题）下列有关于注册会计师了解内部控制的说法中，正确的有（　）。

A. 注册会计师在了解被审计单位内部控制时，应当确定其是否得到一贯执行

B. 注册会计师不需要了解被审计单位所有的内部控制

C. 注册会计师对内部控制的了解通常不足以测试控制运行的有效性

D. 注册会计师询问被审计单位人员不足以评价内部控制设计的有效性

[10]（2012 年 • 单选题）下列审计程序中，注册会计师在了解被审计单位内部控制时通常不采用的是（　）。

A. 询问　　B. 观察　　C. 分析程序　　D. 检查

考点 6　内部控制的局限性

内部控制无论如何有效，都只能为被审计单位实现财务报告目的提供合理保证。

【考点母题——万变不离其宗】内部控制的局限性

（1）下列各项中，属于内部控制的局限性的有（　）。
A. 决策时**人为判断**出现错误，人为**失误**而导致内部控制失效 B. 两个或更多的人员串通或管理层不当地**凌驾于内部控制之上（特别风险之一）**
（2）下列各项中，影响内部控制功能正常发挥的原因包括（　）。
A. 被审计单位内部行使控制职能人员素质**不适应岗位**要求 B. 内部控制的**成本效益**问题 C. **出现不经常发生**或未预期到的业务

【考点子题——举一反三，真枪实练】

[11]（经典例题 • 单选题）下列关于内部控制固有局限性的说法中正确的是（　）。

A. 建立和维护内部控制是被审计单位管理层的职责

B. 对于内部控制制度的设计需要反复完善

C. 对资产和记录采取适当的安全保护措施，是被审计单位管理层应当履行的经营管理责任

D. 管理层不当地凌驾于内部控制之上

考点 7　与财务报表编制相关的内部环境

内部环境对重大错报风险的评估具有广泛影响，是其他要素的基础。

内部环境包括治理职能和管理职能，以及治理层和管理层对内部控制体系及其重要性的态度、认识和行动。内部环境设定了被审计单位的内部控制基调，影响员工对内部控制的意识。

【考点母题——万变不离其宗】内部环境

（1）下列各项中，影响内部环境的要素包括（　）。
A. 对诚信和道德价值观的沟通与落实（影响内部控制的设计和运行） B. 对胜任能力的重视（人员能力、人员数量、人员配备） C. 治理层的参与程度（建立监督机构、良好的沟通、参与频率及程度） D. 管理层的理念和经营风格（对内部控制的理念、对内控关注度、经营风格） E. 职权与责任的分配（职责分离、授权合理） F. 人力资源政策与实务（人员招聘、培训、考核、晋升、薪酬、咨询、补救措施）
（2）下列有关内部环境的说法中，错误的有（　）。
A. 令人满意的内部环境**能绝对防止舞弊** B. 内部环境**本身**能够**防止**或发现并纠正各类交易、账户余额和披露**认定层次**的重大错报，**无需**连同其他内部控制要素一并考虑 C. 在审计业务**承接阶段**，注册会计师**无须**了解和评价内部环境

第7章

【考点子题——举一反三，真枪实练】

[12]（2017年•多选题）下列要素中，注册会计师在评价被审计单位内部环境时应当考虑的有（　）。

A. 对诚信和道德价值观念的沟通与落实　B. 管理层的理念和经营风格

C. 人力资源政策与实务　D. 对胜任能力的重视

[13]（2014年•单选题）下列有关内部环境的说法中，错误的是（　）。

A. 内部环境对重大错报风险的评估具有广泛影响

B. 有效的内部环境本身可以防止、发现并纠正各类交易、账户余额和披露认定层次的重大错报

C. 有效的内部环境可以防止舞弊

D. 财务报表层次重大错报风险很可能源于内部环境存在缺陷

[14]（2013年•单选题）下列有关内部环境的说法中，错误的是（　）。

A. 在审计业务承接阶段，注册会计师无须了解和评价内部环境

B. 在实施风险评估程序时，注册会计师需要对内部环境的构成要素获取足够了解，并考虑内部控制的实质及其综合效果

C. 在进行风险评估时，如果注册会计师认为被审计单位的内部环境薄弱，则很难认定某一流程的控制是有效的

D. 在评估重大错报风险时，注册会计师应当将内部环境连同其他内部控制要素产生的影响一并考虑

考点8 与财务报表编制相关的风险评估工作

在评价被审计单位风险评估的设计和执行时，注册会计师应当确定管理层如何识别与财务报告相关的经营风险，如何估计该风险的重要性，如何评估风险发生的可能性，以及如何采取措施管理这些风险。注册会计师应当了解被审计单位的风险评估。

【考点母题——万变不离其宗】与财务报表编制相关的风险评估工作

（1）注册会计师了解被审计单位的风险评估工作时，应了解的方面有（ ）。
A. 被审计单位是否已**建立并沟通其整体目标**，并辅以具体策略和业务流程层面的计划 B. 被审计单位是否已建立风险评估 C. 被审计单位是否已建立某种机制，识别和应对可能对被审计单位产生重大且普遍影响的变化 D. 会计部门是否建立了某种流程，以识别会计准则的重大变化 E. 当被审计单位业务操作发生变化并影响交易记录的流程时，是否存在沟通渠道以通知会计部门 F. 风险管理部门是否建立了某种流程，以识别经营环境包括监管环境发生的重大变化
（2）下列有关注册会计师了解被审计单位的风险评估工作的说法中，正确的有（ ）。
A. 注册会计师可以通过了解被审计单位及其环境的其他方面信息，评价被审计单位风险评估工作的有效性 B. 注册会计师应当询问管理层识别出的经营风险，并考虑这些风险是否可能导致重大错报 C. 如发现与财务报表有关的风险因素，注册会计师可通过向**管理层**询问和检查相关文件确定被审计单位的风险评估工作是否也发现了该风险 D. 如果被审计单位的风险评估工作符合其具体情况，了解被审计单位的风险评估工作有助于注册会计师识别财务报表的重大错报风险 E. 如果识别出管理层未能识别的重大错报风险，应考虑被审计单位的风险评估工作为何没有识别出这些风险，以及评估过程是否适合于具体环境，或者确定与风险评估相关的内部控制是否存在值得关注的内部控制缺陷

【考点子题——举一反三，真枪实练】

[15]（经典例题•多选题）下列有关与财务报表编制相关的风险评估工作的说法中，正确的有（ ）。

A. 了解被审计单位及其环境是一个连续和动态地收集、更新与分析信息的过程，贯穿于整个审计过程的始终

B. 在评价被审计单位风险评估工作的设计和执行时，注册会计师应当确定管理层如何估计该风险的重要性

C. 如果识别出管理层未能识别的重大错报风险，说明该风险影响程度小，注册会计师对此忽略不计

D. 在审计过程中，发现与财务报表有关的风险，注册会计师可通过向被审计单位普通员工询问确定被审计单位的风险评估工作是否也发现了该风险

考点 9 与财务报表编制相关的信息系统与沟通

与财务报表编制相关的信息系统由一系列的活动和政策、会计记录和支持性记录组成；与财务报表编制相关的沟通，包括使员工了解各自在与财务报告有关的内部控制方面的角色和职责，员工之间的工作联系，以及向适当级别的管理层报告例外事项的方式。

【考点母题——万变不离其宗】与财务报表编制相关的信息系统与沟通

下列有关了解与财务报表编制相关的信息系统与沟通的说法中，正确的有（ ）。
A. 了解被审计单位如何生成交易和获取信息 B. 了解信息处理活动中使用的资源 C. 了解被审计单位内部，如何对财务报告的岗位职责以及财务报表编制相关的重大事项进行沟通

考点 10 与财务报表编制相关的控制活动

控制活动是指有助于确保管理层的指令得以执行的政策和程序。包括与授权和批准、调节、验证、实物或逻辑控制、职责分离等相关的活动。

【考点母题——万变不离其宗】与财务报表编制相关的控制活动

（1）下列有关了解与财务报表编制相关的控制活动的说法中，正确的有（ ）。
A. 授权和批准属于控制活动的内容之一 B. 调节一般是将两项或多项数据要素进行比较，如发现差异，则采取措施使数据相一致 C. 验证指将两个或多个项目互相进行比较，或将某个项目与政策进行比较，如发现不一致，则可能对其执行跟进措施 D. 实物控制包括应对资产安全的控制，以防止未经授权的访问、获取、使用或处置资产 E. 职责分离包括将交易授权、交易记录以及资产保管等不相容职责分配给不同员工 F. 对控制活动的了解，注册会计师应重点关注其是否能够以及如何**防止或发现并纠正**各类交易、账户余额和披露存在的**重大错报**
（2）下列有关了解控制活动的说法中，错误的是（ ）。
A. 如果多项控制活动能够实现同一目标，注册会计师需要了解与该目标相关的每项控制活动

【考点子题——举一反三，真枪实练】

[16]（经典例题·多选题）下列各项中，影响被审计单位控制活动的因素有（　）。

A. 被审计单位对接触计算机程序和数据文档设置授权

B. 被审计单位定期实施存货盘点

C. 被审计单位定期开展人力资源培训

D. 被审计单位的资产保管与记录由不同的员工实施

[17]（经典例题·单选题）下列有关了解被审计单位控制活动的说法中，错误的是（　）。

A. 了解控制活动时，注册会计师应了解被审计单位对资产和记录是否采取了适当的安全保护措施

B. 如多项控制活动是为同一目标服务，则注册会计师应该同时了解与该项目标相关的多项控制活动的内容

C. 了解被审计单位的信息处理时，关注被审计单位检查数据计算的准确性属于了解信息处理控制

D. 了解控制活动时，应当了解被审计单位对于自身业绩的评价

考点 11　对与财务报表编制相关的内部控制体系的监督

对内部控制体系的监督是指被审计单位评价内部控制在一段时间内运行有效性的过程。对内部控制体系的监督涉及及时评估控制的有效性并采取必要的补救措施。（管理层持续的监督活动 + 对内部控制专门的评价活动）

持续的监督活动：通常贯穿于被审计单位日常重复的活动中，包括常规管理和监督工作。

专门的评价：找出内部控制的优点和不足，并提出改进建议。

【考点母题——万变不离其宗】对与财务报表编制相关的内部控制体系的监督

了解被审计单位对与财务报表编制相关的内部控制体系的监督时，需要考虑的因素包括（　）。
A. 监督活动的设计，监督是定期还是持续的 B. 监督活动的实施情况和频率 C. 对监督活动结果的定期评价，以确定控制是否有效 D. 如何通过适当的整改措施应对识别的缺陷，包括与负责采取整改措施的人员及时沟通缺陷 E. 注册会计师可以考虑被审计单位监督内部控制体系的过程如何实现对涉及使用信息技术的信息处理控制的监督

【考点子题——举一反三，真枪实练】

[18]（2017年·单选题）下列各项中，属于对控制的监督的是（　）。

A. 授权和批准　　B. 调节

C. 内审部门定期评估控制的有效性　　D. 职权与责任的分配

考点12 在整体层面和业务流程层面了解内部控制

与整体层面相关的控制有：内部环境、风险评估、信息技术的一般控制、内部监督、对管理层凌驾于内部控制之上的控制。（整体层面的控制影响内部控制在所有业务流程中的设计和执行）

与业务流程层面相关的控制有：控制活动、信息处理控制、信息系统与沟通、对工薪、销售和采购等的控制。

【考点母题——万变不离其宗】在整体层面和业务流程层面了解内部控制

（1）了解业务流程层面内部控制的步骤包括（　）。
A. 确定被审计单位的重要业务流程和相关交易类别 B. 了解相关交易类别的流程，并记录获得的了解 C. 确定可能发生错报的环节 D. 识别和了解相关控制 E. 执行**穿行测试**，证实对交易流程和相关控制的了解 F. 进行初步评价和风险评估
（2）下列各项中，属于预防性控制（**防患于未然**）的有（　）。
A. 计算机程序自动生成收货报告、更新采购档案（防止出现购货漏记账） B. 在更新采购档案之前要有收货报告（防止记录了未收到购货的情况） C. 销售发票上的价格根据价格清单上的信息确定（防止销货计价错误） D. 系统将各凭证上的账户号码与会计科目相对比，然后进行一系列的逻辑测试（防止出现分类错误）
（3）下列各项中，属于检查性控制（**发现流程中可能发生的错报**）的有（　）。
A. 定期编制银行存款余额调节表，跟踪调查挂账的项目（查银行存款、现金的多计，少计） B. 将预算与实际费用间的差异列入计算机编制的报告中并由部门经理**复核**。记录所有超过预算2%的差异情况和解决措施 C. 系统每天比较运出货物的数量和开票的数量，如果发现差异，产生报告，由开票主管复核和追查 D. 每季度复核应收账款贷方余额并找出原因
（4）下列各项中，属于执行穿行测试能够了解的证据的有（　）。
A. 确认对业务流程的了解　　B. 确认对相关交易的了解是完整的 C. 确认所获取的有关流程中的预防性控制及检查性控制信息的准确性 D. 评估控制设计的有效性　　E. 确认控制是否得到执行 F. 确认之前所做的书面记录的准确性

第7章

【考点子题——举一反三，真枪实练】

[19]（2014 年 • 单选题）下列各项中，通常属于业务流程层面控制的是（　）。

A. 应对管理层凌驾于控制之上的控制　　B. 信息技术一般控制

C. 信息处理控制　　D. 对期末财务报告流程的控制

[20]（2017 年 • 单选题）下列各项中属于预防性控制的是（　）。

A. 财务主管定期盘点现金和有价证券

B. 管理层分析评价实际业绩与预算的差异，并针对超过规定金额的差异调查原因

C. 董事会复核并批准由管理层编制的财务报表

D. 由不同的员工负责职工薪酬档案的维护和职工薪酬的计算

[21]（2014 年 • 单选题）下列控制活动中，属于检查性控制的是（　）。

A. 信息技术部根据人事部提供的员工岗位职责表在系统中设定用户权限

B. 仓库管理员根据经批准的发货单办理出库

C. 采购部对新增供应商执行背景调查

D. 财务人员每月末与客户对账，并调查差异

[22]（2019 年 • 多选题）下列各项中，属于注册会计师通过实施穿行测试可以实现的目的的有（　）。

A. 确认对业务流程的了解　　B. 确认对相关交易的了解是否完整

C. 评价控制设计的有效性　　D. 确认控制是否得到执行

第五节　识别和评估重大错报风险

评估重大错报风险三部曲

重大错报风险在哪个层次	重大错报风险需要特别考虑吗	重大错报风险仅通过实施实质性程序能应对吗

考点 13　识别和评估财务报表层次和认定层次的重大错报风险

【考点母题——万变不离其宗】财务报表层次和认定层次的重大错报风险

（1）识别和评估重大错报风险的步骤包括（　）。

续表

A. 利用实施风险评估程序所了解的信息　B. 识别两个层次的重大错报风险 C. 评估两个层次的重大错报风险　D. 评价审计证据的适当性 E. 修正识别或评估的结果
(2) 与认定层次相关的重大错报风险（影响一项或几项认定）及控制的表述，正确的有（　）。
A. 被审计单位存在复杂的联营或合资 B. 被审计单位存在重大关联方交易 C. 控制可能与某一认定直接相关，也可能与某一认定间接相关，关系越间接，控制在防止或发现并纠正认定中错报的作用越小
(3) 与财务报表层次相关的重大错报风险（影响广泛）的表述，正确的有（　）。
A. 在经济不稳定的国家和地区开展业务 B. 资产的流动性出现问题 C. 重要客户流失 D. 融资能力受到限制 E. 薄弱的**内部环境** F. 被审计单位治理层、管理层对内部控制重要性缺乏认识，没有建立必要的制度和程序（包括信息系统） G. 管理层经营理念过于激进，又缺乏实现激进目标的人力资源
(4) 下列各项中，通常可能导致注册会计师对财务报表的可审计性产生疑问的有（　）。
A. 被审计单位会计记录的状况和可靠性存在重大问题，不能获取充分适当的审计证据 B. 对管理层诚信存在严重疑虑
(5) 下列有关评估固有风险等级的说法中，正确的有（　）。
A. 注册会计师应当使用错报发生的可能性和重要程度综合起来的影响程度，确定固有风险等级 B. 评估的固有风险等级较高，并不意味着评估的错报发生的可能性和重要程度都较高

【考点子题——举一反三，真枪实练】

[23]（2020年•单选题）下列有关控制对评估重大错报风险的影响的说法中，错误的是（　）。

A. 上年度审计中是否发现控制缺陷会影响注册会计师对重大错报风险的评估结果

B. 控制是否得到执行不会影响注册会计师对重大错报风险的评估结果

C. 控制运行有效性的测试结果会影响注册会计师对重大错报风险的评估结果

D. 控制在所审计期间内是否发生变化会影响注册会计师对重大错报风险的评估结果

[24]（2019年•多选题）下列情形中，通常表明可能存在财务报表层次重大错报风险的有（　）。

A. 被审计单位财务人员不熟悉会计准则

B. 被审计单位投资了多家联营企业

C. 被审计单位频繁更换财务负责人

D. 被审计单位内部控制环境薄弱

[25]（2019 年•单选题）下列情形中，通常可能导致注册会计师对财务报表整体的可审计性产生疑问的是（　）。

A. 注册会计师对管理层的诚信存在重大疑虑

B. 注册会计师识别出与员工侵占资产相关的舞弊风险

C. 注册会计师对被审计单位的持续经营能力产生重大疑虑

D. 注册会计师识别出被审计单位严重违反税收法规的行为

考点 14　需要特别考虑的重大错报风险

特别风险，是指注册会计师识别出的符合下列特征之一的重大错报风险：

（1）根据固有风险因素对错报发生的可能性和错报的严重程度的影响，注册会计师将固有风险评估为达到或接近固有风险等级的最高级；

（2）根据审计准则的规定，注册会计师应当将其作为特别风险。

【考点母题——万变不离其宗】特别风险

（1）确定特别风险时应考虑的事项有（　）。
A. 交易具有多种可接受的会计处理，因此涉及主观性 B. 会计估计具有高度不确定性或模型复杂 C. 支持账户余额的数据收集和处理较为复杂 D. 账户余额或定量披露涉及复杂的计算 E. 对会计政策存在不同的理解 F. 被审计单位业务的变化涉及会计处理发生变化，如合并和收购
（2）下列各项中，属于非常规交易特征的有（　）。

续表

A. 管理层更多地干预会计处理 B. 数据收集和处理受到更多的人工干预 C. 复杂的计算或会计处理方法 D. 非常规交易的性质可能使被审计单位难以对由此产生的特别风险进行有效控制
（3）下列事项中，属于可能导致更高错报风险原因的有（　）。
A. 对涉及会计估计、收入确认等方面的会计原则存在不同的理解 B. 所要求的判断可能是主观和复杂的，或需要对未来事项做出假设
（4）下列关于考虑特别风险相关控制的说法中，正确的有（　）。
A. 注册会计师应当评价相关控制的设计情况 B. 注册会计师应当了解被审计单位是否针对该特别风险设计和实施了控制 C. 如果管理层未能实施控制以恰当应对特别风险，注册会计师应当认为内部控制存在值得关注的内部控制缺陷，并考虑其对风险评估的影响 D. 在判断哪些风险是特别风险时，注册会计师**不应**考虑识别出的控制对相关风险的抵销效果

【考点子题——举一反三，真枪实练】

[26]（2021年•单选题）下列各项重大错报风险中，注册会计师应当认定为特别风险的是（　）。

A. 与关联方交易相关的重大错报风险

B. 与管理层挪用资金相关的重大错报风险

C. 与重大货币资金相关的风险

D. 高度估计不确定性的风险

[27]（经典例题•单选题）下列各项中，注册会计师在判断特别风险时不需要考虑的是（　）。

A. 控制对相关风险的抵销效果

B. 相应交易的复杂程度

C. 是否涉及异常或超出正常经营过程的重大交易

D. 财务信息计量的主观程度

【本章考点子题答案及解析】

[1]【答案：B】注册会计师了解被审计单位及其环境的目的只是评估重大错报风险，因此其了解的程度要低于管理层为经营管理企业而需要对被审计单位及其环境的了解的程度，故选项B正确。

[2]【答案：C】选项C正确，了解被审计单位及其环境是一个连续和动态地收集、更新与分析信息的过程，贯穿于整个审计过程的始终。

[3]【答案：BD】注册会计师应当实施下列风险评估程序，以了解被审计单位及其环境：（1）询问管理

层和被审计单位内部其他人员（选项 B）；（2）分析程序（选项 D）；（3）观察和检查。

[4]　【答案：B】了解被审计单位投资活动有助于注册会计师关注被审计单位在经营策略和方向上的重大变化，选项 B 错误。

[5]　【答案：B】被审计单位及其环境，包括：

（1）组织结构、所有权和治理结构、业务模式（包括该业务模式利用信息技术的程度）；

（2）行业形势、法律环境、监管环境和其他外部因素；

（3）财务业绩的衡量标准，包括内部和外部使用的衡量标准。

[6]　【答案：ABC】设计和实施内部控制的责任主体是治理层、管理层和其他人员，组织中的每一个人都对内部控制负有责任，选项 ABC 正确。

[7]　【答案：B】内部控制体系包含以下五个相互关联的要素：

（1）内部环境（控制环境）；

（2）风险评估；

（3）信息与沟通（信息系统与沟通）；

（4）控制活动；

（5）内部监督。

[8]　【答案：ABD】选项 C 不正确，如果与经营目标和合规目标相关的控制与注册会计师实施审计程序时评价和使用的数据相关，则这些控制也可能与审计相关。

[9]　【答案：BCD】选项 A 不正确，注册会计师确定内部控制是否得到一贯执行，属于控制测试，不属于了解内部控制；选项 B 正确，注册会计师需要了解和评价的内部控制只是与财务报表审计相关的内部控制，并非被审计单位所有的内部控制；选项 C 正确，除非存在某些可以使控制得到一贯运行的自动化控制，否则注册会计师对控制的了解并不足以测试控制运行的有效性；选项 D 正确，询问程序不足以评价内部控制设计的有效性，注册会计师在了解内部控制时，应当将询问与其他风险评估程序结合使用。

[10]　【答案：C】选项 C，了解被审计单位内部控制时通常不涉及分析程序。注册会计师通常实施下列风险评估程序，以获取有关控制设计和执行的审计证据：（1）询问被审计单位人员；（2）观察特定控制的运用；（3）检查文件和报告；（4）追踪交易在财务报告信息系统中的处理过程（穿行测试）。

[11]　【答案：D】内部控制实现目标的可能性受其固有限制的影响。这些影响具体包括：（1）在决策时人为判断可能出现错误和因人为失误而导致内部控制失效；（2）控制可能由于两个或更多的人员串通或与管理层不当地凌驾于内部控制之上而被规避。

[12]　【答案：ABCD】内部环境的要素包括：

（1）对诚信和道德价值观念的沟通与落实（选项 A）；

（2）对胜任能力的重视（选项 D）；

（3）治理层的参与程度；

（4）管理层的理念和经营风格（选项 B）；

（5）职权与责任的分配；

（6）人力资源政策与实务（选项 C）。

[13]　【答案：B】内部环境本身并不能防止或发现并纠正各类交易、账户余额和披露认定层次的重大错

报，注册会计师在评估重大错报风险时，应当将内部环境连同其他内部控制要素产生的影响一并考虑，选项 B 错误。

[14]【答案: A】在审计业务承接阶段，注册会计师就需要对内部环境做出初步了解和评价，选项 A 错误。

[15]【答案: AB】选项 C 错误，如果识别出管理层未能识别的重大错报风险，注册会计师应当考虑被审计单位的风险评估工作为何没有识别出这些风险，以及评估工作是否适合于具体环境；选项 D 错误，在审计过程中，如果发现与财务报表有关的风险因素，注册会计师可通过向管理层询问和检查有关文件确定被审计单位的风险评估工作是否也发现了该风险。

[16]【答案: ABD】选项 A，属于实物或逻辑控制；选项 B，属于实物控制内容；选项 C，属于内部环境所关注的内容，不属于控制活动的内容；选项 D，属于职责分离的要求。

[17]【答案: B】如果多项控制活动能够实现同一目标，则注册会计师无需了解与该目标相关的每项控制活动，选项 B 错误。

[18]【答案: C】选项 AB，属于控制活动的内容；选项 D，属于内部环境的内容。

[19]【答案: C】选项 ABD，都属于整体层面的控制。

[20]【答案: D】选项 D，属于岗位职责分离的控制措施，其目的是为了防止错报的发生，是典型的预防性控制；选项 ABC，均是通过比较、调查发现流程中的错报，监督已经设计的控制能否实现流程目标的控制，其目的均是为了发现流程中可能发生的错报，属于检查性控制。

[21]【答案: D】选项 ABC，属于预防性控制；选项 D，属于检查性控制。

[22]【答案: ABCD】为了解各类重要交易在业务流程中发生、处理和记录的过程，注册会计师通常会执行穿行测试，执行穿行测试可获得下列方面的证据:（1）确认对业务流程的了解（选项 A）；（2）确认对相关交易的了解是完整的，即在交易流程中所有与财务报表认定相关的可能发生错报的环节都已识别（选项 B）;（3）确认所获取的有关流程中的预防性控制和检查性控制信息的准确性;（4）评估控制设计的有效性（选项 C）;（5）确认控制是否得到执行（选项 D）;（6）确认之前所做的书面记录的准确性。

[23]【答案: B】注册会计师应当利用实施风险评估程序获取的信息，包括在评价控制设计和确定其是否得到执行时获取的审计证据，作为支持风险评估结果的审计证据，因此控制是否得到执行会影响注册会计师对重大错报风险的评估结果，选项 B 错误。

[24]【答案: ACD】被审计单位投资多家联营企业仅限于与投资相关的财务报表项目，选项 B 错误；选项 ACD 均与财务报表整体存在广泛联系。

[25]【答案: A】如果通过对内部控制的了解发现下列情况，并对财务报表局部或整体的可审计性产生疑问，注册会计师应当考虑出具保留意见或无法表示意见的审计报告:（1）被审计单位会计记录的状况和可靠性存在重大问题，不能获取充分、适当的审计证据以发表无保留意见;（2）对管理层的诚信存在严重疑虑。必要时，注册会计师应当考虑解除业务约定，选项 A 正确。

[26]【答案: B】选项 B 为舞弊风险，舞弊属于特别风险。

[27]【答案: A】选项 A，在判断哪些风险是特别风险时，注册会计师不应考虑识别出的控制对相关风险的抵销效果。

第 8 章　风险应对

本章思维导图

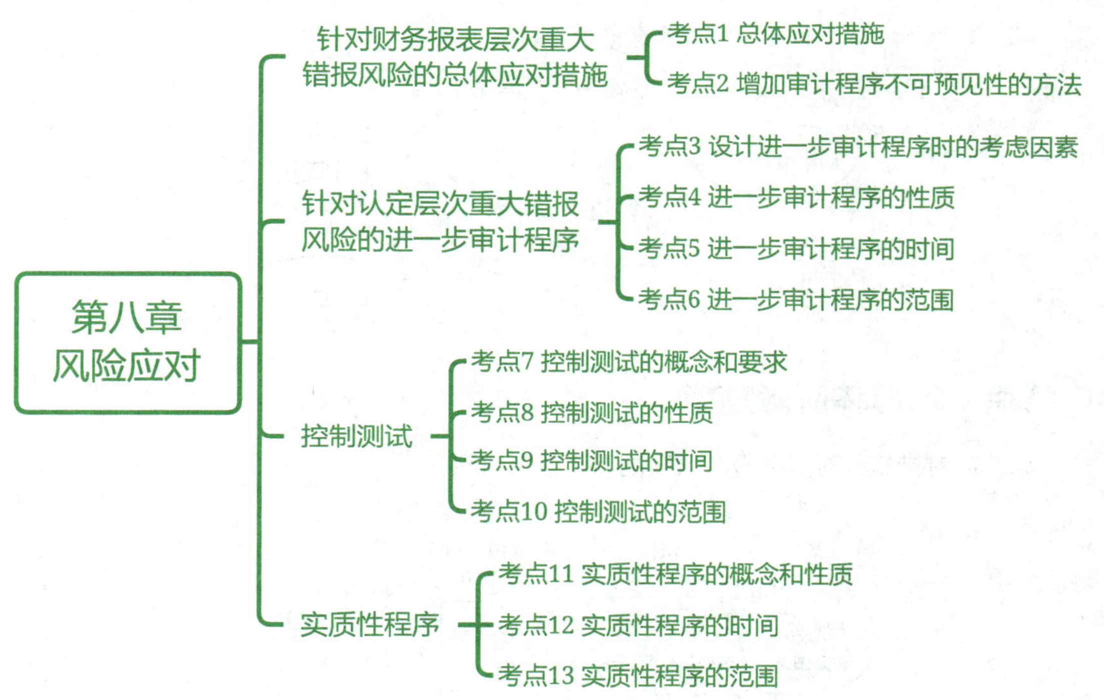

近三年本章考试题型及分值分布

题型	2022 年	2021 年	2020 年
单选题	2 题 2 分	1 题 1 分	—
多选题	1 题 2 分	3 题 6 分	1 题 2 分
简答题	—	—	1 题 1 分
综合题	1 题 1 分	—	2 题 2 分
合计	5 分	7 分	5 分

第一节 针对财务报表层次重大错报风险的总体应对措施

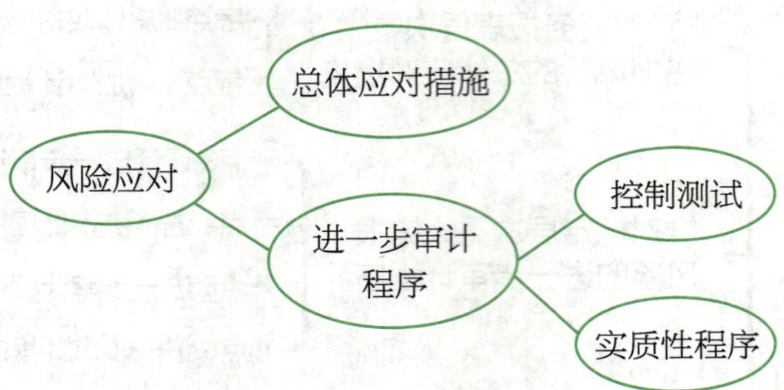

考点1 总体应对措施

总体应对措施针对财务报表层次的重大错报风险。

【考点母题——万变不离其宗】总体应对措施

（1）注册会计师应针对评估的财务报表层次重大错报风险确定总体应对措施，总体应对措施包括（ ）。
A. 向项目组强调保持职业怀疑的必要性 B. 指派更有经验或具有特殊技能的审计人员，或利用专家工作 C. 提供更多的督导 D. 在选择拟实施的进一步审计程序时融入更多的**不可预见**因素 E. 对拟实施审计程序的性质、时间安排或范围做出总体修改
（2）如果控制环境存在缺陷，注册会计师在对拟实施审计程序的性质、时间安排和范围做出总体修改时应当考虑的有（ ）。

续表

A. 在期末而非期中实施更多的审计程序 B. 通过实施实质性程序获取更广泛的审计证据 C. 增加拟纳入审计范围的经营地点的数量
（3）下列关于总体应对措施的描述中，错误的是（　）。
A 扩大控制测试的范围能够应对财务报表层次的重大错报风险

【考点子题——举一反三，真枪实练】

[1]（2016 年 • 单选题）下列各项措施中，不能应对财务报表层次重大错报风险的是（　）。

A. 在期末而非期中实施更多的审计程序

B. 扩大控制测试的范围

C. 增加拟纳入审计范围的经营地点的数量

D. 增加审计程序的不可预见性

[2]（经典例题 • 多选题）下列各项措施中，通常能够应对财务报表层次重大错报风险的有（　）。

A. 指派更有经验或具有特殊技能的审计人员

B. 利用专家的工作

C. 在选择拟实施的进一步审计程序时融入更多的不可预见的因素

D. 向项目组强调保持职业怀疑的必要性

考点 2　增加审计程序不可预见性的方法

增加审计程序不可预见性的方法，一般在于改变审计的范围、时间、抽样方法及地点。

【考点母题——万变不离其宗】增加审计程序不可预见性

（1）下列关于增加审计程序不可预见性的方法中，正确的有（　）。
A. 对某些以前未测试的低于设定的重要性水平或风险较小的账户余额和认定实施实质性程序 B. 调整实施审计程序的时间，使其超出被审计单位的预期 C. 采取不同的审计抽样方法，使当年抽取的测试样本与以前有所不同 D. 选取不同地点实施审计程序，或预先不告知被审计单位所选定的测试地点
（2）增加审计程序不可预见性的方法的实施要点包括（　）。

续表

A. 注册会计师需要与被审计单位事先沟通，要求实施具有不可预见性的审计程序，但不能告知其具体内容，注册会计师可以在签订审计业务约定书时明确提出这一要求 B. 虽然不可预见性没有量化要求，但审计项目组可以根据对舞弊风险的评估等确定具有不可预见性的审计程序 C. 项目合伙人需安排项目组成员有效地实施具有不可预见性的审计程序，但同时也要避免使项目组成员陷入困难境地
（3）下列有关于增加审计程序不可预见性的描述中，错误的有（　）。
A. 增加审计程序不可预见性一定需要增加审计程序 B. 审计程序的不可预见性需要量化 C. 注册会计师必须在签订审计业务约定书时，明确提出实施不可预见性审计程序的要求 D. 注册会计师必须在签订审计业务约定书时，明确提出要求实施具有不可预见性的审计程序

【考点子题——举一反三，真枪实练】

［3］（2019 年•单选题）下列有关审计程序不可预见性的说法中，错误的是（　）。

A. 增加审计程序的不可预见性是为了避免管理层对审计效果的人为干预

B. 增加审计程序的不可预见性会导致注册会计师实施更多的审计程序

C. 注册会计师无需量化审计程序的不可预见性程度

D. 注册会计师在设计拟实施审计程序的性质、时间安排和范围时，都可以增加不可预见性

［4］（经典例题•多选题）下列有关审计程序不可预见性的说法中，正确的有（　）。

A. 注册会计师在设计拟实施审计程序的性质、时间安排和范围时，可以增加不可预见性

B. 在存货监盘程序中，注册会计师到未事先通知被审计单位的盘点现场进行监盘，可以增加审计程序的不可预见性

C. 为了避免既定思维对审计方案的限制，以及对审计效果的人为干涉，可以增加审计程序的不可预见性

D. 项目合伙人需要安排项目组成员有效地实施具有不可预见性的审计程序，但同时要避免使被审计单位处于困难境地

第二节　针对认定层次重大错报风险的进一步审计程序

进一步审计程序是指注册会计师针对评估的各类交易、账户余额和披露**认定层次**重大

错报风险实施的审计程序，包括**控制测试**和**实质性程序**。

综合性方案：控制测试 + 实质性程序

实质性方案：实质性程序为主

考点 3 设计进一步审计程序时的考虑因素

【考点母题——万变不离其宗】设计进一步审计程序时的考虑因素

（1）下列关于设计进一步审计程序的说法中，正确的有（ ）。
A. 进一步审计程序的总体审计方案（受评估的财务报表层次重大错报风险及采取的总体应对措施影响）包括综合性方案和实质性方案 B. 进一步审计程序的性质、时间安排和范围，应当与评估的**认定层次**重大错报风险具备明确的对应关系 C. 注册会计师应当根据对认定层次重大错报风险的评估结果，结合成本效益考虑，恰当选用实质性方案或综合性方案（重大错报风险越高，越倾向于实质性方案） D. 无论选择何种方案，注册会计师都应当对所有重大类别的交易、账户余额和披露设计和实施实质性程序
（2）设计进一步审计程序时，下列各项因素中，注册会计师应当考虑的有（ ）。
A. 风险的重要性 B. 重大错报发生的可能性 C. 涉及的各类交易、账户余额和披露的特征 D. 被审计单位采用的特定控制的性质 E. 注册会计师是否拟获取审计证据，以确定内部控制在防止或发现并纠正重大错报方面的有效性
（3）下列关于设计进一步审计程序的说法中，错误的是（ ）。
A. 注册会计师在某些情况下，无需实施实质性程序

【考点子题——举一反三，真枪实练】

[5]（2021 年 • 多选题）在设计进一步审计程序时，下列各项因素中，注册会计师应当考虑的有（ ）。

A. 风险的重要性

B. 重大错报发生的可能性

C. 涉及的各类交易、账户余额和披露的特征

D. 被审计单位采用的特定控制的性质

[6]（经典例题 • 单选题）下列有关注册会计师实施进一步审计程序的说法中，错误的是（ ）。

A. 风险的重要性越高，越需要精心设计有针对性的进一步审计程序

B. 审计程序的范围随着重大错报风险的增加而缩小

C. 针对不同的认定，可以采用不同的总体审计方案

D. 只有当审计程序本身与特定风险相关时，扩大审计程序的范围才是有效的

考点4 进一步审计程序的性质

【考点母题——万变不离其宗】进一步审计程序的性质

（1）下列关于确定进一步审计程序性质的说法中，正确的有（ ）。
A. 进一步审计程序的性质指进一步审计程序的**目的和类型** B. 目的是通过实施**控制测试以**确定**内部控制运行的有效性**，通过实施**实质性程序以**发现**认定层次的重大错报** C. 进一步审计程序（中使用的审计程序）的类型有检查、观察、询问、函证、重新计算、重新执行、分析程序 D. 与收入**完整性认定**相关的重大错报风险，控制测试通常更能有效应对 E. 与收入**发生认定**相关的重大错报风险，实质性程序通常更能有效应对 F. 函证可以为应收账款在某一时点的**存在认定**提供审计证据，但不能为**计价认定**提供审计证据 G. 评估的认定层次重大错报风险越高，对进一步审计程序的选择要求更高
（2）下列各项中，注册会计师在确定进一步审计程序的性质时，通常需要考虑的有（ ）。
A. 认定层次重大错报风险的评估结果 B. 评估的认定层次重大错报风险产生的原因，包括考虑各类交易、账户余额和披露的具体特征以及内部控制 C. 如果在实施进一步审计程序时拟利用被审计单位信息系统生成的信息，注册会计师应当就信息的**准确性**和**完整性**获取审计证据
（3）下列关于确定进一步审计程序性质的说法中，错误的是（ ）。
A. 注册会计师在实施进一步审计程序时，不能利用被审计单位信息系统生成的信息

第8章

【考点子题——举一反三，真枪实练】

[7]（2021年·多选题）下列各项中，注册会计师在确定进一步审计程序的性质时，通常需要考虑的有（ ）。

A. 认定层次重大错报风险的评估结果

B. 评估的认定层次重大错报风险产生的原因

C. 确定的重要性水平

D. 在实施进一步审计程序时，注册会计师是否拟利用被审计单位信息系统生成的信息

[8]（经典例题·单选题）下列关于注册会计师对进一步审计程序的性质的选择中，不恰当的是（ ）。

A. 注册会计师应当根据认定层次重大错报风险的评估结果选择审计程序

B. 注册会计师在实施进一步审计程序时不应该利用被审计单位信息系统生成的信息

C. 在确定进一步审计程序的性质时，注册会计师首先要考虑的是认定层次重大错报风险的评估结果

D. 除了从总体上把握认定层次重大错报风险的评估结果对选择进一步审计程序的影响外，在确定拟实施的审计程序时，注册会计师接下来应当考虑评估的认定层次重大错报风险产生的原因

[9]（经典例题•多选题）下列存在于进一步审计程序中的有（ ）。

A. 检查　　B. 观察　　C. 询问　　D. 重新执行

考点 5 进一步审计程序的时间

【考点母题——万变不离其宗】进一步审计程序的时间

（1）下列关于确定进一步审计程序时间的说法中，正确的有（ ）。
A. 注册会计师可以在期中或期末实施控制测试或实质性程序 B. 当控制环境越差、相关信息获得越接近期末、错报风险越严重、审计证据不适用于期中、编制财务报表越接近期末时，**越倾向于在期末或接近期末**实施进一步审计程序 C. 某些审计程序只能在**期末或期末以后**实施，如财务报表中的信息与其所依据会计记录相核对或调节、检查财务报表编制过程中的会计调整、期末或接近期末发生了重大交易或重大交易在期末尚未完成
（2）下列关于确定进一步审计程序时间的说法中，错误的是（ ）。
A. 如果在期中实施了进一步审计程序，无需针对剩余期间获取审计证据

【考点子题——举一反三，真枪实练】

[10]（2015 年•单选题）下列有关注册会计师实施进一步审计程序的时间的说法中，错误的是（ ）。

A. 如果被审计单位的控制环境良好，注册会计师可以更多的在期中实施进一步审计程序

B. 注册会计师在确定何时实施进一步审计程序时需要考虑能够获取相关信息的时间

C. 对于被审计单位发生的重大交易，注册会计师应当在期末或期末以后实施实质性程序

D. 如果评估的重大错报风险为低水平，注册会计师可以选择资产负债表日前适当日期为截止日实施审计程序

考点6 进一步审计程序的范围

进一步审计程序的范围包括抽取的样本量、对某项控制活动的观察次数等。

【考点母题——万变不离其宗】进一步审计程序的范围

下列关于确定进一步审计程序范围的说法中，正确的有（ ）。
A. 重要性水平越低，进一步审计程序范围越广 B. 评估的重大错报风险越高，进一步审计程序的范围越广 C. 计划获取的保证程度越高，进一步审计程序的范围越广

【考点子题——举一反三，真枪实练】

[11]（2017年·多选题）下列各项中，注册会计师在确定进一步审计程序的范围时，应当考虑的有（ ）。

A. 确定的重要性水平　　B. 评估的重大错报风险

C. 审计证据适用的期间或时点　　D. 计划获取的保证程度

第三节 控制测试

考点7 控制测试的概念和要求

控制测试是为了评价内部控制在防止或发现并纠正认定层次重大错报方面的运行有效性而实施的审计。

【考点母题——万变不离其宗】控制测试的概念及要求

（1）下列关于控制测试的说法中，正确的有（ ）。
A. 风险评估中“了解内部控制”只需评价控制的设计以及确定控制是否得到执行 B. 为评价控制设计和确定控制是否得到执行而实施的某些风险评估程序，也可能提供有关控制运行有效性的审计证据 C. 在测试控制时，注册会计师应当获取关于控制是否有效运行的审计证据
（2）注册会计师应从（ ）方面获取关于**控制是否有效运行**的审计证据。
A. 控制在所审计期间的**相关时点**是**如何运行**的 B. 控制是否得到**一贯执行** C. 控制**由谁**或**以何种方式执行**

续表

（3）关于注册会计师应当实施控制测试的的说法中，正确的有（　）。
A. 在评估认定层次重大错报风险时，预期**控制的运行是有效**的 B. 仅实施实质性程序并不能够提供认定层次充分、适当的审计证据（如高度自动化处理情形，审计证据可能仅以电子形式存在）

【考点子题——举一反三，真枪实练】

[12]（经典例题•多选题）在测试控制运行的有效性时，注册会计师应当获取的审计证据包括（　）。

A. 控制的设计

B. 控制的预期偏差

C. 控制由谁或以何种方式执行

D. 控制在所审计期间的相关时点是如何运行的

[13]（2021 年•单选题）下列有关控制测试和实质性程序的说法中，错误的是（　）。

A. 无论是否实施控制测试，注册会计师均应当对所有重大类别交易、账户余额和披露实施实质性程序

B. 如果仅通过实施实质性程序无法获取充分、适当的审计证据，注册会计师应当实施控制测试

C. 注册会计师可以同时实施控制测试和实质性程序，以达到双重目的

D. 注册会计师应当针对特别风险同时实施控制测试和实质性程序

考点 8　控制测试的性质

控制测试的性质是指控制测试所使用的审计程序的类型及其组合。

【考点母题——万变不离其宗】控制测试的性质

（1）下列关于控制测试性质的说法中，正确的有（　）。
A. 控制测试采用的审计程序有**询问、观察、检查和重新执行** B. **询问**本身并不足以测试控制运行的有效性 C. 注册会计师要考虑所**观察**到的控制在注册会计师不在场时可能未被执行的情况 D. **检查**针对运行情况留有书面证据的控制 E. 如需大量**重新执行**，注册会计师应考虑通过控制测试以缩小实质性程序的范围是否有效率 F. 注册会计师应根据**特定控制**的性质选择所需实施审计程序的类型 G. 注册会计师应同时考虑与认定**直接相关和间接相关**的控制 H. 对于自动化（本身具有一惯性）的信息处理控制，注册会计师可以搜集该项控制得以执行和信息技术**一般控制**运行有效的审计证据 I. 注册会计师可以考虑针对同一交易同时实施控制测试和细节测试 J. 如实质性程序未发现某项认定存在错报，**不能说明**与该认定有关的控制是有效运行的 K. 如实质性程序发现某项认定存在错报，注册会计师应当在评价相关控制运行有效性时予以考虑 L. 如实质性程序发现被审计单位没有识别出的重大错报，**通常表明**内部控制存在值得关注的缺陷

续表

（2）下列关于控制测试性质的说法中，错误的有（ ）。
A. 注册会计师只需关注与认定直接相关的控制 B. 某些情况下，询问本身就能测试控制的有效性 C. 如实施实质性程序发现被审计单位没有识别出的重大错报，通常表明内部控制存在值得关注的缺陷，注册会计师不用就这些缺陷与管理层和治理层进行沟通

【考点子题——举一反三，真枪实练】

[14]（经典例题•单选题）以下有关控制测试的性质的说法中，不恰当的是（ ）。

A. 在计划和实施控制测试时，对控制有效性的信赖程度越高，注册会计师应当获取越有说服力的审计证据

B. 将询问与检查或重新执行结合使用，可能比仅实施询问和观察更能获取更高水平的保证

C. 在某些情况下，仅询问足以测试控制运行的有效性

D. 注册会计师可以考虑针对同一交易同时实施控制测试和细节测试，以实现双重目的

[15]（经典例题•多选题）以下有关控制测试的性质的说法中，正确的有（ ）。

A. 在设计控制测试时，注册会计师应当考虑测试与认定直接相关以及间接相关的控制

B. 对于不存在文件记录的控制，实施检查程序以获取控制运行有效的审计证据更为适宜

C. 如果通过实施实质性程序发现某项认定存在错报，注册会计师应当在评价相关控制的运行有效性时予以考虑

D. 应当根据特定控制的性质选择所需实施审计程序的类型

[16]（经典例题•多选题）下列各项审计程序中，不适合在控制测试中使用的有（ ）。

A. 分析程序　　B. 重新执行　　C. 检查　　D. 穿行测试

考点 9 控制测试的时间

控制测试的时间包含两层含义:（1）何时实施控制测试;（2）测试所针对的控制适用的时间或期间。

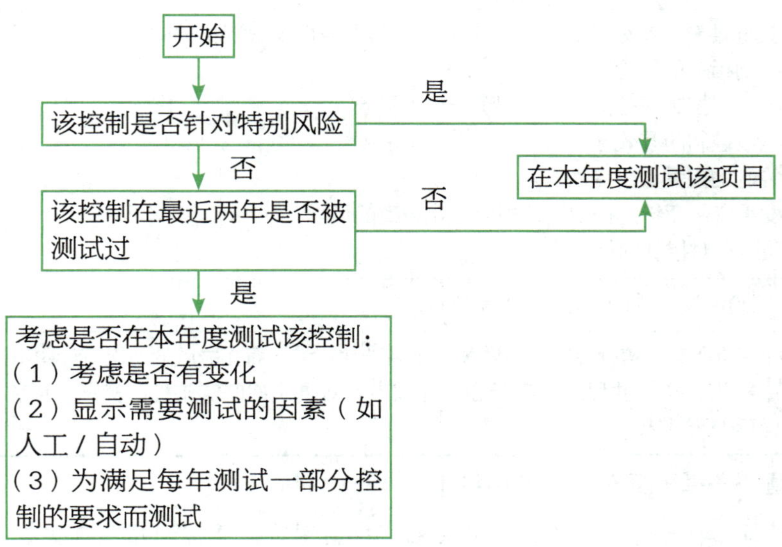

【考点母题——万变不离其宗】控制测试的时间

<table>
<tr><td colspan="2">（1）下列关于期中进行控制测试的说法中，正确的有（　）。</td></tr>
<tr><td colspan="2">A. 对于控制测试，注册会计师在期中实施此类程序具有更积极的作用（但仍需考虑如何能够将控制在期中运行有效性的审计证据合理延伸至期末）
B. 注册会计师应获取这些控制在剩余期间发生重大变化的审计证据</td></tr>
<tr><td rowspan="2">C. 注册会计师应确定针对剩余期间还需获取的补充审计证据</td><td>（2）针对剩余期间补充的审计证据，注册会计师应考虑的因素有（　）。</td></tr>
<tr><td>A. 评估的认定层次重大错报风险的重要程度
B. 在期中测试的特定控制，以及自期中测试后发生的重大变动
C. 在期中对有关控制运行有效性获取的审计证据的程度
D. 剩余期间的长度
E. 在信赖控制的基础上拟缩小实质性程序的范围
F. 控制环境</td></tr>
<tr><td colspan="2">（3）下列关于如何考虑以前审计获取的审计证据的说法中，正确的有（　）。</td></tr>
<tr><td colspan="2">A. 注册会计师应当考虑拟信赖的以前审计中测试的控制在本期是否发生变化
B. 如拟信赖的控制已发生实质性变化，以致影响以前审计证据的相关性，应在本期重新测试这些控制运行的有效性
C. 如拟信赖的控制未发生变化，且不属于旨在减轻特别风险的控制，注册会计师应当运用职业判断确定是否在本期测试其运行的有效性
D. 注册会计师每三年至少对控制测试一次
E. 鉴于特别风险的特殊性，对于旨在减轻特别风险的控制，不论该控制在本期是否发生变化，注册会计师都不应依赖以前审计获取的证据</td></tr>
<tr><td colspan="2">（4）在决定是否信赖以前审计获取的有关控制运行有效性的审计证据时，下列各项中，注册会计师通常需考虑的因素有（　）。</td></tr>
</table>

续表

A. 内部控制**其他要素**的有效性，包括内部环境、与财务报表编制相关的内部控制体系的监督以及与财务报表编制相关的风险评估工作 B. 控制特征（人工控制还是自动化控制）产生的风险 C. 信息技术一般控制的有效性 D. 影响内部控制的**重大**人事变动 E. 由于环境发生变化而特定控制缺乏相应变化导致的风险 F. 重大错报风险和对控制的信赖程度
（5）下列关于控制测试安排的描述中，错误的有（　）。
A. 注册会计师应将所有拟信赖控制的测试集中于某一次审计，而在之后的两次审计中不进行任何测试 B. 如果在期中实施了实质性程序，注册会计师应当针对剩余期间实施控制测试，以将期中测试得出的结论合理延伸至期末

【考点子题——举一反三，真枪实练】

[17]（经典例题•单选题）如果在期中实施了控制测试，并拟利用该证据，下列说法中错误的是（　）。

A. 控制环境越薄弱，注册会计师需要获取的剩余期间的补充证据越少

B. 注册会计师应当获取相关控制在剩余期间一贯运行的审计证据

C. 评估的重大错报风险对财务报表的影响越大，注册会计师需要获取的剩余期间的补充证据越多

D. 注册会计师在确定针对剩余期间还需获取的补充审计证据时应当考虑剩余期间的长度

[18]（2019年•单选题）对于财务报表审计业务，在决定是否信赖以前审计获取的有关控制运行有效性的审计证据时，下列各项中，注册会计师通常无需考虑的是（　）。

A. 控制发生的频率　　B. 控制是否是自动化控制

C. 控制是否是复杂的人工控制　　D. 控制在本年是否发生变化

考点10 控制测试的范围

控制测试的范围主要是指某项控制活动的测试次数。

【考点母题——万变不离其宗】控制测试的范围

（1）下列属于确定控制测试范围需要考虑的因素有（　）。
A. 控制执行的**频率**越高，控制测试的范围越大 B. 注册会计师拟信赖控制运行有效性的**时间**越长，控制测试的范围越大 C. 控制的预期**偏差**越高，控制测试的范围越大（但如果偏差过高，则可能不实施控制测试） D. 针对同一认定，**其他控制**获取审计证据的充分性和适当性较高时，该控制的范围可适当缩小 E. 拟获取有关证据的相关性和可靠性较高，测试该控制的范围可适当缩小 F. 预期控制越有效，越信赖，测试的范围越大
（2）注册会计师对自动化控制测试范围的特别考虑包括（　）。
A. 除非系统发生变动，注册会计师通常**无需**增加自动化控制的测试范围 B. 需测试与该信息处理控制有关的**一般控制**的运行有效性 C. 应确定系统是否发生变动，如变动，是否存在适当的系统变动控制 D. 应确定对交易的处理是否使用授权批准的软件版本

【考点子题——举一反三，真枪实练】

[19]（经典例题•单选题）下列各项中，关于确定控制测试的范围的考虑中，不正确的是（　）。

A. 拟信赖期间越长，控制测试的范围越大

B. 对于一项自动化信息处理控制，一旦确定被审计单位正在执行该控制，注册会计师通常无须扩大控制测试的范围

C. 当针对其他控制获取审计证据的充分性和适当性较高时，测试该控制的范围可适当扩大

D. 如果控制的预期偏差率过高，注册会计师应当考虑控制可能不足以将认定层次的重大错报风险降至可接受的低水平

[20]（经典例题•单选题）下列情形中，注册会计师应扩大控制测试范围的是（　）。

A. 控制执行的频率降低

B. 注册会计师拟信赖控制运行有效性的时间长度缩短

C. 控制的预期偏差降低

D. 预期拟获取有关认定层次有效性相关证据的相关性和可靠性降低

第四节　实质性程序

实质性程序是指用于发现认定层次重大错报的审计程序，包括对各类交易、账户余额和披露的**细节测试**以及**实质性分析程序**。

细节测试：是对各类交易、账户余额和披露的具体细节进行测试，目的在于直接识别各类交易、账户余额和披露的认定是否存在错报。

实质性分析程序：主要是通过研究数据间关系评价信息。

考点 11　实质性程序的概念和性质

【考点母题——万变不离其宗】实质性程序的概念和性质

（1）下列关于实质性程序的描述中，正确的有（　）。
A. 实质性程序应该包括：将财务报表中的信息与其所依据的会计记录进行核对和调节；检查财务报表编制过程中作出的重大会计分录和其他调整 B. 如认为评估的认定层次重大错报风险是**特别风险**，注册会计师应专门针对该风险**实施实质性程序** C. 如果针对特别风险实施的程序**仅为**实质性程序，则应包括**细节测试**
（2）下列有关于实质性程序性质的描述中，正确的有（　）。
A. 细节测试适用于对各类交易、账户余额和披露认定的测试，尤其是对存在或发生、计价认定的测试 B. 对一段时期内存在**可预期关系的大量交易**，注册会计师可以考虑实施实质性分析程序 C. 针对存在或发生认定的细节测试，选择包含在财务报表金额中的项目，并获取相关审计证据（**逆查**） D. 针对完整性认定的细节测试，选择有证据表明应包含在财务报表金额中的项目，并调查这些项目是否确实包括在内（**顺查**）
（3）注册会计师设计实质性分析程序时应考虑的因素有（　）。
A. 对特定认定使用实质性分析程序的适当性 B. 对已记录的金额或比率做出预期时，所依据的内部或外部数据的可靠性 C. 做出预期的准确程度是否足以在计划的保证水平上识别重大错报 D. 已记录金额与预期值之间的差异额
（4）下列有关于实质性程序的描述中，错误的有（　）。
A. 注册会计师在所有审计业务中都应实施实质性**分析**程序 B. 实质性分析程序不适用于应对特别风险 C. 分析程序在所有审计阶段的保证水平一致

【考点子题——举一反三，真枪实练】

[21]（2017 年•单选题）下列选项中，有关实质性分析程序的适用性的说法中，错误的是（　）。

A. 实质性分析程序通常更适用于在一段时间内存在预期关系的大量交易

B. 实质性分析程序不适用于识别出特别风险的认定

C. 对特定实质性分析程序适用性的确定，受到认定的性质和注册会计师对重大错误风险评估的影响

D. 注册会计师无需在所有审计业务中运用实质性分析程序

考点 12　实质性程序的时间

【考点母题——万变不离其宗】实质性程序的时间

（1）下列关于实质性程序的时间的描述中，正确的有（　）。
A. 在期中实施实质性程序不是“常态”，需要考虑其成本效益 B. 如果在期中实施了实质性程序，注册会计师应针对剩余期间实施**进一步的实质性程序**或**结合使用实质性程序和控制测试**，以将期中测试得出的结论合理**延伸至期末** C. 如果已识别出由于**舞弊**导致的重大错报风险，为将期中得出的结论延伸至期末而实施的审计程序通常是**无效的** D. 以前审计中实施实质性程序获取的审计证据，通常对本期只有**很弱的证据效力或没有证据效力**，不足以应对本期的重大错报风险
（2）在确定是否在期中实施实质性程序时，下列各项中，注册会计师通常需要考虑的有（　）。
A. 控制环境和其他相关的控制　　B. 实施审计程序所需信息在期中之后的**可获得性** C. 实质性程序的目的　　D. 评估的重大错报风险 E. 特定类别交易或账户余额以及相关认定的**性质** F. 针对剩余期间，能否通过实施实质性程序或将实质性程序与控制测试相结合，降低期末存在错报而**未被发现**的风险
（3）下列关于实质性程序的时间的描述中，错误的有（　）。
A. 当以前获取的审计证据以及相关事项未发生重大变动时，以前获取的审计证据**应当**用作本期的有效审计证据 B. 如拟利用以前审计中实施实质性程序获取的审计证据，注册会计师无需再本期实施审计程序确定这些证据是否具有持续相关性

【考点子题——举一反三，真枪实练】

[22]（经典例题•单选题）下列有关实质性程序时间安排的说法中，错误的是（　）。

A. 实质性程序的时间安排受被审计单位控制环境的影响

B. 如果针对某项认定实施实质性程序的目的就包括获取该认定的期中审计证据从而与期末比较，注册会计师应在期中实施实质性程序

C. 注册会计师评估的某项认定的重大错报风险越高，越应当考虑将实质性程序集中在期中实施

D. 如果在期中实施了实质性程序，注册会计师应当针对剩余期间实施进一步的实质性程序，或将实质性程序和控制测试结合使用，以将期中测试得出的结论合理延伸至期末

[23]（2014年·单选题）下列有关实质性程序时间安排的说法中，错误的是（　）。

A. 控制环境和其他相关的控制越薄弱，注册会计师越不宜在期中实施实质性程序

B. 注册会计师评估的某项认定的重大错报风险越高，越应当考虑将实质性程序集中在期末或接近期末实施

C. 如果实施实质性程序所需信息在期中之后难以获取，注册会计师应考虑在期中实施实质性程序

D. 如果在期中实施了实质性程序，注册会计师应当针对剩余期间实施控制测试，以将期中测试得出的结论合理延伸至期末

[24]（经典例题·单选题）下列有关实质性程序时间的说法中，正确的是（　）。

A. 由于与未决诉讼认定相关的特殊性质，注册会计师应当在期末或接近期末实施实质性程序

B. 如果在期中实施了实质性程序，注册会计师应当针对剩余期间实施控制测试，以将期中测试得出的结论合理延伸至期末

C. 如识别出管理层凌驾于内部控制之上的风险，应当考虑在期中实施审计程序

D. 评估的认定层次的重大错报风险越高，越应当考虑在期中实施审计程序

考点13 实质性程序的范围

【考点母题——万变不离其宗】实质性程序的范围

下列关于实质性程序的范围的描述中，正确的有（　）。
A. 注册会计师评估的认定层次的重大错报风险越高，实质性程序的范围越广 B. 如果对控制测试结果不满意，注册会计师可能需要考虑扩大实质性程序的范围 C. 在设计细节测试时，注册会计师除了从样本量的角度考虑测试范围外、还应考虑选样方法的有效性 D. 设计实质性分析程序时，注册会计师应确定已记录的金额与预期值之间的可接受差异额（确定差异额时，考虑相关认定的重要性和计划的保证水平）

【考点子题——举一反三，真枪实练】

[25]（经典例题·单选题）下列有关实质性程序的说法中，错误的是（　）。

A. 注册会计师实施的实质性程序应当包括检查财务报表编制过程中作出的重大会计分录和其他调整

B. 注册会计师对控制测试的结果不满意，可能需要考虑扩大实质性程序的范围

C. 需要从实质性分析程序中获取的保证程度越高，实质性分析程序的范围就越小

D. 实质性程序的范围的确定受评估的认定层次重大错报风险的影响

[26]（经典例题•简答题）甲注册会计师是XX公司2022年度财务报表的审计项目合伙人，审计工作底稿记载了与了解XX公司及其环境、识别和评估重大错报风险相关的事项，部分内容摘录如下：

（1）鉴于了解到XX公司控制环境非常薄弱，甲注册会计师认为可能存在报表层次的重大错报风险。

（2）甲注册会计师在了解XX公司内部控制后，发现XX公司会计记录的状况和可靠性存在重大问题，不能获取充分、适当的审计证据以发表无保留意见，因此要求XX公司管理层提交书面声明以消除重大疑虑。

（3）针对识别出的超出正常经营过程的重大关联方交易导致的风险，甲注册会计师将其确定为特别风险，予以特别考虑。

（4）甲注册会计师直接将识别出的具有高度估计不确定性的会计估计导致的风险确定为特别风险。

（5）在评估重大错报风险时，甲注册会计师要求项目组成员将所了解的控制与特定认定相联系。

要求：假定上述第（1）至（5）项均为独立事项，逐项指出甲注册会计师的做法是否恰当。如不恰当，简要说明理由。

[27]（经典例题•简答题）甲公司是XYZ会计师事务所的常年审计客户，A注册会计师负责审计甲公司2022年度财务报表，审计工作底稿中与分析程序相关的部分内容摘录如下：

（1）2022年由于疫情影响，甲公司所在行业的市场需求显著下降，A注册会计师在实施风险评估分析程序时，将以往年度报表已审数据作为预期值，将2022年财务报表中波动较大的项目评估为存在重大错报风险。

（2）A注册会计师要求项目组成员在了解甲公司及其环境的每一个方面均需实施分析程序。

（3）甲公司的产量与生产工人工资之间存在稳定的预期关系，A注册会计师认为产量信息来自于非财务部门，具有可靠性，在实施实质性分析程序时据以测算直接人工成本。

（4）为了通过分析程序获取较高的保证水平，A注册会计师要求项目组成员获取可分解程度较低的数据，以提高预期值的准确程度。

（5）受疫情影响，审计时间紧迫，且审计过程中未发现重大错报，A注册会计师要求将临近审计结束时运用分析程序对财务报表进行总体复核改为审计报告日后实施。

要求：针对上述第（1）至（5）项，逐项指出A注册会计师的做法是否恰当。如不恰当，简要说明理由。

[本章考点子题答案及解析]

[1] 【答案：B】选项B，扩大控制测试的范围，是为了获取某一认定相关的审计证据，所以不能应对财务报表层次重大错报风险。

[2] 【答案：ABCD】注册会计师应当针对评估的财务报表层次重大错报风险确定以下总体应对措施：（1）向项目组强调保持职业怀疑的必要性（选项D）；（2）指派更有经验或具有特殊技能的审计人员，或利用专家的工作（选项AB）；（3）提供更多的督导；（4）在选择拟实施的进一步审计程序时融入更多的不可预见的因素（选项C）；（5）对拟实施审计程序的性质、时间安排或范围作出总体修改。

[3] 【答案：B】增加审计程序的不可预见性可能会导致注册会计师实施更多的审计程序，选项B错误。

[4] 【答案：ABC】选项D错误，项目合伙人需要安排项目组成员有效地实施具有不可预见性的审计程序，但同时也要避免使项目组成员处于困难的境地。

[5] 【答案：ABCD】在设计进一步审计程序时，注册会计师应当考虑下列因素：（1）风险的重要性（选项A）；（2）重大错报发生的可能性（选项B）；（3）涉及的各类交易、账户余额和披露的特征（选项C）；（4）被审计单位采用的特定控制的性质（选项D）；（5）注册会计师是否拟获取审计证据，以确定内部控制在防止或发现并纠正重大错报方面的有效性。

[6] 【答案：B】选项B错误，一般而言，审计程序的范围随着重大错报风险的增加而扩大。

[7] 【答案：ABD】在确定进一步审计程序的性质时，注册会计师首先需要考虑的是认定层次重大错报风险的评估结果，选项A正确；除了从总体上把握认定层次重大错报风险的评估结果对选择进一步审计程序的影响外，在确定拟实施的审计程序时，注册会计师接下来应当考虑评估的认定层次重大错报风险产生的原因，包括考虑各类交易、账户余额和披露的具体特征以及内部控制，选项B正确；如果在实施进一步审计程序时拟利用被审计单位信息系统生成的信息，注册会计师应当就该信息的准确性和完整性获取审计证据，选项D正确。

[8] 【答案：B】选项B错误，如果在实施进一步审计程序时拟利用被审计单位信息系统生成的信息，注册会计师应当就信息的准确性和完整性获取审计证据。

[9] 【答案：ABCD】进一步审计程序中的审计程序包括检查、观察、询问、函证、重新计算、重新执行、分析程序。

[10] 【答案：C】对于被审计单位在期末或接近期末发生的重大交易，注册会计师应当考虑在期末或期末以后实施实质性程序，选项C错误。

[11] 【答案：ABD】在确定进一步审计程序的范围时，注册会计师应当考虑下列因素：（1）确定的重要

性水平（选项 A）;（2）评估的重大错报风险（选项 B）;（3）计划获取的保证程度（选项 D）。

[12]【答案: CD】在测试控制运行的有效性时，注册会计师应当从下列方面获取关于控制是否有效运行的审计证据:（1）控制在所审计期间的相关时点是如何运行的（选项 D）;（2）控制是否得到一贯执行;（3）控制由谁或以何种方式执行（选项 C）。

[13]【答案: D】当预期针对特别风险的控制无效时，不拟信赖该控制，注册会计师可以仅实施实质性程序，选项 D 错误。

[14]【答案: C】选项 C 错误，询问本身并不足以测试控制运行的有效性。

[15]【答案: ACD】选项 B 错误，某些控制可能不存在文件记录（如一项自动化的控制活动），或文件记录与能否证实控制运行有效性不相关，注册会计师应当考虑实施检查以外的其他审计程序（如询问和观察）或借助计算机辅助审计技术，以获取有关控制运行有效性的审计证据。

[16]【答案: AD】选项 A 错误，分析程序用于风险评估程序和实质性程序；选项 D 错误，穿行测试用于了解内部控制，不用于控制测试。

[17]【答案: A】选项 A 错误，控制环境越薄弱，注册会计师需要获取的剩余期间的补充证据越多。

[18]【答案: A】控制发生的频率影响控制测试的范围，控制执行的频率越高，控制测试的范围越大，选项 A 错误；关于如何考虑以前审计获取的有关控制运行有效性的审计证据，基本思路是考虑拟信赖的以前审计中测试的控制在本期是否发生变化（选项 D）；在确定利用以前审计获取的有关控制运行有效性的审计证据是否适当以及再次测试控制的时间间隔时，注册会计师应当考虑的因素或情况包括:（1）内部控制其他要素的有效性，内部环境、与财务报表编制相关的内部控制体系的监督以及与财务报表编制相关的风险评估工作;（2）控制特征（是人工控制还是自动化控制）产生的风险（选项 BC）;（3）信息技术一般控制的有效性;（4）影响内部控制的重大人事变动;（5）由于环境发生变化而特定控制缺乏相应变化导致的风险;（6）重大错报的风险和对控制的信赖程度。

[19]【答案: C】选项 C 错误，当针对其他控制获取审计证据的充分性和适当性较高时，测试该控制的范围可适当缩小。

[20]【答案: D】选项 ABC，应适当缩小控制测试的范围。

[21]【答案: B】针对特别风险的控制，可以实施控制测试和实质性分析程序，选项 B 错误；实质性分析程序通常更适用于在一段时间内存在可预期关系的大量交易，选项 A 正确；对特定实质性分析程序适用性的确定，受到认定的性质和注册会计师对重大错报风险评估的影响，选项 C 正确；注册会计师无需在所有审计业务中运用实质性分析程序，选项 D 正确。

[22]【答案: C】选项 C 错误，注册会计师评估的某项认定的重大错报风险越高，越应当考虑将实质性程序集中在期末或接近期末实施。

[23]【答案: D】如果在期中实施了实质性程序，注册会计师应当针对剩余期间实施进一步的实质性程序，或将实质性程序和控制测试结合使用，以将期中测试得出的结论合理延伸至期末，选项 D 错误。

[24]【答案: A】选项 B 错误，如果在期中实施了实质性程序，注册会计师应当针对剩余期间实施进一步的实质性程序，或将实质性程序和控制测试结合使用，以将期中测试得出的结论合理延伸至期末；选项 C 错误，如识别出管理层凌驾于内部控制之上的风险，应当考虑在期末或接近期末实施实质性程序；选项 D 错误，评估的认定层次的重大错报风险越高，越应当集中在期末实施审计

程序。

[25]【答案：C】选项C错误，需要从实质性分析程序中获取的保证程度越高，实质性分析程序的范围就越大。

[26]【答案】

（1）恰当。

（2）不恰当。注册会计师应当考虑出具保留意见或者无法表示意见的审计报告，必要时，应当考虑解除业务约定。尽管书面声明提供了必要的审计证据，但其本身并不为所涉及的任何事项提供充分、适当的审计证据。

（3）恰当。

（4）不恰当。具有高度估计不确定性的会计估计导致的风险不一定是特别风险。

（5）恰当。

【知识点回顾】（1）财务报表层次的重大错报风险通常源于薄弱的控制环境。

【知识点回顾】（2）注册会计师应当要求管理层提供书面声明（是必要的审计证据），但其本身并不为所涉及的任何事项提供充分、适当的审计证据，注册会计师无法获取充分、适当的审计证据时，不能通过获取书面声明予以解决。

【知识点回顾】（3）应当直接评估为存在特别风险的事项包括：

①舞弊导致的重大错报风险。

②超出正常经营过程的重大关联方交易导致的风险。

③管理层凌驾于控制之上的风险。

【知识点回顾】（4）在识别和评估重大错报风险时，注册会计师应当评价与会计估计相关的估计不确定性的程度，并根据职业判断确定识别出的具有高度估计不确定性的会计估计是否会导致特别风险，并不是直接将具有高度估计不确定性的会计估计导致的风险确定为特别风险。

【知识点回顾】（5）注册会计师应当将所了解的控制与特定认定相联系，以评估认定层次的重大错报风险。

[27]【答案】（1）不恰当。应根据2022年度的变化情况设定预期值。

（2）不恰当。注册会计师不需要在了解被审计单位及其环境的每一个方面均实施分析程序。

（3）不恰当。应测试与产量信息编制相关的内部控制／应测试产量信息／应测试内部信息的可靠性。

（4）不恰当。应获取可分解程度较高的数据。

（5）不恰当。在临近审计结束时，应当运用分析程序对财务报表进行总体复核。

【知识点回顾】（1）不恰当。注册会计师在设定预期值的时候应考虑环境的变化。2022年度行业出现较大变化时，需要根据变化情况设定预期值。

【知识点回顾】（2）了解被审计单位及其环境包括了解内部控制，了解内部控制时不适合实施分析程序。

【知识点回顾】（3）实质性分析程序适用于存在可预期关系的大量交易。

【知识点回顾】（4）信息可分解的程度是指用于分析程序的信息的详细程度，通常，数据的可分解程度越高，预期值的准确性越高注册，会计师将相应获取较高的保证水平。

【知识点回顾】（5）对财务报表进行总体复核是必要的审计程序，该程序未实施不能出具审计报告。

第 9 章　销售与收款循环的审计

本章思维导图

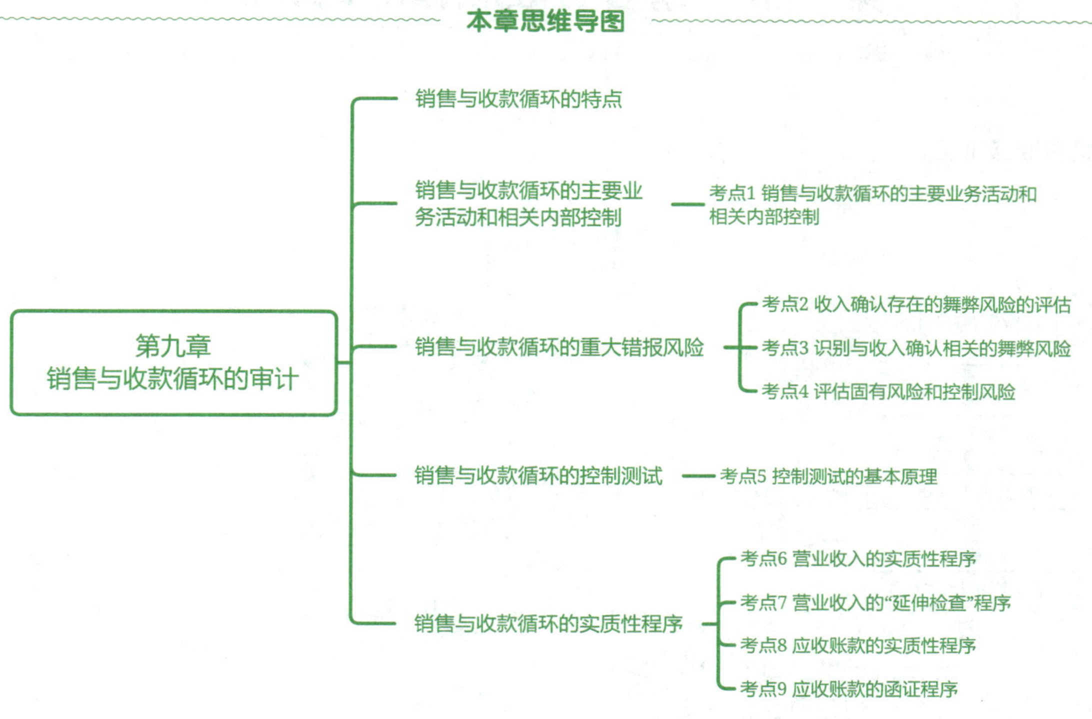

近三年本章考试题型及分值分布

题型	2022 年	2021 年	2020 年
单选题	—	—	—
多选题	—	—	—
简答题	—	—	—
综合题	4 题 4 分	5 题 5 分	5 题 5 分
合计	4 分	5 分	5 分

扫码畅听增值课

第一节　销售与收款循环的特点

销售业务流程图

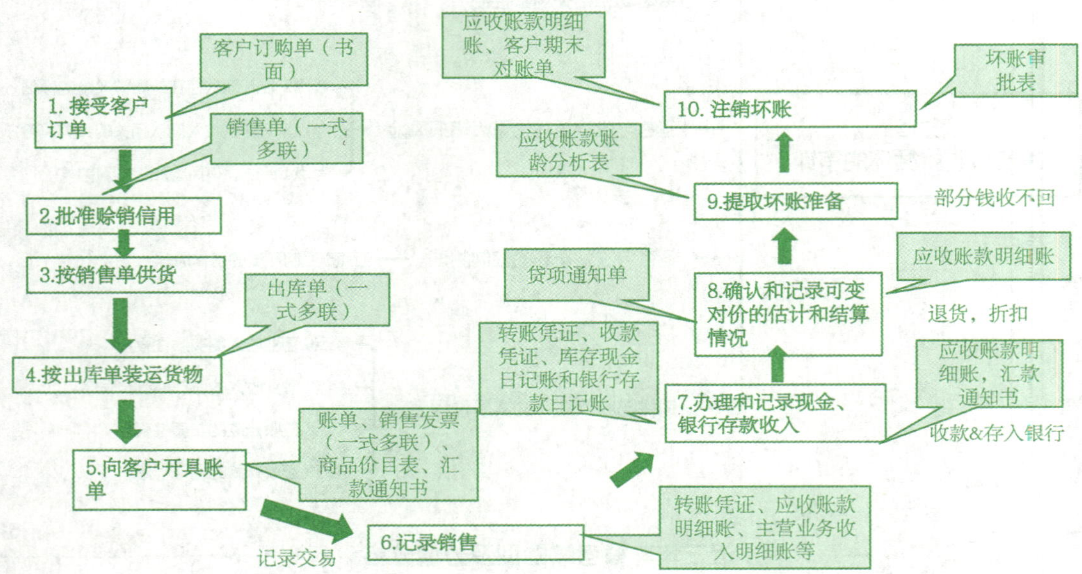

销售与收款循环的审计概念：

（1）发现风险：检查文件、了解内控

（2）找到风险：确定错报、定位认定

（3）应对风险：控制测试、实质性程序

第二节　销售与收款循环的主要业务活动和相关内部控制

考点 1　销售与收款循环的主要业务活动和相关内部控制

销售与收款循环程序包括：接受客户订单，批准赊销信用，根据销售单编制出库单并发货，按出库单装运货物，向客户开具发票，记录销售，办理和记录现金、银行存款收入，确认和记录可变对价的估计和结算情况，计提坏账准备，核销坏账。

活动名称	关键控制活动
接受客户订购单	①管理层（销售部门）授权，决定是否接受**客户订购单**； ②编制**一式多联**的**销售单**（**发生认定**）
批准赊销信用	①**信用管理**部门**比较**客户信用额度及欠款余额，**签署**意见； ②授权审批（准确性、**计价和分摊认定**）
根据销售单编制出库单并发货	①**仓库管理人员只有在**收到经过**批准**的**销售单**时，才能编制**出库单**并发货； ②生成**连续编号**的**出库单**； ③**核对出库单**和销售单
按出库单装运货物	①将按批准的销售单供货与按出库单装运货物**职责分离**； ②装运之前需要授权； ③根据经批准的销售单及出库单提取商品
向客户开具发票	①负责开发票的员工在开具每张销售发票之前，**检查**是否存在出库单和相应的经批准的销售单； ②依据已授权批准的**商品价目表**开具销售**发票**；③将出库单上的商品总数与相对应的销售发票上的商品总数进行比较； ④生成**连续编号**的销售发票（**发生**、**完整**、**准确性**认定）

续表

记录销售	①依据有效的出库单和销售单记录销售（证明交易的发生 & 发生日期）； ②使用事先**连续编号**的销售发票并对发票使用情况进行**监控**； ③**独立检查**已销售发票上的销售金额与会计记录金额的**一致性**； ④记录销售的职责应与处理销售交易的其他功能**相分离**； ⑤对记录过程中所涉及的有关记录的接触**权限**予以限制，以减少未经授权**批准**的记录发生； ⑥定期**独立**检查应收票据 / 应收款项融资 / 应收账款 / 合同资产的明细账与总账的一致性； ⑦由**不负责**现金出纳和销售及应收票据 / 应收款项融资 / 应收账款 / 合同资产记账的人员定期向**客户寄发对账单**，对不符事项进行调查，必要时调整会计记录，编制对账情况汇总报告并交管理层审核
办理和记录现金、银行存款收入	①保证全部货币资金如数、及时地记入现金、银行存款日记账或应收票据 / 应收款项融资 / 应收账款 / 合同资产明细账，并如数、及时地将现金存入银行； ②通过出纳与现金记账的**职责分离**、现金盘点、编制银行余额调节表、定期向客户发送对账单等控制实现上述目的
确认和记录可变对价的估计和结算情况	需要对计入交易价格的可变对价进行估计，并在每一资产负债表日重新估计应计入交易价格的可变对价金额
计提坏账准备	①定期对应收票据 / 应收款项融资 / 应收账款的预期信用损失进行估计； ②管理层对相关估计进行**复核和批准**
核销坏账	①适当审批；②备查登记

内控手段	内控要求
适当的职责分离	①销售、发货、收款职责分离；②签订合同与谈判职责分离； ③赊销授权与销售职责分离；　④记账与核对职责分离
恰当的授权审批	①销售发生之前，赊销信用审批； ②销售价格、销售条件、运费、折扣审批；③发货审批
充分的凭证和记录	①销售单一式多联； ②定期清点销售单和销售发票，避免漏记漏开； ③记录销售交易之前核对销售单、出库单和销售发票
凭证预先编号	①预先编号防止遗漏或重复开具； ②定期检查全部凭证的编号，调查缺号或重号的原因
定期寄发对账单	①由不负责出纳和销售及应收票据 / 应收款项融资 / 应收账款 / 合同资产记账的人员定期向客户寄发对账单； ②对于不符事项，指定一位既不负责货币现金也不负责记录主营业务收入及应收票据 / 应收款项融资 / 应收账款 / 合同资产账目的主管人员处理

续表

内部核查程序	①检查是否存在不相容、职务混岗的现象； ②检查授权审批手续是否齐全，是否存在越权审批行为； ③检查信用政策； ④检查收入是否及时入账，催收是否有效，坏账核销是否符合规定； ⑤检查销售退回手续是否齐全

【考点子题——举一反三，真枪实练】

[1]（经典例题•单选题）下列认定中，与销售交易赊销信用审批相关的是（　）。

A. 权利和义务　　B. 发生

C. 存在　　D. 准确性、计价和分摊

[2]（经典例题•单选题）与向客户开具并寄送事先连续编号的销售发票的控制活动，不相关的认定是（　）。

A. 截止　　B. 完整性　　C. 发生　　D. 准确性

[3]（经典例题•单选题）下列各项与销售和收款循环相关的内部控制中，设计不恰当的是（　）。

A. 企业在销售合同订立前，指定专门人员就销售价格、信用政策、发货及收款方式等具体事项与客户进行谈判

B. 企业建立完善的销售合同审批制度，同时审批岗与发货岗相分离

C. 主营业务收入总账、明细账，应收账款总账、明细账由同一员工登记

D. 财务人员在记录销售交易之前，对相关的销售单、出库单和销售发票上的信息进行核对，以确保入账的营业收入是真实发生的、准确的

第三节　销售与收款循环的重大错报风险

考点 2　收入确认存在的舞弊风险的评估

注册会计师在识别和评估与收入确认相关的重大错报风险时，应当**基于收入确认存在舞弊风险的假定**，评价哪些类型的收入、收入交易或认定导致舞弊风险。

【考点母题——万变不离其宗】收入确认存在的舞弊风险

（1）下列有关收入确认存在的舞弊风险的表述中，正确的有（ ）。
A. 如被审计单位有**高估**收入的动机时（如签有对赌协议），收入的**发生**认定存在舞弊风险的可能性大 B. 如被审计单位有**隐瞒**收入的动机时（如有避税动机），收入的**完整性**认定存在舞弊风险的可能性大 C. 如被审计单位**延期**确认收入，收入的**截止**认定存在舞弊风险的可能性大 D. 如果注册会计师认为收入确认存在的舞弊风险的假定**不适用于**业务的具体情况，从而未将收入确认作为由于舞弊导致的重大错报风险领域，应当在审计工作底稿中记录得出该结论的理由
（2）下列有关收入确认存在的舞弊风险的评估的说法中，错误的是（ ）。
A. 假定收入确认存在舞弊风险，意味着注册会计师应当将与收入确认相关的所有认定**都假定**存在舞弊风险

【考点子题——举一反三，真枪实练】

[4]（经典例题·单选题）下列各项中，注册会计师应当直接假定存在舞弊风险的是（ ）。

A. 应收账款　　B. 存货计价

C. 关联方关系及其交易　　D. 收入确认

[5]（经典例题·多选题）以下有关收入确认存在舞弊风险的假定的说法中，恰当的有（ ）。

A. 如果管理层有隐瞒收入而降低税负的动机，则注册会计师需要更加关注与收入完整性认定相关的舞弊风险

B. 假定收入确认存在舞弊风险，通常意味着应当将与收入确认相关的所有认定都假定为存在舞弊风险

C. 需要结合对被审计单位及其环境等方面情况的具体了解，考虑收入确认舞弊可能如何发生

D. 如果认为收入确认存在舞弊风险的假定不适用于具体业务，应当在审计工作底稿中记录得出该结论的理由

考点3 识别与收入确认相关的舞弊风险

【考点母题——万变不离其宗】识别与收入相关的舞弊风险

（1）下列有关识别与收入相关的舞弊风险的说法中，正确的有（ ）。
A. 注册会计师应当评价通过**风险评估程序**和执行其他相关活动获取的信息是否表明存在舞弊风险因素 B. 风险评估程序应当包括询问管理层以及被审计单位内部其他人员、分析程序、观察和检查程序
（2）下列各项中，属于常用的收入确认舞弊手段的有（ ）。

续表

<table>
<tr><td rowspan="2">A. 为了达到粉饰财务报表的目的而虚增收入或提前确认收入</td><td>（3）下列各项中，属于为了达到粉饰财务报表的目的而虚增收入或提前确认收入的有（　）。</td></tr>
<tr><td>A. 虚构销售交易（如虚构合同、虚构销售交易等）
B. 进行显失公允的交易（如未披露的关联交易、取得商品控制权前提前确认收入、隐瞒条款等）</td></tr>
<tr><td rowspan="2">B. 为了达到报告期内降低税负或转移利润等目的而少记收入或推迟确认收入</td><td>（4）下列各项中，属于为了达到报告期内降低税负或转移利润等目的而少记收入或推迟确认收入的有（　）。</td></tr>
<tr><td>A. 不确认收入或将收到的货款计入负债或转入本单位以外的其他账户
B. 采用以旧换新的方式销售商品时，以新旧商品的差价确认收入
C. 收入确认方法、时点、时段及会计估计不合理</td></tr>
<tr><td colspan="2">（5）下列有关注册会计师针对舞弊的调查方法，说法正确的有（　）。</td></tr>
<tr><td colspan="2">A. 毛利率变动较大或与行业差异较大，注册会计师可采用定性分析与定量分析相结合的方法，从行业及市场变化趋势、产品销售价格和产品成本要素等方面对毛利率变动的合理性进行调查
B. 应收账款 / 合同资产余额较大或增长幅度高于销售收入增长幅度，注册会计师需分析具体原因，并在必要时采取恰当的措施，如扩大函证比例、增加截止测试和期后收款测试的比例、采用和以前不同的抽样方法、实地走访客户等
C. 收入增长幅度明显高于管理层预期，注册会计师可以询问管理层的适当人员，并考虑管理层的答复是否与其他审计证据一致</td></tr>
<tr><td colspan="2">（6）下列有关识别与收入相关的舞弊风险的说法中，错误的是（　）。</td></tr>
<tr><td colspan="2">A. 如果发现异常或偏离预期的趋势或关系，表明存在重大错报</td></tr>
</table>

【考点子题——举一反三，真枪实练】

[6]（2016 年 • 单选题）下列有关收入确认的舞弊风险的说法中，错误的是（　）。

A. 关联方交易比非关联方交易更容易增加收入的发生认定存在舞弊风险的可能性

B. 对于以营利为目的的被审计单位，收入的发生认定存在舞弊风险的可能性通常大于完整性认定存在舞弊风险的可能性

C. 如果被审计单位已经超额完成当年的利润目标，但预期下一年度的目标较难达到，表明收入的截止认定存在舞弊风险的可能性较大

D. 如果被审计单位在一段时间内确认收入，且履约进度具有高度估计不确定性，表明收入的准确性认定存在舞弊风险的可能性较大

[7]（经典例题 • 多选题）如果注册会计师发现应收账款余额较大，或其增长幅度高于销售收入的增长幅度，注册会计师需要分析具体原因，下列措施恰当的有（　）。

A. 扩大函证比例　　B. 增加截止测试和期后收款测试的比例

C. 使用与前期不同的抽样方法　　D. 实地走访客户

考点4 评估固有风险和控制风险

【考点母题——万变不离其宗】评估固有风险和控制风险

评估固有风险	（1）下列关于评估固有风险的说法中，恰当的有（ ）。
	A. 针对识别出的销售与收款循环相关交易类别和账户余额存在的重大错报风险，注册会计师应当通过评估错报发生的可能性和重要程度来评估固有风险 B. 在评估时，注册会计师运用职业判断确定错报发生的可能性和重要程度综合起来的影响程度
评估控制风险	（2）下列关于评估控制风险的说法中，恰当的有（ ）。
	A. 如果计划测试销售与收款循环中相关控制的运行有效性，注册会计师应当评估控制风险 B. 如果注册会计师拟不测试控制运行的有效性，则应当将固有风险的评估结果作为重大错报风险的评估结果

第四节 销售与收款循环的控制测试

考点5 控制测试的基本原理

【考点母题——万变不离其宗】控制测试的基本原理

注册会计师在实施控制测试时，应注意的事项有（ ）。
A. 控制测试所使用的审计程序包括询问、观察、检查和重新执行，其提供的保证程度依次递增 B. 如果在期中实施了控制测试，注册会计师应在年末审计时实施适当的前推程序，获取剩余期间控制运行情况的审计证据 C. 控制测试的范围取决于注册会计师需要通过控制测试获取的保证程度 D. 如果控制测试由计算机自动化系统执行，注册会计师除测试信息处理控制的运行有效性，还需就相关信息技术的一般控制的有效性获取审计证据

【考点子题——举一反三，真枪实练】

［8］（经典例题•单选题）下列关于对销售与收款循环的相关内部控制实施测试的说法中，错误的是（ ）。

A. 针对了解的被审计单位销售与收款循环的控制活动，确定拟进行测试的控制活动

B. 如果重大错报风险较低，注册会计师在期中实施了控制测试可以直接获取控制在整个被审计期间持续运行有效的审计证据

第9章

C. 控制测试所使用的审计程序的类型主要包括询问、观察、检查和重新执行，其提供的保证程度依次递增

D. 如果拟信赖的内部控制是由计算机执行的自动化控制，注册会计师除了测试自动化信息处理控制的运行有效性，还需要就相关的信息技术一般控制的运行有效性获取审计证据

第五节　销售与收款循环的实质性程序

本节思维导图

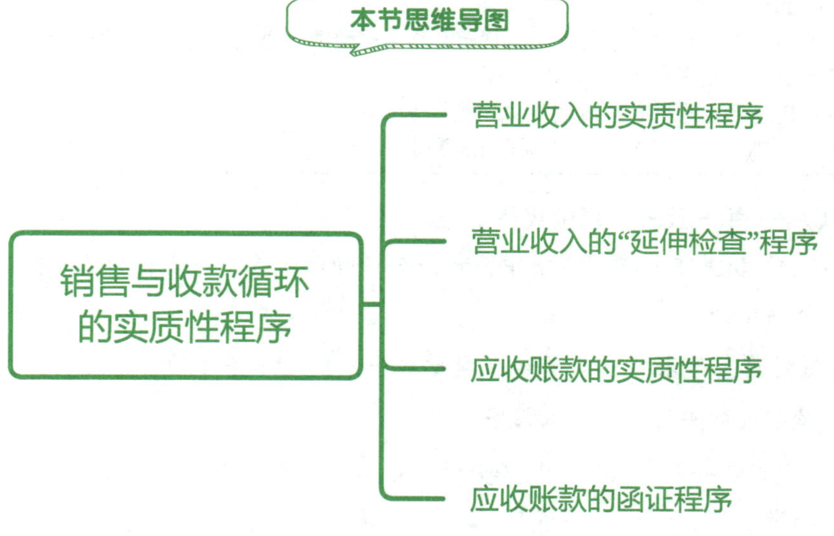

考点6　营业收入的实质性程序

【考点母题——万变不离其宗】营业收入的实质性程序

下列有关营业收入审计目标与审计程序的说法中，正确的有（　）。

A. 营业收入的审计目标相关的认定包括：发生、完整性、准确性、截止、分类、列报
B. 获取营业收入明细表、复核加计并检查汇率折算（“准确性”认定）
C. 实施实质性分析程序（“发生”“完整性”认定）
D. 检查主营业务收入确认方法是否符合企业会计准则规定（“发生”“完整性”“准确性”“截止”认定）
E. 检查交易价格（“准确性”认定）
F. 检查与收入交易相关的原始凭证与会计分录（“发生”“准确性”“截止”认定）
G. 从出库单追查至主营业务收入明细账（“完整性”认定）
H. 以主营业务收入明细账中的会计分录为起点，检查相关原始凭证，检查其是否已按合同约定履行了履约义务，还要检查原始凭证中的交易日期（“发生”“截止”认定）
I. 结合对应收账款实施的函证程序，选择客户函证本期销售额（“发生”认定）
J. 实施销售截止测试（“截止”认定）
K. 对于销售退回，检查相关手续是否符合规定，结合原始销售凭证检查其会计处理是否正确，结合存货项目审计关注其真实性（“发生”认定）
L. 检查可变对价的会计处理（“准确性”认定）
M. 检查主营业务收入在财务报表中的列报和披露是否符合企业会计准则规定（“列报”认定）

【考点子题——举一反三，真枪实练】

[9]（经典例题·多选题）下列各项中，注册会计师对销售交易实施的截止测试可能涉及的程序包括（　）。

A. 复核资产负债表日前后销售和发货水平，确定业务活动水平是否异常，并考虑是否有必要追加实施截止测试程序

B. 从出库单（客户签收联）中选取样本，追查至主营业务收入明细账，以确定是否存在遗漏事项

C. 结合对资产负债表日应收账款的函证程序，检查有无未取得客户认可的销售

D. 将资产负债表日前后若干天的出库单，与应收账款和收入明细账进行双向核对

[10]（2014年·多选题）下列各项审计程序中，可以为营业收入发生认定提供审计证据的有（　）。

A. 从营业收入明细账中选取若干记录，检查相关原始凭证

B. 对应收账款余额实施函证

C. 检查应收账款明细账的贷方发生额

D. 调查本年新增客户的工商资料、业务活动及财务状况

考点 7　营业收入的“延伸检查”程序

如果识别出被审计单位收入真实性存在重大异常情况，且通过常规审计程序无法获取充分、适当的审计证据，注册会计师需要考虑实施“延伸检查”程序。

【考点母题——万变不离其宗】营业收入的延伸检查程序

下列属于营业收入“延伸检查”程序的有（　　）。
A. 在被审计单位配合的前提下，实地走访供应商、客户 B. 利用企业信息查询工具，查询主要供应商及客户，识别关联交易 C. 在采用经销模式的情况下，检查经销商的最终销售实现情况 D. 当注意到存在关联方配合被审计单位虚构收入的迹象时，获取并检查相关关联方的银行账户资金流水

【考点子题——举一反三，真枪实练】

[11]（经典例题•多选题）下列各项中，属于注册会计师可以实施的“延伸检查”程序的有（　　）。

A. 通过数据分析方式锁定异常交易的范围，进而通过电话或者即时通讯工具等访谈终端消费者

B. 在获取被审计单位配合的前提下，对相关供应商、客户进行实地走访，针对相关采购、销售交易的真实性获取进一步的审计证据

C. 当注意到存在关联方配合被审计单位虚构收入的迹象时，获取并检查相关关联方的银行账户资金流水，关注是否存在与被审计单位相关供应商或客户的异常资金往来

D. 在采用经销模式的情况下，检查经销商的最终销售实现情况

考点 8　应收账款的实质性程序

【考点母题——万变不离其宗】应收账款的实质性程序

下列有关应收账款实质性程序的说法，正确的有（　　）。
A. 取得应收账款明细表，复核加计、检查折算、分析贷方余额、调查异常事项（“完整性”认定、“准确性、计价和分摊”认定） B. 分析与应收账款相关的财务指标，如复核与主营业务收入的关系、计算应收账款周转率或天数等（“存在”“完整性”“准确性、计价和分摊”认定） C. 对应收账款实施函证（“存在”“权利和义务”） D. 对应收账款实施函证以外的细节测试（“存在”认定） E. 检查坏账的冲销和转回（“准确性、计价和分摊”认定） F. 确定应收账款的列报是否恰当（“列报”认定）

【考点子题——举一反三，真枪实练】

[12]（2018年•综合题部分）甲公司是ABC会计师事务所的常年审计客户，主要从事汽车的生产与销售。A注册会计师负责审计甲公司2017年度财务报表，财务报表整体的重要性为1000万元，明显微小错报的临界值为30万元。

资料一：A注册会计师在审计工作底稿中记录了所了解的甲公司情况及其环境，部分内容摘录如下：

（1）2017年，在钢材价格及劳动力成本大幅上涨的情况下，甲公司通过调低主打车型的价格，保持了良好的竞争力和市场占有率。

资料二：A注册会计师在审计工作底稿中记录了甲公司的财务数据，部分内容摘录如下：

金额单位：万元

项目	未审数	已审数
	2017年	2016年
营业收入	100 000	95 000
营业成本	89 000	84 500
销售费用—产品质量保证	2000	2 850
投资收益—权益法核算（丙公司）	1 200	0
其他收益—互联网汽车项目补助	1 800	0
持有待售资产—拟销售给丁公司的设备	4 200	0
长期股权投资—丙公司	11 200	0
无形资产—互联网汽车开发项目	4000	0

要求：针对资料一中事项，结合资料二，假定不考虑其他条件，指出资料一所列事项是否可能表明存在重大错报风险。如果认为可能表明存在重大错报风险，简要说明理由，并说明该风险主要与哪些财务报表项目的哪些认定相关（不考虑税务影响）。

考点9 应收账款的函证程序

函证应收账款的目的在于证实应收账款账户余额是否真实、准确。**除非**有充分证据表明应收账款对被审计单位财务报表而言是**不重要**的，**或者**函证很可能是**无效**的，否则，注册会计师**应当**对应收账款进行函证。

函证范围	函证范围是由诸多因素决定的，主要有： （1）应收账款在全部资产中的重要程度（比重较大，扩大函证范围） （2）被审计单位内部控制的有效性（有效，减少函证范围） （3）以前期间的函证结果（如果以前期间函证中发现过重大差异，或欠款纠纷较多，则需要扩大函证的范围）

续表

函证方式	积极或消极的函证方式，或结合使用（实务中通常采用积极的函证方式）
函证时间	通常在资产负债表日**后**适当时间（如果重大错报风险评估为低水平，可在资产负债表日前实施函证，并对所函证项目自该截止日起至资产负债表日止发生的变动实施其他实质性程序）
函证过程的控制	注册会计师应当对函证**全过程保持控制**，并对确定需要确认或填列的信息、选择适当的被询证者、设计询证函以及发出（包括收回）和跟进询证函保持控制
回函不符事项	对回函中的不符事项，注册会计师需要调查核实原因，确定其是否构成错报
未回函项目	如果未收到积极式询证函回函，注册会计师应当实施**替代审计程序**： （1）检查资产负债表日后收回的货款 （2）检查相关的销售合同、销售单、出库单等文件 （3）检查被审计单位与客户之间的往来邮件 （4）当注册会计师认为积极式函证是获取充分、适当审计证据的必要程序时，替代程序不能提供审计证据

【考点母题——万变不离其宗】应收账款的函证程序

下列有关应收账款函证程序的描述中，错误的有（　）。
A. 对函证中的不符事项，注册会计师可以仅通过询问被审计单位相关人员对不符事项的性质和原因得出结论 B. 无论何种情况，都应对应收账款进行函证

【考点子题——举一反三，真枪实练】

[13]（经典例题•单选题）针对应收账款函证回函中出现的不符事项，下列说法中不恰当的是（　）。

A. 要求被审计单位提供回函不符调节表，列示导致回函差异的明细事项

B. 必要时与被询证方联系，获取相关信息和解释

C. 要在询问原因的基础上，检查相关的原始凭证和文件资料予以证实

D. 可以仅通过询问被审计单位相关人员对不符事项的性质和原因得出结论

[14]（经典例题•多选题部分）下列各项中，属于应收账款函证替代程序的有（　）。

A. 检查资产负债表日后收款情况

B. 检查被审计单位与客户有关发货、对账、催款等事宜邮件

C. 检查相关销售合同、销售单、出库单等文件

D. 核对应收账款明细账与总账之间的金额

[15]（经典例题•综合题部分）ABC 会计师事务所首次接受委托，审计上市公司甲公司 2022 年度财务报表，委托 A 注册会计师担任项目合伙人。确定的财务报表整体的重要性为 500 万元。甲公司主营电子产品的生产和销售。

资料一：

A 注册会计师在工作底稿中记录了甲公司的如下事项：

（1）2022 年，A 产品市场情况较好，为激励 A 产品的销售，甲公司管理层规定，若 A 产品的营业收入提高 20%，净利润提高 10%，则按净利润比例为销售及管理人员涨薪。

（2）2022 年，B 产品的成本上升，较去年上涨 10%，为应对成本上升，B 产品的销售价格较去年提高了 5%。

（3）2022 年，C 产品原材料价格保持稳定，但由于市场技术进步，市场竞争剧烈，销售价格变化较大，甲公司多次调整商品价目表。

（4）为实现年度经营目标，提高工作效率和各部门之间的相互协调性，甲公司决定由销售经理兼任信用管理部门负责人。

资料二：

A 注册会计师在审计工作底稿中记录了所获取的甲公司财务数据，部分内容摘录如下：

金额单位：万元

项目	未审数	已审数
	2022 年	2021 年
营业收入—B 产品	9 600	9 000
营业成本—B 产品	7 600	8 000
销售费用	15 000	9 000

要求：针对资料一第（1）至（4）项，结合资料二，假定不考虑其他条件，逐项指出资料一所列事项是否可能表明存在重大错报风险。如果认为存在认定层次重大错报风险，说明该风险主要与哪些财务报表项目（仅限于应收账款、营业收入、营业成本、信用减值损失、销售费用）的哪些认定相关（不考虑税务影响）。

附录：

（一）常用的收入确认舞弊手段：

1. 为达到粉饰财务报表的目的而虚增收入或提前确认收入：

（1）虚构销售交易：

在无存货实物流转的情况下，通过与其他方签订虚假购销合同，虚构存货进出库，并通过伪造出库单、发运单、验收单等单据，以及虚开商品销售发票虚构收入。

在多方串通的情况下，通过与其他方签订虚假购销合同，并通过存货实物流转、真真实的交易单证票据和资金流转配合，虚构收入。

被审计单位根据其所处行业特点虚构销售交易。

虚构交易的方式：

虚构收入后无货款回笼，虚增的应收账款 / 合同资产通过日后不当计提减值准备或核销等方式加以消化。

被审计单位使用货币资金配合货款回笼。

通过虚假预付款项套取资金用于虚构收入的货款回笼。

虚增长期资产采购金额。

通过被投资单位套取投资资金。

通过对负债不入账或虚减负债套取资金。

伪造回款单据进行虚假货款回笼。

被审计单位实际控制人或其他关联方将资金提供给被审计单位客户或第三方，客户或第三方以该笔资金向被审计单位支付货款。

对应收账款 / 合同资产不当计提减值准备。

（2）进行显示公允的交易：

通过与未披露的关联方或真实非关联方进行显失公允的交易。

通过出售关联方的股权，使之从形式上不再构成关联方，但仍与之进行显失公允的交易，或与未来或潜在的关联方进行显失公允的交易。

与同一客户或同受一方控制的多个客户在各期发生多次交易，通过调节各次交易的商品销售价格，调节各期销售收入金额。

（3）在客户取得相关商品控制权前确认销售收入。

（4）通过隐瞒退货条款，在发货时全额确认销售收入。

（5）通过隐瞒不符合收入确认条件的售后回购或售后租回协议，而将以售后回购或售后租回方式发出的商品作为销售商品确认收入。

（6）在被审计单位属于代理人的情况下，被审计单位按主要责任人确认收入。

（7）对于属于在某一时段内履约的销售交易，通过高估履约进度的方法实现当期多确认收入。

（8）当存在多种可供选择的收入确认会计政策或会计估计方法时，随意变更所选择的会计政策或会计估计方法。

（9）选择与销售模式不匹配的收入确认会计政策。

（10）通过调整与单独售价或可变对价等相关的会计估计，达到多计或提前确认收入的目的。

（11）对于存在多项履约义务的销售交易，未对各项履约义务单独进行核算，而整体作为单项履约义务一次性确认收入。

（12）对于应整体作为单项履约义务的销售交易，通过将其拆分为多项履约义务，达到提前确认收入的目的。

2. 为了达到报告期内降低税负或转移利润等目的而少计收入或推迟确认收入：

（1）被审计单位在满足收入确认条件后，不确认收入，而将收到的货款作为负债挂账，或转入本单位以外的其他账户。

（2）被审计单位采用以旧换新的方式销售商品时，以新旧商品的差价确认收入。

（3）对于应采用总额法确认收入的销售交易，被审计单位采用净额法确认收入。

（4）对于属于在某一时段内履约的销售交易，被审计单位未按实际履约进度确认收入，或采用时点法确认收入。

（5）对于属于在某一时点履约的销售交易，被审计单位未在客户取得相关商品或服务控制权时确认收入，推迟收入确认时点。

（6）通过调整与单独售价或可变对价等相关的会计估计，达到少计或推迟确认收入的目的。

（二）主营业务收入的常规实质性程序

程序	内容
获取营业收入明细表	（1）复核加计是否正确，并与总账数和明细账合计数核对是否相符。 （2）检查以非记账本位币结算的主营业务收入使用的折算汇率及折算是否正确。
实施实质性分析程序	1. 针对已识别需要运用分析程序的有关项目，并基于对被审计单位及其环境的了解，通过进行以下比较，同时考虑有关数据间关系的影响，以建立有关数据的期望值： （1）将账面销售收入、销售清单和销售增值税销项清单进行核对。 （2）将本期销售收入金额与以前可比期间的对应数据或预算数进行比较。 （3）分析月度或季度销售量、销售单价、销售收入金额、毛利率变动趋势。 （4）将销售收入变动幅度与销售商品及提供劳务收到的现金、应收账款 / 合同资产、存货、税金等项目的变动幅度进行比较。 （5）将销售毛利率、应收账款 / 合同资产周转率、存货周转率等关键财务指标与可比期间数据、预算数或同行业其他企业数据进行比较。 （6）分析销售收入等财务信息与投入产出率、劳动生产率、产能、水电能耗、运输数量等非财务信息之间的关系。 （7）分析销售收入与销售费用之间的关系，包括销售人员的人均业绩指标、销售人员薪酬、广告费、差旅费，以及销售机构的设置、规模、数量、分布等。 2. 确定可接受的差异额。 3. 将实际金额与期望值相比较，计算差异。 4. 如果差异额超过确定的可接受差异额，调查并获取充分的解释和恰当的、佐证性质的审计证据（如通过检查相关的凭证等）。 5. 评价实质性分析程序的结果。

续表

检查主营业务收入确认方法是否符合企业会计准则的规定	——
检查交易价格	注册会计师针对交易价格的实质性程序通常为： （1）询问管理层对交易价格的确定方法，在确定时管理层如何考虑可变对价、合同中存在的重大融资成分、非现金对价、应付客户对价等因素的影响。 （2）选取和阅读部分合同，确定合同条款是否表明需要将交易价格分摊至各单项履约义务，以及合同中是否包含可变对价、非现金对价、应付客户对价以及重大融资成分等。 （3）检查管理层的处理是否恰当，例如测试管理层对非现金对价公允价值的估计
检查与收入交易相关的原始凭证与会计分录	以主营业务收入明细账中的会计分录为起点，检查相关原始凭证，如订购单、销售单、出库单、发票等，评价已入账的营业收入是否真实发生（“发生”认定）。检查订购单和销售单，用以确认存在真实的客户购买要求，销售交易已经过适当的授权批准。销售发票存根上所列的单价，通常还要与经过批准的商品价目表进行比较核对，对其金额小计和合计数也要进行复算。发票中列出的商品的规格、数量和客户代码等，则应与出库单进行比较核对，尤其是由客户签收商品的一联，确定已按合同约定履行了履约义务，可以确认收入。同时，还要检查原始凭证中的交易日期（客户取得商品控制权的日期），以确认收入计入了正确的会计期间
出库单追查至收入明细账	从出库单（客户签收联）中选取样本，追查至主营业务收入明细账，以确定是否存在遗漏事项（完整性认定）
函证	结合对应收账款实施的函证程序，选择客户函证本期销售额
实施销售截止测试	（1）注册会计师对销售交易实施的截止测试可能包括以下程序： ①选取资产负债表日前后若干天的出库单，与应收账款和收入明细账进行核对；同时从应收账款和收入明细账选取在资产负债表日前后若干天的凭证，与出库单核对，以确定销售是否存在跨期现象。 ②复核资产负债表日前后销售和发货水平，确定业务活动水平是否异常，并考虑是否有必要追加实施截止测试程序。 ③取得资产负债表日后所有的销售退回记录，检查是否存在提前确认收入的情况。 ④结合对资产负债表日应收账款 / 合同资产的函证程序，检查有无未取得客户认可的销售 。 （2）销售发票与收入相关，但是发票开具日期不一定与收入实现的日期一致。实务中由于增值税发票涉及企业的纳税和抵扣问题，开票日期滞后于收入可确认日期的情况较为常见，因此，通常不能将开票日期作为收入确认的日期。 （3）假定某一般制造型企业在货物送达客户并由客户签收时确认收入，注册会计师可以考虑选择两条审计路径实施主营业务收入的截止测试： ①以账簿记录为起点。从资产负债表日前后若干天的账簿记录追查至记账凭证和客户签收的出库单。这种方法主要是为了防止多计收入。 ②以出库单为起点。从资产负债表日前后若干天的已经客户签收的出库单查至账簿记录，确定主营业务收入是否已记入恰当的会计期间。 【提示】注册会计师可以考虑在同一主营业务收入科目审计中并用这两条路径。

续表

结合销售凭证和存货项目	对于销货退回，检查相关手续是否符合规定，结合原始销售凭证检查其会计处理项目是否正确，结合存货项目审计关注其真实性
检查可变对价的会计处理	注册会计师针对可变对价的实质性程序可能包括： （1）获取可变对价明细表，选取项目与相关合同条款进行核对，检查合同中是否确定存在可变对价。 （2）检查被审计单位对可变对价的估计是否恰当，例如，是否在整个合同期间内一致地采用同一种方法进行估计。 （3）检查计入交易价格的可变对价金额是否满足限制条件。 （4）检查资产负债表日被审计单位是否重新估计了应计入交易价格的可变对价金额。如果可变对价金额发生变动，是否按照规定进行了恰当的会计处理

［本章考点子题答案及解析］

［1］【答案：D】选项D正确，设计信用批准控制的目的是降低信用损失风险，因此与应收账款等项目的“准确性、计价和分摊”认定有关。

［2］【答案：A】向客户开具并寄送事先连续编号的销售发票，与“完整性”“发生”“准确性”认定均相关，与“截止”认定无关。

［3］【答案：C】选项C错误，主营业务收入的账如果系由记录应收账款之外的员工独立登记，并由另一位不负责账簿记录的员工定期调节总账和明细账，就构成了一项交互牵制。

［4］【答案：D】选项D正确，中国注册会计师审计准则要求注册会计师应当基于收入确认存在舞弊风险的假定，评价哪些类型的收入、收入交易或认定导致舞弊风险。

［5］【答案：ACD】选项B错误，假定收入确认存在舞弊风险，并不意味着应当将与收入确认相关的所有认定都假定为存在舞弊风险。

［6］【答案：B】选项B错误，尽管虚增收入或提前确认收入是上市公司以及其他类型公司造假的主要手段，但对于以营利为目的被审计单位，管理层实施舞弊的动机或压力不同，其舞弊风险所涉及的具体认定以及舞弊风险发生的可能性也不同，注册会计师需要作出具体判断。

［7］【答案：ABCD】以上四项均属于注册会计师发现应收账款／合同资产余额较大，或其增长幅度高于销售收入的增长幅度时采取的恰当措施。

［8］【答案：B】选项A正确，注册会计师应当在了解的被审计单位销售与收款循环的控制活动基础上，确定拟进行测试的控制活动；选项B错误，如果在期中实施了控制测试，注册会计师应当在年末审计时实施适当的前推程序，就控制在剩余期间的运行情况获取证据，以确定控制是否在整个被审计期间持续运行有效；选项C正确，控制测试所使用的审计程序的类型主要包括询问、观察、检查和重新执行，其提供的保证程度依次递增。注册会计师需要根据所测试的内部控制的特征及需要获得的保证程度选用适当的测试程序；选项D正确，如果拟信赖的内部控制是由计算机执行的自动化控制，注册会计师除了测试信息处理控制的运行有效性，还需要就相关的信息技术一般控制的运行有效性获取审计证据。如果所测试的人工控制利用了系统生成的信息或报告，注册会计师除了测试人工控制，还需就系统生成的信息或报告的可靠性获取审计证据。

［9］【答案：ACD】B错误，属于完整性认定。

[10]【答案: ABCD】针对应收账款的存在认定，通常伴随着营业收入的发生，可以为营业收入“发生”认定提供证据，故选项 B C 正确；从营业收入明细账中选取若干记录，检查相关原始凭证是逆查，能够为营业收入“发生”认定提供证据，故选项 A 正确；新增客户的工商资料的真实性可为营业收入“发生”认定提供证据，故选项 D 正确；故本题正确答案选 ABCD。

[11]【答案: ABCD】实务中，注册会计师可以实施的“延伸检查”程序举例如下:

①在获取被审计单位配合的前提下，对相关供应商、客户进行实地走访，针对相关采购、销售交易的真实性获取进一步的审计证据。

②利用企业信息查询工具，查询主要供应商和客户的股东至其最终控制人，以识别相关供应商和客户与被审计单位是否存在关联方关系。

③在采用经销模式的情况下，检查经销商的最终销售实现情况。

④当注意到存在关联方（例如被审计单位控股股东、实际控制人、关键管理人员）配合被审计单位虚构收入的迹象时，获取并检查相关关联方的银行账户资金流水，关注是否存在与被审计单位相关供应商或客户的异常资金往来。

⑤针对依托于互联网相关手段的行业（例如电子商务平台、手机游戏、互联网教育以及在线餐饮、旅游、团购服务商等）探访终端消费者。

[12]【答案】

事项序号	是否可能表明存在重大错报风险（是 / 否）	理由	财务报表项目名称及认定
（1）	是	在原材料和人工成本上涨，而主要产品价格下降的情况下，毛利率仍与上年相当，可能存在多计收入、少计成本的风险	营业收入（发生） 营业成本（完整性 / 准确性）

【知识点回顾】主要考核营业收入重大错报风险的识别和评估。

由于甲公司在钢材（原材料）价格及劳动力成本（人工成本）大幅上涨的情况下，甲公司通过调低主打车型的价格（收入降低），势必造成甲公司 2017 年的毛利率应当大大低于 2016 年的毛利率，这是合理预期的结果。但是财务数据显示，2017 年的毛利率（11%）接近于 2016 年毛利率（11.05%），显然与预期不符，因此，可以合理判断，被审计单位存在营业收入多计、营业成本少计的错报风险。

[13]【答案: D】选项 D 错误，不能仅通过询问被审计单位相关人员对不符事项的性质和原因得出结论，而是要在询问原因的基础上，检查相关的原始凭证和文件资料予以证实。

[14]【答案: ABC】应收账款函证的替代程序包括：检查资产负债表日后收回的贷款；检查相关的销售合同、销售单、出库单等文件；检查被审计单位与客户之间的往来邮件；选项 D 中，应收账款明细账和总账都属于内部证据，不属于通过函证获取的审计证据。

[15]【答案】

事项序号	是否可能表明存在重大错报风险（是/否）	理由	财务报表项目名称及认定
（1）	是	为提高销量，可能高估营业收入；为提高毛利率，可能高估营业收入、低估营业成本/该激励政策会增加管理人员的舞弊风险，增加财报层次的重大错报风险	营业收入（发生） 营业成本（完整性）
（2）	是	在销售价格和单位成本分别上升5%及10%的情况下，本年度B产品毛利率应为6.76%，根据资料二，B产品毛利率为20.83%，存在高估营业收入或低估营业成本的重大错报风险	营业收入（发生） 营业成本（完整性）
（3）	是	产品价格频繁变化导致营业收入的计价存在重大错报风险	营业收入（准确性）
（4）	是	由销售经理兼任信用管理部门负责人，使销售部门失去了制约，从而降低对顾客赊销信用的监督，增加了发生坏账的可能性	应收账款（准确性、计价和分摊） 信用减值损失（准确性/完整性）

第 10 章　采购与付款循环的审计

本章思维导图

- 第十章 采购与付款循环的审计
  - 采购与付款循环的特点
  - 采购与付款循环的主要业务活动和相关内部控制
    - 考点1 采购与付款循环的主要业务活动
  - 采购与付款循环的重大错报风险
    - 考点2 采购与付款循环的相关交易和余额存在的重大错报风险
    - 考点3 评估固有风险和控制风险
    - 考点4 根据重大错报风险的评估结果设计进一步审计程序
  - 采购与付款循环的控制测试
    - 考点5 对选择拟测试的控制和测试方法的考虑
  - 采购与付款循环的实质性程序
    - 考点6 应付账款的实质性程序
    - 考点7 除折旧/摊销、人工费用以外的一般费用的实质性程序

近三年本章考试题型及分值分布

题型	2022 年	2021 年	2020 年
单选题	—	—	—
多选题	—	—	—
简答题	—	—	—
综合题	1 题 1 分	1 题 1 分	1 题 1 分
合计	1 分	1 分	1 分

扫码畅听增值课

第一节 采购与付款循环的特点

采购业务流程图

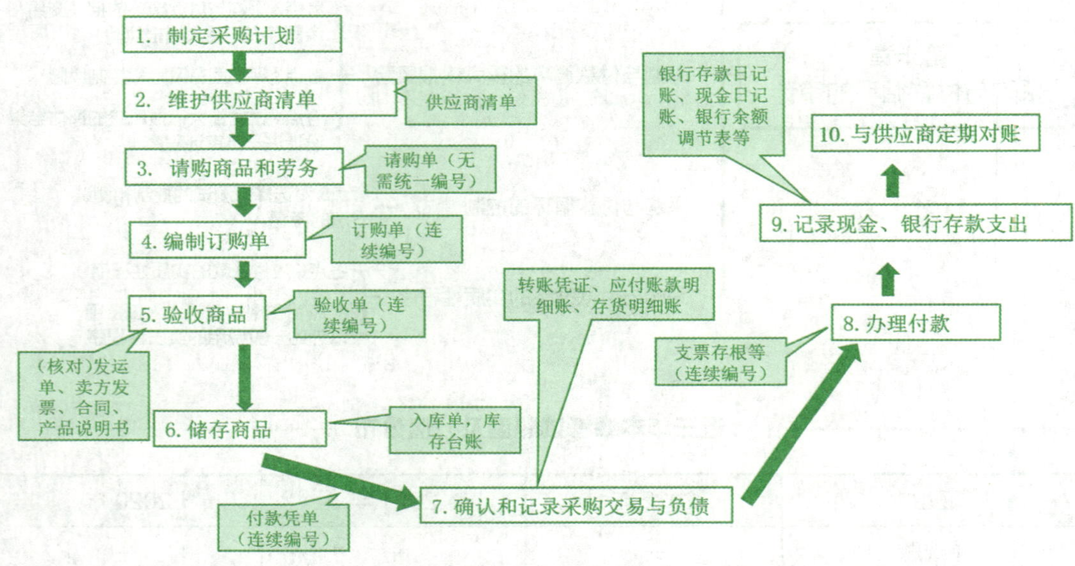

第二节 采购与付款循环的主要业务活动和相关内部控制

考点 1　采购与付款循环的主要业务活动和内部控制

采购与付款循环程序包括：制定采购计划，维护供应商清单，请购商品和服务，编制订购单，验收商品，储存商品，确认和记录采购交易与负债，办理付款，记录现金、银行存款支出，与供应商定期对账。

活动名称	关键控制活动
制定采购计划	①**生产、仓库**等部门定期编制采购计划 ②经部门负责人等适当的管理人员**审批**后提交采购部门
维护供应商清单	①企业通常对于合作的供应商事先进行资质等**审核**，将通过审核的供应商信息录入系统，形成**完整的供应商清单** ②及时对其信息变更进行更新 ③**采购部门**只能向通过**审核**的供应商进行采购
请购商品和服务	①根据采购计划，对需要购买的已列入存货清单的原材料等项目填写**请购单** ②大多数企业对正常经营所需物资的购买均作一般**授权** ③每张请购单必须经过对这类支出预算负责的主管人员签字批准 （请购单与采购交易的"发生"认定相关）
编制订购单	①**采购部门**在收到请购单后，只能对经过**恰当批准**的请购单发出订购单 ②订购单应预先予以**顺序编号**并经过被**授权**的采购人员签名 ③正联应送交供应商，副联则送至企业的验收部门、财务部门和编制请购单的部门（一式多联） ④内部审计部门**独立检查**订购单的处理，以确定是否确实收到商品并正确入账（检查与采购交易的"完整性"、"发生"认定相关）
验收商品	①验收部门首先应比较所收商品与订购单上的要求是否相符 ②验收单一式多联、预先连续编号 ③验收人员将商品送交仓库或其他请购部门时，应取得经过签字的收据，或要求其在验收单的副联上签收 ④验收人员还应将其中的一联验收单送交财务部门 （验收单与采购相关负债的"存在"认定相关，独立检查验收单的顺序与采购交易的"完整性"认定有关）
储存商品	①将已验收商品的保管与采购**职责相分离** ②存放商品的仓储区应相对独立，限制无关人员接近（该控制与商品的"存在"认定相关）
确认和记录采购交易与负债	①记录采购交易前，财务部门需要检查订购单、验收单和供应商发票的一致性 ②确认供应商发票的内容与相关验收单和订购单的内容是否一致，以及计算是否正确 ③会计人员编制转账凭证/付款凭证，经会计主管审核后据以登记相关账簿

续表

办理付款	以支票结算为例： ①由**被授权的财务部门的人员**负责签发支票 ②被授权签发支票的人员应确定每张支票后附有已经适当批准的**未付款凭单**，并确定支票收款人姓名和金额与凭单内容一致 ③支票一经签发就应在其凭单和支持性凭证上用加盖印戳或打洞等方式将其注销，**以免重复**付款 ④不得签发无记名甚至空白的支票 ⑤支票应**预先顺序编号**，保证支出支票存根的完整性和作废支票处理的恰当性 ⑥应确保只有被授权的人员才能接近未经使用的空白支票
记录现金、银行存款支出	以银行存款支出为例： ①会计主管应独立检查记入银行存款日记账和应付账款明细账的金额的**一致性**，以及与支票汇总记录的一致性 ②通过定期比较银行存款日记账记录的日期与支票副本的日期，独立检查入账的及时性 ③独立编制银行存款余额调节表
与供应商定期对账	通过定期向供应商寄发对账单，就应付账款、预付款项等进行核对，能够及时发现双方存在的差异，对差异进行调查，如有必要作出相应调整

内控手段	内控要求
适当的职责分离	①请购与审批 ②询价与确定供应商 ③采购合同的订立与审批 ④采购、验收与相关会计记录 ⑤付款审批与付款执行
恰当的授权审批	付款需要由经授权的人员审批，审批人员在审批前需检查相关支持文件，并对其发现的例外事项进行跟进处理
凭证的预先编号及对例外报告的跟进处理	①能够应对存货和负债记录方面的**完整性**风险 ②如果该控制是人工执行，被审计单位可以安排入库单编制人员**以外的**独立复核人员定期检查已经进行会计处理的入库单记录，确认是否存在遗漏或重复记录的入库单，并对例外情况予以跟进 ③如果在IT环境下，系统可以定期生成列明跳号或重号的入库单统计例外报告，由经授权的人员对例外报告进行复核和跟进。可以确认所有入库单都进行了处理，且没有重复处理

【考点子题——举一反三，真枪实练】

[1]（经典例题·单选题）下列各项中，关于请购商品和服务的说法中不恰当的是（　）。

A. 每张请购单必须经过对这类支出预算负责的主管人员签字批准

B. 请购单必须整体连续编号，不得按部门分别设置

C. 生产部门根据采购计划，对需要购买的已列入存货清单的原材料等项目填写请购单

D. 请购单是申请购买商品、劳务或其他资产的书面凭据

[2]（经典例题•单选题）下列各项中，与应付账款的“存在”认定最相关的是（ ）。

A. 应付凭单均经事先连续编号并确保已付款的交易登记入账

B. 检查有无未入账的供应商发票

C. 检查应付账款明细账中的记录与订购单、验收单、供应商发票的对应关系

D. 检查供应商发票上记载的价格等信息的正确性

[3]（经典例题•多选题）下列各项中，属于采购与付款交易涉及的不相容岗位的有（ ）。

A. 采购、验收与相关会计记录

B. 付款审批与付款执行

C. 采购合同的订立与审批

D. 询价与确定供应商

第三节 采购与付款循环的重大错报风险

本节思维导图

- 采购与付款循环的重大错报风险
  - 采购与付款循环的相关交易和余额存在的重大错报风险
  - 评估固有风险和控制风险
  - 根据重大错报风险的评估结果设计进一步审计程序

考点 2 采购与付款循环的相关交易和余额存在的重大错报风险

【考点母题——万变不离其宗】采购与付款循环的相关交易和余额存在的重大错报风险

下列各项中，属于与采购与付款循环相关交易和余额相关的重大错报风险的有（ ）。

A. 没有完整记录负债的风险

B. 多计或少计费用支出的风险

C. 费用支出记录不准确的风险

D. 不正确地记录外币交易

E. 存在未记录的权利和义务

【考点子题——举一反三，真枪实练】

[4]（2018 年•综合题部分）甲公司是 ABC 会计师事务所的常年审计客户，主要从事轨道交通车辆配套产品的生产和销售。A 注册会计师负责审计甲公司 2018 年度财务报表，确定财务报表整体的重要性为 1000 万元，实际执行的重要性为 500 万元。

第 10 章

资料一：

A注册会计师在审计工作底稿中记录了所了解的甲公司情况及其环境，部分内容摘录如下：

（1）2018年，由于竞争对手改进生产工艺，大幅提高了产品质量，甲公司d产品的订单量锐减。

（2）2018年9月，甲公司委托丁公司研发一项新技术，甲公司承担研发过程中的风险并享有研发成果。委托合同总价款5000万元，合同生效日预付40%，成果交付日支付剩余款项。该研发项目2018年末的完工进度约为30%。

资料二：

A注册会计师在审计工作底稿中记录了甲公司的财务数据，部分内容摘录如下：

金额单位：万元

项目	未审数	已审数
	2018年	2017年
营业收入—d产品	2200	8000
营业成本—d产品	2000	5500
预付款项—丁公司研发费	2000	0
存货—d产品	200	1000
无形资产—d产品专有技术	2500	3000

要求：针对上述资料一第（1）（2）项，结合资料二，假定不考虑其他情况，逐项列出是否存在重大错报风险，如果认为可能表明存在重大错报风险，简要说明理由，并说明该风险主要与哪些财务报表项目的哪些认定相关。

考点3 评估固有风险和控制风险

【考点母题——万变不离其宗】评估固有风险和控制风险

下列各项中，关于评估固有风险和控制的说法中，恰当的有（　）。

A. 针对识别出的相关交易类别和账户余额存在的重大错报风险，注册会计师应当通过评估错报发生的可能性和重要程度来评估固有风险

B. 在评估时，注册会计师运用职业判断确定错报发生的可能性和重要程度综合起来的影响程度

C. 如果注册会计师计划测试采购与付款循环中相关控制的运行有效性，应当评估相关控制的控制风险

D. 如果注册会计师拟不测试控制运行的有效性，则应当将固有风险的评估结果作为重大错报风险的评估结果

 根据重大错报风险的评估结果设计进一步审计程序

【考点母题——万变不离其宗】根据重大错报风险的评估结果设计进一步审计程序

官方举例：

重大错报风险描述	相关财务报表项目及认定	固有风险等级	控制风险等级	进一步的审计程序总体方案	拟从控制测试中获取的保证程度	拟从实质性程序中获取的保证程度
确认的负债及费用并未实际发生	应付账款/其他应付款（存在）；销售费用/管理费用（发生）	中	低	综合性方案	高	低
不确认与采购相关的负债，或与尚未付款但已经购买的服务支出相关的负债	应付账款/其他应付款（完整性）；销售费用/管理费用（完整性）	最高	低	综合性方案	高	中
采用不正确的费用支出截止期	应付账款/其他应付款（存在，完整性）；销售费用/管理费用（截止）	高	最高	实质性方案	无	高
发生的采购未能以正确的金额记录	应付账款/其他应付款（准确性、计价和分摊）；销售费用/管理费用（准确性）	低	低	综合性方案	高	低

【考点子题——举一反三，真枪实练】

[5]（经典例题•单选题）下列各事项中，影响应付账款存在认定的是（　）。

A. 采购交易金额未能够准确计算　　B. 不确认与采购相关的负债

C. 将未来期间的采购费用计入当期　　D. 将当期的采购费用计入未来年度

第四节　采购与付款循环的控制测试

考点5 对选择拟测试的控制和测试方法的考虑

【考点母题——万变不离其宗】对选择拟测试的控制和测试方法的考虑

注册会计师在实施控制测试时，应注意的事项有（　）。
A. 如针对存货和应付账款“存在”认定，企业制定的采购计划及审批主要是企业为提高经营效率效果设置的流程及控制，不能直接应对该认定，注册会计师可能不需要对其执行专门的控制测试 B. 请购单的审批与存货和应付账款的“存在”认定相关，但如果企业存在将订购单、验收单和卖方发票的一致性进行核对的“三单核对”控制，该控制通常足以应对存货和应付账款“存在”认定的风险，则可以直接选择“三单核对”控制进行测试 C. 对于入库单连续编号的控制，如果该控制是人工控制，注册会计师可以根据样本量选取一定数量的经复核的入库单清单，检查入库单编号是否完整，如果该控制是系统自动控制，则注册会计师可以选取系统生成的例外事项报告，检查报告并确定是否存在管理层复核的证据以及复核是否在合理的时间内完成，与复核人员讨论其复核和跟进过程，如适当，确定复核人员采取的行动以及这些行动在此环境下是否恰当

【考点子题——举一反三，真枪实练】

[6]（经典例题•单选题）下列针对采购与付款交易的内部控制和控制测试的说法中，错误的是（　）。

A. 如果企业存在将订购单、验收单和卖方发票的一致性进行核对的“三单核对”控制，该控制通常足以应对存货和应付账款的存在认定的风险，则可以直接选择“三单核对”控制进行测试

B. 注册会计师需要对采购与付款流程中的所有控制进行测试

C. 采购、验收与相关会计记录应当实行岗位分离

D. 针对存货和应付账款的存在认定，企业制定的采购计划及审批主要是企业为提高经营效率效果设置的流程及控制，不能直接应对该认定，注册会计师可能不需要对其执行专门的控制测试

第五节　采购与付款循环的实质性程序

本节思维导图

- 采购与付款循环的实质性程序
  - 应付账款的实质性程序
  - 除折旧/摊销、人工费用以外的一般费用的实质性程序

考点 6　应付账款的实质性程序

【考点母题——万变不离其宗】应付账款的实质性程序

（1）下列属于应付账款的审计目标的有（　）。
A. 确定资产负债表中记录的应付账款是否存在（“存在”认定） B. 确定所有应当记录的应付账款是否均已记录（“完整性”认定） C. 确定资产负债表中记录的应付账款是否为被审计单位应当履行的偿还义务（“权利和义务”认定） D. 确定应付账款是否以恰当的金额包括在财务报表中（“准确性、计价和分摊”认定） E. 确定应付账款已记录于恰当的账户（“分类”认定） F. 确定应付账款是否已被恰当地汇总或分解且表述清楚，按照企业会计准则的规定在财务报表中作出的相关披露是相关的、可理解的（“列报”认定）
（2）下列属于应付账款实质性程序的有（　）。
A. 获取应付账款明细表，复核加计、检查汇率及折算、分析借方余额、核对检查（“准确性、计价和分摊”认定） B. 对应付账款实施函证程序（“存在”、“权利和义务”认定） C. 检查应付账款是否计入正确的会计期间，是否存在未入账的应付账款（“完整性”认定） D. 寻找未入账负债的测试（“完整性”认定） E. 检查应付账款长期挂账的原因并作出记录，对确实无需支付的应付账款的会计处理是否正确（“存在”认定） F. 检查应付账款是否已按照企业会计准则的规定在财务报表中作出恰当列报和披露（“列报”认定）

【考点子题——举一反三，真枪实练】

[7]（经典例题•多选题）在以下审计程序中，有助于发现被审计单位年末未入账应付账款的有（　）。

A. 检查资产负债表日后应付账款明细账贷方发生额的相应凭证，关注其验收单、购货发票的日期，确认其入账时间是否合理

B. 期中实施有关控制测试，并对剩余期间获取补充证据

C. 针对资产负债表日后付款项目，检查银行对账单及有关付款凭证（如银行汇款通知、供应商收据等），询问被审计单位内部或外部的知情人员，查找有无未及时入账的应付账款

D. 结合存货监盘程序，检查被审计单位在资产负债表日前后的存货入库资料（验收报告或入库单），检查相关负债是否计入了正确的会计期间

[8]（经典例题•多选题）下列各项中，能够证实应付账款完整性认定的有（　）。

A. 以应付账款明细账为起点，追查至相关支持性文件

B. 向债权人发送询证函（不列明金额），并将询证函回函确认的余额与已记录金额相比较，如存在差异，检查支持性文件，评价已记录金额是否适当

C. 结合存货监盘程序，检查被审计单位在资产负债表日前后的存货入库资料

D. 针对资产负债表日后付款项目，检查银行对账单及有关付款凭证，询问被审计单位内部或外部的知情人员

[9]（经典例题•单选题）下列各项中，从验收单追查至应付账款明细账，有利于证实应付账款（　）认定。

A. 截止　　B. 完整性

C. 权利和义务　　D. 准确性、计价和分摊

考点7 除折旧/摊销、人工费用以外的一般费用的实质性程序

【考点母题——万变不离其宗】除折旧/摊销、人工费用以外的一般费用的实质性程序

（1）下列属于一般费用的审计目标的有（　）。
A. 确定利润表中记录的一般费用是否确实发生（“发生”认定） B. 确定所有应当记录的费用是否均已记录（“完整性”认定） C. 确定一般费用是否以恰当的金额包括在财务报表中（“准确性”认定） D. 确定费用是否已计入恰当的会计期间（“截止”认定）
（2）下列属于一般费用实质性程序的有（　）。

续表

A. 获取一般费用明细表，复核其加计数是否正确、并与总账和明细账合计数核对是否正确（“准确性”认定） B. 实质性分析程序（“发生”、“完整性”认定） C. 从资产负债表日后的银行对账单或付款凭证中选取项目进行测试，检查支持性文件（如合同或发票），关注发票日期和支付日期，追踪已选取项目至相关费用明细表，检查费用所计入的会计期间，评价费用是否被记录于正确的会计期间（“截止”、“完整性”认定） D. 对本期发生的费用选取样本，检查其支持性文件，确定原始凭证是否齐全，记账凭证与原始凭证是否相符以及账务处理是否正确（“完整性”、“准确性”认定） E. 抽取资产负债表日前后的凭证，实施截止测试，评价费用是否被记录于正确的会计期间（“截止”认定）

【考点子题——举一反三，真枪实练】

[10]（经典例题•多选题）针对除折旧/摊销、人工费用以外的一般费用，注册会计师拟实施的下列实质性程序中恰当的有（　）。

A. 对本期发生的费用选取样本，检查其支持性文件，确定原始凭证是否齐全，记账凭证与原始凭证是否相符以及账务处理是否正确

B. 检查一般费用是否已按照企业会计准则及其他相关规定在财务报表中作出恰当的列报和披露

C. 实质性分析程序

D. 从资产负债表日后的银行对账单或付款凭证中选取项目进行测试，检查支持性文件

[11]（2017 年•综合题部分）上市公司甲公司是 ABC 会计师事务所的常年审计客户，主要从事药品的研发、生产和销售。A 注册会计师负责审计甲公司 2017 年度财务报表，财务报表整体的重要性为 300 万元，明显微小错报的临界值为 15 万元。

资料一：A 注册会计师在审计工作底稿中记录了所了解的甲公司情况及其环境，部分内容摘录如下：

（1）2017 年，甲公司产品 a 针剂被调整出国家医保目录，导致销量大幅下降。

（2）2017 年，甲公司开始研发 c 针剂，自该研发项目通过内部立项审批起，将相关研发支出资本化。

（3）2018 年 1 月初，甲公司公开发行公司债券 15 亿元，仅获得 5000 万元认购，由于募得资金不足，甲公司于 2018 年 3 月 1 日到期的短期融资券极可能出现违约。

资料二：A 注册会计师在审计工作底稿中记录了甲公司的财务数据，部分内容摘录如下：

金额单位：万元

项目	未审数	已审数
	2017 年	2016 年
固定资产—a 针剂生产线	25000	30000
研发费用—c 针剂	400	0
开发支出—c 针剂	2000	0
其他流动负债—短期融资券	110000	90000

要求：针对资料一，结合资料二，假定不考虑其他情况，逐项列出是否存在重大错报风险，如果认为可能表明存在重大错报风险，简要说明理由，并说明该风险主要与哪些财务报表项目的哪些认定相关。

附录：

应付账款的常规实质性程序

程序	内容
获取应付账款明细表	（1）复核加计是否正确，并与报表数、总账数和明细账合计数核对是否相符。 （2）检查非记账本位币应付账款的折算汇率及折算是否正确。 （3）分析出现借方余额的项目，查明原因，必要时，建议作重分类调整。 （4）结合预付账款、其他应付款等往来项目的明细余额，检查有无针对同一交易在应付账款和预付款项同时记账的情况、异常余额或与购货无关的其他款项（如关联方账户或雇员账户）
对应付账款实施函证程序	注册会计师在实施函证程序时可能需要从非财务部门（如采购部门）获取适当的**供应商清单**，如本期采购清单、所有现存供应商名录等，从中选取样本进行测试并执行如下程序： （1）向债权人发送询证函。注册会计师应根据审计准则的规定对询证函**保持控制**，包括确定需要确认或填列的信息、选择适当的被询证者、设计询证函，包括正确填列被询证者的姓名和地址，以及被询证者直接向注册会计师回函的地址等信息，必要时再次向被询证者寄发询证函等。 （2）将询证函回函确认的余额与已记录金额相比较，如存在差异，检查支持性文件。评价已记录金额是否适当。 （3）对未回函的项目实施**替代程序**，例如，检查付款单据（如支票存根）、相关的采购单据（如订购单、验收单、发票和合同）或其他适当文件。 （4）如果认为回函不可靠，评价对评估的重大错报风险以及其他审计程序的性质、时间安排和范围的影响

续表

检查应付账款是否计入正确的会计期间，是否存在未入账的应付账款	（1）对本期发生的应付账款增减变动，检查至相关支持性文件，确认会计处理是否正确。 （2）检查资产负债表日后应付账款明细账贷方发生额的相应凭证，关注其验收单、供应商发票的日期，确认其入账时间是否合理。 （3）获取并检查被审计单位与其供应商之间的对账单以及被审计单位编制的差异调节表，确定应付账款金额的准确性。 （4）针对资产负债表日后付款项目，检查银行对账单及有关付款凭证（如银行汇款通知、供应商收据等），询问被审计单位内部或外部的知情人员，查找有无未及时入账的应付账款。 （5）结合存货监盘程序，检查被审计单位在资产负债表日前后的存货入库资料（验收报告或入库单），检查相关负债是否计入了正确的会计期间
寻找未入账负债的测试	（1）检查支持性文件，如相关的发票、采购合同 / 申请、收货文件以及接受服务明细，以确定收到商品 / 接受服务的日期及应在期末之前入账的日期。 （2）追踪已选取项目至应付账款明细账、货到票未到的暂估入账和 / 或预提费用明细表，并关注费用所计入的会计期间。调查并跟进所有已识别的差异。 （3）评价费用是否被记录于正确的会计期间，并相应确定是否存在期末未入账负债
检查应付账款长期挂账的原因并作出记录，对确实无需支付的应付账款的会计处理是否正确	
检查应付账款是否已按照企业会计准则的规定在财务报表中作出恰当列报和披露	

【本章考点子题答案及解析】

[1]　【答案：B】请购单可以连续编号，也可以不连续编号，选项 B 错误。

[2]　【答案：C】选项 C，与应付账款的“存在”认定最相关；选项 D，与应付账款的“准确性、计价和分摊”认定最相关；选项 AB，与应付账款的“完整性”认定最相关。

[3]　【答案：ABCD】

内部控制	具体要求
适当的职责分离	（1）企业应当建立采购与付款交易的岗位责任制，明确相关部门和岗位的职责、权限，确保办理采购与付款交易的不相容岗位相互分离、制约和监督。 （2）采购与付款交易不相容岗位至少包括： ①请购与审批 ②询价与确定供应商 ③采购合同的订立与审批 ④采购、验收与相关会计记录 ⑤付款审批与付款执行
恰当的授权审批	付款需要由经授权的人员审批，审批人员在审批前需检查相关支持文件，并对其发现的例外事项进行跟进处理

续表

凭证的预先编号及对例外报告的跟进处理	通过对入库单的预先编号以及对例外情况的汇总处理，被审计单位可以应对存货和负债记录方面的完整性风险。 （1）如果该控制是人工执行的，被审计单位可以安排入库单编制人员以外的独立复核人员定期检查已经进行会计处理的入库单记录，确认是否存在遗漏或重复记录的入库单，并对例外情况予以跟进。 （2）如果在 IT 环境下，则系统可以定期生成列明跳号或重号的入库单统计例外报告，由经授权的人员对例外报告进行复核和跟进，可以确认所有入库单都进行了处理，且没有重复处理

[4] 【答案】

事项	是否存在重大错报风险（是 / 否）	理由	影响的项目及认定
（1）	是	产品订单锐减，可能导致相关的无形资产 / 专有技术出现减值，可能存在少计无形资产减值的风险	资产减值损失（完整性 / 准确性）；无形资产（准确性、计价和分摊）
（2）	是	甲公司承担研发过程中的风险并享有研发成果，因而该项目研发实质上是由甲公司自主研发，可能存在少计开发支出或研发费用，多记预付款项的风险	开发支出 / 研发费用（完整性）；预付账款（存在）

[5] 【答案：C】选项 A，影响准确性、计价和分摊认定；选项 B，影响完整性认定；选项 D，导致当期采购费用少计，影响完整性认定。

[6] 【答案：B】选项 B 错误，注册会计师应该针对识别的可能发生错报环节，选择足以应对评估的重大错报风险的控制进行测试，而不是对所有控制进行测试。

[7] 【答案：ACD】检查应付账款是否计入了正确的会计期间，是否存在未入账的应付账款：（1）对本期发生的应付账款增减变动，检查至相关支持性文件，确认会计处理是否正确；（2）检查资产负债表日后应付账款明细账贷方发生额的相应凭证，关注其验收单、供应商发票的日期，确认其入账时间是否合理（选项 A）；（3）获取并检查被审计单位与其供应商之间的对账单以及被审计单位编制的差异调节表，确定应付账款金额的准确性；（4）针对资产负债表日后付款项目，检查银行对账单及有关付款凭证（如银行汇款通知、供应商收据等），询问被审计单位内部或外部的知情人员，查找有无未及时入账的应付账款（选项 C）；（5）结合存货监盘程序，检查被审计单位在资产负债表日前后的存货入库资料（验收报告或入库单），检查相关负债是否计入了正确的会计期间（选项 D）；而选项 B，在期中实施有关控制测试，并对剩余期间获取补充证据的审计程序获取证据的相关性和可靠性较差，且如拟信赖的控制已发生实质性变化，以致影响以前审计证据的相关性，应在本期重新测试这些控制运行的有效性。

[8] 【答案：BCD】选项 A 错误，属于逆查，能够证实应付账款的存在认定。

[9] 【答案：B】从验收单追查至应付账款明细账，是顺查，有利于证实应付账款的完整性认定，选项

B 正确。

[10]【答案：ABCD】针对一般费用的实质性程序：

（1）获取一般费用明细表，复核其加计数是否正确、并与总账和明细账合计数核对是否正确。

（2）实质性分析程序（选项 C）。

（3）从资产负债表日后的银行对账单或付款凭证中选取项目进行测试，检查支持性文件（如合同或发票），关注发票日期和支付日期，追踪已选取项目至相关费用明细表，检查费用所计入的会计期间，评价费用是否被记录于正确的会计期间（选项 D）。

（4）对本期发生的费用选取样本，检查其支持性文件，确定原始凭证是否齐全，记账凭证与原始凭证是否相符以及账务处理是否正确（选项 A）。

（5）抽取资产负债表日前后的凭证，实施截止测试，评价费用是否被记录于正确的会计期间。

（6）检查一般费用是否已按照企业会计准则及其他相关规定在财务报表中作出恰当的列报和披露（选项 B）。

[11]【答案】

事项	是否存在重大错报风险（是 / 否）	理由	影响的项目及认定
（1）	是	a 针剂被移除医保目录，可能导致其生产线弃置不用且无转让价值，而 a 生产线价值仅下降 1/6，存在没有计提减值准备的重大错报风险	固定资产（准确性、计价和分摊）；资产减值损失（完整性）
（2）	是	c 针剂通过立项审批将其相关研发支出资本化，可能存在多记开发支出，少记研发费用的重大错报风险	开发支出（存在）；研发费用（完整性）
（3）	是	甲公司未获取新的大额融资，且 2018 年 3 月原融资可能出现违约，面临赔付风险，可能因财务方面对持续经营假设产生重大疑虑，存在报表层重大错报风险	——

第 11 章　生产与存货循环的审计

本章思维导图

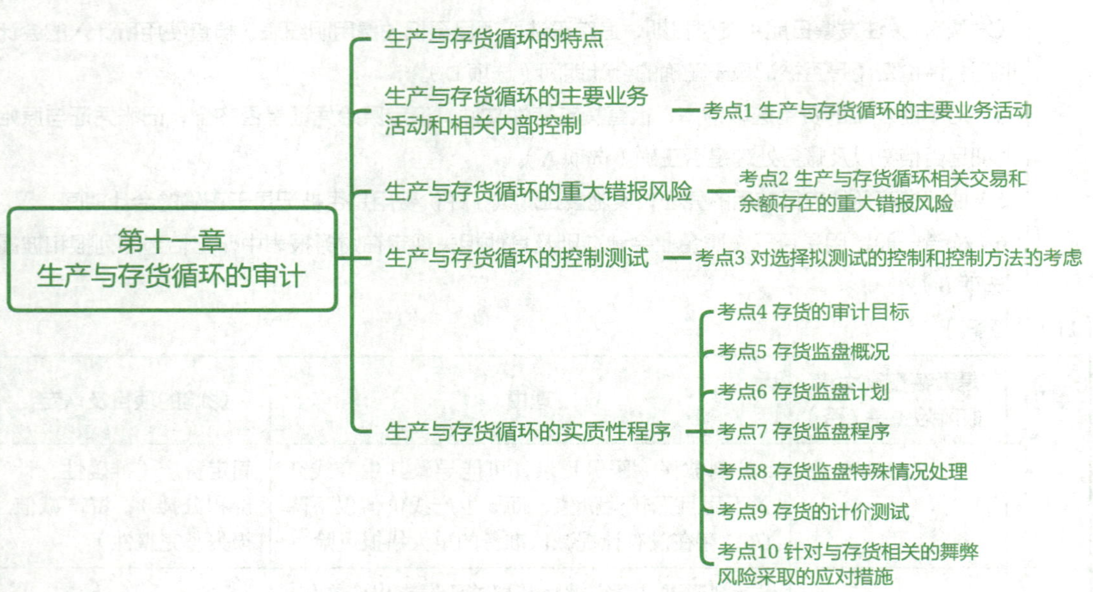

近三年本章考试题型及分值分布

题型	2022 年	2021 年	2020 年
单选题	—	—	—
多选题	—	1 题 2 分	—
简答题	—	—	2 题 2 分
综合题	3 题 3 分	5 题 5 分	2 题 2 分
合计	3 分	7 分	4 分

扫码畅听增值课

第一节　生产与存货循环的特点

生产与存货循环业务流程图

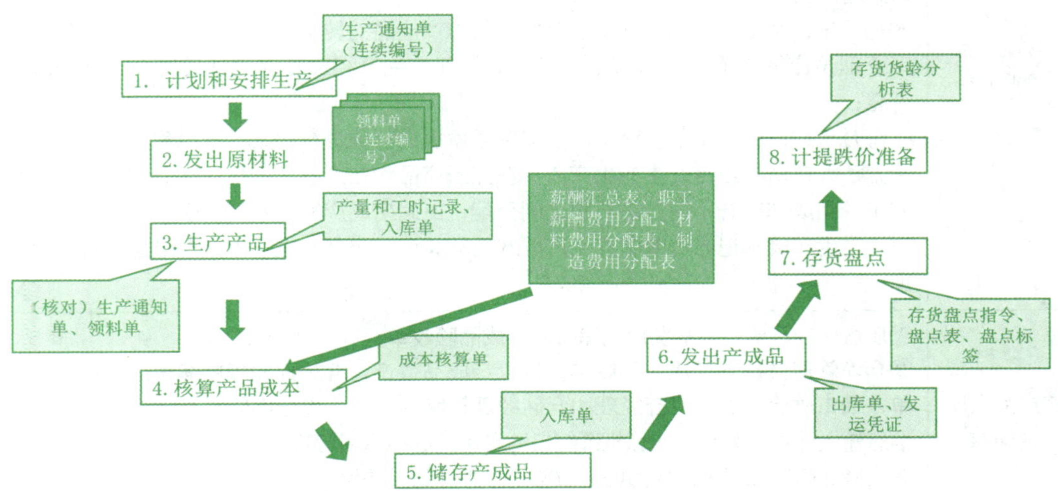

第二节　生产与存货循环的主要业务活动和相关内部控制

考点 1　生产与存货循环的主要业务活动

生产与存货循环程序包括：计划和安排生产，发出原材料，生产产品，核算产品成本，产成品入库及储存，发出产成品，**存货盘点**，计提存货跌价准备。

活动名称	关键控制活动
计划和安排生产	①根据客户订购单或者销售部门对销售预测和产品需求的分析来决定生产**授权**； ②生产部门签发预先**顺序编号**的生产通知单（一般一式多联）； ③通常该部门还需编制一份材料需求报告，列示所需要的材料和零件及其库存
发出原材料	①**仓储部门**的责任是根据从生产部门收到的**领料单**发出原材料； ②领料单一式多联，一联连同材料交给领料部门（生产部门存根联），一联留在仓库登记材料明细账（仓库联），一联交会计部门进行材料收发核算和成本核算（财务联）

续表

生产产品	①生产部门在收到生产通知单及领取原材料后，分配生产任务； ②完成生产任务后，将完成的产品交生产部门统计人员查点，然后转交检验员验收并办理入库手续；或是将所完成的半成品移交下一个环节，作进一步加工
核算产品成本	①生产成本记账员应根据原材料领料单财务联，编制原材料领用日报表，与计算机系统自动生成的生产记录日报表核对材料耗用和流转信息；由会计主管审核无误后，生成记账凭证并过账至生产成本及原材料明细账和总分类账； ②生产部门记录生产各环节所耗用工时数，包括人工工时数和机器工时数，并将工时信息输入生产记录日报表； ③每月末，由生产车间与仓库核对原材料和产成品的转出和转入记录，如有差异，仓库管理员应编制差异分析报告，经仓储经理和生产经理签字确认后交会计部门进行调整； ④每月末，由计算机系统对生产成本中各项组成部分进行归集，按照预设的分摊公式和方法，自动将当月发生的生产成本在完工产品和在产品之间按比例分配；同时，将完工产品成本在各不同产品类别之间分配，由此生成产品成本计算表和生产成本分配表；由生产成本记账员编制成生产成本结转凭证，经会计主管审核批准后进行财务处理
产成品入库及储存	①质量检查员检查并签发**预先编号**的产成品**验收单**； ②仓库管理员检查产成品验收单，清点产成品数量，填写预先**顺序编号**的产成品**入库单**，经由质检经理、生产经理和仓储经理**签字**确认后，由仓库管理员将产成品入库单信息输入计算机系统，计算机系统自动更新产成品明细台账； ③仓储部门还应根据产成品的品质特征分类存放，并填制标签； ④存货存放在安全的环境中，只有经过授权的工作人员可以接触及处理存货
发出产成品	①产成品的发出须由独立的发运部门进行； ②装运产成品时必须持有经有关部门**核准**的**发运通知单**，并据此编制预先**顺序编号**、**一式多联**的出库单； ③产成品装运发出前，由运输经理独立检查出库单、销售订购单和发运通知单； ④每月末，生产成本记账员根据计算机系统内状态为“已处理”的订购单数量，编制销售成本**结转凭证**，结转相应的销售成本，经会计主管审核批准后进行账务处理
存货盘点（一般要求定期盘点）	①生产部门和仓储部门在盘点日前对所有存货进行清理和归整，便于盘点顺利进行； ②每一组盘点人员中应包括仓储部门以外的**其他部门人员**，即不能由负责保管存货的人员单独负责盘点存货；安排**不同的工作人员**分别负责初盘和复盘； ③盘点表和盘点标签事先**连续编号**，发放给盘点人员时登记领用人员；盘点结束后回收并清点所有已使用和未使用的盘点表和盘点标签； ④为防止存货被遗漏或重复盘点，所有盘点过的存货贴盘点标签，注明存货品名、数量和盘点人员，完成盘点前检查现场确认所有存货均已贴上盘点标签； ⑤将不属于本单位的代其他方保管的存货单独堆放并作标识；将盘点期间需要领用的原材料或出库的产成品分开堆放并作标识； ⑥汇总盘点结果，与存货账面数量进行比较，调查分析差异原因，并对认定的盘盈和盘亏提出账务调整建议，经仓储经理、生产经理、财务经理和总经理复核批准后入账

续表

计提存货跌价准备	①**定期**编制**存货货龄分析表**，管理人员复核该分析表，确定是否有必要对滞销存货计提存货跌价准备，并计算存货可变现净值，据此计提存货跌价准备； ②生产部门和仓储部门每月上报残冷背次存货明细，采购部门和销售部门每月上报原材料和产成品最新价格信息，财务部门据此分析存货跌价风险并计提跌价准备，由财务经理和总经理复核批准并入账

【考点母题——万变不离其宗】生产与存货循环的主要业务活动和内部控制

下列有关生产与存货循环主要活动及其相关内部控制的说法中，错误的有（　）。
A. 销售部门根据从生产部门收到的领料单发出原材料 B. 财务人员检查产成品验收单，清点产成品数量，填写预先顺序编号的产成品入库单 C. 注册会计师要对企业存货定期进行盘点

【考点子题——举一反三，真枪实练】

[1]（经典例题•单选题）下列有关生产与存货循环涉及的主要凭证和会计记录的说法中，不恰当的是（　）。

A. 领发料凭证是企业为控制材料发出所采用的各种凭证，如领料单、领料登记簿、退料单等

B. 在实施存货盘点之前，注册会计师通常编制存货盘点指令，对存货盘点的时间、人员、流程及后续处理等方面作出安排

C. 存货明细账是用来反映各种存货增减变动情况和期末库存数量及相关成本信息的会计记录

D. 工薪费用分配表反映了各生产车间各产品应负担的生产工人工薪及福利费

[2]（经典例题•多选题）下列各项中，与生产与存货循环的主要业务活动相关的说法中，恰当的有（　）。

A. 产成品入库，应由会计部门先行点验和检查，然后仓储部门签收

B. 生产计划部门的职责是根据客户订购单或者对销售预测和产品需求的分析来决定生产授权，如决定授权生产，即签发预先顺序编号的生产通知单并编制材料需求报告

C. 领料单通常一式三联，仓库发料并签署后，一联交领料部门、一联留存、一联交会计部门

D. 为了正确核算并有效控制产品成本，必须建立健全成本会计制度，将生产控制和成本核算有机结合在一起

第三节 生产与存货循环的重大错报风险

考点2 生产与存货循环相关交易和余额存在的重大错报风险

【考点母题——万变不离其宗】生产与存货循环相关交易和余额存在的重大错报风险

下列各项中，一般制造型企业在生产与存货循环相关交易中，可能发生的错报风险有（ ）。
A. 存货实物可能不存在（存在认定） B. 属于被审计单位的存货可能未在账面反映（完整性认定） C. 存货的所有权可能不属于被审计单位（权利和义务认定） D. 存货的单位成本可能存在计算错误（准确性、计价和分摊认定） E. 存货的账面价值可能无法实现，即存货跌价准备的计提可能不充分（准确性、计价和分摊认定）

【考点子题——举一反三，真枪实练】

[3]（2018年•综合题部分）上市公司甲公司是ABC会计师事务所的常年审计客户，主要从事药品研发、生产和销售。A注册会计师负责甲公司2017年度财务报表审计，确定财务报表整体的重要性水平为300万元，明显微小错报的临界值为15万元。

资料一：A注册会计师在审计工作底稿中记录了所了解的甲公司的情况及环境，部分内容摘录如下：

（1）2017年12月，甲公司召回了2017年11月销售的某批次存在安全隐患的e粉剂，因处理及时，该批次产品尚未被使用。

资料二：A注册会计师在审计工作底稿中记录了甲公司的财务数据，部分摘录如下：

金额单位：万元

项目	未审数	已审数
	2017年	2016年
存货—召回的e粉剂	1 500	0

要求：假定不考虑其他情况，结合资料二，指出资料一所列事项是否存在重大错报风险，如果认为可能表明存在重大错报风险，简要说明理由，并说明该风险主要与哪些财务报表项目的哪些认定相关。

[4]（2017年•综合题部分）上市公司甲公司是ABC会计师事务所的常年审计客户，主

要从事电器设备生产和销售。A 注册会计师负责甲公司 2016 年度财务报表审计，确定财务报表整体的重要性水平为 300 万元，实际执行的重要性水平为 210 万元。

资料一：A 注册会计师在审计工作底稿中记录了所了解的甲公司的情况及环境，部分内容摘录如下：

（1）因产品更新换代，甲公司自 2016 年 7 月起停止生产 a 产品，并降价消化库存。

资料二：A 注册会计师在审计工作底稿中记录了甲公司的财务数据，部分摘录如下：

金额单位：万元

项目	未审数	已审数
	2016 年	2015 年
营业收入——a 产品	2 000	4 500
营业成本——a 产品	2 800	4 000
存货——a 产品	2 000	2 400
减：存货跌价准备——a 产品	200	200

要求：假定不考虑其他情况，结合资料二，指出资料一所列事项是否存在重大错报风险，如果认为可能表明存在重大错报风险，简要说明理由，并说明该风险主要与哪些财务报表项目的哪些认定相关。

第四节　生产与存货循环的控制测试

考点3 对选择拟测试的控制和测试方法的考虑

【考点母题——万变不离其宗】对选择拟测试的控制和测试方法的考虑

注册会计师在实施控制测试时，应注意的事项有（ ）。
A. 生产与存货循环的内部控制主要包括存货**数量**的内部控制和存货**单价**的内部控制两方面 B. 由于生产与存货循环与其他业务循环的紧密联系，生产与存货循环中某些审计程序，特别是对存货余额的审计程序，与其他相关业务循环的审计程序同时进行将更为有效

【考点子题——举一反三，真枪实练】

[5]（经典例题•多选题）下列有关生产与存货循环的说法中，正确的有（ ）。

A. 针对存货认定取得的证据不能为采购和销售项目的认定提供证据

B. 存货审计涉及数量和单价两个方面

C. 针对存货数量的实质性程序主要是存货监盘

D. 生产与存货循环与其他业务循环的联系紧密

第五节 生产与存货循环的实质性程序

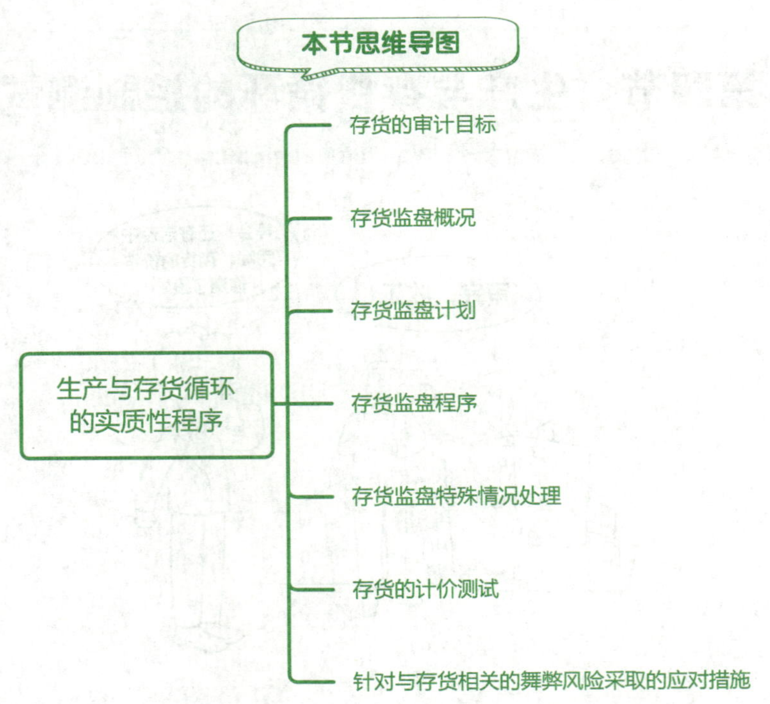

第11章

考点 4 存货的审计目标

存货一般审计程序为获取年末存货余额明细表，并执行：1. 复核单项存货金额的计算（单位成本 × 数量）和明细表的加总计算是否准确；2. 将本年末存货余额与上年末存货余额进行比较，总体分析变动原因。

【考点母题——万变不离其宗】存货的审计目标

（1）下列属于存货的审计目标的有（ ）。
A. 账面存货余额对应的实物是否真实存在（存在认定） B. 属于被审计单位的存货是否均已入账（完整性认定） C. 存货是否属于被审计单位（权利和义务认定） D. 存货单位成本的计量是否准确（准确性、计价和分摊认定） E. 存货的账面价值是否可以实现（准确性、计价和分摊认定）
（2）导致存货审计复杂的主要原因有（ ）。
A. 存货通常是资产负债表中的一个主要项目，而且通常是构成营运资本的最大项目 B. 存货存放于不同的地点，这使得对它的实物控制和盘点都很困难。企业必须将存货置放于便于产品生产和销售的地方，但是这种分散也带来了审计的困难 C. 存货项目的多样性也给审计带来了困难 D. 存货本身的状况以及存货成本的分配也使得存货的估价存在困难 E. 不同企业采用的存货计价方法存在多样性

【考点子题——举一反三，真枪实练】

［6］（经典例题 • 多选题）造成对存货存在和存货价值评估困难的原因有（ ）。

A. 不同企业存货的计价方式不同

B. 存货一般被存放于不同的地点

C. 存货项目本身的多样性

D. 存货通常是资产负债表中的一个主要项目，而且通常是构成营运资本的最大项目

考点 5 存货监盘概况

注册会计师监盘存货的目的在于获取有关存货**的存在和状况**的审计证据。因此，存货监盘针对的主要是存货的**存在**认定，对存货的**完整性**认定及**准确性、计价和分摊认定**，也能提供**部分**审计证据。

此外，注册会计师还可能在存货监盘中获取有关存货**所有权**的部分审计证据（需要结合其他程序）。

【考点母题——万变不离其宗】存货监盘概况

<table>
<tr><td colspan="2">（1）如果存货对财务报表是重要的，注册会计师应当实施的审计程序有（　）。</td></tr>
<tr><td rowspan="2">A. 在存货盘点现场实施监盘（除非不可行）</td><td>（2）在存货盘点现场实施监盘时，注册会计师应当实施的审计程序有（　）。</td></tr>
<tr><td>A. 评价管理层用以记录和控制存货盘点结果的指令和程序
B. 观察管理层制定的盘点程序的执行情况
C. 检查存货
D. 执行抽盘</td></tr>
<tr><td colspan="2">B. 对期末存货记录实施审计程序，以确定其是否准确反映实际的存货盘点结果</td></tr>
<tr><td colspan="2">（3）下列有关于存货监盘的说法中，正确的有（　）。</td></tr>
<tr><td colspan="2">A. 存货监盘的相关程序可以用作控制测试或者实质性程序
B. 注册会计师可以根据风险评估结果、审计方案和实施的特定程序作出判断，如果只有少数项目构成了存货的主要部分，注册会计师可能选择将存货监盘用作实质性程序
C. 管理层的责任是定期盘点存货、合理确定存货的存在和状况，注册会计师对存货监盘不能替代管理层的责任
D. 存货监盘针对的主要是存货的“存在”认定，对存货的“完整性”认定及“准确性、计价和分摊”认定，也能提供部分审计证据</td></tr>
<tr><td colspan="2">（4）下列有关于存货监盘的说法中，错误的是（　）。</td></tr>
<tr><td colspan="2">A. 注册会计师实施存货监盘能够获取有关期末存货存在和状况的充分、适当的审计证据，因此其能够取代被审计单位管理层定期盘点存货、合理确定存货的存在和状况的责任</td></tr>
</table>

【考点子题——举一反三，真枪实练】

[7]（经典例题·多选题）下列各项中，有关存货监盘的说法中恰当的有（　）。

A. 如果只有少数项目构成了存货的主要部分，注册会计师可能选择将存货监盘用作实质性程序

B. 存货监盘针对的主要是存货的存在、完整性认定

C. 存货监盘对存货的准确性、计价和分摊认定，能够提供部分审计证据

D. 存货监盘对存货的完整性认定，能够提供充分、适当的审计证据

[8]（2015年·单选题）下列有关存货监盘的说法中，正确的是（　）。

A. 注册会计师主要采用观察程序实施存货监盘

B. 注册会计师在实施存货监盘过程中不应协助被审计单位的盘点工作

C. 由于不可预见的情况导致无法在预定日期实施存货监盘，注册会计师可以实施替代程序

D. 注册会计师实施存货监盘通常可以确定存货的所有权

[9]（经典例题·单选题）注册会计师在编制存货监盘计划时，考虑的因素不涉及（　）。

A. 管理层盘点程序的适当性　　B. 与存货相关的内部控制的性质

C. 存货盘点的时间安排　　D. 存货周转率

考点 6 存货监盘计划

为了避免误解并有助于有效地实施存货监盘，注册会计师通常需要与被审计单位就存货监盘等问题达成一致意见。

【考点母题——万变不离其宗】存货监盘计划

<table>
<tr><td colspan="2">（1）注册会计师在编制存货监盘计划时，需要注意的事项有（　）。</td></tr>
<tr><td rowspan="2">A. 与存货相关的重大错报风险（存货数量、种类，成本归集难度，陈旧、损坏程度，受窃程度）</td><td>（2）可能增加审计的复杂性与风险的存货有（　）。</td></tr>
<tr><td>A. 具有漫长制造过程的存货
B. 具有固定价格合约的存货
C. 与时装相关的服装行业
D. 鲜活、易腐商品存货
E. 单位价值高昂、容易被盗窃的存货
F. 具有高科技含量的存货</td></tr>
<tr><td colspan="2">B. 与存货相关的内部控制的性质（与存货相关的内部控制涉及被审计单位供、产、销各个环节，包括采购、验收、仓储、领用、加工、装运出库等方面）</td></tr>
<tr><td colspan="2">C. 对存货盘点是否制定了适当的程序，并下达了正确的指令</td></tr>
<tr><td colspan="2">D. 存货盘点的时间安排（如果存货盘点在财务报表日以外的其他日期进行，注册会计师除实施存货监盘相关审计程序外，还应当实施其他审计程序，以获取审计证据，确定存货盘点日与财务报表日之间的存货变动是否已得到恰当的记录）</td></tr>
<tr><td colspan="2">E. 被审计单位是否一贯采用永续盘存制（如果被审计单位通过实地盘存制确定存货数量，则注册会计师要参加此种盘点。如果被审计单位采用永续盘存制，注册会计师应在年度中一次或多次参加盘点）</td></tr>
<tr><td rowspan="2">F. 存货的存放地点，以确定适当的监盘地点</td><td>（3）如果被审计单位存货存放在多个地点，注册会计师可以执行的程序有（　）。</td></tr>
<tr><td>A. 注册会计师可以要求被审计单位提供一份完整的存货存放地点清单，并考虑其完整性
B. 询问被审计单位除管理层和财务部门以外的其他人员，如营销人员、仓库人员等，以了解有关存货存放地点的情况
C. 比较被审计单位不同时期的存货存放地点清单，关注仓库变动情况，以确定是否存在因仓库变动而未将存货纳入盘点范围的情况发生
D. 检查被审计单位存货的出、入库单，关注是否存在被审计单位尚未告知注册会计师的仓库（如期末库存量为零的仓库）
E. 检查费用支出明细账和租赁合同，关注被审计单位是否租赁仓库并支付租金，如果有，该仓库是否已包括在被审计单位提供的仓库清单中
F. 检查被审计单位“固定资产——房屋建筑物”明细清单，了解被审计单位可用于存放存货的房屋建筑物</td></tr>
</table>

续表

F. 存货的存放地点，以确定适当的监盘地点	（4）如果识别出由于舞弊导致的影响存货数量的重大错报风险，注册会计师可以执行的程序有（　）。
	A. 在检查被审计单位存货记录的基础上，可能决定在不预先通知的情况下对特定存放地点的存货实施监盘或在同一天对所有存放地点的存货实施监盘 B. 在连续审计中，注册会计师可以考虑在不同期间的审计中变更所选择实施监盘的地点
G. 是否需要专家协助（在确定资产数量或资产实物状况，或在收集特殊类别存货的审计证据时，可以考虑利用专家工作）	
（5）下列各项中，属于存货监盘计划的主要内容的有（　）。	
A. 存货监盘的目标、范围及时间安排（存货监盘范围取决于存货的内容、性质及存货相关的内部控制的完善程度及重大错报风险的评估结果；监盘时间应与被审计单位实施存货盘点的时间相协调） B. 存货监盘的要点及关注事项（监盘程序的方法，步骤，各个环节应注意的问题以及所要解决的问题） C. 参加存货监盘人员的分工（盘点人员分工情况，监盘工作量，人员素质） D. 抽盘存货的范围（与内部控制相关）	

【考点子题——举一反三，真枪实练】

[10]（经典例题•多选题）下列有关存货监盘的说法中，正确的有（　）。

A. 如果存货盘点在财务报表日以外的其他日期进行，注册会计师除实施存货监盘相关审计程序外，还应当实施其他审计程序，以获取审计证据，确定盘点日与财务报表日之间的存货变动已得到恰当记录

B. 注册会计师可以要求被审计单位提供的完整的存货存放地点清单，不必包括期末库存量为零的仓库以及第三方代被审计单位保管存货的仓库

C. 如果存货存放在不同地点，注册会计师通常应当根据不同存放地点存货的重要性和重大错报风险，选择适当的监盘地点

D. 陈旧过时的速度或易损坏程度影响与存货相关的重大错报风险，从而影响存货监盘计划的制定

[11]（经典例题•单选题）下列关于注册会计师制定的存货监盘计划的说法中，错误的是（　）。

A. 对于一些特殊类别的存货，如艺术品、化学制品、工程设计等，在确定存货价值时需要运用到会计和审计领域以外的专业技能，在制定监盘计划时可以考虑利用专家的工作

B. 在实施观察程序后，如果认为被审计单位内部控制设计良好且得到有效实施，存货盘点组织良好，可以相应缩小实施抽盘的范围

C. 存货监盘范围的大小与存货的内容无关

D. 存货监盘的时间应当与被审计单位实施存货盘点的时间相协调

[12]（经典例题•多选题）下列有关存货监盘的说法中，正确的有（　）。

A. 在连续审计中，注册会计师可以考虑在不同期间的审计中变更所选择实施监盘的地点

B. 对于所有权不属于被审计单位的存货，注册会计师应当取得其规格、数量等有关资料，确定是否已单独存放、标明、且未被纳入盘点范围

C. 即使在被审计单位声明不存在受托代存存货的情形下，注册会计师在存货监盘时也应当关注是否存在某些存货不属于被审计单位的迹象，以避免盘点范围不当

D. 在存货监盘过程中检查存货，能够确定存货的所有权，且有助于确定存货的存在，以及识别过时、毁损或陈旧的存货

考点 7　存货监盘程序

【考点母题——万变不离其宗】存货监盘程序

<table>
<tr><td colspan="2">（1）在存货盘点现场实施监盘时，注册会计师应当实施的审计程序有（　）。</td></tr>
<tr><td rowspan="2">A. 评价管理层用以记录和控制存货盘点结果的指令和程序</td><td>（2）注册会计师评价管理层用以记录和控制存货盘点结果的指令和程序时，需要考虑的事项包括（　）。</td></tr>
<tr><td>A. 适当控制活动的运用
B. 准确认定在产品的完工程度，例如流动缓慢（呆滞）、过时或毁损的存货项目，以及第三方拥有的存货（如寄存货物）
C. 在适用的情况下用于估计存货数量的方法
D. 对存货在不同存放地点之间的移动以及截止日前后出入库的控制
E. 一般情况下，被审计单位在盘点过程中停止生产并关闭存货存放地点以确保停止存货的移动，有利于保证盘点的准确性
F. 特定情况下，被审计单位可能无法停止生产或收发货物，这种情况下应考虑其原因及其合理性</td></tr>
<tr><td rowspan="2">B. 观察管理层制定的盘点程序的执行情况（如观察对盘点时及其前后的存货移动的控制程序）</td><td>（3）在观察管理层制定的盘点程序的执行情况时，注册会计师实施的程序有（　）。</td></tr>
<tr><td>A. 对移动的存货实施必要的检查程序
B. 可以获取有关截止性的信息的复印件，有助于日后对存货移动的会计处理实施审计程序
C. 注册会计师需关注所有盘点日以前入库的存货项目是否均已包含在盘点范围内以及所有已确认为销售但未装运出库的商品是否均未包含在盘点范围内</td></tr>
</table>

续表

<table>
<tr><td colspan="2">C. 检查存货（在存货监盘过程中检查存货，虽然不一定能确定存货的所有权，但有助于确定存货的存在，以及识别过时、毁损或陈旧的存货）</td></tr>
<tr><td rowspan="2">D. 执行抽盘，以获取有关盘点记录准确性和完整性的审计证据</td><td>（4）执行抽盘时，注册会计师应注意（　）。</td></tr>
<tr><td>A. 双向抽盘：从存货盘点记录中选取项目追查至存货实物（准确性），以及从存货实物中选取项目追查至盘点记录（完整性）
B. 尽可能避免让被审计单位事先了解将抽盘的存货项目
C. 可以获取管理层完成的存货盘点复印件
D. 出现抽盘差异，很可能表明存货盘点在准确性或完整性方面存在错误，注册会计师应查明原因、考虑扩大抽盘范围，考虑重新盘点</td></tr>
<tr><td colspan="2">（5）下列各项中，注册会计师在监盘时需要特别关注的情况包括（　）。</td></tr>
<tr><td rowspan="2">A. 存货盘点范围</td><td>（6）在确定存货盘点范围时，注册会计师应注意的事项有（　）。</td></tr>
<tr><td>A. 盘点前，注册会计师应当观察盘点现场，确定应纳入盘点范围的存货是否已经适当整理和排列，并附有盘点标识，防止遗漏或重复盘点
B. 对所有权不属于被审计单位的存货，注册会计师应取得其规格、数量等相关资料，确定是否已单独存放、标明，且未被纳入盘点范围</td></tr>
<tr><td colspan="2">B. 对特殊类型存货的监盘（如木材、钢筋盘条、管子、堆积型存货、散装物品等）</td></tr>
<tr><td colspan="2">（7）下列有关存货监盘结束时的工作，正确的有（　）。</td></tr>
<tr><td colspan="2">A. 再次观察盘点现场，以确定所有应纳入盘点范围的存货是否均已盘点
B. 取得并检查已填用、作废及未使用盘点表单的号码记录，确定其是否连续编号，查明已发放的表单是否均已收回，并与存货盘点的汇总记录进行核对</td></tr>
<tr><td colspan="2">（8）下列有关存货盘点日不是资产负债表日时的处理，说法正确的有（　）。</td></tr>
<tr><td colspan="2">A. 注册会计师应当实施适当的审计程序，确定盘点日与资产负债表日之间存货的变动是否已得到恰当的记录
B. 在实务中，注册会计师可以结合盘点日至财务报表日之间间隔期的长短、相关内部控制的有效性等因素进行风险评估，设计和执行适当的审计程序</td></tr>
<tr><td colspan="2">（9）当存货盘点日不是资产负债表日时，注册会计师可以执行的实质性程序有（　）。</td></tr>
<tr><td colspan="2">A. 比较盘点日和财务报表日之间的存货信息以识别异常项目，并对其执行适当的审计程序（例如实地查看等）
B. 对存货周转率或存货销售周转天数等实施实质性分析程序
C. 对盘点日至财务报表日之间的存货采购和存货销售分别实施双向检查
D. 测试存货销售和采购在盘点日和财务报表日的截止是否正确</td></tr>
</table>

【考点子题——举一反三，真枪实练】

[13]（经典例题•单选题）下列各项中，注册会计师在被审计单位存货盘点结束前的做法中，不恰当的是（　）。

A. 仅取得并检查已填用、未使用盘点表单的号码记录，确定其是否连续编号

B. 再次观察盘点现场，以确定所有应纳入盘点范围的存货是否均已盘点

C. 查明已发放的表单是否均已收回，并与存货盘点的汇总记录进行核对

D. 根据自己在监盘过程中获取的信息，评估被审计单位最终的存货盘点记录是否正确地反映了实际盘点结果

[14]（经典例题•多选题）下列各项中，如果存货盘点日不是资产负债表日，注册会计师的下列做法中不恰当的有（ ）。

A. 如果盘点日与资产负债表日相隔较近，可直接将盘点日存货余额视为资产负债表日存货余额

B. 实施适当的审计程序，确定盘点日与资产负债表日之间存货的变动是否已得到恰当的记录

C. 对盘点日至财务报表日之间，针对识别出的异常项目，执行适当的审计程序

D. 资产负债表日再次实施盘点及监盘

考点8 存货监盘特殊情况处理

【考点母题——万变不离其宗】存货监盘特殊情况处理

（1）下列有关存货监盘特殊情况及其处理的说法中，正确的有（ ）。
A. 在存货盘点现场实施存货监盘不可行时，实施替代程序（如检查盘点日后出售盘点日之前取得或购买的特定存货的文件记录，若替代审计程序无法获取有关存货的存在和状况的充分、适当的审计证据，考虑出具非无保留意见） B. 因不可预见的情况导致无法在存货盘点现场实施监盘（如无法亲临，气候因素），注册会计师应当另择日期实施监盘，并对间隔期内发生的交易实施审计程序

续表

C. 由第三方保管或控制的存货，注册会计师应实施审计程序以获取有关存货存在和状况的充分、适当的审计证据	（2）如果由第三方保管或控制的存货对财务报表是重要的，注册会计师应当实施的程序有（ ）。
	A. 向持有被审计单位存货的第三方函证存货的数量和状况（实务中，可事先考虑函证的可行性） B. 实施检查或其他适合具体情况的审计程序（函证的替代程序或追加的审计程序） C. 可以考虑由第三方保管存货的商业理由的合理性（如检查保管协议）
	（3）如果由第三方保管或控制的存货对财务报表是重要的，注册会计师可以实施的其他程序有（ ）。
	A. 实施或安排其他注册会计师实施对第三方的存货监盘（如可行） B. 获取其他注册会计师或服务机构注册会计师针对用以保证存货得到恰当盘点和保管的内部控制的适当性而出具的报告 C. 检查与第三方持有的存货相关的文件记录，如仓储单 D. 当存货被作为抵押品时，要求其他机构或人员进行确认
（4）下列有关于存货监盘特殊情况及其处理的说法中，错误的有（ ）。	
A. 审计中的困难、时间或成本等事项本身，能够作为注册会计师省略不可替代的审计程序或满足于说服力不足的审计证据的正当理由 B. 对注册会计师带来不便的一般因素，能够支持注册会计师作出实施存货监盘不可行的决定	

【考点子题——举一反三，真枪实练】

[15]（经典例题·单选题）下列有关存货监盘的说法中，错误的是（ ）。

A. 注册会计师在制定监盘计划时，需要考虑是否在监盘中利用专家的工作

B. 注册会计师可能在存货监盘中获取有关存货所有权的部分审计证据

C. 如果在存货盘点现场实施存货监盘不可行，注册会计师应当另择日期实施监盘，并对间隔期内发生的交易实施审计程序

D. 对未纳入盘点范围的存货，注册会计师应当查明未纳入的原因

[16]（经典例题·多选题）下列各项中，针对第三方保管或控制的存货的说法中，恰当的有（ ）。

A. 检查与第三方持有的存货相关的文件记录

B. 适合具体情况的其他审计程序仅能作为函证的替代程序

C. 在实务中，注册会计师可以事先考虑实施函证的可行性

D. 可以考虑由第三方保管存货的商业理由的合理性，以进行存货相关风险（包括舞弊风险）的评估，并计划和实施适当的审计程序

[17]（2018年·简答题）ABC会计师事务所的A注册会计师负责审计多家被审计单位2017年度财务报表。与存货审计相关的部分事项如下：

（1）甲公司为制造型企业，采用信息系统进行成本核算。A 注册会计师对信息系统一般控制和相关的自动化信息处理控制进行测试后结果满意，不再对成本核算实施实质性程序。

（2）因乙公司存货不存在特别风险，且以前年度与存货相关的控制运行有效，A 注册会计师因此减少了本年度存货细节测试的样本量。

（3）丙公司采用连续编号的盘点标签记录盘点结果，并逐项录入盘点结果汇总表。A 注册会计师将抽盘样本的数量与盘点标签记录的数量进行了核对，未发现差异，据此认可了盘点结果汇总表记录的存货数量。

（4）丁公司从事进口贸易，年末存货均于 2017 年 12 月购入，金额重大。A 注册会计师通过获取并检查采购合同、发票、进口报关单、验收入库单等支持性文件，认为获取了有关存货存在和状况的充分、适当的审计证据。

（5）戊公司的存货存放在多个地点。A 注册会计师取得了存货存放地点清单并检查了其完整性，根据各个地点存货余额的重要性及重大错报风险的评估结果，选取其中几个地点实施了监盘。

（6）A 注册会计师在已公司盘点结束后，存货未开始流动前抵达盘点现场，对存货进行检查并实施了抽盘，与已公司盘点数量核对无误，据此认可了盘点结果。

要求：针对上述第（1）~（6）项，逐项指出 A 注册会计师的做法是否恰当。如不恰当，简要说明理由。

考点 9　存货的计价测试

存货监盘程序主要是对存货的数量进行测试。为验证财务报表上存货余额的真实性，还应当对存货的计价进行审计。

存货计价测试包括两个方面：1. 被审计单位所使用的存货单位成本是否正确；2. 是否恰当计提了存货跌价准备。

【考点母题——万变不离其宗】存货的计价测试

（1）下列有关于存货计价测试中单位成本测试的说法中，正确的有（　）。	
A. 针对原材料的单位成本，注册会计师通常基于企业原材料计价方法（先进先出法、加权平均法等），结合原材料的历史购买成本，测试其账面成本是否准确 B. 针对产成品和在产品的单位成本，注册会计师需要对成本核算过程实施测试，包括直接材料成本测试、直接人工成本测试、制造费用测试和生产成本在当期完工产品与在产品之间分配的测试	
（2）在进行存货跌价准备测试时，测试的方面包括（　）。	
A. 识别需要计提存货跌价准备的存货项目	B. 检查可变现净值的计量是否合理

【考点子题——举一反三，真枪实练】

[18]（经典例题•单选题）下列关于对存货实施的审计程序的说法中，错误的是（　）。

A. 对存货进行计价审计，可以采用分层抽样法

B. 针对产成品和在产品的单位成本，注册会计师需要对成本核算过程实施测试，包括直接材料成本测试、直接人工成本测试、制造费用测试和生产成本在当期完工产品与在产品之间分配的测试

C. 对存货实施监盘程序能够验证存货余额的真实性

D. 对存货执行抽盘时，应尽量将难以盘点或隐蔽性较大的存货纳入抽盘范围

[19]（2016年•简答题）ABC会计师事务所的A注册会计师负责审计甲公司等多家被审计单位2015年度财务报表。与存货审计相关的事项如下：

（1）在对甲公司存货实施监盘时，A注册会计师在存货盘点现场评价了管理层用以记录和控制存货盘点结果的程序，认为其设计有效。A注册会计师在检查存货并执行抽盘后结束了现场工作。

（2）因乙公司存货品种和数量均较少，A注册会计师仅将监盘程序用作实质性程序。

（3）丙公司2015年末已入库未收到发票而暂估的存货金额占存货总额的30%。A注册会计师对存货实施了监盘，测试了采购和销售交易的截止，均未发现差错，据此认为暂估的存货记录准确。

（4）丁公司管理层未将以前年度已全额计提跌价准备的存货纳入本年末盘点范围。A注册会计师检查了以前年度的审计工作底稿，认可了管理层的做法。

（5）已公司管理层规定，由生产部门人员对全部存货进行盘点，再由财务部门人员抽取50%进行复盘。A注册会计师对复盘项目执行抽盘，未发现差异，据此认可了管理层的盘点结果。

要求：针对上述第（1）～（5）项，逐项指出A注册会计师的做法是否恰当。如不恰当，简要说明理由。

针对与存货相关的舞弊风险采取的应对措施

【考点母题——万变不离其宗】针对与存货相关的舞弊风险采取的应对措施

<table>
<tr><td colspan="2">（1）如果识别出与存货相关的舞弊风险，注册会计师可以特别关注或考虑实施以下（　）程序。</td></tr>
<tr><td>针对虚构存货相关舞弊风险</td><td>A. 根据存货的特点、盘存制度和存货内部控制，设计和执行存货监盘程序
B. 关注是否存在金额较大且占比较高、库龄较长、周转率低于同行业可比公司等情形的存货，分析评价其合理性
C. 严格执行分析性程序，检查存货结构波动情况，分析其与收入结构变动的匹配性，评价产成品存货与收入、成本之间变动的匹配性
D. 对异地存放或由第三方保管或控制的存货，严格执行函证或异地监盘等程序</td></tr>
</table>

续表

针对账外存货相关舞弊风险	A. 在其他资产审计中，关注是否有转移资产形成账外存货的情况 B. 关注存货盘亏、报废的内部控制程序，关注是否有异常大额存货盘亏、报废的情况 C. 存货监盘中，关注存货的所有权及完整性 D. 关注是否存在通过多结转成本、多报耗用数量、少报产成品入库等方式，形成账外存货

【考点子题——举一反三，真枪实练】

[20]（经典例题•单选题）下列关于针对存货相关舞弊风险采取的应对措施中，错误的是（　）。

A. 注册会计师应当设计和执行合理的监盘程序

B. 注册会计师对于账外存货无需过多关注

C. 注册会计师应当执行严格的分析程序

D. 对于异地存货，应进行函证或异地监盘等程序

附录：

对特殊类型存货的监盘：

存货类型	盘点方法与潜在问题	可供实施的审计程序
木材、钢筋盘条、管子	通常无标签，但在盘点时会做上标记或用粉笔标识。难以确定存货的数量或等级	检查标记或标识。 利用专家或被审计单位内部有经验人员的工作
堆积型存货（如糖、煤、钢废料）	通常既无标签也不做标记。在估计存货数量时存在困难	运用工程估测、几何计算、高空勘测，并依赖详细的存货记录
使用磅秤测量的存货	在估计存货数量时存在困难	在监盘前和监盘过程中均应检验磅秤的精准度，并留意磅秤的位置移动与重新调校程序。将检查和重新称量程序相结合。检查称量尺度的换算问题
散装物品（如贮窖存货，使用桶、箱、罐、槽等容器储存的液体、气体、谷类粮食、流体存货等）	在盘点时通常难以识别和确定。在估计存货数量时存在困难。在确定存货质量时存在困难	使用容器进行监盘或通过预先编号的清单列表加以确定。使用浸蘸、测量棒、工程报告以及依赖永续存货记录。选择样品进行化验与分析，或利用专家的工作
贵金属、石器、艺术品与收藏品	在存货辨认与质量确定方面存在困难	选择样品进行化验与分析，或利用专家的工作
生产纸浆用木材、牲畜	在存货辨认与数量确定方面存在困难。可能无法对此类存货的移动实施控制	通过高空摄影以确定其存在，对不同时点的数量进行比较，并依赖永续存货记录

[本章考点子题答案及解析]

[1] 【答案：B】选项B错误，在实施存货盘点之前，管理人员通常编制存货盘点指令，对存货盘点的时间、人员、流程及后续处理等方面作出安排。

[2] 【答案：BCD】选项A错误，产成品入库，须由仓储部门先行点验和检查，然后签收。签收后，将实际入库数量通知会计部门。

[3] 【答案】

事项	是否可能存在重大错报风险（是/否）	理由	影响的项目及认定
（1）	是	甲公司的e粉剂存在安全隐患，可能存在少计提存货跌价准备的重大错报风险	存货（准确性、计价和分摊）；资产减值损失（完整性）

[4] 【答案】

事项	是否可能存在重大错报风险（是/否）	理由	影响的项目及认定
（1）	是	甲公司a存货自2016年7月起停止生产并降价消化库存，且已销售的2800万元a产品取得的营业收入比账面成本低800万元（2800：800），按比例可推出剩余2000万存货可变现净值至少比账面成本低571万元，而a产品存货的跌价准备仅200万元。可能存在少计存货跌价准备的风险	存货（准确性、计价和分摊）；资产减值损失（完整性）

[5] 【答案：BCD】由于生产与存货循环与其他业务循环的紧密联系，需要考虑存货认定取得证据同时为其对应项目的认定提供证据，选项A错误。

[6] 【答案：ABCD】造成存货审计复杂的原因有：①存货通常是资产负债表中的一个主要项目，而且通常是构成营运资本的最大项目（选项D）；②存货存放于不同的地点，这使得对它的实物控制和盘点都很困难。企业必须将存货置放于便于产品生产和销售的地方，但是这种分散也带来了审计的困难（选项B）；③存货项目的多样性也给审计带来了困难（选项C）；④存货本身的状况以及存货成本的分配也使得存货的估价存在困难；⑤不同企业采用的存货计价方法存在多样性（选项A）。

[7] 【答案：AC】选项B错误，存货监盘针对的主要是存货的存在认定；选项D错误，存货监盘对存货的完整性认定，能够提供部分审计证据。

[8] 【答案：B】选项A，存货监盘程序不只观察程序一种；选项C，如果由于不可预见的情况无法在存货盘点现场实施监盘，注册会计师应当另择日期实施监盘，并对间隔期内发生的交易实施审计程序；选项D，存货监盘主要验证存货的存在认定，存货监盘本身不足以提供注册会计师确定存货的所有权的审计证据，注册会计师可能需要执行其他实质性审计程序以应对所有权认定的相关风险。

[9] 【答案：D】选项D错误，存货周转率是衡量被审计单位经营效率的指标，与存货监盘计划无关。

[10] 【答案：ACD】选项B错误，注册会计师可以要求被审计单位提供的完整的存货存放地点清单，包

括期末库存量为零的仓库、租赁的仓库，以及第三方代被审计单位保管存货的仓库等。

[11] 【答案：C】选项 C 错误，存货监盘范围的大小取决于存货的内容、性质以及与存货相关的内部控制的完善程度和重大错报风险的评估结果。

[12] 【答案：ABC】选项 D 错误，在存货监盘过程中检查存货，虽然不一定能确定存货的所有权，但有助于确定存货的存在，以及识别过时、毁损或陈旧的存货。

[13] 【答案：A】在被审计单位存货盘点结束前，注册会计师应当：

（1）再次观察盘点现场，以确定所有应纳入盘点范围的存货是否均已盘点。

（2）取得并检查已填用、作废及未使用盘点表单的号码记录，确定其是否连续编号，查明已发放的表单是否均已收回，并与存货盘点的汇总记录进行核对。注册会计师应当根据自己在存货监盘过程中获取的信息对被审计单位最终的存货盘点结果汇总记录进行复核，并评估其是否正确地反映了实际盘点结果。

选项 A 错误，还应取得并检查作废的盘点表单的号码记录。

[14] 【答案：AD】选项 AD 错误，如果存货盘点日不是资产负债表日，注册会计师应当实施适当的审计程序，确定盘点日与资产负债表日之间存货的变动是否已得到恰当的记录。

[15] 【答案：C】选项 C 错误，如果在存货盘点现场实施存货监盘不可行，注册会计师应当实施替代审计程序，以获取有关存货的存在和状况的充分、适当的审计证据。

[16] 【答案：ACD】选项 B 错误，适合具体情况的其他审计程序可以作为函证的替代程序，也可以作为追加的审计程序。

[17] 【答案】

（1）不恰当。制造业的成本核算涉及重大类别交易或账户余额，应当实施实质性程序。

（2）不恰当。以前年度与存货相关的控制运行有效不构成减少本年度细节测试样本规模的充分理由 / 注册会计师还应当了解相关控制在本期是否发生变化。

（3）不恰当。A 注册会计师应当对盘点结果汇总表进行复核 / 应当将抽盘数量与盘点结果汇总表核对 / 应当将盘点标签数量与盘点结果汇总表核对。

（4）不恰当。存货对财务报表是重要的，注册会计师应当实施监盘。

（5）恰当。

（6）不恰当。注册会计师没有 / 应当观察已公司管理层制定的盘点程序的执行情况。

[18] 【答案：C】选项 C 错误，为了验证财务报表上存货余额的真实性，除了对存货的数量（存货监盘）进行测试外，还应当对存货的计价进行审计。

[19] 【答案】

（1）不恰当。A 注册会计没有 / 应当观察管理层制定的盘点程序的执行情况。

（2）恰当。

（3）不恰当。A 注册会计师没有 / 应当检查暂估存货的单价。

（4）不恰当。存货监盘是检查存货的存在，已全额计提跌价的存货价值虽然为零，但数量仍存在 / 仍需对存货是否存在实施监盘。

（5）不恰当。抽盘的总体不完整。

[20] 【答案：B】针对账外存货相关的舞弊风险，注册会计师应当采取必要的审计程序进行应对。

第 12 章　货币资金的审计

本章思维导图

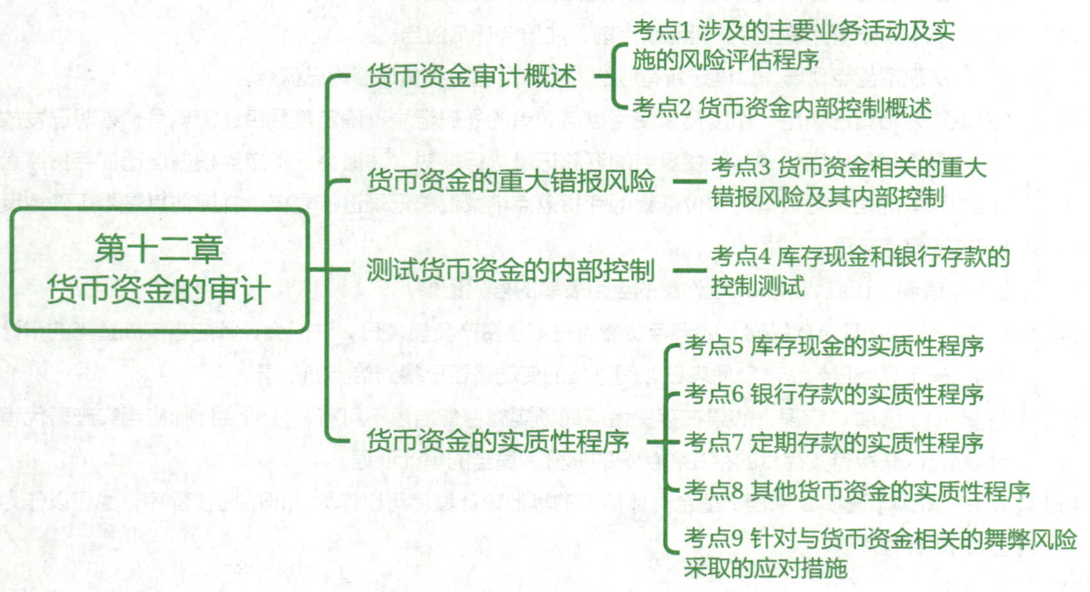

近三年本章考试题型及分值分布

题型	2022 年	2021 年	2020 年
单选题	—	—	—
多选题	—	—	—
简答题	2 题 2 分	5 题 5 分	1 题 1 分
综合题	1 题 1 分	—	1 题 1 分
合计	3 分	5 分	2 分

第一节　货币资金审计概述

本节思维导图

货币资金审计概述
- 涉及的主要业务活动及实施的风险评估程序
- 货币资金内部控制概述

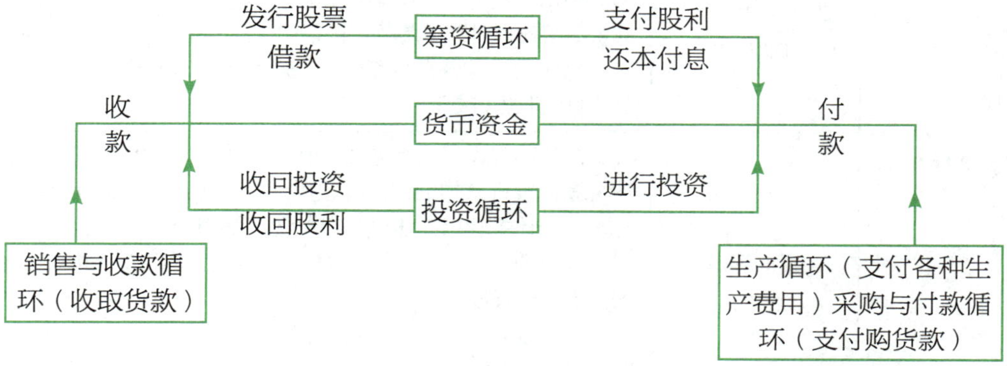

筹资循环：发行股票、借款（收）；支付股利、还本付息（付）

货币资金：收款；付款

投资循环：收回投资、收回股利（收）；进行投资（付）

销售与收款循环（收取货款）

生产循环（支付各种生产费用）采购与付款循环（支付购货款）

货币资金审计涉及的单据及会计记录主要有：（1）现金盘点表；（2）银行对账单；（3）银行存款余额调节表；（4）有关科目的记账凭证；（5）相关会计账簿。

考点 1　涉及的主要业务活动及实施的风险评估程序

注册会计师通常实施以下程序，以了解与货币资金相关的内部控制：

询问	**询问**参与货币资金业务活动的被审计单位人员，如销售部门、采购部门和财务部门的员工和管理人员
观察	**观察**货币资金业务流程中特定控制的执行，例如观察被审计单位的出纳人员如何进行现金盘点
检查	**检查**相关文件和报告，例如检查银行余额调节表是否恰当编制以及其中的调节项是否经会计主管的恰当复核等
穿行测试	**追踪**货币资金业务在财务报表编制相关的信息系统中的处理过程。例如：选取一笔已收款的银行借款，追踪该笔交易从借款预算审批直至收到银行借款的整个过程

相关内部控制：

<table>
<tr><td>现金管理</td><td colspan="2">（1）出纳员每日对库存现金自行盘点，编制现金报表，计算当日现金收入、支出及结余额，并将结余额与实际库存额进行核对，如有差异及时查明原因。会计主管不定期检查现金日报表；
（2）每月末，会计主管指定出纳员以外的人员对现金进行盘点，编制库存现金盘点表，将盘点金额与现金日记账余额进行核对；
（3）对冲抵库存现金的借条、未提现支票、未做报销的原始票证，在库存现金盘点报告表中予以注明；
（4）会计主管复核库存现金盘点表，如果盘点金额与现金日记账余额存在差异，需查明原因并报经财务经理批准后进行财务处理</td></tr>
<tr><td rowspan="4">银行存款管理</td><td>银行账户管理</td><td>企业的银行账户的开立、变更或注销须经财务经理审核，报总经理审批</td></tr>
<tr><td>编制银行存款余额调节表</td><td>（1）每月末，会计主管指定出纳员以外的人员核对银行存款日记账和银行对账单，编制银行存款余额调节表，使银行存款账面余额与银行对账单调节相符；
（2）会计主管复核银行存款余额调节表，对需要进行调整的调节项目及时进行处理</td></tr>
<tr><td>票据管理</td><td>（1）财务部门设置银行票据登记簿，防止票据遗失或盗用。出纳员登记银行票据的购买、领用、背书转让及注销等事项。每月末，会计主管指定出纳员以外的人员对空白票据、未办理收款和承兑的票据进行盘点，编制银行票据盘点表，并与银行票据登记簿进行核对；
（2）会计主管复核库存银行票据盘点表，如果存在差异，需查明原因</td></tr>
<tr><td>印章管理</td><td>企业的财务专用章由财务经理保管，办理相关业务中使用的个人名章由出纳员保管</td></tr>
</table>

【考点子题——举一反三，真枪实练】

[1]（经典例题·单选题）针对现金管理业务活动涉及的内部控制，下列说法中错误的是（　）。

A. 每月末，会计主管指定出纳员以外的人员对现金进行盘点，编制库存现金盘点表，将盘点金额与现金日记账余额进行核对

B. 会计主管不定期检查现金日报表

C. 出纳员每日对库存现金自行盘点，编制现金报表，计算当日现金收入、支出及结余额，并将结余额与实际库存额进行核对，如有差异及时查明原因

D. 对冲抵库存现金的借条、未提现支票、未做报销的原始票证，在库存现金盘点报告表中无需注明

货币资金内部控制概述

内部控制	具体要求
岗位分工及授权批准	（1）**出纳人员**不得兼任稽核、会计档案保管和收入、支出、费用、债权债务账目的登记工作。企业不得由一人办理货币资金业务的全过程； （2）企业应当对货币资金业务建立严格的授权审批制度，规定经办人办理货币资金业务的**职责范围**和工作要求。对于审批人超越授权范围审批的货币资金业务，经办人员有权**拒绝办理**，并及时向审批人的上级授权部门报告； （3）企业应当按照规定的程序办理货币资金支付业务（支付申请—支付审批—支付复核—办理支付）； （4）企业对于重要货币资金支付业务，应当实行**集体决策和审批**，并建立责任追究制度，防范贪污、侵占、挪用货币资金等行为； （5）严禁未经授权的机构或人员办理货币资金业务或直接接触货币资金
现金和银行存款的管理	（1）企业应当加强**现金库存限额**的管理，超过库存限额的现金应及时存入银行； （2）不属于现金开支范围的业务应当通过银行办理转账结算； （3）企业现金收入应及时存入银行，不得从企业的现金收入中直接支付（坐支）； （4）企业取得的货币资金收入必须及时入账； （5）银行账户的开立应符合企业经营管理实际需要，应定期检查、清理银行账户的开立和使用； （6）不准签发没有资金保证的票据或远期支票，不准签发、取得和转让没有真实交易和债权债务的票据； （7）指定专人定期核对银行账户（每月至少核对一次），编制银行存款余额调节表； （8）应当定期和不定期地进行现金盘点
票据及有关印章的管理	（1）专设登记簿进行记录，防止空白票据的遗失和被盗用； （2）企业应当加强银行预留印鉴的管理，财务专用章应由专人保管，个人名章必须由本人或其授权人员保管，严禁一人保管支付款项需要的全部印章
监督检查	（1）企业应当建立对货币资金业务的监督检查制度，职责分离，定期和不定期地进行检查； （2）货币资金监督检查内容主要包括：职责分离，授权审批，印章保管，票据保管等； （3）对监督检查过程中发现的货币资金内部控制中的薄弱环节，应当及时采取措施

【考点子题——举一反三，真枪实练】

[2]（经典例题•多选题）针对银行存款管理业务活动涉及的内部控制，下列说法中正确的有（　）。

A. 银行存款总账与明细账登记应当相分离，以保障银行存款的安全

B. 企业的银行账户的开立、变更或注销须经财务经理审核，报总经理审批

C. 每月末，会计主管指定出纳员核对银行存款日记账和银行对账单，编制银行存款余额调节表，使银行存款账面余额与银行对账单调节相符

D. 出纳员登记银行票据的购买、领用、背书转让及注销等事项

[3]（经典例题•多选题）下列各项中，有关企业货币资金授权审批制度的说法中正确的有（　）。

A. 企业应当制定审批人对企业货币资金业务往来的审批授权方式、程序、权限和相关的控制措施

B. 对于审批人超越授权范围审批的货币资金业务，经办人员应先予以办理，随后向审批人的上级授权部门报告

C. 经办人应当在职责范围内，按照审批人的批准意见办理货币资金业务

D. 企业对于重要货币资金支付业务，应当实行集体决策和审批，并建立责任追究制度，防范贪污、侵占、挪用货币资金等行为

第二节　货币资金的重大错报风险

考点3　货币资金相关的重大错报风险及其内部控制

【考点母题——万变不离其宗】货币资金相关的重大错报风险及其内部控制

<table>
<tr><td colspan="2">（1）下列各项中，可能与货币资金的交易、账户余额和披露相关的认定层次的重大错报风险有（　）。</td></tr>
<tr><td colspan="2">A. 被审计单位存在虚假的货币资金余额或交易（存在，发生认定）
B. 被审计单位存在大额的外币交易和余额，可能存在外币交易或余额未被准确记录的风险（准确性、计价和分摊认定）
C. 银行存款的期末收支存在大额的截止性错误（存在，完整性认定）
D. 被审计单位可能存在未能按照企业会计准则的规定对货币资金作出恰当披露的风险</td></tr>
<tr><td colspan="2">（2）下列各项中，属于企业货币资金内部控制内容的有（　）。</td></tr>
<tr><td rowspan="2">A. 库存现金内部控制</td><td>（3）下列属于库存现金内部控制的有（　）。</td></tr>
<tr><td>A. 现金收支与记账的岗位分离　B. 现金收支要有合理、合法的凭据
C. 全部收入及时准确入账，并且现金支出应严格履行审批、复核制度
D. 控制现金坐支，当日收入现金应及时送存银行
E. 按月盘点现金，以做到账实相符　F. 对现金收支业务进行内部审计</td></tr>
</table>

续表

B. 银行存款内部控制	（4）下列属于银行存款内部控制的有（　）。
	A. 银行存款收支与记账的岗位分离 B. 银行存款收支要有合理、合法的凭据 C. 全部收支及时准确入账，全部支出要有核准手续 D. 按月编制银行存款余额调节表，以做到账实相符 E. 加强对银行存款收支业务的内部审计

【考点子题——举一反三，真枪实练】

［4］（经典例题·多选题）在实施货币资金审计的过程中，注册会计师需保持警觉事项或情形有（　）。

A. 不能提供银行对账单或银行存款余额调节表

B. 银行账户开立数量与企业实际的业务规模匹配

C. 被审计单位以各种理由不配合注册会计师实施银行函证

D. 存在长期或大量银行未达账项

第三节　测试货币资金的内部控制

考点 4　库存现金和银行存款的控制测试

【考点母题——万变不离其宗】库存现金及银行存款的控制测试

官方举例：

事项	控制活动	控制测试
现金付款的审批和复核	**部门经理审批**本部门的付款申请，审核付款业务是否真实发生、付款金额是否准确，以及后附票据是否齐备，并在复核无误后签字认可； **财务部门**在安排付款前，财务经理再次**复核**经审批的付款申请及后附相关凭据或证明，如核对一致，进行签字认可并安排付款	（1）**询问**相关业务部门的部门经理和财务经理其在日常现金付款业务中执行的内部控制，以确定其是否与被审计单位内部控制政策要求保持一致； （2）**观察**财务经理复核付款申请的过程，是否核对了付款申请的用途、金额及后附相关凭据，以及在核对无误后是否进行了签字确认； （3）**重新核对**经审批及复核的付款申请及其相关凭据，并检查是否经签字确认

续表

现金盘点	**会计主管**指定应付账款会计**每月末的最后一天**对库存现金进行盘点，根据盘点结果编制库存现金盘点表，将盘点余额与现金日记账余额进行核对，并对差异调节项进行说明。如盘点金额与现金日记账余额存在差异且差异金额超过2万元，需查明原因并报财务经理批准后进行财务处理	(1)在**月末最后一天参与**被审计单位的现金盘点，**检查**是否由应付账款会计进行现金盘点； (2)**观察**现金盘点程序是否按照盘点计划的指令和程序执行，是否编制了现金盘点表并根据内控要求经财务部相关人员签字复核； (3)**检查**现金盘点表中记录的现金盘点余额是否与实际盘点金额保持一致，现金盘点表中记录的现金日记账余额是否与被审计单位现金日记账中余额保持一致； (4)针对调节差异金额超过2万元的调节项，检查是否经财务经理批准后进行财务处理
银行账户的开立、变更和注销	需要就银行账户的开立、变更和注销提出申请，经财务经理审核后报总经理**审批**	(1)**询问**会计主管被审计单位本年开户、变更、撤销的整体情况； (2)取得本年度账户开立、变更、撤销申请**项目清单**，检查清单的完整性，并在选取适当样本的基础上检查账户的开立、变更、撤销项目是否已经财务经理和总经理审批
银行付款的审批和复核	**部门经理**审批本部门的付款申请，**审核**付款业务是否真实**发生**、付款金额是否**准确**，以及后附票据是否齐备，并在复核无误后签字认可。 **财务部门**在安排付款前，财务经理再次**复核**经审批的付款申请及后附相关凭据或证明，如核对一致，进行签字认可并安排付款	(1)**询问**相关业务部门的部门经理和财务经理在日常银行付款业务中执行的内部控制，以确定其是否与被审计单位内部控制政策要求保持一致； (2)**观察**财务经理复核付款申请的过程，是否核对了付款申请的用途、金额及后附相关凭据，以及在核对无误后是否进行了签字确认； (3)**重新核对**经审批及复核的付款申请及其相关凭据，并检查是否经签字确认
编制银行存款余额调节表	**每月末**，**会计主管**指定应收账款会计核对银行存款日记账和银行对账单，编制银行存款余额调节表，如存在差异项，查明原因并进行差异调节说明； **会计主管复核**银行存款余额调节表，对需要进行调整的调节项目及时进行处理，并签字确认	(1)**询问**应收账款会计和会计主管，以确定其执行的内部控制是否与被审计单位内部控制政策要求保持一致，特别是针对未达账项的编制及审批流程； (2)针对选取的样本，**检查**银行存款余额调节表； (3)针对调节项目，**检查**是否经会计主管的签字复核； (4)针对大额未达账项进行期后收付款的**检查**

【考点子题——举一反三，真枪实练】

[5]（2014年·多选题）被审计单位2013年12月31日的银行存款余额调节表包括一笔“企业已付、银行未付”调节项，其内容为以支票支付赊购材料款。下列审计程序中，能为该调节项提供审计证据的有（　）。

A. 检查付款申请单是否经适当批准

B. 就 2013 年 12 月 31 日相关供应商的应付账款余额实施函证

C. 检查支票开具日期

D. 检查 2014 年 1 月的银行对账单

[6]（经典例题•多选题）下列选项中，属于注册会计师测试现金盘点相关内部控制的有（　）。

A. 在月末最后一天，参与被审计单位的现金盘点

B. 对被审计单位现金盘点的人员进行检查

C. 观察被审计单位现金盘点的指令和程序执行

D. 针对大额未达账项进行期后收付款进行检查

第四节　货币资金的实质性程序

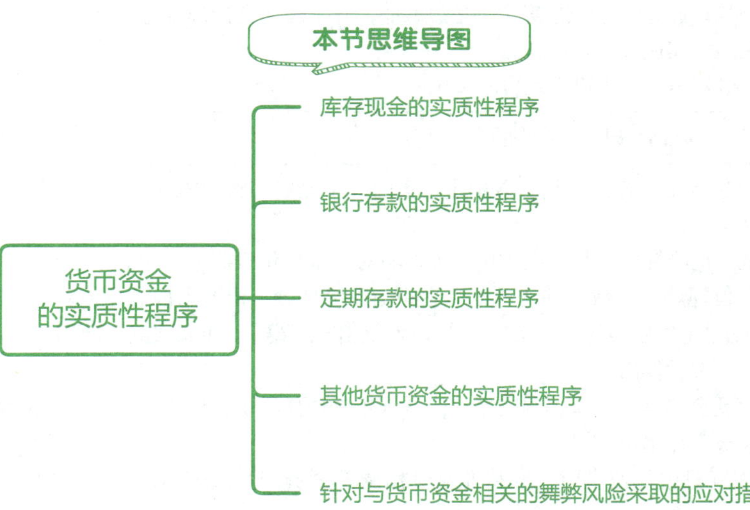

考点 5　库存现金的实质性程序

【考点母题——万变不离其宗】库存现金的实质性程序

(1) 注册会计师就库存现金实施的实质性程序可能包括( )。
A. **核对**库存现金日记账与总账的金额是否相符，检查非记账本位币库存现金的折算汇率及折算金额是否正确(准确性、计价和分摊认定) B. **监盘**库存现金(**存在**，权利和义务认定) C. **抽查**大额库存现金收支查看大额现金收支，并**检查**原始凭证是否齐全、原始凭证内容是否完整、有无授权批准、记账凭证与原始凭证是否相符、账务处理是否正确、是否记录于恰当的会计期间等项内容(存在，完整性，准确性、计价和分摊认定) D. 检查库存现金是否在财务报表中作出恰当列报(列报认定)
(2) 下列有关于监盘库存现金的说法中，正确的有( )。
A. 监盘库存现金可用于控制测试及实质性程序，如果注册会计师可能基于风险评估的结果判断无须对现金盘点实施控制测试，仅实施实质性程序 B. 企业盘点库存现金，通常**包括(企业各部门保管的所有现金)**对已收到但未存入银行的现金、零用金、找换金等的盘点，如库存现金存放部门有两处(或以上)的，注册会计师可以考虑同时监盘 C. 现金**出纳员**和被审计单位**会计主管**人员必须参加，并由**注册会计师**进行监盘 D. 监盘库存现金最好实施突击性的检查 E. 监盘库存现金最好是上午上班前或下午下班时
(3) 下列属于监盘库存现金步骤与方法的有( )。
A. 查看被审计单位制定的盘点计划，以确定监盘时间(最好实施突击性检查：如上午上班前或下午下班时) B. 查阅库存现金日记账并同时与现金收付凭证相核对(金额和日期) C. 检查被审计单位现金实存数，并将该监盘金额与库存现金日记账余额进行核对，如有差异，应要求被审计单位查明原因，必要时应提请被审计单位作出调整，如无法查明原因，应要求被审计单位按管理权限批准后作出调整 D. 若有冲抵库存现金的借条、未提现支票、未作报销的原始凭证，应在“库存现金监盘表”中注明，必要时应提请被审计单位作出调整 E. 在非资产负债表日进行监盘时，应将监盘金额调整至资产负债表日的金额，并对变动情况实施程序

【考点子题——举一反三，真枪实练】

[7] (经典例题·单选题) 下列各项中，有关注册会计师监盘库存现金的说法中错误的是( )。

A. 监盘范围一般包括被审计单位各部门经管的所有现金

B. 有冲抵库存现金的借条、未提现支票、未作报销的原始凭证，应在“库存现金监盘表”中注明，必要时应提请被审计单位作出调整

C. 对库存现金的监盘最好实施突击性的检查，时间最好选择在上午上班时或下午下班前

D. 在非资产负债表日进行监盘时，应将监盘金额调整至资产负债表日的金额，并对变动情况实施程序

[8]（经典例题•单选题）A 注册会计师对甲公司 2022 年 2 月 5 日的全部现金进行监盘后，确认有现金数额为 4 000 元，1 月 1 日至 2 月 5 日的账面登记现金收入为 15 000 元，现金支出为 19 000 元。此外，甲公司 2 月 4 日库存现金余额 2 000 元，当天发生现金收入 5 000 元，支出 3 000 元尚未登记入账，可以推断，甲公司 2021 年 12 月 31 日的库存现金余额应为（　）元。

A. 4 000　　B. 2 000　　C. 6 000　　D. 8 000

考点 6　银行存款的实质性程序

银行存款审计的主要流程包括：明细表复核加计，分析程序，检查银行存单，审查银行存款余额调节表，函证，抽查大额收支，截止测试，评价列报。

【考点母题——万变不离其宗】银行存款的实质性程序

<table>
<tr><td colspan="2">（1）下列属于银行存款实质性程序的有（　）。</td></tr>
<tr><td rowspan="2">A. 获取银行存款余额明细表，复核加计是否正确，并与总账数和日记账合计数核对是否相符，检查非记账本位币银行存款的折算汇率及折算金额是否正确（准确性、计价和分摊）</td><td>（2）如果对被审计单位银行账户的完整性存在疑虑，注册会计师可以额外实施的审计程序有（　）。</td></tr>
<tr><td>A. 在企业人员陪同下查询并打印《已开立银行结算账户清单》，观察银行办事人员的查询、打印过程，并检查被审计单位账面记录的银行人民币结算账户是否完整
B. 结合其他相关细节测试，关注交易相关单据中被审计单位的收（付）款银行账户是否均包含在注册会计师已获取的开立银行账户清单内</td></tr>
</table>

续表

B. 实施实质性分析程序（存在、完整性认定）	
C. **检查**银行存款账户**发生额**（存在，权利和义务认定）	（3）注册会计师检查银行存款账户发生额时，还可以实施的审计程序有（　）。 A. 结合银行账户性质，分析不同账户发生银行存款日记账漏记银行交易的可能性，获取相关账户相关期间的全部银行对账单 B. 利用数据分析等技术，对比银行对账单上的收付款流水与被审计单位银行存款日记账的收付款信息是否一致，对银行对账单及被审计单位银行存款日记账记录进行双向核对 C. 注册会计师通常可以选择基本户，余额较大的银行账户，发生额较大且收付频繁的银行账户，发生额较大但余额较小、零余额或当期注销的银行账户，募集资金账户等进行核对 D. 针对**同一银行账户，注册会计师可以**选定同一期间（月度、年度）的银行存款日记账、银行对账单的发生额合计数（借方及贷方）进行**总体核对** E. 针对**同一银行账户，注册会计师可以**对银行对账单及银行存款日记账记录进行双向核对，即在选定的账户和期间，从银行存款日记账上选取样本，核对至银行对账单，以及自银行对账单中进一步选取样本，与银行存款日记账记录进行核对，在运用数据**分析技术**时，可选择全部项目进行核对，核对内容包括日期、金额、借贷方向、收付款单位、摘要等 F. 浏览资产负债表日前后的银行对账单和银行存款账簿记录，关注是否存在大额、异常资金变动以及大量大额红字冲销或调整记录，如存在，需要实施进一步的审计程序
D. 取得并检查银行对账单和银行存款余额调节表（存在，完整性，准确性、计价和分摊认定）	（4）注册会计师在取得并检查银行对账单时，具体的测试程序有（　）。 A. 对取得对账单的过程保持控制，对对账单真实性保持警觉 B. 将对账单余额与日记账余额进行核对，如有差异，获取银行存款余额调节表 C. 将被审计单位资产负债表日的银行对账单与银行询证函回函核对 （5）注册会计师在取得并检查银行存款余额调节表时，具体的测试程序有（　）。 A. 检查银行存款余额调节表加计数是否正确，调节后银行存款日记账余额与银行对账单的余额是否一致 B. **检查调节事项**（对于企付银未付款项，检查被审计单位付款的原始凭证，并检查该项付款是否已在期后银行对账单上得以反映；对于企收银未收款项，检查被审计单位收款入账的原始凭证，检查其是否已在期后银行对账单上得以反映） C. **关注长期未达账项**，查看是否存在挪用资金等事项 D. 特别关注银付企未付、企付银未付中支付**异常**的领款事项，包括没有载明收款人、签字不全等支付事项

续表

<table>
<tr><td rowspan="2">E. 函证银行存款余额（存在，权利和义务认定）</td><td>（6）下列关于注册会计师函证银行存款余额的相关说法，正确的有（　）。</td></tr>
<tr><td>A. 注册会计师应当对银行存款（包括零余额账户和在本期内注销的账户）、借款及与金融机构往来的其他重要信息实施函证程序，除非有充分证据表明某一银行存款、借款及与金融机构往来的其他重要信息对财务报表不重要且与之相关的重大错报风险很低
B. 当实施函证程序时，注册会计师应当对询证函保持控制
C. 注册会计师需要以被审计单位名义向银行发函询证，以验证被审计单位的银行存款是否真实、合法、完整
D. 一般采用积极式函证</td></tr>
<tr><td colspan="2">F. 检查银行存款账户存款人是否为被审计单位，若存款人非被审计单位，应获取该账户户主和被审计单位的书面声明，确认资产负债表日是否需要提请被审计单位进行调整（权利和义务认定）
G. 关注是否存在质押、冻结等对变现有限制或存在境外的款项，如果存在，是否已提请被审计单位作必要的调整和披露（权利和义务认定）
H. 对不符合现金及现金等价物条件的银行存款在审计工作底稿中予以列明，以考虑对现金流量表的影响（列报认定）
I. 抽查大额银行存款收支的原始凭证，检查是否存在非营业目的的大额货币资金转移，并核对相关账户的进账情况（存在，完整性，准确性、计价和分摊认定）
J. 检查银行存款收支的截止是否正确（存在，完整性认定）
K. 检查银行存款是否在财务报表中作出恰当列报（列报认定）</td></tr>
</table>

【考点子题——举一反三，真枪实练】

[9]（经典例题 • 单选题）下列各项中，注册会计师针对银行存款实施的实质性程序的说法中错误的是（　）。

A. 在对银行存款实施审计程序时可以抽取适当付款凭证核对实付金额与购货发票中所列示金额是否相符

B. 在实施银行函证时，注册会计师需要以会计师事务所名义向银行发函询证，以验证被审计单位的银行存款是否真实、合法、完整

C. 如果对被审计单位银行账户完整性存有疑虑，注册会计师可以考虑在企业人员陪同下到中国人民银行或基本存款账户开户行查询并打印《已开立银行结算账户清单》，观察银行办事人员的查询、打印过程，并检查被审计单位账面记录的人民币结算账户是否完整

D. 注册会计师可以考虑利用数据分析等技术，对银行对账单及被审计单位银行存款日记账记录进行双向核对

[10]（2012年 • 单选题）注册会计师在检查被审计单位2011年12月31日的银行存款余额调节表时，发现下列调节事项，其中有迹象表明性质或范围不合理的是（　）。

第12章

A. “银行已收、企业未收”项目包含一项2011年12月31日到账的应收账款，被审计单位尚未收到银行的收款通知

B. “企业已付、银行未付”项目包含一项被审计单位于2011年12月31日提交的转账支付申请，用于支付被审计单位2011年12月份的电费

C. “企业已收、银行未收”项目包含一项2011年12月30日收到的退货款，被审计单位已将供应商提供的支票提交银行

D. “银行已付、企业未付”项目包含一项2011年11月支付的销售返利，该笔付款已经总经理授权，但由于经办人员未提供相关单据，会计部门尚未入账

考点7 定期存款的实质性程序

如果被审计单位有定期存款，注册会计师可以考虑实施以下审计程序：

询问	如果定期存款比例偏高，或同时负债比例偏高，注册会计师需要向管理层询问定期存款存在的商业理由并评估其合理性
检查	①定期存款明细表（检查账面金额，存款人，是否被质押） ②已质押的定期存款（检查定期存单**复印件＋与相应的质押合同核对**） ③存款期限跨越资产负债表日的未质押定期存款（检查开户证实书**原件**） ④在报告期内到期结转的定期存款、资产负债表日后已提取的定期存款（检查、核对相应的兑付凭证、银行对账单或网银记录等）
监盘	如果被审计单位在资产负债表日有大额定期存款，基于对风险的判断，考虑选择在资产负债表日实施监盘
函证	函证定期存款相关信息
分析程序	结合财务费用和投资收益审计，分析利息收入的合理性，判断定期存款是否真实存在，或是否存在体外资金循环的情形
关注披露	关注被审计单位是否在财务报表附注中对定期存款及其受限情况（如有）给予充分披露

【考点子题——举一反三，真枪实练】

[11]（2016年•单选题）下列审计程序中，通常不能为定期存款的存在认定提供可靠的审计证据的是（　）。

A. 函证定期存款的相关信息

B. 对于未质押的定期存款，检查开户证实书原件

C. 对于已质押的定期存款，检查定期存单复印件

D. 对于在资产负债表日后已到期的定期存款，核对兑付凭证

考点 8 其他货币资金的实质性程序

【考点母题——万变不离其宗】其他货币资金的实质性程序

<table>
<tr><td colspan="2">（1）注册会计师在对其他货币资金进行审计程序时，通常需要考虑的事项包括（　）。</td></tr>
<tr><td colspan="2">A. 保证金存款的检查，检查开立银行承兑汇票的协议或银行授信审批文件
B. 对于存出投资款，跟踪资金流向，并获取董事会决议等批准文件、开户资料、授权操作资料等</td></tr>
<tr><td rowspan="2">C. 检查因互联网支付留存于第三方支付平台的资金</td><td>（2）在检查因互联网支付留存于第三方支付平台的资金时，应实施的审计程序有（　）。</td></tr>
<tr><td>A. 了解是否开立支付宝、微信等第三方支付账户
B. 了解其用途和使用情况，获取与第三方支付平台签订的协议
C. 了解第三方平台使用流程等内部控制
D. 获取第三方支付平台发生额及余额明细，将其与账面记录进行核对，对大额交易考虑实施进一步的检查程序</td></tr>
</table>

【考点子题——举一反三，真枪实练】

[12]（经典例题•多选题）下列各项中，注册会计师对货币资金实施的审计程序错误的有（　）。

A. 为了确定现金收支的截止是否正确，对结账日前后一段时期内现金收支凭证进行审计

B. 如果有充分证据表明某一银行借款对财务报表不重要，无需对其实施函证程序

C. 如果在核对库存现金日记账与总账时发现金额不符，注册会计师应当直接提出审计调整建议

D. 针对存出投资款，跟踪资金流向，并获取董事会决议等批准文件、开户资料、授权操作资料等

[13]（2017 年•简答题）ABC 会计师事务所的 A 注册会计师负责审计甲公司 2016 年度财务报表，与货币资金审计相关的部分事项如下：

（1）A 注册会计师认为库存现金重大错报风险很低，因此，未测试甲公司财务主管每月末盘点库存现金的控制，于 2016 年 12 月 31 日实施了现金监盘，结果满意。

（2）对于账面余额与银行对账单余额存在差异的银行账户，A 注册会计师获取了银行存款余额调节表，检查了调节表中的加计数是否正确，并检查了调节后的银行存日记账余额与银行对账单余额是否一致，据此认可了银行存款余额调节表。

（3）因对甲公司管理层提供的银行对账单的真实性存有疑虑，A 注册会计师在出纳陪同下前往银行获取银行对账单。在银行柜台人员打印对账单时 A 注册会计师前往该银行其他部门实施了银行函证。

（4）甲公司有一笔2015年10月存入的期限两年的大额定期存款。A注册计师在2015年度财务报表审计中检查了开户证实书原件并实施了函证，结果满意，因此，未在2016年度审计中实施审计程序。

（5）为测试银行账户交易入账的真实性，A注册会计师在验证银行对账单的真实性后，从银行存款日记账中选取样本与银行对账单进行核对，并检查了支持性文件，结果满意。

（6）乙银行在银行询证函回函中注明："接收人不能依赖函证中的信息。"A注册会计师认为该条款不影响回函的可靠性，认可了回函结果。

要求：针对上述第（1）~（6）项，逐项指出A注册会计师的做法是否恰当。如不恰当，简要说明理由。

考点9 针对与货币资金相关的舞弊风险采取的应对措施

【考点母题——万变不离其宗】针对与货币资金相关的舞弊风险采取的应对措施

针对常见的与货币资金相关的舞弊风险，注册会计师可以特别关注或考虑实施以下（ ）程序。	
针对虚构货币资金相关舞弊风险	A. 严格实施银行函证程序，保持对函证全过程的控制，恰当评价回函可靠性，深入调查不符事项或函证程序中发现的异常情况 B. 关注货币资金的真实性和巨额货币资金余额以及大额定期存单的合理性 C. 了解企业开立银行账户的数量及分布，是否与企业实际经营需要相匹配且具有合理性，检查银行账户的完整性和银行对账单的真实性 D. 分析利息收入和财务费用的合理性，关注存款规模与利息收入是否匹配，是否存在"存贷双高"现象 E. 关注是否存在大额境外资金，是否存在缺少具体业务支持或与交易金额不相匹配的大额资金或汇票往来等异常情况
针对大股东侵占货币资金相关舞弊风险	A. 识别企业银行对账单中与实际控制人、控股股东或高级管理人员的大额资金往来交易，关注是否存在异常的大额资金流动，关注资金往来是否以真实、合理的交易为基础，关注利用无商业实质的购销业务进行资金占用的情况 B. 分析企业的交易信息，识别交易异常的疑似关联方，检查企业银行对账单中与疑似关联方的大额资金往来交易，关注资金或商业汇票往来是否以真实、合理的交易为基础 C. 关注期后货币资金重要账户的划转情况以及资金受限情况 D. 通过公开信息等可获取的信息渠道了解实际控制人、控股股东财务状况，关注其是否存在资金紧张或长期占用企业资金等情况，检查大股东有无高比例股权质押的情况

续表

针对虚构现金交易相关舞弊风险	A. 结合企业所在行业的特征恰当评价现金交易的合理性，检查相关的内部控制是否健全、运行是否有效，是否保留了充分的资料和证据 B. 计算月现金销售收款、现金采购付款的占比，关注现金收、付款比例是否与企业业务性质相匹配，识别现金收、付款比例是否存在异常波动，并追查波动原因 C. 了解现金交易对方的情况，关注使用现金结算的合理性和交易的真实性 D. 检查大额现金收支，追踪来源和去向，核对至交易的原始单据，关注收付款方、收付款金额与合同、订单、出入库单相关信息是否一致 E. 检查交易对象的相关外部证据，验证其交易真实性 F. 检查是否存在洗钱等违法违规行为

【考点子题——举一反三，真枪实练】

[14] （经典例题•多选题）下列各项中，属于应对虚构货币资金相关舞弊风险时，注册会计师采取的应对措施的有（　）。

A. 严格实施函证程序　　B. 分析企业交易信息

C. 分析利息收入与财务费用的合理性　　D. 关注企业银行账户的数量及分布

［本章考点子题答案及解析］

[1]【答案：D】选项 D 错误，对冲抵库存现金的借条、未提现支票、未做报销的原始票证，在库存现金盘点报告表中予以注明。

[2]【答案：ABD】选项 C 错误，每月末，会计主管指定出纳员以外的人员核对银行存款日记账和银行对账单，编制银行存款余额调节表，使银行存款账面余额与银行对账单调节相符。

[3]【答案：ACD】选项 B 错误，对于审批人超越授权范围审批的货币资金业务，经办人员有权拒绝办理，并及时向审批人的上级授权部门报告。

[4]【答案：ACD】选项 B 错误，属于正常情况。

[5]【答案：BCD】选项 A，付款申请单即使被批准，也并不能表明该款项已通过支票支付，因此无法提供审计证据。

[6]【答案：ABC】选项 D 错误，针对大额未达账项进行期后收付款进行检查主要用于测试被审计单位编制银行余额调节表相关的内部控制。

[7]【答案：C】选项 C 错误，对库存现金的监盘最好实施突击性的检查，时间最好选择在上午上班前或下午下班时。

[8]【答案：C】首先，确认 2 月 5 日金额 4 000=2 000+5 000−3 000 的正确性（如是综合题）；再计算 2021 年 12 月 31 日的现金余额，4 000−（15 000+5 000）+（19 000+3 000）=6 000（元），选项 C 正确。

[9]【答案：B】选项 B 错误，在实施银行函证时，注册会计师需要以被审计单位名义向银行发函询证，以验证被审计单位的银行存款是否真实、合法、完整。

[10]【答案：D】选项 D，是因为经办人员未提供相关单据（未载明收款人），会计部门尚未入账，不是

与银行之间的未达账项。

[11]【答案：C】对于已质押的定期存款，检查定期存款复印件，并与相应的质押合同核对，选项C错误。

[12]【答案：BC】选项B错误，注册会计师应当对银行存款（包括零余额账户和在本期内注销的账户）、借款及与金融机构往来的其他重要信息实施函证程序，除非有充分证据表明某一银行存款、借款及与金融机构往来的其他重要信息对财务报表不重要且与之相关的重大错报风险很低；选项C错误，库存现金日记账与总账的金额如果不符合，注册会计师应当查明原因，必要时应建议作出适当调整。

[13]【答案】

（1）恰当。

（2）不恰当。还应检查调节事项/关注长期未达账项/关注未达账项中异常的支付款项。

（3）不恰当。应全程关注银行对账单的打印过程/未对银行对账单获取过程保持控制。

（4）不恰当。应对重大账户余额实施实质性程序。

（5）恰当。

（6）不恰当。该限制性条款影响回函的可靠性。

[14]【答案：ACD】分析企业的交易信息为应对大股东侵占货币资金相关舞弊风险的审计程序。

第 13 章　对舞弊和法律法规的考虑

本章思维导图

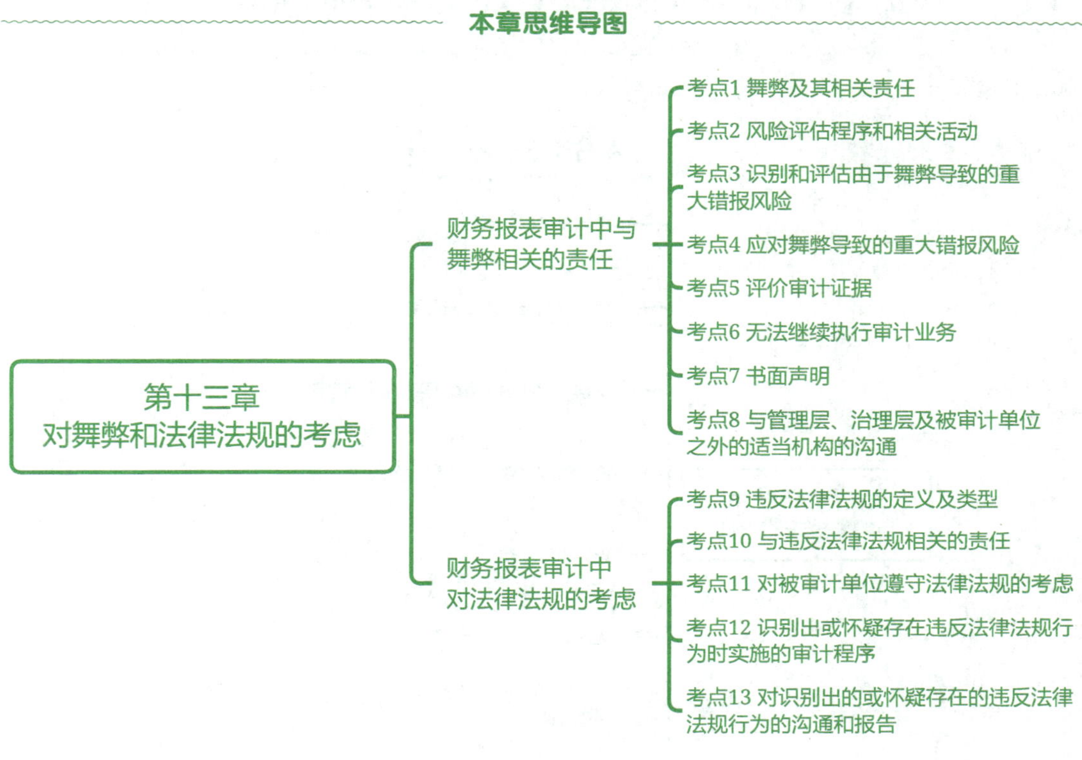

近三年本章考试题型及分值分布

题型	2022 年	2021 年	2020 年
单选题	—	2 题 2 分	1 题 1 分
多选题	1 题 2 分	1 题 2 分	—
简答题	—	—	—
综合题	—	—	1 题 1 分
合计	2 分	4 分	2 分

扫码畅听增值课

第一节　财务报表审计中与舞弊相关的责任

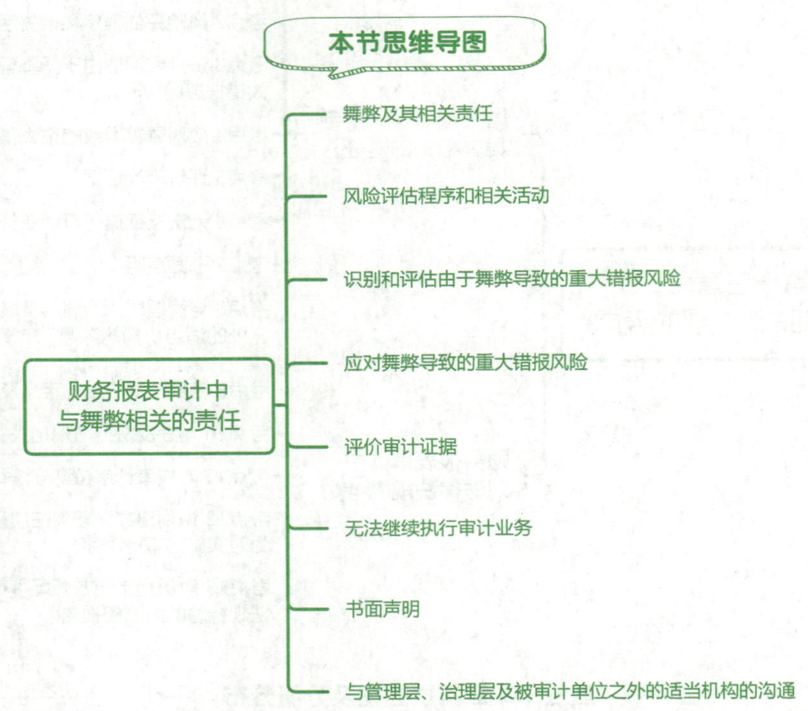

舞弊是指被审计单位的管理层、员工或第三方使用欺骗手段获取不当或非法利益的**故意行为**。

考点1　舞弊及其相关责任

【考点母题——万变不离其宗】舞弊及其相关责任

<table>
<tr><td colspan="2">（1）下列有关舞弊的说法中，正确的有（　　）。</td></tr>
<tr><td rowspan="3">A. 舞弊包括编制虚假财务报告导致的错报和侵占资产导致的错报</td><td>（2）管理层编制虚假财务报告的方式可能有（　　）。</td></tr>
<tr><td>A. 对编制财务报表所依据的会计记录或支持性文件进行操纵、弄虚作假（包括伪造）或篡改
B. 在财务报表中错误表达或故意漏记事项、交易或其他重要信息
C. 故意地错误使用与金额、分类、列报或披露相关的会计原则</td></tr>
<tr><td>（3）下列关于侵占资产的相关说法，正确的有（　　）。</td></tr>
</table>

续表

<table>
<tr><td>A. 舞弊包括编制虚假财务报告导致的错报和侵占资产导致的错报</td><td>A. 贪污收到的款项可以实现侵占资产
B. 盗窃实物资产或无形资产可以实现侵占资产
C. 使被审计单位对未收到的商品或未接受的劳务付款可以实现侵占资产
D. 将被审计单位资产挪为私用可以实现侵占资产
E. 侵占资产通常伴随着虚假或误导性的记录或文件，其目的是隐瞒资产丢失或未经适当授权而被抵押的事实</td></tr>
<tr><td colspan="2">B. 舞弊导致的重大错报未被发现的风险，大于错误导致的重大错报未被发现的风险</td></tr>
<tr><td colspan="2">（4）下列关于治理层、管理层及注册会计师责任说法中，正确的有（　）。</td></tr>
<tr><td colspan="2">A. 治理层的监督包括考虑管理层凌驾于控制之上或对财务报告过程施加其他不当影响的可能性
B. 管理层在治理层的监督下，高度重视对舞弊的防范和遏制；减少舞弊发生的机会，发现和惩罚舞弊行为，营造诚实守信和合乎道德的文化
C. 注册会计师有责任对财务报表整体是否不存在由于舞弊或错误导致的重大错报获取合理保证
D. 由于审计的固有限制，即使注册会计师按照审计准则的规定恰当计划和执行了审计工作，也不可避免地存在财务报表中的某些重大错报未被发现的风险（不能绝对保证）</td></tr>
<tr><td colspan="2">（5）下列关于治理层、管理层及注册会计师责任说法中，错误的有（　）。</td></tr>
<tr><td colspan="2">A. 如果在完成审计工作后发现舞弊导致的财务报表重大错报，特别是串通舞弊或伪造文件或记录导致的重大错报，则表明注册会计师没有遵守审计准则
B. 注册会计师实施的对发现错误有效的审计程序对发现舞弊同样有效</td></tr>
</table>

【考点子题——举一反三，真枪实练】

[1]（2015 年 • 多选题）下列舞弊风险因素中，与编制虚假财务报告相关的有（　）。

A. 在非所有者管理的主体中，管理层由一人或少数人控制，且缺乏补偿性控制

B. 对高级管理人员支出的监督不足

C. 会计系统和信息系统无效

D. 利用商业中介进行交易，但缺乏明显的商业理由

考点 2　风险评估程序和相关活动

第 13 章

【考点母题——万变不离其宗】风险评估程序和相关活动

（1）下列属于注册会计师评估舞弊风险的程序的有（　）。	
	（2）下列有关询问的说法中，正确的有（　）。
A. 询问	A. 注册会计师应当询问治理层、管理层、内部审计人员，以确定其是否知悉任何舞弊事实、舞弊嫌疑或舞弊指控（不同对象，不同内容） B. 注册会计师通过询问管理层**难以获取**有关管理层舞弊导致的财务报表重大错报风险的有用信息（能够获取员工舞弊信息） C. 注册会计师还应当询问被审计单位内部的其他相关人员 D. 注册会计师应当向管理层询问管理层对于舞弊导致的重大错报风险的评估，对于舞弊风险的识别和应对过程及其向治理层的通报，就经营理念和道德观念向员工的通报 E. **除非**治理层全员参与被审计单位管理，注册会计师应当了解治理层如何监督管理层对舞弊风险的识别和应对，以及相关的内部控制，并询问治理层
	（3）下列有关舞弊风险因素的说法，正确的有（　）。
B. 评价舞弊风险因素	A. 舞弊风险三因素（舞弊三角）为实施舞弊的动机或压力、实施舞弊的机会、为舞弊行为寻找借口的能力 B. 舞弊者具有**舞弊的动机**是舞弊发生的**首要条件**（如高管薪酬与业绩挂钩，公司正在申请融资等） C. **舞弊的机会**一般源于**内部控制**在设计和运行上的缺陷（如资产管理松懈，管理层能够凌驾于内部控制之上） D. 借口是指存在某种态度、性格或价值观念，使得管理层或员工能够作出不诚实的行为，或者管理层或员工所处的环境促使其能够将舞弊行为予以合理化
	（4）下列有关通过分析程序评价舞弊风险的说法，正确的有（　）。
C. 实施分析程序	A. 注册会计师实施分析程序有助于识别异常的交易或事项，以及对财务报表产生影响的金额、比率和趋势 B. 注册会计师应当评价在实施分析程序时识别出的异常或偏离预期的关系（包括与收入账户有关的关系），是否表明存在由于舞弊导致的重大错报风险
	（5）有关考虑其他信息的说法中，正确的是（　）。
D. 考虑其他信息	A. 注册会计师**应当考虑**获取的其他信息是否表明存在由于舞弊导致的重大错报风险 B. 其他信息可能来源于项目组**内部的讨论**、**客户关系**和**具体业务**的接受与保持过程以及向被审计单位提供其他服务所获得的**经验**

续表

组织项目组讨论 （在讨论过程中，项目组成员不应假设管理层和治理层是正直和诚信的）	（6）组织项目组讨论的目的有（　）。
	A. 使经验较丰富的项目组成员有机会与其他成员分享关于财务报表易于发生由于舞弊导致的重大错报的方式和领域的见解 B. 针对舞弊，考虑适当的应对措施，并确定分派哪些项目组成员实施特定的审计程序 C. 确定如何在项目组成员中共享实施审计程序的结果，以及如何处理可能引起注册会计师关注的舞弊指控
	（7）项目组讨论的内容可能有（　）。
	A. 易发生舞弊导致重大错报风险的领域 B. 管理层操纵利润的迹象，选择性披露的动机 C. 管理层晦涩难懂的披露 D. 对被审计单位产生影响的内外部因素 E. 管理层对接触现金或其他已被侵占资产员工的监督情况 F. 关注到管理层或员工的行为或生活方式异常或无法解释的变化 G. 强调在整个审计过程中对由于舞弊导致的重大错报的可能性保持适当关注的重要性 H. 可能表明存在舞弊的情形 I. 如何增加审计程序的不可预见性 J. 为应对舞弊导致重大错报而选择实施的审计程序以及特定类型审计程序是否比其他程序更为有效 K. 注册会计师关注到的舞弊指控 L. 管理层凌驾于控制之上的风险等

【考点子题——举一反三，真枪实练】

[2]（2017 年 • 单选题）下列各项中，属于舞弊发生的首要条件的是（　）。

A. 实施舞弊的动机或压力　　B. 实施舞弊的机会

C. 为舞弊行为寻找借口的能力　　D. 治理层和管理层对舞弊行为的态度

[3]（2015 年 • 单选题）注册会计师通常采用的评估舞弊风险的程序不包括（　）。

A. 询问治理层、管理层和内部审计人员　B. 实施分析程序

C. 组织项目组讨论　　D. 观察业务流程

[4]（2017 年 • 综合题部分）ABC 会计师事务所首次接受委托，审计上市公司甲公司 2016 年度财务报表，委派 A 注册会计师担任项目合伙人。A 注册会计师确定财务报表整体的重要性为 1200 万元。甲公司主要提供快递物流服务。

资料一：A 注册会计师在审计工作底稿中记录了所了解的甲公司情况及环境，部分内容摘录如下：

（1）2016 年 3 月，甲公司股东大会批准一项利润分享计划。如 2016 年度实现净利润较上年度增长 20% 以上，按净利润增长部分的 10% 给予管理层奖励。

资料二：A注册会计师在审计工作底稿中记录了甲公司的财务数据，部分内容摘录如下：

金额单位：万元

项目	2016年（未审数）	2015年（已审数）
应付职工薪酬—管理层利润分享	350	0
净利润	19 500	16 000

要求：针对资料一第（1）项，结合资料二，假定不考虑其他条件，指出资料一所列事项是否可能表明存在重大错报风险，如果认定可能表明存在重大错报风险，简要说明理由。如果认为该风险为认定层次重大错报风险，说明该风险主要与哪些财务报表项目（仅限于应收账款、预付款项、预收款项、应付职工薪酬、长期应付款、营业收入、营业成本、销售费用、投资收益）的哪些认定相关（不考虑税务影响）。

考点3 识别和评估由于舞弊导致的重大错报风险

【考点母题——万变不离其宗】识别和评估由于舞弊导致的重大错报风险

下列有关舞弊导致的重大错报风险的说法中，正确的有（　　）。
A. 舞弊导致的重大错报风险属于**特别风险** B. 舞弊导致的重大错报风险包括**财务报表层次**和各类交易、账户余额、披露的**认定层次** C. 注册会计师在识别和评估由于舞弊导致的重大错报风险时，应当**基于收入确认存在舞弊风险的假定**，评价哪些类型的收入、收入交易或认定导致舞弊风险 D. 如果认为收入确认存在舞弊风险的**假定不适用**于业务的具体情况，从而未将收入确认作为由于舞弊导致的重大错报风险领域，注册会计师**应当**在审计工作底稿中**记录**得出该结论的理由

【考点子题——举一反三，真枪实练】

[5]（经典例题·多选题）下列关于识别和评估舞弊导致的重大错报风险的相关说法中，错误的有（　　）。

A. 注册会计师应当基于利润确认存在舞弊风险的假定评价哪些交易导致舞弊风险

B. 在财务报表审计中，注册会计师关注的是导致财务报表层次重大错报风险的舞弊

C. 注册会计师应当假定被审计单位在收入确认方面存在舞弊风险

D. 在识别和评估财务报表层次和认定层次的重大错报风险时，注册会计师应当识别和评估舞弊导致的重大错报风险

应对舞弊导致的重大错报风险

注册会计师通常从四个方面应对此类风险：（1）总体应对措施；（2）针对舞弊导致的认定层次的重大错报风险实施的审计程序；（3）针对舞弊易发高发领域的重点应对措施；（4）针对管理层凌驾于控制之上的风险实施的程序。

【考点母题——万变不离其宗】应对舞弊导致的重大错报风险

（1）针对评估的由于舞弊导致的财务报表层次重大错报风险，下列各项中，属于注册会计师应当采取的**总体应对措施**的有（　）。

A. 在分派和督导项目组成员时，考虑承担重要业务职责的项目组成员所具备的知识、技能和能力，并考虑由于舞弊导致的重大错报风险的评估结果

B. 评价被审计单位对会计政策（特别是涉及主观计量和复杂交易的会计政策）的选择和运用，是否可能表明管理层通过操纵利润对财务信息作出虚假报告

C. 在选择审计程序的性质、时间安排和范围时，增加审计程序的不可预见性

（2）下列做法中，可以应对评估的由于舞弊导致的**认定层次重大错报风险**的有（　）。

A. 改变拟实施审计程序的性质，以获取更可靠、相关的审计证据，或获取额外的佐证信息（如进行实地观察、增加函证细节、询问非财务人员）

B. 调整实施审计程序的时间安排（如在期末或接近期末实施实质性程序）

C. 调整实施审计程序的范围，以应对评估的由于舞弊导致的重大错报风险（如扩大样本规模、利用计算机辅助审计）

（3）下列有关针对舞弊易发高发领域的重点应对措施的说法中，正确的有（　）。

A. 货币资金：控制函证，关注资金真实性、合理性，了解开立银行账户数量及分布，分析利息收入及财务费用，关注大额境外资金

B. 大股东侵占货币资金：识别实际控制人状况及往来交易、资金，分析交易实质，关注期后货币资金账户

C. 虚构现金交易：评价现金交易合理性，了解交易对方情况，检查大额资金

D. 存货：设计、执行监盘，关注风险较高存货，严格执行分析程序，对异地存货严格执行函证或监盘

E. 在建工程和购置固定资产：关注企业生产经营规划，关注非正常停工，复核购置固定资产理由、单据及验收情况

F. 资产减值：复核减值测试过程及结果，关注一次性大额计提减值，关注不恰当计提坏账准备人为调整利润的舞弊风险

G. 收入：关注收入特征、是否存在股权激励、收入政策变化对收入确认舞弊风险的影响，通过分析程序、数据分析、检查、函证、实地调查等方式，应对虚增或隐瞒收入的舞弊

H. 境外业务：检查业务流程，分析销售毛利率，关注汇兑损益计算，函证境外银行及客户

I. 企业合并：检查是否控制被投资企业，关注合并商业实质及合并后绩效和内部控制情况

J. 商誉：分析合并对价合理性，复核商誉分摊及减值方法，复核减值情况

K. 金融工具：检查金融工具适当性、计价准确性，关注金融资产 / 负债的权力、义务转移，了解金融业务

L. 滥用会计政策和会计估计：评价会计政策和估计使用前后企业经营成果变化，关注会计政策、估计和前期差错更正

M. 关联方：关注商业实质

续表

<table>
<tr><td colspan="2">（4）下列各项中，属于管理层通过凌驾于控制之上实施舞弊的手段的有（　）。</td></tr>
<tr><td colspan="2">A. 作出虚假的会计分录，特别是在临近会计期末时，从而操纵经营成果或实现其他的目的
B. 不恰当地调整对账户余额作出估计时使用的假设和判断
C. 在财务报表中漏记、提前或推迟确认报告期内发生的事项和交易
D. 遗漏、掩盖或歪曲适用的财务报告编制基础要求的披露或为实现公允反映所需的披露
E. 隐瞒可能影响财务报表金额的事实
F. 构造复杂交易，以歪曲财务状况或经营成果
G. 篡改与重大和异常交易相关的记录和条款</td></tr>
<tr><td colspan="2">（5）下列做法中，可以应对管理层凌驾于控制之上风险的有（　）。</td></tr>
<tr><td rowspan="2">A. 测试会计分录及其他调整</td><td>（6）测试日常会计核算过程中作出的会计分录以及编制财务报表过程中作出的其他调整是否适当时，注册会计师应当（　）。</td></tr>
<tr><td>A. 向参与财务报告过程的人员询问与处理会计分录和其它调整相关的不恰当或异常的活动
B. 选择在报告期末做出的会计分录和其它调整
C. 考虑是否有必要测试整个会计期间的会计分录和其它调整</td></tr>
<tr><td rowspan="2">B. 复核会计估计</td><td>（7）复核会计估计是否存在偏向时，注册会计师应当（　）。</td></tr>
<tr><td>A. 评价管理层在作出会计估计时所作的判断和决策是否反映出管理层的某种偏向（即使判断和决策单独看起来是合理的），从而可能表明存在由于舞弊导致的重大错报风险。如果存在偏向，注册会计师应当从整体上重新评价会计估计
B. 追溯复核与以前年度财务报表反映的重大会计估计相关的管理层判断和假设</td></tr>
<tr><td rowspan="2">C. 评价重大交易的商业理由</td><td>（8）可能表明被审计单位从事超出其正常经营过程的重大交易，或显得异常的重大交易的迹象有（　）。</td></tr>
<tr><td>A. 交易的形式显得过于复杂（例如，交易涉及集团内部多个实体，或涉及多个非关联的第三方）
B. 管理层未与治理层就此类交易的性质和会计处理进行过讨论，且缺乏充分的记录
C. 管理层更强调采用某种特定的会计处理的需要，而不是交易的经济实质
D. 对于涉及不纳入合并范围的关联方（包括特殊目的实体）的交易，治理层未进行适当的审核与批准
E. 交易涉及以往未识别出的关联方，或涉及在没有被审计单位帮助的情况下不具备物质基础或财务能力完成交易的第三方</td></tr>
</table>

【考点子题——举一反三，真枪实练】

[6]（2014年·多选题）下列各项做法中，可以应对舞弊导致的重大错报风险的有（　）。

A. 选取以前年度未寄发询证函的客户的应收账款余额实施函证

B. 在同一天对所有存放在不同地点的存货实施监盘

C. 扩大营业收入细节测试的样本规模

D. 通过实地走访，核实供应商和客户真实存在

[7]（2013 年 • 单选题）注册会计师应当针对评估的由于舞弊导致的财务报表层次重大错报风险确定总体应对措施。下列各项措施中，错误的是（　）。

A. 修改财务报表整体的重要性

B. 评价被审计单位对会计政策的选择和运用

C. 指派更有经验、知识、技能和能力的项目组成员

D. 在确定审计程序的性质、时间安排和范围时，增加审计程序的不可预见性

[8]（2020 年 • 单选题）下列做法中，通常无法应对舞弊导致的认定层次重大错报风险的是（　）。

A. 改变审计程序的性质

B. 改变控制测试的时间

C. 调整实施实质性程序的时间安排

D. 调整实施审计程序的范围，以应对评估的由于舞弊导致的重大错报风险

[9]（2017 年 • 单选题）下列审计程序中，通常不能应对管理层凌驾于控制之上的风险的是（　）。

A. 测试会计分录和其他调整

B. 复核会计估计是否存在偏向

C. 评价重大非常规交易的商业理由

D. 获取有关重大关联方交易的管理层书面声明

考点 5　评价审计证据

【考点母题——万变不离其宗】评价审计证据

下列有关注册会计师评价审计证据的说法中，正确的有（　）。
A. 如果识别出某项错报，注册会计师**应当评价**该项错报是否表明存在舞弊 B. 如果存在**舞弊的迹象**，由于舞弊涉及实施舞弊的动机或压力、机会或借口，因此一个舞弊事项不太可能是孤立发生的事项，注册会计师应当评价该项错报对审计工作其他方面的影响，特别是对**管理层声明可靠性**的影响 C. 如果识别出某项**错报**，并有理由认为该项错报是或可能是由于**舞弊导致**的，且涉及**管理层**，特别是涉及较高层级的管理层，无论该项错报是否重大，注册会计师**都应当重新评价**对由于舞弊导致的重大错报风险的评估结果，以及该结果对旨在应对评估的风险的审计程序的性质、时间安排和范围的影响 D. 在**重新考虑**此前获取的审计证据的可靠性时，注册会计师还应当考虑相关的情形是否表明可能存在涉及员工、管理层或第三方的串通舞弊 E. 如果**确认**财务报表存在由于**舞弊**导致的重大错报，或无法确定财务报表是否存在由于舞弊导致的重大错报，注册会计师**应当评价**这两种情况对审计的影响

【考点子题——举一反三，真枪实练】

[10]（2015年•综合题部分）甲集团公司是ABC会计师事务所的常年审计客户，主要从事化妆品的生产、批发和零售。A注册会计师负责审计甲集团公司2014年度财务报表，确定集团财务报表整体的重要性为600万元。

资料五：

A注册会计师在审计工作底稿中记录了处理错报的相关情况，部分内容摘录如下：

（2）A注册会计师发现甲集团公司销售副总经理挪用客户回款50万元，就该事项与总经理和治理层进行了沟通，因管理层已同意调整该错报并对相关内部控制缺陷进行整改，A注册会计师未再执行其他审计工作。

要求：针对资料五第（2）项，假定不虑其他条件，指出A注册会计师的做法是否恰当。如不恰当，简要说明理由并提出改进建议。

考点6 无法继续执行审计业务

如果由于舞弊或舞弊嫌疑导致出现错报，致使注册会计师遇到对其继续执行审计业务的能力产生怀疑的异常情形，注册会计师应当：

1. 确定适用于具体情况的**职业责任**和**法律责任**，包括是否需要向审计业务**委托人**或**监管机构报告**；

2. 在相关法律法规允许的情况下，考虑是否需要**解除业务约定**。

【考点母题——万变不离其宗】无法继续执行审计业务

（1）注册会计师可能遇到的对其继续执行审计业务的能力产生怀疑的异常情形有（　）。
A. 被审计单位没有针对舞弊采取适当的、注册会计师根据具体情况认为必要的措施，即使该舞弊对财务报表并不重大 B. 注册会计师对由于舞弊导致的重大错报风险的考虑以及实施审计测试的结果，表明存在重大且广泛的舞弊风险 C. 注册会计师对管理层或治理层的胜任能力或诚信产生重大疑虑
（2）如果决定解除业务约定，注册会计师应当采取的措施有（　）。
A. 与适当层级的管理层和治理层讨论解除业务约定的决定和理由 B. 考虑是否存在职业责任或法律责任，需要向审计业务委托人或监管机构报告解除业务约定的决定和理由

【考点子题——举一反三，真枪实练】

[11]（经典例题•多选题）下列各项中，属于注册会计师可能遇到的对其继续执行审计业务的能力产生怀疑的异常情形有（　）。

A. 被审计单位没有针对舞弊采取适当的措施

B. 注册会计师对管理层的诚信产生重大疑虑

C. 注册会计师发现企业具有重大风险错报

D. 注册会计师对管理层的胜任能力具有重大疑虑

考点 7　书面声明

【考点母题——万变不离其宗】书面声明

（1）注册会计师应当向管理层获取书面声明的内容有（　）。
A. 管理层和治理层**认可**其设计、执行和维护内部控制以防止和发现舞弊的**责任** B. 管理层和治理层**已向**注册会计师**披露**了管理层对由于舞弊导致的财务报表重大错报风险的**评估结果** C. 管理层和治理层**已向**注册会计师**披露**了已知的涉及管理层、在内部控制中承担重要**职责**的员工以及其舞弊行为可能导致财务报表出现重大错报的其他人员的**舞弊或舞弊嫌疑** D. 管理层和治理层**已向**注册会计师**披露**了从现任和前任员工、分析师、监管机构等方面获知的、影响财务报表的**舞弊指控**或**舞弊嫌疑**
（2）下列有关于书面声明的说法中，错误的是（　）。
A. 管理层书面声明通常足以提供充分、适当的审计证据

【考点子题——举一反三，真枪实练】

[12]（经典例题•多选题）下列关于舞弊的说法中，正确的有（　）。

A. 获取管理层和治理层已向注册会计师披露了管理层对由于舞弊导致的财务报表重大错报风险的评估结果的书面声明通常足以应对舞弊导致的重大错报风险

B. 如果识别出某项错报是较高层级的管理层实施舞弊导致的，注册会计师应当重新评价对由于舞弊导致的重大错报风险的评估结果

C. 存在舞弊风险因素时，注册会计师应特别关注舞弊导致的重大错报风险

D. 如果由于舞弊或舞弊嫌疑导致出现错报，致使注册会计师遇到对其继续执行审计业务的能力产生怀疑的异常情形，注册会计师应当在相关法律法规允许的情况下，考虑是否需要解除业务约定

考点 8　与管理层、治理层及被审计单位之外的适当机构的沟通

【考点母题——万变不离其宗】与管理层、治理层及被审计单位之外的适当机构的沟通

（1）下列关于注册会计师与管理层的沟通，表述正确的有（　）。

续表

A. 当已获取的证据表明**存在**或**可能存在**舞弊时，注册会计师应当及时提请**适当层级**的管理层关注这一事项，即使该事项可能被认为不重要 B. 通常情况下，适当层级的管理层至少要比涉嫌舞弊的人员**高出一个级别**
（2）下列关于注册会计师与治理层的沟通，表述正确的有（　）。
A. 如果**确定**或**怀疑舞弊**涉及管理层、在内部控制中承担重要职责的员工以及其舞弊行为可能导致财务报表出现重大错报的其他人员，注册会计师**应当**及时就此类事项与治理层沟通 B. 如果怀疑舞弊涉及**管理层**，除非法律法规禁止，注册会计师**应当**将此怀疑向治理层通报，并与其讨论为完成审计工作所必需的审计程序的性质、时间安排和范围 C. 如果根据判断认为还存在与**治理层职责**相关的、涉及舞弊的其他事项，除非法律法规禁止，注册会计师应当就此与治理层沟通
（3）如果根据判断认为还存在与**治理层职责**相关的、涉及舞弊的其他事项，除非法律法规禁止，注册会计师应当就此与治理层沟通，这些事项可能包括（　）。
A. 对管理层评估的性质、范围和频率的疑虑 B. 管理层未能恰当应对识别出的值得关注的内部控制缺陷或舞弊 C. 注册会计师对被审计单位控制环境的评价，包括对管理层胜任能力和诚信的疑虑 D. 可能表明存在编制虚假财务报告的管理层行为 E. 对超出正常经营过程交易的授权的适当性和完整性的疑虑
（4）下列关于注册会计师与**被审计单位之外的适当机构的沟通**，表述正确的有（　）。
A. 如果**识别出**舞弊或**怀疑**存在舞弊，注册会计师**应当确定是否有责任**向被审计单位以外的适当机构报告 B. 尽管注册会计师对客户信息负有的保密义务可能妨碍这种报告，但如果法律法规或相关职业道德要求规定了相关报告责任，注册会计师应当遵守法律法规或相关职业道德要求的规定

【考点子题——举一反三，真枪实练】

[13]（经典例题·单选题）下列关于对舞弊的沟通的说法中，错误的是（　）。

A. 对于涉及舞弊等敏感信息的沟通，应尽量采用书面形式进行沟通并予以记录

B. 除非法律法规禁止，即使某一舞弊事项不重要，注册会计师也应当及时提请适当层级的管理层关注

C. 如果确定舞弊涉及管理层，注册会计师应当及时就此类事项与治理层沟通

D. 如果识别出舞弊，注册会计师应当向被审计单位以外的适当机构报告

第二节　财务报表审计中对法律法规的考虑

本节思维导图

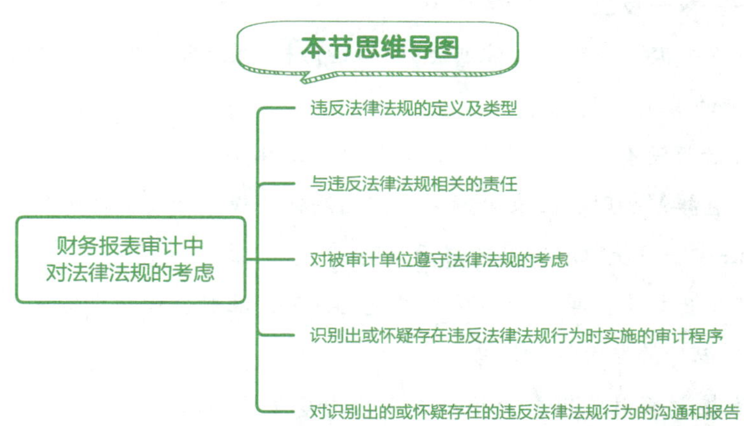

考点 9　违反法律法规的定义及类型

违反法律法规，是指被审计单位、治理层、管理层或者为被审计单位工作或受其指导的其他人，**有意或无意**违背除适用的财务报告编制基础以外的现行法律法规的行为，违反法律法规**不包括**与被审计单位经营活动**无关的个人不当行为**。注册会计师**没有责任**防止被审计单位违反法律法规行为。

【考点母题——万变不离其宗】违反法律法规的定义及类型

(1) 被审计单位需要遵守的法律法规有（　）。
A. 通常对决定财务报表中的重大金额和披露有**直接影响**的法律法规（如税收及企业年金方面的法律法规） B. 对决定财务报表中的金额和披露**没有直接影响**的其他法律法规，但遵守这些法律法规对被审计单位的经营活动、持续经营能力或避免大额罚款至关重要；违反这些法律法规，可能对财务报表产生重大影响（如经营许可条件，环境保护要求方面的法律法规）

续表

（2）下列有关于被审计单位需要遵守的两类法规的说法中，正确的有（ ）。
A. 被审计单位的违反法律法规行为可能与财务报表相关，有些违反法律法规行为还可能产生重大财务后果，进而影响财务报表的**合法性和公允性** B. 注册会计师应当充分关注被审计单位违反法律法规行为可能对**财务报表**产生的重大影响 C. 注册会计师没有责任防止被审计单位违反法律法规，也不能期望其发现所有违反法律法规行为

【考点子题——举一反三，真枪实练】

[14]（2019年•多选题）下列有关注册会计师执行财务报表审计时对法律法规的考虑的说法中，正确的有（ ）。

A. 注册会计师没有责任防止被审计单位违反法律法规

B. 对于不直接影响财务报表金额和披露的法律法规，注册会计师应就被审计单位遵守了这些法律法规获取管理层的书面声明

C. 如果识别出被审计单位的违反法律法规行为，注册会计师应当考虑是否有责任向被审计单位以外的监管机构报告

D. 对于直接影响财务报表金额和披露的法律法规，注册会计师应就被审计单位遵守了这些法律法规获取充分、适当的审计证据

考点10 与违反法律法规相关的责任

管理层遵守法律法规的责任	（1）下列关于**管理层遵守法律法规的责任**的表述，正确的是（ ）。
	A. 在治理层的监督下，确保被审计单位的经营活动符合法律法规的规定
注册会计师的责任	（2）下列关于注册会计师财务报表审计的责任和针对违反法律法规的责任的表述中，正确的有（ ）。
	A. 注册会计师有责任对财务报表整体不存在由于舞弊或错误导致的重大错报获取**合理的保证** B. 针对被审计单位需要遵守的**第一类法律法规**，注册会计师的责任是，就被审计单位遵守这些法律法规的规定**获取充分、适当的审计证据** C. 针对被审计单位需要遵守的**第二类法律法规**，注册会计师的责任**仅限于实施特定的审计程序**，以有助于识别可能对财务报表产生重大影响的违反这些法律法规的行为
	（3）由于下列（ ）原因，审计的固有限制对注册会计师发现重大错报的能力的潜在影响会加大。
	A. 许多法律法规主要与被审计单位经营活动相关，通常不影响财务报表，且不能被与财务报告相关的信息系统所获取 B. 违反法律法规可能涉及故意隐瞒的行为，如共谋、伪造、故意漏记交易、管理层凌驾于控制之上或故意向注册会计师提供虚假陈述 C. 某行为是否构成违反法律法规，最终只能由法院或其他适当的监管机构认定

【考点子题——举一反三，真枪实练】

[15]（经典例题•多选题）下列关于注册会计师对被审计单位违反法律法规的责任的说法中，正确的有（ ）。

A. 针对被审计单位需要遵守的第一类法律法规，注册会计师的责任是，就被审计单位遵守这些法律法规的规定获取充分、适当的审计证据

B. 针对被审计单位需要遵守的第二类法律法规，注册会计师的责任仅限于实施特定的审计程序，以有助于识别可能对财务报表产生重大影响的违反这些法律法规的行为

C. 对被审计单位的违反法律法规行为，注册会计师应当在审计报告中予以反映

D. 注册会计师有责任对财务报表整体不存在由于舞弊或错误导致的重大错报获取合理的保证

 对被审计单位遵守法律法规的考虑

【考点母题——万变不离其宗】对被审计单位遵守法律法规的考虑

<table>
<tr><td colspan="2">（1）下列表述中，属于注册会计师对被审计单位遵守法律法规的考虑的有（ ）。</td></tr>
<tr><td rowspan="2">A. 对法律法规框架的了解</td><td>（2）在了解被审计单位及其环境等方面的情况时，注册会计师应当总体了解的事项有（ ）。</td></tr>
<tr><td>A. 适用于被审计单位及其所处行业或领域的法律法规框架
B. 被审计单位如何遵守这些法律法规框架</td></tr>
<tr><td colspan="2">B. 对决定财务报表中的重大金额和披露有直接影响的法律法规（第一类），注册会计师应当获取被审计单位遵守这些规定的充分、适当的审计证据</td></tr>
<tr><td rowspan="2">C. 识别违反其他法律法规的行为的程序（第二类）</td><td>（3）为了识别可能对财务报表产生重大影响的违反其他法律法规的行为，注册会计师可以实施的审计程序有（ ）。</td></tr>
<tr><td>A. 向管理层和治理层询问被审计单位是否遵守了这些法律法规
B. 检查被审计单位与许可证颁发机构或监管机构的往来函件</td></tr>
<tr><td rowspan="2">D. 实施其他审计程序使注册会计师关注到违反法律法规行为</td><td>（4）使注册会计师关注到违反法律法规行为的其他审计程序有（ ）。</td></tr>
<tr><td>A. 阅读会议纪要
B. 向被审计单位管理层、内部或外部法律顾问询问诉讼、索赔及评估情况
C. 对某类交易、账户余额和披露实施细节测试</td></tr>
<tr><td colspan="2">E. 获取书面声明（书面声明可以提供必要的审计证据，但其本身并不提供充分、适当的审计证据，不影响注册会计师获取其他审计证据的性质和范围）</td></tr>
</table>

考点12 识别出或怀疑存在违反法律法规行为时实施的审计程序

【考点母题——万变不离其宗】识别出或怀疑存在违反法律法规行为时实施的审计程序

<table>
<tr><td colspan="2">（1）如果关注到与识别出的或怀疑存在的违反法律法规行为的相关信息，注册会计师应当实施的审计程序有（　）。</td></tr>
<tr><td colspan="2">A. 了解违反法律法规行为的性质及其发生的环境</td></tr>
<tr><td rowspan="2">B. 获取进一步的信息，以评价对财务报表可能产生的影响</td><td>（2）为了评价违反法律法规行为对财务报表可能产生的影响，获取的进一步信息包括（　）。</td></tr>
<tr><td>A. 识别出的或怀疑存在的违反法律法规行为对财务报表产生的潜在财务后果
B. 潜在财务后果是否需要披露
C. 潜在财务后果是否非常严重，以致对财务报表的公允反映产生怀疑或导致财务报表产生误导</td></tr>
<tr><td colspan="2">（3）如果怀疑被审计单位存在违反法律法规行为，注册会计师应当实施的审计程序有（　）。</td></tr>
<tr><td colspan="2">A. 注册会计师应当就此与适当层级的管理层和治理层（如适用）进行讨论
B. 如果管理层或治理层（如适用）不能向注册会计师提供充分的信息，证明被审计单位遵守了法律法规，注册会计师可以考虑向被审计单位内部或外部的法律顾问咨询有关法律法规在具体情况下的运用，包括舞弊的可能性以及对财务报表的可能影响
C. 如果认为向被审计单位法律顾问咨询是不适当的或不满意其提供的意见，注册会计师可能认为，在保密基础上向所在会计师事务所的其他人员、网络事务所、职业团体或注册会计师的法律顾问咨询</td></tr>
<tr><td colspan="2">（4）关于评价识别出的或怀疑存在的违反法律法规行为影响的相关说法，正确的有（　）。</td></tr>
<tr><td colspan="2">A. 注册会计师应当评价识别出的或怀疑存在的违反法律法规行为对审计的其他方面可能产生的影响，包括对注册会计师风险评估和被审计单位书面声明可靠性的影响
B. 某些情况下，当管理层或治理层没有采取注册会计师认为适合具体情况的补救措施，或者识别出的或怀疑存在的违反法律法规行为导致对管理层或治理层的诚信产生质疑（即使违反法律法规行为对财务报表不重要），注册会计师可能考虑解除业务约定
C. 在决定是否有必要解除业务约定时，注册会计师可能认为征询法律意见是适当的
D. 在特殊情况下，管理层或治理层没有采取注册会计师认为在具体情形下适当的补救行动，并且不可能解除业务约定，在其他事项段中描述识别出的或怀疑存在的违反法律法规行为</td></tr>
</table>

【考点子题——举一反三，真枪实练】

[16]（2015年·多选题）针对识别出被审计单位违反法律法规的行为，下列各项程序中，注册会计师应当实施的有（　）。

A. 了解违反法律法规行为的性质及其发生的环境

B. 评价识别出的违反法律法规行为对注册会计师风险评估的影响

C. 就识别出的所有违反法律法规行为与治理层进行沟通

D. 评价被审计单位书面声明的可靠性

[17]（2017年·综合题部分）ABC会计师事务所首次接受委托，审计上市公司甲公司

2016 年度财务报表，委派 A 注册会计师担任项目合伙人。A 注册会计师确定财务报表整体的重要性为 1200 万元。甲公司主要提供快递物流服务。

资料四：A 注册会计师在审计工作底稿中记录了实施的进一步审计程序，部分内容摘录如下：

（5）A 注册会计师发现甲公司未与部分快递员签订劳动合同且未缴纳社保金，管理层解释系快递员流动频繁所致。A 注册会计师检查了甲公司人事部门的员工入职和离职记录，认为解释合理，未再实施其他审计程序。

要求：针对资料四第（5）项，假定不考虑其他条件，指出 A 注册会计师的做法是否恰当。如不恰当，简要说明理由。

考点 13　对识别出的或怀疑存在的违反法律法规行为的沟通和报告

【考点母题——万变不离其宗】对识别出的或怀疑存在的违反法律法规行为的沟通和报告

<table>
<tr><td colspan="2">（1）下列有关注册会计师就识别出的或怀疑存在的违反法律法规的沟通及报告的说法中，正确的有（　）。</td></tr>
<tr><td rowspan="2">A. 与治理层沟通</td><td>（2）下列有关于治理层沟通的要求中，正确的有（　）。</td></tr>
<tr><td>A. 除非治理层全员参与管理被审计单位，注册会计师应当与治理层沟通审计过程中关注到的有关违反法律法规的事项，但不必沟通明显不重要的事项
B. 沟通通常采用书面形式，注册会计师将文件副本作为审计工作底稿（如果采用口头沟通，应形成沟通记录并作为审计工作底稿保存）
C. 如果根据判断认为需要沟通的违反法律法规行为是故意和重大的，注册会计师应当就此尽快与治理层沟通
D. 如果怀疑违反法律法规行为涉及管理层或治理层，注册会计师应当向被审计单位审计委员会或监事会等更高层级的机构通报</td></tr>
<tr><td rowspan="2">B. 影响出具的审计报告</td><td>（3）当被审计单位存在违法行为时，有关审计报告的说法中，正确的有（　）。</td></tr>
<tr><td>A. 如果认为识别出的或怀疑存在的违反法律法规行为对财务报表具有重大影响，注册会计师应当要求被审计单位在财务报表中予以恰当反映
B. 如未能在财务报表中得到恰当反映，注册会计师应当出具保留意见或否定意见的审计报告
C. 如果因管理层或治理层阻挠而无法获取充分、适当的审计证据，应当根据审计范围受到限制的程度，发表保留意见或无法表示意见
D. 如果限制来自管理层或治理层以外的方面，注册会计师应当评价这一情况对审计意见的影响</td></tr>
</table>

续表

C. 向被审计单位之外的适当机构报告	(4)有关注册会计师向被审计单位之外的适当机构报告要求的说法中，正确的有（　）。
	A. 如果识别出或怀疑存在违反法律法规行为，注册会计师应当**考虑是否**有责任向被审计单位以外的适当机构报告 B. 注册会计师考虑是否报告的是经注册会计师发现和确定的严重违反律法规的行为，所谓“严重”主要是指有重大法律后果或涉及社会公众利益 C. 如果无法确定是否有相关法律法规要求向被审计单位之外的适当机构报告发现的被审计单位的违反法律法规行为，或者无法确定某项违反法律法规行为是否应向被审计单位之外的适当机构报告，注册会计师通常可以考虑征询相关的**法律意见**

【考点子题——举一反三，真枪实练】

[18]（2016年•单选题）下列有关财务报表审计中对法律法规的考虑的说法中，错误的是（　）。

A. 注册会计师没有责任防止被审计单位违反法律法规

B. 注册会计师有责任实施特定的审计程序，以识别和应对可能对财务报表产生重大影响的违反法律法规行为

C. 注册会计师通常采用书面形式与被审计单位治理层沟通审计过程中注意到的有关违反法律法规的事项

D. 如果被审计单位存在对财务报表有重大影响的违反法律法规行为，且未能在财务报表中得到充分反映，注册会计师应当发表保留意见或否定意见

[19]（2012年•单选题）关于注册会计师对被审计单位违反法律法规行为的审计责任，下列说法中，正确的是（　）。

A. 注册会计师有责任发现被审计单位所有的违反法律法规行为

B. 针对通常对决定财务报表中的重大金额和披露有直接影响的法律法规的规定，注册会计师应当获取被审计单位遵守这些规定的充分、适当的审计证据

C. 注册会计师没有责任专门实施审计程序以发现被审计单位的违反法律法规行为

D. 对被审计单位的违反法律法规行为，注册会计师应当在审计报告中予以反映

附录：

舞弊三要素教材举例

1. 与编制虚假财务报告导致的错报相关的舞弊风险因素

动机或压力	A. 财务稳定性或盈利能力受到经济环境、行业状况或被审计单位经营情况的威胁： ①竞争激烈或市场饱和，且伴随着利润率的下降 ②难以应对技术变革、产品过时、利率调整等因素的急剧变化 ③客户需求大幅下降，所在行业或总体经济环境中经营失败的情况增多 ④经营亏损使被审计单位可能破产、丧失抵押品赎回权或遭恶意收购 ⑤在财务报表显示盈利或利润增长的情况下，经营活动产生的现金流量经常出现负数，或经营活动不能产生现金流入 ⑥高速增长或具有异常的盈利能力，特别是在与同行业其他企业相比时 ⑦新发布的会计准则、法律法规或监管要求 B. 管理层为满足第三方要求或预期而承受过度的压力： ①投资分析师、机构投资者、重要债权人或其他外部人士对盈利能力或增长趋势存在预期（特别是过分激进的或不切实际的预期），包括管理层在新闻报道和年报信息中作出过于乐观的预期 ②需要进行额外的举债或权益融资以保持竞争力，包括为重大研发项目或资本性支出融资 ③满足交易所的上市要求、偿债要求或其他债务合同要求的能力较弱 ④报告较差财务成果将对正在进行的重大交易（如企业合并或签订合同）产生可察觉的或实际的不利影响 C. 管理层或治理层的个人财务状况受到被审计单位财务业绩的影响： ①在被审计单位中拥有重大经济利益 ②其报酬中有相当一部分（如奖金、股票期权、基于盈利能力的支付计划）取决于被审计单位能否实现激进的目标（如在股价、经营成果、财务状况或现金流量方面） ③个人为被审计单位的债务提供了担保 D. 管理层或经营者受到更高级管理层或治理层对财务或经营指标过高要求的压力： ①治理层为管理层设定了过高的销售业绩或盈利能力等激励指标
机会	A. 被审计单位所在行业或其业务的性质为编制虚假财务报告提供了机会： ①从事超出正常经营过程的重大关联方交易，或者与未经审计或由其他会计师事务所审计的关联企业进行重大交易 ②被审计单位具有强大的财务实力或能力，使其在特定行业中处于主导地位，能够对与供应商或客户签订的条款或条件作出强制规定，从而可能导致不适当或不公允的交易 ③资产、负债、收入或费用建立在重大估计的基础上，这些估计涉及主观判断或不确定性，难以印证 ④从事重大、异常或高度复杂的交易（特别是临近期末发生的复杂交易，对该交易是否按照“实质重于形式”原则处理存在疑问） ⑤在经济环境及文化背景不同的国家或地区从事重大经营或重大跨境经营 ⑥利用商业中介，而此项安排似乎不具有明确的商业理由 ⑦在属于“避税天堂”的国家或地区开立重要银行账户或者设立子公司或分公司进行经营，而此类安排似乎不具有明确的商业理由

续表

机会	B. 组织结构复杂或不稳定： ①难以确定对被审计单位持有控制性权益的组织或个人 ②组织结构过于复杂，存在异常的法律实体或管理层级 ③高级管理人员、法律顾问或治理层频繁更换 C. 对管理层的监督失效： ①管理层由一人或少数人控制（在非业主管理的实体中），且缺乏补偿性控制 ②治理层对财务报告过程和内部控制实施的监督无效 D. 内部控制要素存在缺陷： ①对控制的监督不充分，包括自动控制以及针对中期财务报告（如要求对外报告）的控制 ②由于会计人员、内部审计人员或信息技术人员不能胜任而频繁更换 ③会计系统和信息系统无效，包括内部控制存在值得关注的缺陷的情况
态度或借口	A. 管理层态度不端或缺乏诚信： ①管理层未能有效地传递、执行、支持或贯彻被审计单位的价值观或道德标准，或传递了不适当的价值观或道德标准 ②非财务管理人员过度参与或过于关注会计政策的选择或重大会计估计的确定 ③被审计单位、高级管理人员或治理层存在违反证券法或其他法律法规的历史记录，或由于舞弊或违反法律法规而被指控 ④管理层过于关注保持或提高被审计单位的股票价格或利润趋势 ⑤管理层向分析师、债权人或其他第三方承诺实现激进的或不切实际的预期 ⑥管理层未能及时纠正发现的值得关注的内部控制缺陷 ⑦为了避税的目的，管理层表现出有意通过使用不适当的方法使报告利润最小化 ⑧高级管理人员缺乏士气 ⑨业主兼经理未对个人事务与公司业务进行区分 ⑩股东人数有限的被审计单位股东之间存在争议 ⑪ 管理层总是试图基于重要性原则解释处于临界水平的或不适当的会计处理 B. 管理层与现任或前任注册会计师之间的关系紧张： ①在会计、审计或报告事项上经常与现任或前任注册会计师产生争议 ②对注册会计师提出不合理的要求，如对完成审计工作或出具审计报告提出不合理的时间限制 ③对注册会计师接触某些人员、信息或与治理层进行有效沟通施加不适当的限制 ④管理层对注册会计师表现出盛气凌人的态度，特别是试图影响注册会计师的工作范围，或者影响对执行审计业务的人员或被咨询人员的选择和保持

2. 与侵占资产导致的错报相关的舞弊风险因素

动机或压力	A. 个人的生活方式或财务状况问题： ①接触现金或其他易被侵占（通过盗窃）资产的管理层或员工负有个人债务，可能会产生侵占这些资产的压力 B. 接触现金或其他易被盗窃资产的员工与被审计单位之间存在的紧张关系： ①已知或预期会发生裁员 ②近期或预期员工报酬或福利计划会发生变动 ③晋升、报酬或其他奖励与预期不符

续表

机会	A. 资产的某些特性或特定情形可能增加其被侵占的可能性： ①持有或处理大额现金 ②体积小、价值高或需求较大的存货 ③易于转手的资产，如无记名债券、钻石或计算机芯片 ④体积小、易于销售或不易识别所有权归属的固定资产 B. 与资产相关的不恰当的内部控制可能增加资产被侵占的可能性： ①职责分离或独立审核不充分 ②对高级管理人员的支出（如差旅费及其他报销费用）的监督不足 ③管理层对负责保管资产的员工的监管不足（如对保管处于偏远地区的资产的员工监管不足） ④对接触资产的员工选聘不严格 ⑤对资产的记录不充分 ⑥对交易（如采购）的授权及批准制度不健全 ⑦对现金、投资、存货或固定资产等的实物保管措施不充分 ⑧未对资产作出完整、及时的核对调节 ⑨未对交易作出及时、适当的记录（如销货退回未作冲销处理） ⑩对处于关键控制岗位的员工未实行强制休假制度 ⑪ 管理层对信息技术缺乏了解，从而使信息技术人员有机会侵占资产 ⑫ 对自动生成的记录的访问控制（包括对计算机系统日志的控制和复核）不充分
态度或借口	A. 管理层或员工不重视相关控制： ①忽视监控或降低与侵占资产相关的风险的必要性 ②忽视与侵占资产相关的内部控制，如凌驾于现有的控制之上或未对已知的内部控制缺陷采取适当的补救措施 ③被审计单位人员在行为或生活方式方面发生的变化可能表明资产已被侵占 ④容忍小额盗窃资产的行为 B. 对被审计单位存在不满甚至敌对情绪： ①被审计单位人员的行为表明其对被审计单位感到不满，或对被审计单位对待员工的态度感到不满

3. 组织项目组讨论的内容包括：

（1）项目组成员认为财务报表易于发生由于舞弊导致的重大错报的方式和领域、管理层可能编制和隐瞒虚假财务报告的方式以及侵占资产的方式等；

（2）可能表明管理层操纵利润的迹象，以及管理层可能采取的导致虚假财务报告的利润操纵手段；

（3）管理层企图通过晦涩难懂的披露使披露事项无法得到正确理解的风险（例如，包含太多不重要的信息或使用不明晰或模糊的语言）；

（4）已知悉的对被审计单位产生影响的外部和内部因素，这些因素可能产生动机或压力使管理层或其他人员实施舞弊，可能提供实施舞弊的机会，可能表明存在为舞弊行为寻找借口的文化或环境；

（5）对接触现金或其他易被侵占资产的员工，管理层对其实施监督的情况；

（6）关注到的管理层或员工在行为或生活方式上出现的异常或无法解释的变化；

（7）强调在整个审计过程中对由于舞弊导致重大错报的可能性保持适当关注的重要性；

（8）遇到的哪些情形可能表明存在舞弊；

（9）如何在拟实施审计程序的性质、时间安排和范围中增加不可预见性；

（10）为应对由于舞弊导致财务报表发生重大错报的可能性而选择实施的审计程序，以及特定类型的审计程序是否比其他审计程序更为有效；

（11）注册会计师关注到的舞弊指控；

（12）管理层凌驾于控制之上的风险。

［本章考点子题答案及解析］

[1] 【答案: ACD】选项B，对高级管理人员支出的监督不足，属于与侵占资产导致错报相关的舞弊风险因素。

[2] 【答案: A】舞弊者具有舞弊的动机和压力是舞弊发生的首要条件，选项A正确。

[3] 【答案: D】评估舞弊风险的程序通常包括询问治理层、管理层和内部审计人员，实施分析程序和组织项目组讨论等，选项D错误。

[4] 【答案】

	是否可能表明存在重大错报风险（是/否）	理由	财务报表项目名称及认定
（1）	是	甲公司管理层为获得利润增长奖励，具有实施舞弊的**动机和压力**/2016年度的净利润勉强达到利润分享条件，可能表明财务报表存在舞弊导致的重大错报风险	财务报表层次

【知识点回顾】管理层为获得利润增长奖励，具有实施舞弊的动机和压力，并且年度的净利润勉强达到利润分享条件，故可能表明财务报表存在舞弊导致的重大错报风险。

[5] 【答案: AB】选项A错误，在识别和评估由于舞弊导致的重大错报风险时，注册会计师应当基于收入确认存在舞弊风险的假定，评价哪些类型的收入、收入交易或认定导致舞弊风险；选项B错误，在财务报表审计中注册会计师关注的是导致财务报表发生重大错报的舞弊，其中包括财务报表层次以及各类交易、账户余额、披露的认定层次的重大错报风险。

[6] 【答案: ABCD】选项AB，是通过增加审计程序的不可预见性来应对舞弊导致的重大错报风险；选项C，是通过改变审计程序的范围来应对舞弊导致的重大错报风险；选项D，是通过改变拟实施审计程序的性质来应对舞弊导致的重大错报风险。

[7] 【答案: A】在针对评估的由于舞弊导致的财务报表层次重大错报风险确定总体应对措施时，注册会计师应当：

（1）在分派和督导项目组成员时，考虑承担重要业务职责的项目组成员所具备的知识、技能和能力（选项 C），并考虑由于舞弊导致的重大错报风险的评估结果。

（2）评价被审计单位对会计政策（特别是涉及主观计量或复杂交易的会计政策）的选择和运用（选项 B），是否可能表明管理层通过操纵利润对财务信息做出虚假报告。

（3）在选择审计程序的性质、时间安排和范围时，增加审计程序的不可预见性（选项 D）。

注册会计师不能人为地修改财务报表整体的重要性来降低重大错报风险，选项 A 错误。

[8]【答案：B】注册会计师应当考虑通过下列方式，应对舞弊导致的认定层次重大错报风险：（1）改变拟实施审计程序的性质，以获取更为可靠、相关的审计证据，或获取额外的佐证信息，例如，对特定资产进行实地观察或检查；设计询证函时，增加交易日期、退货权、交货条款等销售协议的细节；向被审计单位的非财务人员询问销售协议和交货条款的变化，以对函证获取的信息进行补充。（选项 A）；（2）调整实施审计程序的时间安排，例如，在期末或接近期末实施实质性程序，以更好地应对由于舞弊导致的重大错报风险；由于涉及不恰当收入确认的舞弊可能已在期中发生，针对本期较早期间发生的交易或整个报告期内的交易实施实质性程序（选项 C）；（3）调整实施审计程序的范围，以应对评估的由于舞弊导致的重大错报风险，例如，扩大样本规模；在更详细的层次上实施分析程序；利用计算机辅助审计技术对电子交易和会计文档实施更广泛的测试。（选项 D）。

[9]【答案：D】管理层凌驾于控制之上的风险属于特别风险。无论对管理层凌驾于控制之上的风险的评估结果如何，注册会计师都应当设计和实施审计程序，用以：（1）测试日常会计核算过程中作出的会计分录以及编制财务报表过程中作出的其他调整是否适当（选项 A）；（3）复核会计估计是否存在偏向，并评价产生这种偏向的环境是否表明存在由于舞弊导致的重大错报风险（选项 B）；（3）对于超出被审计单位正常经营过程的重大交易，或基于对被审计单位及等方面的情况的了解以及在审计过程中获取的其他信息而显得异常的重大交易，评价其商业理由（或缺乏商业理由）是否表明被审计单位从事交易的目的是为了对财务信息作出虚假报告或掩盖侵占资产的行为（选项 C）。

[10]【答案】

事项序号	是否恰当（是／否）	理由及改进建议
（2）	否	理由：该错报涉及较高层级的管理层舞弊。 改进建议： 注册会计师应当采取下列措施： （1）重新评估舞弊导致的重大错报风险。 （2）考虑重新评估的结果对审计程序的性质、时间安排和范围的影响。 （3）重新考虑此前获取的审计证据的可靠性

【知识点回顾】该错报涉及副总经理舞弊，属于较高层级的管理层舞弊，注册会计师应该执行其他审计工作。

[11]【答案：ABD】属于注册会计师可能遇到的对其继续执行审计业务的能力产生怀疑的异常情形有：（1）被审计单位没有针对舞弊采取适当的、注册会计师根据具体情况认为必要的措施，即使该舞弊对财务报表并不重大（选项 A）；（2）注册会计师对由于舞弊导致的重大错报风险的考虑以及实施审计测试的结果，表明存在重大且广泛的舞弊风险；（3）注册会计师对管理层或治理层的胜任能力或诚信产生重大疑虑（选项 BD）。C 选项，若当重大错报风险为舞弊导致且重大广泛时，注

册会计师可能对其继续执行审计业务能力产生怀疑。

[12]【答案：BCD】选项A错误，书面声明本身并不足以为所涉及的任何事项提供充分、适当的审计证据。

[13]【答案：D】选项D错误，如果识别出舞弊或怀疑存在舞弊，注册会计师应当确定是否有责任向被审计单位以外的适当机构报告。

[14]【答案：ACD】选项B错误，对于不直接影响财务报表金额和披露的法律法规，注册会计师的责任仅限于实施特定的审计程序，以有助于识别可能对财务报表产生重大影响的违反这些法律法规的行为。

[15]【答案：ABD】如果认为违反法律法规行为对财务报表具有重大影响，注册会计师应当要求被审计单位在财务报表中予以恰当反映，而不是直接在审计报告中予以反映，选项C不正确。

[16]【答案：ABD】注册会计师应当与治理层沟通审计过程中注意到的有关违反法律法规的事项，但不必沟通明显不重要的事项，选项C错误。

[17]【答案】不恰当。注册会计师应当评价违反法律法规行为对财务报表可能产生的影响/与治理层进行沟通。

【知识点回顾】甲公司未与部分快递员签订劳动合同且未缴纳社保金，属于违反《劳动法》行为，应该实施其他程序。

[18]【答案：B】注册会计师并不需要实施特定程序去应对可能对财务报表产生重大影响的违反法律法规行为，选项B错误。

[19]【答案：B】选项A错误，注册会计师没有责任发现被审计单位所有的违反法律法规行为；选项C错误，针对第一类法律法规，注册会计师应当获取被审计单位遵守这些规定的充分、适当的审计证据；选项D错误，被审计单位违反法律法规行为对被审计单位有重大影响的，注册会计师应根据被审计单位在财务报表中是否恰当反应确定对审计意见的影响。

第 14 章　审计沟通

本章思维导图

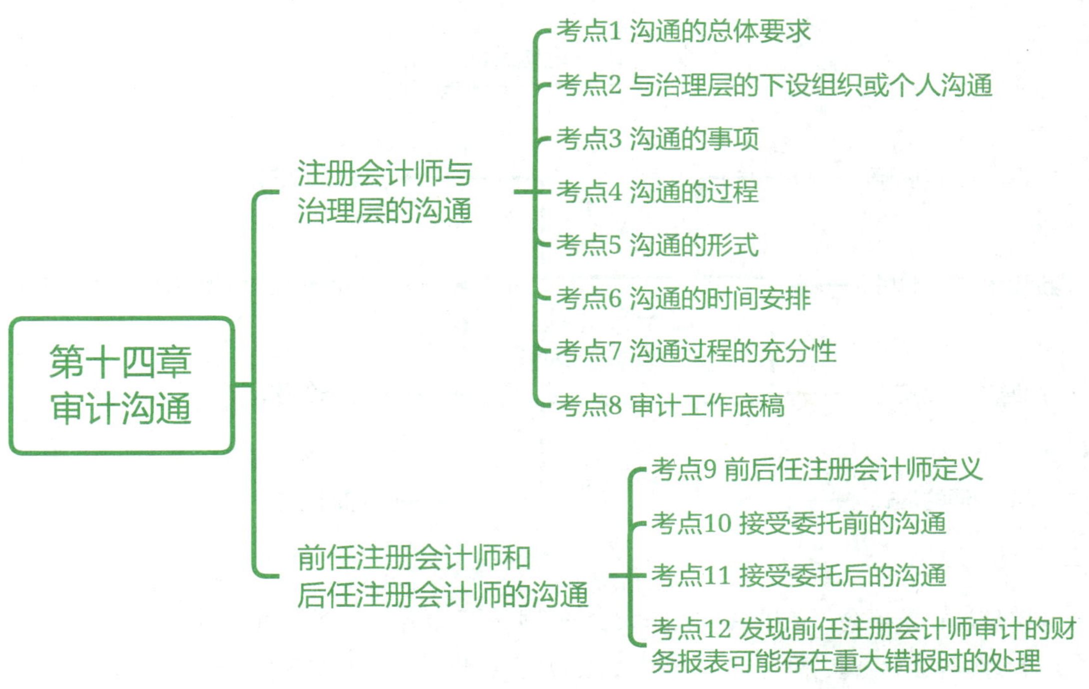

近三年本章考试题型及分值分布

题型	2022 年	2021 年	2020 年
单选题	1 题 1 分	2 题 2 分	1 题 1 分
多选题	1 题 2 分	1 题 2 分	—
简答题	—	—	—
综合题	—	1 题 1 分	—
合计	3 分	5 分	1 分

第一节 注册会计师与治理层的沟通

本节思维导图

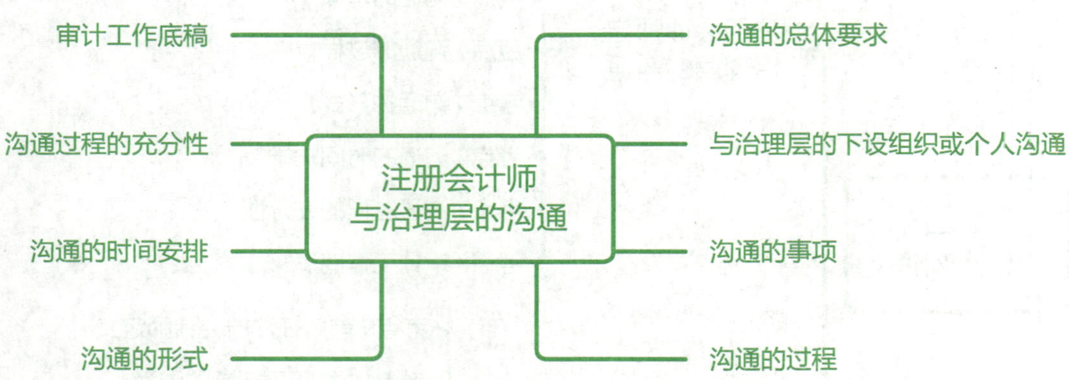

治理层：董事会、监事会、股东大会——聘任管理层、监督及批准财务报表

管理层：总经理、副经理，财务总监，总会计师等——编制财务报表

被审计单位的**治理层**在财务报告编制过程中的监督职责与**注册会计师**对财务报表的审计职责存在着共同的关注点，在履行职责方面存在着很强的互补性，这也正是注册会计师需要与治理层保持有效的双向沟通的根本原因。

考点1 沟通的总体要求

【考点母题——万变不离其宗】沟通的总体要求

（1）注册会计师需要与治理层保持有效地双向沟通，有效的**双向沟通**有助于（ ）。
A. 注册会计师和治理层了解与审计相关事项的背景，并建立建设性的工作关系 B. 注册会计师向治理层获取与审计相关的信息 C. 治理层履行其对财务报告过程的监督责任，从而降低财务报表重大错报风险
（2）注册会计师与治理层沟通的主要目的有（ ）。

续表

A. 就注册会计师与财务报告审计相关的责任、计划的审计范围和时间安排的总体情况，与治理层进行清晰的沟通 B. 向治理层获取与审计相关的信息 C. 及时向治理层通报审计中发现的与治理层对财务报告过程的监督责任相关的重大事项 D. 推动注册会计师和治理层之间有效的双向沟通
（3）下列有关注册会计师与治理层沟通的说法中，正确的有（　）。
A. 注册会计师**应当**就与**财务报表审计**相关且根据职业判断认为与治理层责任相关的重大事项，以适当的方式及时与治理层进行明晰的沟通（沟通的总体要求） B. 注册会计师与治理层沟通对象（一般）要求不同事项、不同情形、沟通对象可能不同，如有关注册会计师独立性问题的沟通，最好与被审计单位治理结构中有权决定聘任、解聘注册会计师的组织或人员沟通，有关管理层胜任能力及诚信方面的事项，不宜与兼任高管的治理层成员沟通 C. 注册会计师与治理层沟通对象（一般）要求确定适当的沟通人员时应当利用获取的治理结构、治理过程的信息，以帮助识别适当的沟通对象 D. 特殊情形下也需要商定沟通对象，如被审计单位治理结构界定模糊，导致注册会计师无法清楚识别适当的沟通对象

【考点子题——举一反三，真枪实练】

[1]（经典例题•多选题）下列关于注册会计师与治理层沟通的说法中，正确的有（　）。

A. 注册会计师与治理层沟通可以向治理层获取与审计相关的信息

B. 注册会计师与治理层沟通有助于治理层履行其对财务报告过程的监督责任

C. 注册会计师应就管理层的诚信问题，与兼任高管的治理层成员进行沟通

D. 注册会计师与治理层沟通的根本原因是双方对财务报表的审计职责存在着共同的关注点，且履行职责上有着较强的互补性

考点 2 与治理层的下设组织或个人沟通

通常，注册会计师**没有必要**（实际上也不可能）就全部沟通事项与治理层整体进行沟通。适当的沟通对象往往是治理层的下设组织和人员（审计委员会、独立董事、监事会或者被审计单位特别指定的组织和人员）。

【考点母题——万变不离其宗】与治理层的下设组织或个人沟通

（1）在决定与治理层某下设组织或个人沟通时，注册会计师需要考虑的事项有（　）。
A. 治理层的下设组织与治理层各自的责任。这种责任划分是确定适当沟通对象的直接依据 B. 拟沟通事项的性质（不同性质，不同沟通对象） C. 相关法律法规的要求 D. 下设组织是否有权就沟通的信息采取行动，以及是否能够提供注册会计师可能需要的进一步信息和解释

【考点子题——举一反三，真枪实练】

[2]（经典例题•单选题）下列有关注册会计师与治理层沟通的说法中，错误是（　）。

A. 注册会计师应就所有沟通事项与治理层整体进行沟通

B. 注册会计师沟通的对象往往是治理层的下设组织和人员

C. 注册会计师与治理层沟通时，需要确定适当的沟通人员，以及确定适当的沟通人员时应当利用的信息

D. 除非治理层全员参与管理被审计单位，注册会计师应当就与财务报告审计相关的责任、计划的审计范围和时间安排的总体情况，与治理层进行沟通

考点3 沟通的事项

【考点母题——万变不离其宗】沟通的事项

<table>
<tr><td colspan="2">（1）下列属于注册会计师与治理层的沟通事项的有（　）。</td></tr>
<tr><td rowspan="4">A. 注册会计师与财务报表审计相关的责任</td><td>（2）注册会计师应当就其与财务报表审计相关的责任与治理层进行沟通，与财务报表审计相关的责任有（　）。</td></tr>
<tr><td>A. 注册会计师负责对管理层在治理层监督下编制的财务报表形成和发表意见
B. 财务报表审计并不减轻管理层或治理层的责任</td></tr>
<tr><td>（3）注册会计师向治理层提供审计业务约定书或其他适当形式的书面协议的副本可能是一些事项沟通的适当方式，这些事项可能有（　）。</td></tr>
<tr><td>A. 注册会计师按照审计准则执行审计工作的责任，主要集中在对财务报表发表意见上
B. 审计准则并不要求注册会计师设计程序来识别与治理层沟通的补充事项
C. 注册会计师确定并在审计报告中沟通关键审计事项的责任
D. 依据法律法规的规定、与被审计单位的协议或适用于该业务的其他规定，注册会计师沟通特定事项的责任</td></tr>
<tr><td rowspan="4">B. 计划的审计范围和时间安排</td><td>（4）注册会计师与治理层沟通计划的审计范围和时间安排的目的有（　）。</td></tr>
<tr><td>A. 帮助治理层更好地了解注册会计师工作的结果，与注册会计师讨论风险问题和重要性的概念，以及识别可能需要注册会计师追加审计程序的领域
B. 帮助注册会计师更好地了解被审计单位及其环境</td></tr>
<tr><td>（5）注册会计师与治理层就计划的审计范围和时间安排沟通可能包括的事项有（　）。</td></tr>
<tr><td>A. 注册会计师拟如何应对由于舞弊或错误导致的特别风险以及重大错报风险评估水平较高的领域
B. 注册会计师对与审计相关的内部控制采取的方案
C. 在审计中对重要性概念的运用</td></tr>
</table>

续表

<table>
<tr><td>B. 计划的审计范围和时间安排</td><td>D. 实施计划的审计程序或评价审计结果需要的专门技术或知识的性质和程度，包括利用注册会计师的专家的工作
E. 注册会计师对哪些事项可能需要重点关注因而可能构成关键审计事项所作的初步判断
F. 针对适用的财务报告编制基础或者被审计单位所处的环境、财务状况或活动发生的重大变化对单一报表及披露产生的影响，注册会计师拟采取的应对措施
G. 可能适合与治理层讨论的计划方面的其他事项</td></tr>
<tr><td rowspan="2">C. 审计中发现的重大问题</td><td>（6）下列选项中，属于审计中发现的重大问题沟通内容的有（　）。</td></tr>
<tr><td>A. 注册会计师对被审计单位会计实务（会计政策、会计估计和财务报表披露）重大方面的质量的看法
B. 审计中遇到的重大困难（如管理层不配合、不合理要求，审计证据获取困难等）
C. 已与管理层讨论或需要书面沟通的重大事项，以及注册会计师要求提供的书面声明（除非治理层全部成员参与管理被审计单位）
D. 影响审计报告形式和内容的情形
E. 审计中出现的、根据职业判断认为与监督财务报告过程相关的所有其他重大事项</td></tr>
<tr><td rowspan="2">D. 值得关注的内部控制缺陷</td><td>（7）下列关于需要沟通的值得关注的内部控制缺陷的说法，正确的有（　）。</td></tr>
<tr><td>A. 内部控制缺陷包括某项控制的设计、执行或运行不能及时防止或发现并纠正财务报表错报和缺少用以及时防止或发现并纠正财务报表错报的必要控制
B. 值得关注的内部控制缺陷是指注册会计师根据职业判断，认为足够重要从而值得治理层关注的内部控制的一个缺陷或多个缺陷的组合
C. 注册会计师应当以书面形式及时向治理层通报审计过程中识别出的值得关注的内部控制缺陷</td></tr>
<tr><td rowspan="4">E. 注册会计师的独立性</td><td>（8）如果被审计单位是上市实体，注册会计师还应当与治理层沟通的内容有（　）。</td></tr>
<tr><td>A. 就审计项目组成员、会计师事务所其他相关人员，以及会计师事务所和网络事务所按照相关职业道德要求保持了独立性作出声明
B. 根据职业判断，注册会计师认为会计师事务所、网络事务所与被审计单位之间存在的可能影响独立性的所有关系和其他事项
C. 为消除对独立性的不利影响或将其降至可接受的水平，已经采取的相关防范措施</td></tr>
<tr><td>（9）拟沟通的关系和其他事项以及防范措施因业务具体情况不同而不同，但是通常包括（　）。</td></tr>
<tr><td>A. 对独立性的不利影响，包括因自身利益、自我评价、过度推介、密切关系和外在压力产生的不利影响
B. 法律法规和职业规范规定的防范措施、被审计单位采取的防范措施，以及会计师事务所内部自身的防范措施</td></tr>
<tr><td colspan="2">F. 补充事项（与治理结构或过程有关的重大问题、缺乏适当授权的高级管理层作出的重大决策或行动）</td></tr>
</table>

【考点子题——举一反三，真枪实练】

[3]（2012 年 • 单选题）如果被审计单位是上市实体，下列事项中，注册会计师通常不应与治理层沟通的是（　）。

A. 已与管理层讨论的审计中出现的重大事项

B. 就审计项目组成员、会计师事务所其他相关人员及会计师事务所按照相关职业道德要求保持了独立性的声明

C. 审计工作中遇到的重大困难

D. 已确定的财务报表整体的重要性

[4]（2014 年 • 多选题）下列各项中，注册会计师应当与治理层沟通的有（　）。

A. 注册会计师发现的可能导致财务报表重大错报的员工舞弊行为

B. 注册会计师识别出的特别风险

C. 注册会计师对会计政策、会计估计和财务报表披露重大方面的质量的看法

D. 管理层已更正的重大审计调整

[5]（经典例题 • 多选题）下列关于内部控制缺陷的说法中，正确的有（　）。

A. 对于重大缺陷和重要缺陷的整改方案，内部控制评价组应向董事会（审计委员会）、监事会或经理层报告并审定

B. 某项控制的设计、执行或运行不能及时防止或发现并纠正财务报表错报表明存在值得关注的内部控制缺陷

C. 内部控制缺陷，是指注册会计师根据职业判断，认为足够重要从而值得治理层关注的内部控制的一个缺陷或多个缺陷的组合

D. 内部控制缺陷包括缺少用以及时防止或发现并纠正财务报表错报的必要控制

考点 4 沟通的过程

【考点母题——万变不离其宗】沟通的过程

（1）下列有关注册会计师沟通过程的说法中，正确的有（　）。
A. 基本要求是清楚地沟通**注册会计师的责任、计划的审计范围和时间安排以及期望沟通的大致为容**，有效的双向沟通 B. 沟通前讨论**沟通的目的，沟通拟采取的形式，沟通的人员，注册会计师对沟通的期望，对注册会计师及治理层沟通的事项采取措施和进行反馈的过程**有助于实现有效的双向沟通 C. 在与治理层沟通某些事项**前**，注册会计师**可能**就这些事项与管理层讨论

续表

<table>
<tr><td rowspan="2">D. 与第三方沟通时，在向第三方提供治理层编制的书面沟通文件时，需做相关声明</td><td>（2）在向第三方提供为治理层编制的书面沟通文件时，在书面沟通文件中需要声明的内容有（　）。</td></tr>
<tr><td>A. 书面沟通文件仅为治理层的使用而编制，在适当情况下也可供集团管理层和集团注册会计师使用，但不应被第三方依赖
B. 注册会计师对第三方不承担责任
C. 书面沟通文件向第三方披露或分发的任何限制</td></tr>
<tr><td colspan="2">E. 除非法律法规要求向第三方提供注册会计师与治理层的书面沟通文件的副本，否则注册会计师在向第三方提供前可能需要事先征得治理层同意</td></tr>
</table>

【考点子题——举一反三，真枪实练】

[6]（2012 年 • 单选题）关于注册会计师与被审计单位治理层的沟通，下列说法中，正确的是（　）。

A. 对于与治理层沟通的事项，应当事先与管理层讨论

B. 对于涉及舞弊等敏感信息的沟通，应当避免书面记录

C. 与治理层沟通的书面记录是一项审计证据，所有权属于会计师事务所

D. 如果注册会计师应治理层的要求向第三方提供为治理层编制的书面沟通文件的副本，注册会计师有责任向第三方解释其在使用中产生的疑问

考点 5　沟通的形式

【考点母题——万变不离其宗】沟通的形式

下列因素中，影响注册会计师沟通形式的有（　）。
A. 对于审计准则要求的注册会计师的**独立性**，应当以书面形式与治理层沟通 B. 注册会计师应以书面形式，向治理层通报**值得关注的内部控制缺陷** C. 在审计报告中沟通**关键审计事项**时，注册会计师可能认为有必要就**确定为关键审计事项**的事项进行书面沟通 D. 对于审计中发现的**重大问题**，如果根据职业判断认为采用口头形式沟通不适当，注册会计师应当以书面形式与治理层沟通 E. 书面沟通**不必**包括审计过程中的所有事项 F. 在审计实务中，对于审计准则规定的应当以书面形式沟通的事项，注册会计师一般采用致治理层的沟通函件的方式进行书面沟通

【考点子题——举一反三，真枪实练】

[7]（2020 年 • 单选题）下列各项沟通中，注册会计师应当采用书面形式的是（　）。

A. 在接受委托前，与前任注册会计师进行沟通

B. 在接受委托后，与前任注册会计师进行沟通

C. 在上市公司审计中，与治理层沟通关键审计事项

D. 在上市公司审计中，与治理层沟通注册会计师的独立性

[8]（2014年•单选题）ABC会计师事务所的A注册会计师负责审计上市公司甲公司2013年度财务报表。下列各项中，A注册会计师可以以口头形式与甲公司治理层沟通的是（ ）。

A. 涉及甲公司管理层的舞弊嫌疑

B. 值得关注的内部控制缺陷

C. ABC会计师事务所和甲公司审计项目组成员按照相关职业道德要求与甲公司保持了独立性

D. ABC会计师事务所在2013年度为甲公司提供审计和非审计服务收费总额

考点6 沟通的时间安排

【考点母题——万变不离其宗】沟通的时间安排

<table>
<tr><td colspan="3">（1）下列有关于沟通时间安排的说法中，正确的有（ ）。</td></tr>
<tr><td colspan="3">A. 对于计划事项的沟通，通常在审计业务的早期阶段进行（如系首次接受委托，沟通可以随司就审计业务条款达成一致意见一并进行）
B. 对于审计中遇到的重大困难，如果治理层能够协助注册会计师克服这些困难，或者这些困难可能导致发表非无保留意见，可能需要尽快沟通（如果识别出值得关注的内部控制缺陷，注册会计师可能在进行书面沟通前，尽快向治理层口头沟通）
C. 注册会计师可以在讨论审计工作的计划范围及时间安排时沟通对关键审计事项的初步看法，注册会计师在沟通重大审计发现时也可以与治理层进行更加频繁的沟通，以进一步讨论此类事项
D. 无论何时（如承接一项非审计服务和在总结性讨论中）就对独立性的不利影响和相关防范措施作出了重要判断，就独立性进行沟通都可能是适当的
E. 当同时审计通用目的和特殊目的财务报表时，注册会计师协调沟通的时间安排可能是适当的
F. 沟通审计中发现的问题，包括注册会计师对被审计单位实务质量的看法，也可能作为总结性讨论的一部分</td></tr>
<tr><td colspan="3">（2）下列选项，属于影响沟通时间安排相关因素的有（ ）。</td></tr>
<tr><td>A. 沟通事项的重要程序
D. 治理层的期望</td><td>B. 被审计单位特征
E. 注册会计师识别出特定事项的时间</td><td>C. 限时沟通特定事项的法律义务</td></tr>
</table>

【考点子题——举一反三，真枪实练】

[9]（经典例题•多选题）下列有关注册会计师沟通时间安排的说法中，正确的有（ ）。

A. 对于审计中遇到的重大困难，注册会计师需要尽快进行沟通

B. 注册会计师应当在期初就对独立性具有不利影响的因素进行沟通

C. 当同时审计通用目的和特殊目的财务报表时，注册会计师可能需要调整沟通的时间安排

D. 对于计划事项的沟通，注册会计师通常在审计业务的早期阶段进行

考点 7 沟通过程的充分性

注册会计师**应当**评价其与治理层之间的双向沟通对实现审计目的是否充分。**如果**认为双向沟通**不充分**，注册会计师应当评价其对重大错报风险评估以及获取充分、适当的审计证据的能力的影响，并采取适当的措施。

注册会计师**无需**设计专门程序以支持其对与治理层之间的双向沟通的评价。

【考点母题——万变不离其宗】沟通过程的充分性

如果注册会计师与治理层之间的双向沟通不充分，并且这种情况得不到解决，注册会计师可以采取的措施包括（ ）。

A. 根据范围受到的限制发表**非无保留意见**
B. 就采取不同措施的后果征询法律意见
C. 与第三方（如监管机构）、被审计单位外部的在治理结构中拥有更高权力的组织或人员（如企业业主、股东大会中的股东）或对公共部门负责的政府部门进行沟通
D. 在法律法规允许的情况下解除业务约定

【考点子题——举一反三，真枪实练】

[10]（2015 年 • 多选题）注册会计师与治理层之间的双向沟通不充分，并且这种情况得不到解决，下列措施中，注册会计师可以（ ）。

A. 根据范围受到的限制发表非无保留意见

B. 与监管机构、被审计单位外部的在治理结构中拥有更高权利的组织或人员进行沟通

C. 就采取不同措施的后果征询法律意见

D. 在法律法规允许的情况下解除业务约定

考点 8 审计工作底稿

【考点母题——万变不离其宗】审计工作底稿

下列有关注册会计师沟通记入审计工作底稿事项的相关要求中，正确的有（ ）。

续表

A. 如果审计准则要求沟通的事项是以**口头形式**沟通的，注册会计师**应当**将其包括在审计工作底稿中，并记录沟通的时间和对象 B. 如果审计准则要求沟通的事项是以**书面形式**沟通的，注册会计师应当保存一份沟通文件的**副本**，作为审计工作底稿的一部分 C. 如果被审计单位编制的**会议纪要**是沟通的适当记录，注册会计师可以将其副本作为对口头沟通的记录，并作为审计工作底稿的一部分 D. 如果发现这些记录**不能恰当地反映**沟通的内容，且有差别的事项比较重大，注册会计师一般会另行编制能恰当记录沟通内容的纪要，将其副本连同被审计单位编制的纪要一起致送治理层，提示两者的差别，以免引起不必要的误解 E. 如果根据业务环境**不容易识别**出适当的**沟通人员**，注册会计师还应当记录识别治理结构中的适当沟通人员的过程 F. 如果**治理层全部参与管理**，注册会计师还应当记录对沟通的充分性进行考虑的过程，即考虑与负有管理责任人员的沟通能否向所有负有治理责任的人员充分传递应予沟通内容的过程

【考点子题——举一反三，真枪实练】

[11]（经典例题•多选题）下列有关注册会计师记录与治理层沟通的重大事项的说法中，正确的有（　）。

A. 对以口头形式沟通的事项，注册会计师应当形成审计工作底稿

B. 如果根据业务环境不容易识别出适当的沟通人员，注册会计师应当记录识别治理结构中适当沟通人员的过程

C. 对以口头形式沟通的事项，注册会计师不需要形成审计工作底稿

D. 如果治理层全部参与管理，注册会计师应当考虑与负有管理责任人员的沟通能否向所有负有治理责任的人员充分传递应予沟通内容的过程

第二节　前任注册会计师和后任注册会计师的沟通

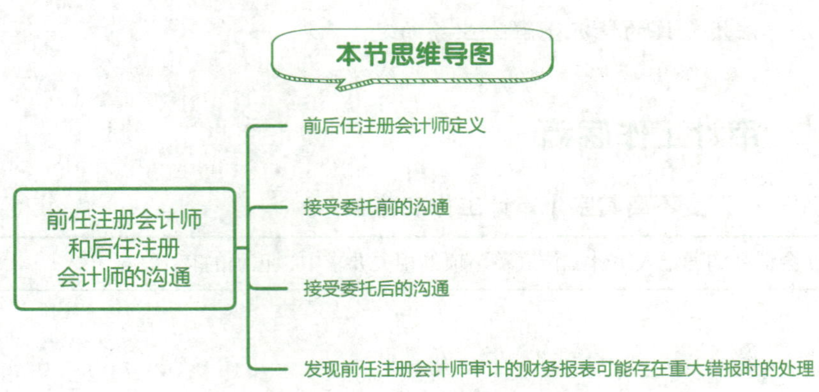

考点 9　前后任注册会计师定义

【考点母题——万变不离其宗】前后任注册会计师定义

（1）下列属于前任注册会计师的有（　）。
A. 对被审计单位**上期财务报表**进行审计，但被现任注册会计师接替的其他会计师事务所的注册会计师 B. 接受委托但**未完成审计工作，已经**或**可能**与委托人解除业务约定的注册会计师
（2）下列属于后任注册会计师的有（　）。
A. 在签订业务约定书之前，**正在考虑**接受委托的注册会计师 B. **已接受**委托并签订业务约定书，**接替前任**注册会计师执行财务报表审计业务的注册会计师
（3）下列关于前后任注册会计师沟通的说法，正确的有（　）。
A. 前后任注册会计师的沟通通常由**后任注册会计师主动发起**，但需征得被审计单位的同意（对前后任注册会计师沟通的总体要求） B. 沟通可采用**书面或口头**方式进行，且后任注册会计师应当将沟通情况记录于审计工作底稿 C. 前后任注册会计师应当对沟通过程中获知的信息保密。即使未接受委托，后任注册会计师仍应履行保密义务
（4）下列有关前任注册会计师和后任注册会计师的说法中，错误的有（　）。
A. 前后任注册会计师一定意味着后任取代前任的情况 B. 未发生会计师事务所变更的情况下，同处于某一会计师事务所中的不同注册会计师属于前后任注册会计师的范畴 C. 对上期财务报表仅代编或审阅的注册会计师属于前任注册会计师

【考点子题——举一反三，真枪实练】

[12]（2013 年 • 单选题）下列有关前后任注册会计师的说法中，正确的是（　）。

A. 前任注册会计师包括对前期财务报表执行审阅的注册会计师

第 14 章

B. 在未发生会计师事务所变更的情况下，同处于某一会计师事务所的先后负责同一审计项目的不同注册会计师不属于前后任注册会计师的范畴

C. 在发生会计师事务所变更的情况下，先后就职于不同会计师事务所的同一注册会计师不属于前后任注册会计师的范畴

D. 如果委托人在相邻两个会计年度中连续变更多家会计师事务所，前任注册会计师不包括在后任注册会计师之前接受业务委托对当期财务报表进行审计但未完成审计工作的会计师事务所

[13]（经典例题•单选题）甲会计师事务所拟委派A注册会计师接受委托审计ABC公司2021年度财务报表，下列各项中，不属于A注册会计师的前任注册会计师的是（　）。

A. 甲会计师事务所中被A注册会计师接替审计2021年度财务报表的B注册会计师

B. 对ABC公司2020年度财务报表发表了审计意见的乙会计师事务所的C注册会计师

C. 承接ABC公司2021年度财务报表审计业务但未完成审计工作的丙会计师事务所

D. 因某种原因与ABC公司解除2021年度财务报表审计业务约定的丁会计师事务所

考点10 接受委托前的沟通

在接受委托前，后任注册会计师**应当**与前任注册会计师**进行必要沟通（必要程序）**，并对沟通结果进行评价，以确定是否接受委托。这是审计准则对注册会计师接受委托前进行必要沟通的核心要求。

【考点母题——万变不离其宗】接受委托前的沟通

沟通的**目的**	（1）接受委托前，前后任注册会计师沟通的目的是（　）。
	A. 了解被审计单位**更换**会计师事务所的**原因**以及是否存在不应接受委托的情况，以确定是否接受委托（后任注册会计师一般只有通过与前任注册会计师直接沟通，才有可能了解更换会计师事务所的真实原因）
沟通的**前提**	（2）接受委托前，前后任注册会计师沟通的前提的表述，正确的有（　）。
	A. 后任注册会计师进行主动沟通的前提是征得被审计单位的同意 B. 后任注册会计师应当提请被审计单位以**书面方式**同意前任注册会计师对其询问作出充分答复 C. 如果被审计单位不同意前任注册会计师作出答复，或限制答复的范围，后任注册会计师**应当**向被审计单位**询问原因**，并考虑是否接受委托（后任注册会计师一般需要拒绝接受委托，除非可以通过其他方式获知必要的事实，或有充分的证据表明审计风险水平非常低）

续表

沟通的**内容**	（3）接受委托前，前后任注册会计师沟通的内容包括（　）。
	A. 是否发现被审计单位管理层存在诚信方面的问题 B. 前任注册会计师与管理层在重大会计、审计等问题上存在的意见分歧 C. 前任注册会计师向被审计单位治理层通报的管理层舞弊、违反法律法规行为以及值得关注的内部控制缺陷 D. 前任注册会计师认为导致被审计单位变更会计师事务所的原因
前任注册会计师的答复	（4）接受委托前，关于前任注册会计师答复的相关观点，正确的有（　）。
	A. 前任注册会计师应当根据所了解的事实，对后任注册会计师的合理询问及时作出充分答复（被审计单位允许的前提下） B. 当有**多家**会计师事务所正在考虑是否接受被审计单位的委托时，前任注册会计师应在被审计单位明确**选定其中的一家**会计师事务所作为后任注册会计师之后，才对该后任注册会计师的询问作出答复
未得到答复或答复受限的处理	（5）接受委托前，如果后任注册会计师**未得到**答复或前任答复受限的相关处理，正确的有（　）。
	A. 如果前任注册会计师的答复是**有限**的，后任注册会计师需要判断是否存在由被审计单位或潜在法律诉讼引起的答复限制，并考虑对接受委托的影响 B. 如果未得到答复，且没有理由认为变更会计师事务所的原因异常，后任注册会计师需要设法以其他方式与前任注册会计师**再次进行沟通** C. 如果仍得不到答复，后任注册会计师可以致函前任注册会计师，说明如果在适当的时间内得不到答复，将假设不存在专业方面的原因使其拒绝接受委托，并表明拟接受委托

【考点子题——举一反三，真枪实练】

[14]（2017 年 • 单选题）下列有关前任注册会计师与后任注册会计师的沟通的说法中，正确的是（　）。

A. 后任注册会计师应当在接受委托前和接受委托后与前任注册会计师进行沟通

B. 后任注册会计师与前任注册会计师的沟通应当采用书面方式

C. 后任注册会计师应当在取得被审计单位的书面同意后，与前任注册会计师进行沟通

D. 前任注册会计师和后任注册会计师应当将沟通的情况记录于审计工作底稿

[15]（2016 年 • 简答题部分）ABC 会计师事务所首次接受委托，审计上市公司甲公司 2015 年度财务报表，委派 A 注册会计师担任项目合伙人。相关事项如下：

（1）A 注册会计师与前任注册会计师在征得甲公司管理层口头同意后，通过电话进行了接受委托前的沟通，未发现影响其接受委托的事项，并将沟通情况记入审计工作底稿。

要求：指出 A 注册会计师的做法是否恰当。如不恰当，简要说明理由。

[16]（经典例题•多选题）下列有关前后任注册会计师接受委托前的沟通的说法中，错误的有（　）。

A. 当会计师事务所通过投标方式承接审计业务时，前任注册会计师应当对所有参与投标的会计师事务所的询问进行答复

B. 如果被审计单位不同意前任注册会计师作出答复，或限制答复的范围，后任注册会计师一般需要拒绝接受委托

C. 接受委托前查阅前任注册会计师的审计工作底稿是必要的审计程序

D. 接受委托前的沟通和接受后的沟通性质是相同的，都是必要程序

接受委托后的沟通

接受委托后的沟通不是必要程序，而是由后任注册会计师根据审计工作需要自行决定的。沟通可以采用电话询问、举行会谈、致送审计问卷等方式，但最有效、最常用的方式是查阅前任注册会计师的工作底稿。

【考点母题——万变不离其宗】接受委托后的沟通

查阅前任注册会计师工作底稿（最常用、有效的方式）	（1）下列关于接受委托后查阅前任注册会计师工作底稿的相关说法，正确的有（　）。
	A. 如果需要查阅前任注册会计师的工作底稿，后任注册会计师应当征得**被审计单位同意，并**与前任注册会计师进行**沟通** B. 前任注册会计师所在的会计师事务所可**自主决定**是否允许后任注册会计师获取工作底稿部分内容，或摘录部分工作底稿（一般在后任接受委托业务后） C. 如果前任注册会计师决定提供工作底稿，一般可考虑进一步从被审计单位处获取一份确认函，以便降低在与后任注册会计师进行沟通时发生误解的可能性

续表

前任注册会计师和后任注册会计师就使用工作底稿达成一致意见	（2）如果后任注册会计师在工作底稿的使用方面作出了更高程度的限制性保证，那么，前任注册会计师可能会愿意向其提供更多的接触工作底稿的机会，下列关于限制性保证的表述，正确的有（　）。
	A. 不将查阅工作底稿获得的信息用于其他任何目的 B. 在查阅工作底稿后，不对任何人作出关于前任注册会计师的审计是否遵循了审计准则的口头或书面评论 C. 当涉及前任注册会计师的审计质量时，后任注册会计师不应提供任何专家证词、诉讼服务或承接关于前任注册会计师审计质量的评论业务
利用工作底稿的责任	（3）下列关于利用前任注册会计师审计工作责任的说法，正确的有（　）。
	A. 后任注册会计师应当对自身实施的审计程序和得出的审计结论负责 B. 后任注册会计师不应在审计报告中表明，其审计意见全部或部分地依赖前任注册会计师的审计报告或工作

【考点子题——举一反三，真枪实练】

[17]（2014 年 • 单选题）下列有关前后任注册会计师沟通的说法中，错误的是（　）。

A. 在确定向后任注册会计师提供哪些审计工作底稿时，前任注册会计师应当征得被审计单位同意

B. 在查阅前任注册会计师的审计工作底稿前，后任注册会计师应当征得被审计单位同意

C. 在允许后任注册会计师查阅审计工作底稿前，前任注册会计师应当向其取得确认函

D. 为获取更多接触前任注册会计师审计工作底稿的机会，后任注册会计师可以在工作底稿使用方面作出较高程度的限制性保证

[18]（经典例题 • 多选题）下列有关前后任注册会计师沟通的说法中，错误的有（　）。

A. 如果需要查阅前任注册会计师的审计工作底稿，后任注册会计师不必征得被审计单位同意

B. 前任注册会计师自主决定可供后任注册会计师查阅、复印或摘录的工作底稿内容

C. 在允许查阅工作底稿之前，前任注册会计师应当向后任注册会计师获取确认函，就工作底稿的使用目的、范围和责任等与其达成一致意见

D. 在接受委托前和接受委托后与前任注册会计师的沟通均是必要的审计程序

[19]（经典例题 • 多选题）下列有关后任注册会计师在接受委托后与前任注册会计师沟通的说法中，正确的有（　）。

A. 沟通可以采用电话询问、举行会谈、致送审计问卷等方式

B. 后任注册会计师不应在审计报告中表明，其审计意见全部或部分地依赖前任注册会计师的审计报告或工作

C. 后任注册会计师在接受委托后与前任注册会计师沟通的目的是确定是否接受业务委托

D. 如果前任注册会计师决定向后任注册会计师提供工作底稿，应当从被审计单位处获取一份确认函，以便降低在与后任注册会计师进行沟通时发生误解的可能性

发现前任注册会计师审计的财务报表可能存在重大错报时的处理

如果发现前任注册会计师审计的财务报表可能存在重大错报，后任注册会计师应当提请被审计单位告知前任注册会计师。

【考点母题——万变不离其宗】发现前任注册会计师审计的财务报表可能存在重大错报时的处理

<table>
<tr><td colspan="2">（1）如果发现前任注册会计师审计的财务报表可能存在重大错报，有关后任注册会计师处理措施的说法中，正确的有（　）。</td></tr>
<tr><td colspan="2">A. 后任注册会计师应当提请被审计单位告知前任注册会计师
B. 必要时，后任注册会计师应当要求被审计单位安排三方会谈</td></tr>
<tr><td rowspan="2">C. 无法参加三方会谈（或后任注册会计师对解决方案不满意），后任注册会计师应当考虑对审计意见的影响或解除业务约定</td><td>（2）后任注册会计师考虑对审计意见的影响或解除业务约定的具体做法包括（　）。</td></tr>
<tr><td>A. 应当考虑这种情况对当前审计业务的潜在影响，并根据具体情况出具恰当的审计报告
B. 应当考虑是否退出当前审计业务
C. 可以考虑向其法律顾问咨询，以便决定如何采取进一步措施</td></tr>
</table>

【考点子题——举一反三，真枪实练】

[20]（2016 年 • 多选题）下列有关前后任注册会计师沟通的说法中，错误的有（　）。

A. 后任注册会计师在接受委托前与前任注册会计师沟通，应当征得被审计单位同意

B. 在接受委托前，后任注册会计师应当采用书面形式与前任注册会计师进行沟通

C. 如果需要查阅前任注册会计师的审计工作底稿，后任注册会计师不必征得被审计单位同意

D. 在接受委托前和接受委托后，后任注册会计师均应与前任注册会计师沟通

[21]（2015 年 • 单选题）下列有关前后任注册会计师沟通的说法中，错误的是（　）。

A. 接受委托前的沟通是必要的审计程序，接受委托后的沟通不是必要的审计程序

B. 如果被审计单位不同意前任注册会计师对后任注册会计师的询问做出答复，后任注册会计师应当拒绝接受委托

C. 接受委托后，如果需要查阅前任注册会计师的审计工作底稿，后任注册会计师应当征得被审计单位同意

D. 当会计师事务所通过投标方式承接审计业务时，前任注册会计师无需对所有参与投标的会计师事务所进行答复

[22]（2019 年•简答题部分）ABC 会计师事务所首次接受委托审计甲公司 2018 年度财务报表，委派 A 注册会计师担任项目合伙人。与首次承接审计业务相关的部分事项如下：

（5）在征得甲公司管理层同意，并向前任注册会计师承诺不对任何人作出关于其是否遵循审计准则的任何评论后，A 注册会计师通过查阅前任注册会计师的审计工作底稿，获取了有关甲公司固定资产期初余额的审计证据，并在审计报告的其他事项段中提及部分依赖了前任注册会计师的工作。

要求：对上述第（5）项，指出 A 注册会计师的做法是否恰当。如不恰当，简要说明理由。

附录：

1. 审计中发现的重大问题

（1）审计工作中遇到的重大困难可能包括下列事项：

①在提供审计所需信息时管理层严重拖延或不愿意提供，或者被审计单位的人员不予配合。

②不合理地要求缩短完成审计工作的时间。

③为获取充分、适当的审计证据需要付出的努力远远超过预期。

④无法获取预期的信息。

⑤管理层对注册会计师施加的限制。

⑥管理层不愿意按照要求对被审计单位持续经营能力进行评估，或不愿意延长评估期间。

（2）已与管理层讨论或需要书面沟通的重大事项可能包括：

①影响被审计单位的业务环境，以及可能影响重大错报风险的经营计划和战略。

②对管理层就会计或审计问题向其他专业人士进行咨询的关注。

③管理层在首次委托或连续委托注册会计师时，就会计实务、审计准则应用、审计或其他服务费用与注册会计师进行的讨论或书面沟通。

④当年发生的重大事项或交易。

⑤与管理层存在意见分歧的重大事项，但因事实不完整或初步信息造成并在随后通

过进一步获取相关事实或信息得以解决的初始意见分歧除外。

（3）按照相关审计准则的规定，注册会计师应当或可能认为有必要在审计报告中包含更多信息并应当就此与治理层沟通的情形包括：

①根据《中国注册会计师审计准则第 1502 号——在审计报告中发表非无保留意见》的规定，注册会计师预期在审计报告中发表非无保留意见。

②根据《中国注册会计师审计准则第 1324 号——持续经营》的规定，报告与持续经营相关的重大不确定性。

③根据《中国注册会计师审计准则第 1504 号——在审计报告中沟通关键审计事项》的规定，沟通关键审计事项。

④根据《中国注册会计师审计准则第 1503 号——在审计报告中增加强调事项段和其他事项段》或其他审计准则的规定，注册会计师认为有必要（或应当）增加强调事项段或其他事项段。

2. 影响注册会计师沟通形式的因素：

（1）对该事项的讨论是否将包含在审计报告中。

（2）特定事项是否已经得到满意的解决。

（3）管理层是否已事先就该事项进行沟通。

（4）被审计单位的规模、经营结构、控制环境和法律结构。

（5）在特殊目的财务报表审计中，注册会计师是否还审计被审计单位的通用目的财务报表。

（6）法律法规要求。如果法律法规规定对某些特定事项的沟通必须采用书面、正式形式，应当从其规定。

（7）治理层的期望，包括与注册会计师定期会谈或沟通的安排。

（8）注册会计师与治理层持续接触和对话的次数。

（9）治理机构的成员是否发生了重大变化。

［本章考点子题答案及解析］

[1] 【答案：ABD】选项 C 错误，有关管理层胜任能力及诚信方面的事项，不宜与兼任高管的治理层成员沟通。

[2] 【答案：A】选项 A 错误，注册会计师没有必要就全部沟通事项与治理层整体进行沟通，而通常是与治理层的下设组织和人员进行沟通。

[3] 【答案：D】注册会计师与治理层沟通的事项可能包括：（1）注册会计师与财务报表审计的相关责任；（2）计划的审计范围和时间安排；（3）审计中发现的重大问题；（4）值得关注的内部控制缺陷；

（5）审计师的独立性以及（6）补充事项；但是不包括已确定的财务报表整体的重要性。

[4] 【答案：ABC】注册会计师应当与治理层沟通计划的审计范围和时间安排的总体情况，包括识别出的特别风险（选项 AB）。注册会计师应当与治理层沟通审计中发现的重大问题包括：（1）对会计实务重大方面的质量的看法（选项 C）；（2）审计工作中遇到的重大困难；（3）已与管理层讨论或书面沟通的审计中出现的重大事项；（4）影响审计报告形式和内容的情形；（5）对监督财务报表过程重大的其他事项。

[5] 【答案：AD】选项 B 错误，某项控制的设计、执行或运行不能及时防止或发现并纠正财务报表错报表明存在内部控制缺陷；选项 C 错误，注册会计师根据职业判断，认为足够重要从而值得治理层关注的内部控制的一个缺陷或多个缺陷的组合描述的是值得关注的内部控制缺陷。

[6] 【答案：C】选项 C 正确，与治理层沟通的书面记录属于审计工作底稿，审计工作底稿的所有权属于会计师事务所；选项 A 错误，在与治理层沟通某事项前，可能先与管理层沟通，除非这种做法不适当，例如就管理层胜任能力或诚信问题与其讨论可能是不适当的；选项 B 错误，审计发现的重大问题，如果根据职业判断认为口头形式不适当，应以书面形式沟通；选项 D 错误，如果注册会计师应治理层的要求向第三方提供为治理层编制的书面沟通文件的副本，注册会计师对第三方不承担责任。

[7] 【答案：D】对于审计准则要求的注册会计师的独立性，注册会计师应当以书面形式与治理层沟通，选项 D 正确。

[8] 【答案：A】选项 BC，对于独立性和值得关注的内部控制缺陷，注册会计师应当采用书面形式与治理层沟通；选项 D，审计和非审计服务收费，属于独立性中应当沟通的内容。

[9] 【答案：ACD】选项 B 错误，无论何时，就独立性的不利影响和相关防范措施作出了重要判断，就独立性进行沟通都可能是适当的，并不局限于期初。

[10] 【答案：ABCD】如果注册会计师与治理层之间的双向沟通不充分，并且这种情况得不到解决，注册 会计师可以采取下列措施：（1）根据范围受到的限制发表非无保留意见；（2）就采取不同措施的后果征询法律意见；（3）与第三方（如监管机构）、被审计单位外部的在治理结构中拥有更高权力的组织或人员（如企业的业主、股东大会中的股东）或对公共部门负责的政府部门进行沟通；（4）在法律法规允许的情况下解除业务约定。

[11] 【答案：ABD】选项 C 错误，对以口头形式沟通的事项，注册会计师应当形成审计工作底稿。

[12] 【答案：B】前任注册会计师，是指已对被审计单位上期财务报表进行审计，但被现任注册会计师接替的其他会计师事务所的注册会计师，选项 A 错误；前后任注册会计师指的是变更会计师事务所的情形，选项 B 正确，选项 C 错误；当会计师事务所发生变更时（变更已经发生或正在进行之中），前任注册会计师通常包含两种情况：（1）已对最近一期财务报表发表了审计意见的某会计师事务所的注册会计师；（2）接受委托但未完成审计工作的某会计师事务所的注册会计师，选项 D 错误。

[13] 【答案：A】选项 A 错误，在事务所未发生变更的情况下，同一事务所的不同注册会计师不属于前后任注册会计师的范畴。

[14] 【答案：C】选项 A 错误，接受委托后的沟通不是必要程序；选项 B 错误，前后任注册会计师的沟通可以采用书面方式也可以采用口头方式；选项 D 错误，后任注册会计师应当将沟通的情况记录

于审计工作底稿；选项C正确，后任注册会计师进行主动沟通的前提是征得被审计单位的同意。

[15]【答案】不恰当。后任注册会计师应当提请被审计单位以书面方式允许前任注册会计师对其询问作出充分答复，非口头同意。

【知识点回顾】注册会计师与前任注册会计师须征得管理层同意，但是不能以口头回复意见。

[16]【答案：ACD】选项A错误，当会计师事务所通过投标方式承接审计业务时，前任注册会计师只需对中标的会计师事务所（后任注册会计师）的询问做出答复，而无须对所有参与投标的会计师事务所的询问进行答复；选项C错误，在接受审计业务委托前，几乎不可能存在前任注册会计师允许后任注册会计师查阅其审计工作底稿的情况，接受委托前查阅前任注册会计师的审计工作底稿不是必要的审计程序；选项D错误，接受委托前的沟通是必要程序，而接受委托后的沟通不是必要程序。

[17]【答案：A】选项A错误，如果前任注册会计师决定提供工作底稿，一般可考虑进一步从被审计单位处获取一份确认函，以便降低在与后任注册会计师进行沟通时发生误解的可能性。前任注册会计师所在的会计师事务所可自主决定是否允许后任注册会计师获取工作底稿部分内容，或摘录部分工作底稿。

[18]【答案：AD】选项A错误，如果需要查阅前任注册会计师的审计工作底稿，后任注册会计师必须征得被审计单位同意；选项D错误，在接受委托前，后任注册会计师应当与前任注册会计师进行沟通，而接受委托后，与前任注册会计师的沟通是非必要的审计程序。

[19]【答案：AB】选项C错误，确定是否接受委托是接受委托前的沟通的目的；选项D错误，如果前任注册会计师决定向后任注册会计师提供工作底稿，一般可考虑进一步从被审计单位（前审计客户）处获取一份确认函，以便降低在与后任注册会计师进行沟通时发生误解的可能性。

[20]【答案：BCD】在接受委托前，后任注册会计师可以采用书面形式或口头形式与前任注册会计师进行沟通，选项B错误；如果需要查阅前任注册会计师的审计工作底稿，后任注册会计师必须征得被审计单位同意，选项C错误；在接受委托前，后任注册会计师应与前任注册会计师沟通，而接受委托后，与前任注册会计师的沟通非必要程序，选项D错误。

[21]【答案：B】选项B，应该考虑是否接受委托，而不是一定拒绝接受委托。

[22]【答案】不恰当。后任注册会计师不应在审计报告中表明，其审计意见全部或部分依赖前任注册会计师的审计报告或工作。

第 15 章　注册会计师利用他人的工作

本章思维导图

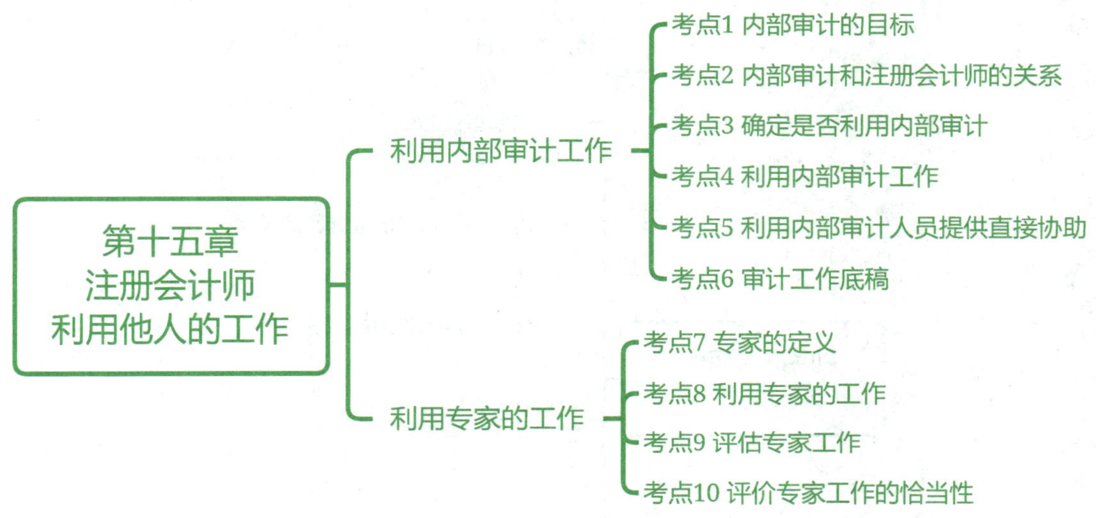

近三年本章考试题型及分值分布

题型	2022 年	2021 年	2020 年
单选题	1 题 1 分	1 题 1 分	2 题 2 分
多选题	2 题 4 分	—	—
简答题	—	—	1 题 1 分
综合题	—	—	1 题 1 分
合计	5 分	1 分	4 分

扫码畅听增值课

第一节 利用内部审计人员的工作

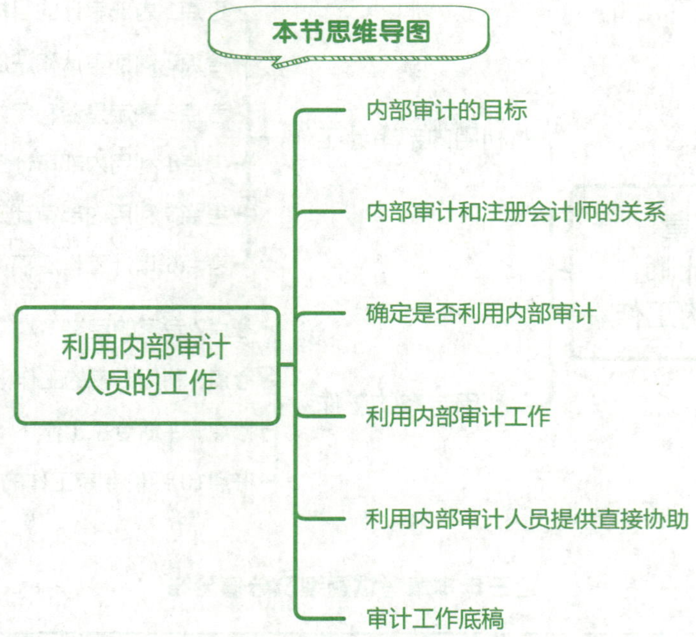

内部审计是指被审计单位负责执行鉴证和咨询活动，以评价和改进被审计单位的治理、风险管理和内部控制流程有效性的部门、岗位或人员。内部审计的职能包括检查、评价和监督内部控制的恰当性和有效性等。

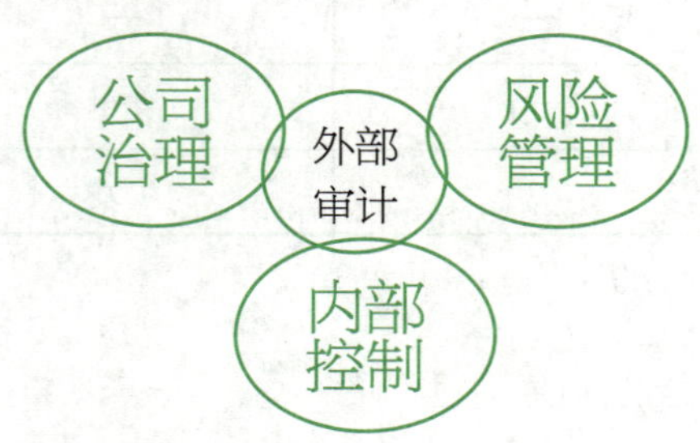

考点1 内部审计的目标

被审计单位内部审计的目标是由其管理层和治理层确定的。由于被审计单位的规模、组织结构以及管理层和治理层的要求不同，内部审计的目标和范围、职责及其在被审计单位中的地位（包括权威性和问责机制）可能有较大差别。

【考点母题——万变不离其宗】内部审计的目标

内部审计可能包括的活动有（　）。

A. 与公司治理相关的活动（评估道德和价值观，绩效管理和问责机制，向组织内的适当范围传达风险和控制信息，有效沟通等目标的实现）
B. 与风险管理有关的活动（有助于被审计单位识别和评价面临的重大风险，改善风险管理和内部控制，有助于被审计单位发现舞弊情形）
C. 与内部控制有关的活动（包括评价内部控制、检查财务和经营信息、复核经营活动、复核遵守法律法规的情况）

【考点子题——举一反三，真枪实练】

[1]（经典例题 • 多选题）下列各项中，属于内部审计可能包括的活动的有（　）。

A. 与公司治理有关的活动　　B. 与风险管理有关的活动
C. 与内部控制有关的活动　　D. 与编制报表有关的活动

考点 2　内部审计和注册会计师的关系

【考点母题——万变不离其宗】内部审计与注册会计师的关系

（1）下列有关于内部审计与注册会计师关系的说法中，正确的有（　）。

A. 为支持所得出的结论，审计人员都需要获取充分、适当的审计证据，都可以运用观察、询问、函证和分析程序等审计方法
B. 内部审计对象与注册会计师审计对象密切相关，甚至存在部分重叠
C. 注册会计师应当考虑内部审计工作的某些方面是否有助于确定审计程序的性质、时间安排和范围，包括了解内部控制采用的程序、评估财务报表重大错报风险采用的程序和实质性程序
D. 注册会计师必须对与财务报表审计相关的所有重大事项**独立**作出职业判断，而**不应完全依赖**内部审计工作
E. 审计过程中涉及的**职业判断**，如**重大错报风险的评估、重要性水平的确定、样本规模的确定、对会计政策和会计估计的评估等**，均应由注册会计师负责执行

（2）下列表述中，属于注册会计师在审计中利用内部审计人员的工作的有（　）。

A. 在获取审计证据的过程中利用内部审计的工作
B. 在注册会计师的指导、监督和复核下利用内部审计人员提供直接协助

（3）下列有关内部审计与注册会计师关系的说法中，错误的是（　）。

A. 注册会计师对发表的审计意见承担责任，这种责任能够因利用内部审计工作或利用内部审计人员对该项审计业务提供直接协助而减轻

【考点子题——举一反三，真枪实练】

[2]（经典例题 • 多选题）下列关于内部审计与注册会计师审计的关系的说法中，不正确的有（　）。

A. 内部审计和注册会计师审计中的审计人员都需要获取充分、适当的审计证据来支持所得出的结论，但内部审计不会采用函证

B. 对于审计过程中涉及的职业判断，注册会计师应更多的依赖内部审计人员的工作，从而减轻不必要的劳动，提高审计工作效率

C. 相关内部审计准则要求内部审计机构和人员保持独立性和客观性，因此内部审计人员的客观性能够达到注册会计师审计所要求的水平

D. 如果内部审计的工作结果表明被审计单位的财务报表在某些领域存在重大错报风险，注册会计师应当对这些领域给予特别关注

[3]（2020年·单选题）在对被审计单位同时执行财务报表审计和内部控制审计时，下列各项工作中，注册会计师可以利用被审计单位内部审计工作的是（　）。

A. 确定重要性水平　　B. 了解企业层面控制

C. 对重大业务流程实施穿行测试　　D. 确定细节测试的样本量

考点3 确定是否利用内部审计

注册会计师应当确定：（1）是否能够利用内部审计的工作；（2）如能利用，在哪些领域利用以及在多大程度上利用；（3）内部审计的工作是否足以实现审计目的。

评价**内容**	注册会计师应当通过评价下列事项，确定**是否**能够**利用**内部审计的工作以实现审计目的： 1. 内部审计在被审计单位中的**地位**，以及相关**政策**和程序**支持**内部审计人员客观性的程度 2. 内部审计人员的胜任能力 3. 内部审计是否采用系统、规范化的方法（包括质量管理）
不得利用内部审计工作的情形	1. 内部审计在被审计单位的地位以及相关政策和程序不足以支持内部审计人员的客观性 2. 内部审计人员缺乏足够的胜任能力 3. 内部审计没有采用系统、规范化的方法（包括质量管理）

续表

计划**较少地**利用内部审计工作的情形	1. 在下列方面涉及较多判断时： （1）计划和实施相关的审计程序 （2）评价收集的审计证据 2. 评估的**认定层次**重大错报风险较高，需要对识别出的特别风险予以特殊考虑 3. 内部审计在被审计单位中的地位以及相关政策和程序对内部审计人员客观性的**支持程度较弱** 4. 内部审计人员的**胜任能力较低**

【考点子题——举一反三，真枪实练】

［4］（经典例题•多选题）下列情形中，注册会计师不得利用内部审计工作的有（　）。

A. 评估的认定层次的重大错报风险较高

B. 内部审计人员缺乏足够的胜任能力

C. 内部审计没有采用系统、规范化的方法

D. 内部审计在被审计单位中的地位以及相关政策和程序对内部审计人员客观性的支持程度较弱

［5］（经典例题•多选题）下列情形中，属于注册会计师应当计划较少地利用内部审计工作，而更多地直接执行审计工作的有（　）。

A. 评估的认定层次重大错报风险较高，需要对识别出的特别风险予以特殊考虑

B. 内部审计没有采用系统、规范化的方法

C. 内部审计人员的胜任能力较低

D. 计划和实施相关的审计程序时涉及较多判断

考点 4　利用内部审计工作

【考点母题——万变不离其宗】利用内部审计工作

<table>
<tr><td colspan="2">（1）如果计划利用内部审计工作，注册会计师应当实施的工作有（　）。</td></tr>
<tr><td colspan="2">A. 应当与内部审计人员讨论利用其工作的计划，以作为协调各自工作的基础
B. 应当阅读与拟利用的内部审计工作相关的内部审计报告，以了解其实施的审计程序的性质和范围以及相关发现
C. 应当针对计划利用的全部内部审计工作实施充分的审计程序，以确定其对于实现审计目的是否适当</td></tr>
<tr><td rowspan="2">D. 注册会计师实施审计程序的性质和范围应当与其对相关事项的评价相适应，并应当包括重新执行内部审计的部分工作</td><td>（2）注册会计师实施审计程序的性质和范围应当与其对相关事项的评价相适应，对这些事项的评价包括（　）。</td></tr>
<tr><td>A. 涉及判断的程度
B. 评估的重大错报风险
C. 内部审计在被审计单位的地位以及相关政策和程序支持内部审计人员客观性的程度
D. 内部审计人员的胜任能力</td></tr>
</table>

【考点子题——举一反三，真枪实练】

[6]（经典例题•多选题）如注册会计师计划利用内部审计工作，下列说法中，正确的有（ ）。

A. 注册会计师应当与内部审计人员讨论利用其工作的计划，以作为协调各自工作的基础

B. 注册会计师应当评价内部审计工作是否经过恰当的计划、实施、监督、复核和记录

C. 注册会计师应当评价内部审计工作对于自身责任的减轻程度

D. 注册会计师实施审计程序的性质和范围应当包括重新执行内部审计的部分工作

考点5 利用内部审计人员提供直接协助

【考点母题——万变不离其宗】利用内部审计人员提供直接协助

（1）在注册会计师利用内部审计人员提供直接协助时，应注意的事项有（ ）。
A. 注册会计师应当确定是否能够利用内部审计人员提供直接协助 B. 如能利用，确定在哪些领域利用以及在多大程度上利用 C. 如果拟利用内部审计人员提供直接协助，适当地指导、监督和复核其工作 D. 注册会计师应当评价是否存在对内部审计人员**客观性**的不利影响及其严重程度（应包括询问内部审计人员可能对其客观性产生不利影响的利益和关系），以及提供直接协助的内部审计人员的**胜任能力**
（2）下列情形中，使得注册会计师**不得**利用内部审计人员提供直接协助的有（ ）。【人】
A. 存在对内部审计人员**客观性**的重大不利影响 B. 内部审计人员对拟执行的工作缺乏足够的胜任能力
（3）当审计程序具有下列（ ）特征时，注册会计师**不得**利用内部审计人员提供直接协助。【事】
A. 在审计中涉及作出**重大判断** B. 涉及**较高**的重大错报风险，在实施相关审计程序或评价收集的审计证据时需要作出**较多**的判断 C. 涉及内部审计人员**已经**参与并且已经或将要由内部审计向管理层或治理层**报告的**工作 D. 涉及注册会计师按照规定就内部审计，以及利用内部审计工作或利用内部审计人员提供直接协助作出的决策
（4）在利用内部审计人员提供直接协助**前**，注册会计**应当**实施的事项有（ ）。
A. 从拥有相关权限的被审计单位代表人员处获取**书面协议**，**允许**内部审计人员遵循注册会计师的指令，并且被审计单位**不干涉**内部审计人员为注册会计师执行的工作 B. 从内部审计人员处获取**书面协议**，表明其将按照注册会计师的指令对特定事项**保密**，并将对其客观性产生的任何不利影响告知注册会计师
（5）下列有关注册会计师对内部审计人员执行的工作进行指导、监督和复核的说法，正确的有（ ）。
A. 注册会计师应当认识到内部审计人员并不独立于被审计单位，并且指导、监督和复核的性质、时间安排和范围应恰当应对注册会计师对涉及判断的程度、评估的重大错报风险、拟提供直接协助的内部审计人员客观性（包括产生的不利影响及其严重程度）和胜任能力的评价结果 B. 复核程序应当包括由注册会计师**检查**内部审计人员执行的部分工作所获取的审计证据

【考点子题——举一反三，真枪实练】

[7]（经典例题•多选题）下列情形中，注册会计师不得利用内部审计人员提供直接协助的有（　）。

A. 评估的认定层次的重大错报风险较高

B. 存在对内部审计人员客观性的重大不利影响

C. 内部审计在被审计单位的地位对内部审计人员客观性的支持程度较弱

D. 内部审计人员对拟执行的工作缺乏足够的胜任能力

考点 6　审计工作底稿

情形	应当记录的内容
利用内部审计工作	1. 对下列事项的评价： （1）内部审计在被审计单位中的地位、相关政策和程序是否足以支持内部审计人员的客观性； （2）内部审计人员的胜任能力； （3）内部审计是否采用系统、规范化的方法。 2. 利用内部审计工作的性质和范围以及作出该决策的基础； 3. 注册会计师为评价利用内部审计工作的适当性而实施的审计程序
利用内部审计人员提供直接协助	1. 关于是否存在对内部审计人员客观性的不利影响及其严重程度的评价，以及关于提供直接协助的内部审计人员的胜任能力的评价； 2. 就内部审计人员执行工作的性质和范围作出决策的基础； 3. 所执行工作的复核人员及复核的日期和范围； 4. 从拥有相关权限的被审计单位代表人员和内部审计人员处获取的书面协议； 5. 在审计业务中提供直接协助的内部审计人员编制的审计工作底稿

【考点子题——举一反三，真枪实练】

[8]（经典例题•多选题）下列各项中，属于注册会计师在利用内部审计工作时，需要在审计工作底稿中记录的内容有（　）。

A. 在审计业务中提供直接协助的内部审计人员编制的审计工作底稿

B. 注册会计师对内部审计在被审计单位中的地位、相关政策和程序是否足以支持内部审计人员的客观性的评价

C. 注册会计师为评价利用内部审计工作的适当性而实施的审计程序

D. 利用内部审计工作的性质和范围以及作出该决策的基础

第二节　利用专家的工作

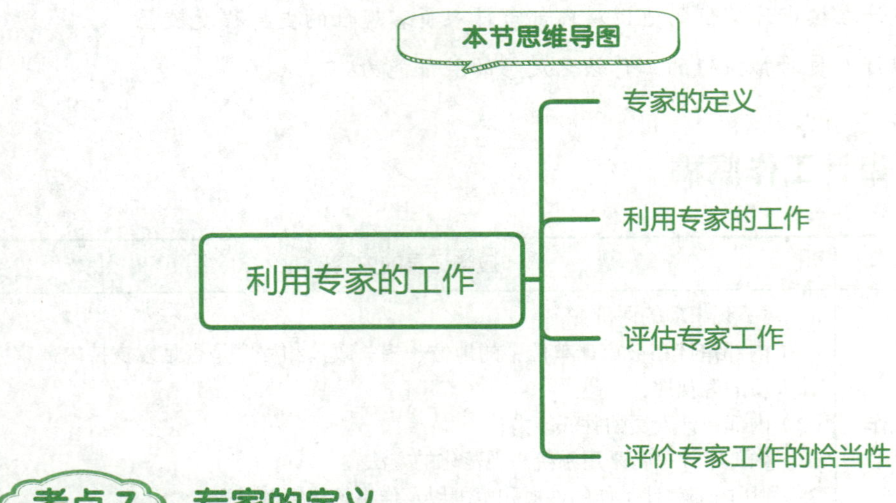

考点7　专家的定义

注册会计师的专家，是指在**会计或审计以外**的某一领域具有专长的**个人或组织**，并且其工作被注册会计师利用，以协助注册会计师获取充分、适当的审计证据。

这里的专长，是指在某一特定领域中拥有的专门技能、知识和经验（如估价，精算，自然资源估算，对合同、法律法规解释，对复杂或异常纳税问题分析）。

【考点母题——万变不离其宗】专家的定义

下列有关注册会计师的专家的说法中，正确的有（　）。

续表

A. 专家既可能是会计师事务所**内部专家**（如会计师事务所或网络事务所的合伙人或员工，包括临时员工），也可能是会计师事务所**外部专家** B. 专家通常可以是工程师、律师、资产评估师、精算师、环境专家、地质专家、IT 专家以及税务专家，也可以是这些个人所从属的组织，如律师事务所、资产评估公司以及各种咨询公司等

【考点子题——举一反三，真枪实练】

[9]（经典例题·单选题）下列有关注册会计师的专家的说法中，正确的是（　）。

A. 在税务领域具有专长的个人，可能成为注册会计师的专家

B. 注册会计师的专家不能是会计师事务所的临时员工

C. 无论是内部专家还是外部专家，都是项目组成员，受会计师事务所的质量管理政策和程序的约束

D. 注册会计师应当在无保留意见的审计报告中提及专家的工作

[10]（2019 年·多选题）下列有关注册会计师的专家的说法中，正确的有（　）。

A. 注册会计师的专家包括在会计或审计领域具有专长的个人或组织

B. 注册会计师的专家可以是网络事务所的合伙人或员工

C. 注册会计师的专家可以是会计师事务所的临时员工

D. 注册会计师的专家包括被审计单位管理层的专家

考点 8　利用专家的工作

【考点母题——万变不离其宗】利用专家的工作

（1）下列情形中，可能需要利用专家工作的有（　）。
A. 了解被审计单位及其环境 B. 识别和评估重大错报风险 C. 针对评估的财务报表层次风险，确定并实施总体应对措施 D. 针对评估的认定层次风险，设计和实施进一步审计程序，包括控制测试和实质性程序 E. 在对财务报表形成审计意见时，评价已获取的审计证据的充分性和适当性
（2）下列各项中，属于注册会计师确定是否利用专家工作时可能考虑的因素有（　）。
A. 管理层在编制财务报表时是否利用了管理层的专家的工作（管理层专家，是指在会计、审计以外的某一领域具有专长的个人或组织，其工作被**管理层**利用以协助编制财务报表） B. 事项的性质和重要性，包括复杂程度 C. 事项存在的重大错报风险 D. 应对识别出的风险的预期程序的性质，包括注册会计师对与这些事项相关的专家工作的了解和具有的经验，以及是否可以获取替代性的审计证据
（3）下列各项中，不属于注册会计师确定是否利用专家工作时可能考虑的因素是（　）。
A. 注册会计师想减轻为发表审计意见独立承担的责任

【考点子题——举一反三，真枪实练】

[11]（经典例题•多选题）在确定是否利用专家的工作，以协助获取充分、适当的审计证据时，注册会计师可能考虑的因素包括（　）。

A. 事项的性质和重要性，但不包括复杂程度

B. 管理层在编制财务报表时是否利用了管理层的专家的工作

C. 财务报表的重要性

D. 应对识别出的风险的预期程序的性质，包括注册会计师对与这些事项相关的专家工作的了解和具有的经验，以及是否可以获得替代性的审计证据

考点9 评估专家工作

评估专家工作的事项包括：专家的胜任能力、专业素质和客观性，了解专家的专长领域，与专家达成一致意见，评价专家工作的恰当性。

专家的胜任能力、专业素质和客观性	1. 注册会计师**应当**评价专家是否具有实现审计目的所必需的胜任能力、专业素质和客观性； 2. 在评价**外部**专家的客观性时，注册会计师应当**询问**可能对外部专家客观性产生不利影响的利益和关系
了解专家的专长领域	1. 注册会计师**应当**充分了解专家的专长领域，以能够：（总体要求） （1）为了实现审计目的，确定专家工作的性质、范围和目标； （2）评价专家的工作是否足以实现审计目的。 2. 注册会计师对专家的专长领域的了解可能包括下列方面： （1）专家的专长领域是否与审计工作相关； （2）职业准则或其他准则以及法律法规是否适用； （3）专家使用哪些假设和方法，及其在专家的专长领域是否得到普遍认可，对实现财务报告目的是否适当； （4）专家使用的内外部数据或信息的性质
与专家达成一致意见	1. 无论是外部或内部专家，注册会计师应当与其达成一致意见，并**根据需要**形成**书面协议**（总体要求）； 2. 专家工作的性质、范围和目标（注册会计师通常需要与专家讨论需要遵守的相关技术标准、其他职业准则或行业要求）； 3. 注册会计师和专家各自的角色与责任： （1）由注册会计师还是专家对原始数据实施细节测试； （2）同意注册会计师与被审计单位或其他人员讨论专家的工作结果或结论，必要时，包括同意注册会计师将专家的工作结果或结论的细节作为注册会计师在审计报告中发表非无保留意见的基础； （3）将注册会计师对专家工作形成的结论告知专家。 4. 注册会计师和专家之间沟通的性质、时间安排和范围（如果专家的二作与注册会计师针对某项特别风险形成的结论相关，专家不仅要在工作结束时提交一份正式的书面报告，而且要随着工作的推进随时作出口头报告）； 5. 对专家遵守**保密**规定的要求（职业道德中**保密条款**同样**适用于专家**）

【考点子题——举一反三，真枪实练】

[12]（2018 年·单选题）下列有关注册会计师的外部专家的说法中，错误的是（　）。

A. 外部专家无需遵守注册会计师职业道德守则的要求

B. 外部专家不是审计项目组成员

C. 外部专家不受会计师事务所质量管理政策和程序的约束

D. 外部专家的工作底稿通常不构成审计工作底稿

[13]（2013 年·单选题）下列有关注册会计师利用外部专家工作的说法中，错误的是（　）。

A. 外部专家需要遵守适用于注册会计师的相关职业道德要求中的保密条款

B. 外部专家不受会计师事务所按照质量管理准则制定的质量管理政策和程序的约束

C. 外部专家的工作底稿是审计工作底稿的一部分

D. 在审计报告中提及外部专家的工作并不减轻注册会计师对审计意见承担的责任

考点 10　评价专家工作的恰当性

注册会计师应当评价专家的工作是否足以实现审计目的，包括：（总体要求）

（1）专家的工作结果或结论的相关性和合理性，以及与其他审计证据的一致性；

（2）如果专家的工作涉及使用重要的假设和方法，这些假设和方法在具体情况下的相关性和合理性；

（3）如果专家的工作涉及使用重要的原始数据，这些原始数据的相关性、完整性和准确性。

【考点母题——万变不离其宗】评价专家工作的恰当性

<table>
<tr><td colspan="2">（1）下列有关评价专家工作是否足以实现审计目的所实施的特定程序，正确的有（　）。</td></tr>
<tr><td colspan="2">A. 询问专家　　B. 复核专家的工作底稿和报告</td></tr>
<tr><td rowspan="2">C. 实施用于证实的程序</td><td>（2）下列属于注册会计师实施用于证实的程序的有（　）。</td></tr>
<tr><td>A. 观察专家的工作
B. 检查已公布的数据
C. 向第三方询证相关事项
D. 执行详细的分析程序
E. 重新计算</td></tr>
<tr><td colspan="2">D. 必要时（如当专家的工作结果或结论与其他审计证据不一致时）与具有相关专长的其他专家讨论
E. 与管理层讨论专家的报告</td></tr>
<tr><td colspan="2">（3）评价专家工作涉及使用重要的假设和方法的相关性和合理性时，注册会计师需要考虑的事项有（　）。</td></tr>
</table>

续表

A. 这些假设和方法在专家的专长领域是否得到普遍认可 B. 这些假设和方法是否与适用的财务报告编制基础的要求相一致 C. 这些假设和放法是否依赖某些专用模型的应用 D. 这些假设和方法是否与管理层的假设、方法相一致，如果不一致，差异的原因及影响
（4）评价专家工作结果或结论的相关性和合理性时，注册会计师需要考虑的事项有（　）。
A. 专家提交其工作结果或结论的方式是否符合专家所在的职业或行业标准 B. 专家的工作结果或结论是否得到清楚的表述，包括提及与注册会计师达成一致的目标，执行工作的范围和运用的标准 C. 专家的工作结果或结论是否基于适当的期间，并考虑期后事项（如相关） D. 专家的工作结果或结论在使用方面是否有任何保留、限制或约束，如果有，是否对注册会计师的工作产生影响 E. 专家的工作结果或结论是否适当考虑了专家遇到的错误或偏差情况
（5）评价专家工作涉及使用重要的原始数据的相关性、完整性和准确性时，注册会计师可以实施的程序有（　）。
A. 核实数据的来源，包括了解和测试（适用时）针对数据的内部控制，以及向专家传送数据的方式（如相关） B. 复核数据的完整性和内在一致性
（6）评价结果为不恰当时，注册会计师应实施的措施有（　）。
A. 如果确定专家的工作不足以实现审计目的，注册会计师应**就专家拟执行的进一步工作的性质和范围，与专家达成一致意见**或**根据具体情况，实施追加的审计程序**（采取措施之一） B. 如果注册会计师认为专家的工作不足以实现审计目的，且追加审计程序、聘用其他专家仍不能解决问题，则有必要发表非无保留意见
（7）在考虑利用专家的工作时，注册会计师确定相关审计程序的性质、时间安排和范围应当考虑的有（　）。
A. 与专家工作相关的事项的性质 B. 与专家工作相关的事项中存在的重大错报风险 C. 专家的工作在审计中的重要程度 D. 注册会计师对专家以前所做工作的了解，以及与之接触的经验 E. 专家是否需要遵守会计师事务所的**质量管理体系**（**如内部专家应遵守，外部专家不受约束**）
（8）下列有关是否提及专家工作的描述中，正确的有（　）。
A. 注册会计师不应在无保留意见审计报告中提及专家的工作，除非法律法规另有规定 B. 如提及专家工作，注册会计师应在审计报告中指明，这种提及并不减轻注册会计师对审计意见承担的责任（无论无保留还是非无保留意见）

【考点子题——举一反三，真枪实练】

[14]（2020年·单选题）下列人员中，应当遵守注册会计师所在会计师事务所的质量管理政策和程序的是（　）。

A. 为财务报表审计提供直接协助的被审计单位内部审计人员

B. 注册会计师利用的内部专家

C. 来自其他会计师事务所的组成部分注册会计师

D. 其工作被用作审计证据的被审计单位管理层的专家

[15]（2017 年•综合题部分）甲公司是 ABC 会计师事务所的常年审计客户，主要从事电气设备的生产和销售。A 注册会计师负责审计甲公司 2016 年度财务报表，确定财务报表整体的重要性为 300 万元，实际执行的重要性为 210 万元。

资料三：A 注册会计师在审计工作底稿中记录了审计计划，部分摘录如下：

（4）A 注册会计师拟利用评估专家对甲公司的商誉减值测试进行评估。由专家负责评价其使用的重要原始数据的相关性、准确性和完整性。A 注册会计师负责评价：①专家工作涉及使用的重要假设和方法的相关性和合理性；②专家工作结果的相关性和合理性，以及与其他审计证据的一致性。

要求：针对资料三第（4）项，假定不考虑其他条件，指出审计计划的内容是否恰当。如不恰当，简要说明理由。

【本章考点子题答案及解析】

[1] 【答案：ABC】选项 D 错误，内部审计不能参与编制报表有关的活动，如履行编制财务报表职责等。

[2] 【答案：ABC】选项 A 错误，内部审计与注册会计师审计用以实现各自目标的某些方法通常是相似的，为支持所得出的结论，审计人员都需要获取充分、适当的审计证据，都可以运用观察、询问、函证和分析程序等审计方法；选项 B 错误，注册会计师必须对与财务报表审计有关的所有重大事项独立作出职业判断，而不应完全依赖内部审计工作；选项 C 错误，虽然相关内部审计准则要求内部审计机构和人员保持独立性和客观性，但考虑到内部审计是被审计单位的一部分，其自主程度和客观性毕竟是有限的，无法达到注册会计师审计所要求的水平。

[3] 【答案：C】对重大业务流程实施穿行测试可以利用被审计单位内部审计工作，选项 C 正确。

[4] 【答案：BC】如果存在下列情形之一，注册会计师不得利用内部审计的工作：

（1）内部审计在被审计单位的地位以及相关政策和程序不足以支持内部审计人员的客观性；（2）内部审计人员缺乏足够的胜任能力（选项 B）；（3）内部审计没有采用系统、规范化的方法（选项 C）。选项 AD，属于注册会计师应当计划较少地利用内部审计工作的情形。

[5] 【答案：ACD】选项 B，属于不得利用内部审计工作的情形。

[6] 【答案：ABD】选项 C 错误，利用内部审计工作不能减轻注册会计师的责任。

[7] 【答案：BD】选项 A，不能决定是否利用内部审计工作；选项 C，属于应当计划较少地利用内部审计工作，而更多地直接执行审计工作的情形。

[8] 【答案：ABCD】

情形	利用内部审计工作	利用内部审计人员提供直接协助
审计工作底稿的记录内容	1. 对下列事项的评价： （1）内部审计在被审计单位中的地位、相关政策和程序是否足以支持内部审计人员的客观性 （2）内部审计人员的胜任能力 （3）内部审计是否采用系统、规范化的方法 2. 利用内部审计工作的性质和范围以及作出该决策的基础 3. 注册会计师为评价利用内部审计工作的适当性而实施的审计程序	1. 关于是否存在对内部审计人员客观性的不利影响及其严重程度的评价，以及关于提供直接协助的内部审计人员的胜任能力的评价 2. 就内部审计人员执行工作的性质和范围作出决策的基础 3. 所执行工作的复核人员及复核的日期和范围 4. 从拥有相关权限的被审计单位代表人员和内部审计人员处获取的书面协议 5. 在审计业务中提供直接协助的内部审计人员编制的审计工作底稿

[9] 【答案：A】选项 B 错误，专家既可能是会计师事务所内部专家（如会计师事务所或其网络事务所的合伙人或员工，包括临时员工），也可能是会计师事务所外部专家；选项 C 错误，外部专家不属于审计项目组成员，不受会计师事务所的质量管理政策和程序约束；选项 D 错误，注册会计师不应在无保留意见的审计报告中提及专家的工作，除非法律法规另有规定。

[10] 【答案：BC】注册会计师的专家，是指在会计或审计以外的某一领域具有专长的个人或组织，并且其工作被注册会计师利用，以协助注册会计师获取充分、适当的审计证据。专家既可能是会计师事务所内部专家（如会计师事务所或其网络事务所的合伙人或员工，包括临时员工），也可能是会计师事务所外部专家，选项 BC 正确，选项 A 错误；注册会计师的专家不包括被审计单位管理层的专家，选项 D 错误。

[11] 【答案：BD】在确定是否利用专家的工作，以协助获取充分、适当的审计证据时，注册会计师可能考虑的因素包括：（1）管理层在编制财务报表时是否利用了管理层的专家的工作（选项 B）；（2）事项的性质和重要性，包括复杂程度；（3）事项存在的重大错报风险；（4）应对识别出的风险的预期程序的性质，包括注册会计师对与这些事项相关的专家工作的了解和具有的经验以及是否可以获得替代性的审计证据（选项 D）。

[12] 【答案：A】外部专家需要遵守注册会计师职业道德守则中的保密条款，选项 A 错误。

[13] 【答案：C】除非协议另作安排，外部专家的工作底稿属于外部专家，不是审计工作底稿的一部分，选项 C 错误。

[14] 【答案：B】在考虑专家是否需要遵守会计师事务所的质量管理政策和程序时，应当区分内部专家和外部专家。内部专家可能是会计师事务所的合伙人或员工（包括临时员工），因此需要遵守所在会计师事务所根据《会计师事务所质量管理准则第 5101 号——业务质量管理》制定的政策和程序。内部专家也可能是与会计师事务所共享统一的质量管理政策和程序的网络事务所的合伙人或员工（包括临时员工），选项 B 正确。

[15] 【答案】不恰当。应当由注册会计师评价专家的工作涉及使用的重要原始数据的相关性、准确性和完整性。

【知识点回顾】按准则的规定，注册会计师应当评价专家的工作涉及使用的重要原始数据的相关性、准确性和完整性。

第 16 章　对集团财务报表审计的特殊考虑

本章思维导图

第十六章 对集团财务报表审计的特殊考虑

- 与集团财务报表审计相关的概念 —考点1 集团审计的相关概念
- 集团审计中的责任设定和注册会计师的目标 —考点2 集团审计责任
- 集团审计业务的接受与保持 —考点3 集团审计业务的接受与保持
- 了解集团及其环境、集团组成部分及其环境 —考点4 集团审计风险评估
- 了解组成部分注册会计师 —考点5 了解组成部分注册会计师
- 重要性 —考点6 集团及组成部分重要性
- 针对评估的风险采取的应对措施 —考点7 针对评估的风险采取的应对措施
- 合并过程及期后事项 —考点8 合并过程及期后事项
- 与组成部分注册会计师的沟通 —考点9 与组成部分注册会计师的沟通
- 评价审计证据的充分性和适当性 —考点10 评价审计证据的充分性和适当性
- 与集团管理层和集团治理层的沟通 —考点11 与集团管理层和集团治理层的沟通

近三年本章考试题型及分值分布

题型	2022 年	2021 年	2020 年
单选题	2 题 2 分	—	2 题 2 分
多选题	1 题 2 分	—	1 题 2 分
简答题	—	5 题 5 分	—
综合题	—	—	—
合计	4 分	5 分	4 分

扫码畅听增值课

第一节 与集团财务报表审计相关的概念

考点1 集团审计的相关概念

集团是由所有组成部分构成的整体，并且所有组成部分的财务信息包括在集团财务报表中。

【考点母题——万变不离其宗】集团审计的相关概念

<table>
<tr><td rowspan="2">组成部分</td><td>（1）下列属于集团财务报表审计组成部分的有（ ）。</td></tr>
<tr><td>A. 某一实体或某项业务活动，其财务信息包括在集团财务报表中
B. 母公司、子公司、合营企业以及按权益法或成本法核算的被投资实体，或者集团本部、分支机构
C. 职能部门、生产过程、单项产品或劳务（或一组产品或劳务）或地区</td></tr>
<tr><td rowspan="2">重要组成部分</td><td>（2）下列属于集团财务报表审计重要组成部分的有（ ）。</td></tr>
<tr><td>A. 单个组成部分对集团具有财务重大性（例如超过选定基准 15% 的组成部分）
B. 单个组成部分的特定性质或情况（可能存在导致集团财务报表发生重大错报的特别风险）</td></tr>
<tr><td rowspan="2">集团财务报表</td><td>（3）下列关于集团财务报表说法正确的有（ ）。</td></tr>
<tr><td>A. 包括一个以上组成部分财务信息的财务报表
B. 没有母公司但处在同一控制下的各组成部分编制的财务信息所汇总生成的财务报表</td></tr>
</table>

续表

集团审计和集团审计意见	（4）下列关于集团审计和集团审计意见说法正确的有（　）。
	A. 集团审计是指对集团财务报表进行的审计 B. 集团审计意见是指对集团财务报表发表的审计意见
集团项目合伙人和集团项目组	（5）下列关于集团项目合伙人或集团项目组说法正确的有（　）。
	A. 集团项目合伙人是指会计师事务所中负责某项集团审计业务及其执行，并代表会计师事务所在对集团财务报表出具的审计报告上签字的合伙人 B. 集团项目组是指参与集团审计的，包括集团项目合伙人在内的所有合伙人和员工
组成部分注册会计师	（6）下列关于集团财务报表审计中组成部分注册会计师说法正确的有（　）。
	A. 组成部分注册会计师是对组成部分财务信息执行相关工作的注册会计师 B. 集团项目组成员在执行组成部分相关工作时也是组成部分注册会计师

【考点子题——举一反三，真枪实练】

[1]（经典例题·多选题）下列各项中，可能属于集团财务报表审计组成部分的有（　）。

A. 集团内的合营企业　　B. 与集团有大量业务往来的供应商

C. 集团内的子公司　　D. 集团职能部门

第二节　集团审计中的责任设定和注册会计师的目标

考点 2　集团审计责任

【考点母题——万变不离其宗】集团审计责任

（1）下列有关于集团审计中责任设定的说法中，正确的有（　）。
A. 集团项目组对整个集团审计工作及审计意见负**全部**责任，这一责任不因利用组成部分注册会计师的工作而减轻 B. 集团项目合伙人应当确信执行集团审计业务的人员（包括组成部分注册会计师）从整体上具备适当的胜任能力和必要素质 C. 集团项目合伙人还需要对指导、监督和执行集团审计业务承担责任，并出具适合具体情况的审计报告 D. 注册会计师对集团财务报表出具的审计报告不应提及组成部分注册会计师，除非法律法规另有规定 E. 如果法律法规要求在审计报告中提及组成部分注册会计师，审计报告应当指明，这种提及并不减轻集团项目合伙人及其所在的会计师事务所对集团审计意见承担的责任
（2）下列各项中，属于在集团审计中注册会计师的目标的有（　）。

续表

A. 确定是否担任集团审计的注册会计师 B. 如果担任集团审计的注册会计师，就组成部分注册会计师对组成部分财务信息执行工作的范围、时间安排和发现的问题，与组成部分注册会计师进行清晰的沟通 C. 针对组成部分财务信息和合并过程，获取充分、适当的审计证据，以对集团财务报表是否在所有重大方面按照适用的财务报告编制基础编制发表审计意见

【考点子题——举一反三，真枪实练】

[2]（2017年·多选题）在审计集团财务报表时，下列各项工作中，应当由集团项目组执行的有（　）。

A. 确定对组成部分执行的工作类型

B. 了解合并过程

C. 对重要组成部分实施风险评估程序

D. 对不重要的组成部分在集团层面实施分析程序

第三节　集团审计业务的接受与保持

考点3　集团审计业务的接受与保持

【考点母题——万变不离其宗】集团审计业务的接受与保持

集团审计业务承接前提	（1）下列关于集团审计业务承接前提的说法中，正确的有（　）。
	A. 集团项目合伙人应当确定是否能够合理预期获取与合并过程和组成部分财务信息相关的充分、适当的审计证据 B. 集团项目组应当了解集团及其环境、集团组成部分及其环境，以足以识别可能的重要组成部分 C. 如果组成部分注册会计师对重要组成部分财务信息执行相关工作，集团项目合伙人应当评价集团项目组参与组成部分注册会计师工作的程度是否足以获取充分、适当的审计证据
审计范围受限	（2）在集团管理层施加限制的情形下，集团项目合伙人应当采取的措施有（　）。
	A. 如果是新业务，拒绝接受业务委托 B. 如果是连续审计业务，在法律法规允许的情况下解除业务约定 C. 如果法律法规禁止拒绝接受委托或不能解除业务时，在可能的范围内对集团财务报表实施审计，并对集团财务报表发表无法表示意见
	（3）下列关于管理层限制注册会计师接触信息的说法中，正确的有（　）。
	A. 限制不重要的组成部分，可能能够获取充分、适当的审计证据 B. 限制重要的组成部分，无法获取充分、适当的审计证据

【考点子题——举一反三，真枪实练】

[3]（经典例题·多选题）下列有关集团审计业务的说法中，正确的有（　）。

A. 审计的目的是改善财务报表质量，因此，审计可以减轻被审计单位管理层对财务报表的责任

B. 如果组成部分注册会计师对重要组成部分财务信息执行相关工作，集团项目合伙人应当评价集团项目组参与组成部分注册会计师工作的程度是否足以获取充分、适当的审计证据

C. 如果集团管理层限制集团项目组或组成部分注册会计师接触重要组成部分的信息，则集团项目组将无法获取充分、适当的审计证据

D. 集团项目组或代表集团项目组的组成部分注册会计师应当了解集团及其环境、集团组成部分及其环境

第四节　了解集团及其环境、集团组成部分及其环境

集团项目组应当对集团及其环境、集团组成部分及其环境获取充分的了解，以足以：（1）确认或修正最初识别的重要组成部分；（2）评估由于舞弊或错误导致集团财务报表发生重大错报的风险。

集团项目组应当：（1）在业务接受或保持阶段获取信息的基础上，进一步了解集团及其环境、集团组成部分及其环境，包括集团层面控制；（2）了解合并过程，包括集团管理层向组成部分下达的指令。

考点 4　集团审计风险评估

项目组关键成员需要讨论由于舞弊或错误导致被审计单位财务报表发生重大错报的可能性，并特别强调舞弊导致的风险。

【考点母题——万变不离其宗】集团审计风险评估

识别舞弊导致的集团财务报表重大错报风险所需信息	（1）识别由于舞弊导致的集团财务报表重大错报风险所需信息有（　）。
	A. 集团管理层对集团财务报表可能存在由于舞弊导致的重大错报风险的评估 B. 集团管理层对集团舞弊风险的识别和应对过程 C. 是否有特定组成部分可能存在舞弊风险 D. 集团治理层如何监督集团管理层识别和应对集团舞弊风险的过程及相应的内部控制 E. 询问集团治理层、管理层和内部审计人员所作出的答复

续表

评估集团财务报表重大错报风险	（2）评估集团财务报表重大错报风险所需的信息有（　）。
	A. 在了解集团及其环境、集团组成部分及其环境和合并过程时获取的信息 B. 从组成部分注册会计师获取的信息

【考点子题——举一反三，真枪实练】

[4]（经典例题•多选题）下列关于集团审计业务的说法中，正确的有（　）。

A. 集团项目组应当评估集团财务报表重大错报风险依据的信息

B. 集团项目组应当了解集团层面控制

C. 集团项目组应识别是否有特定组成部分可能存在舞弊风险

D. 集团项目组应当了解集团管理层向组成部分下达的指令

第五节　了解组成部分注册会计师

只有当基于集团审计目的，计划要求由组成部分注册会计师执行组成部分财务信息的相关工作时，集团项目组才需要了解组成部分注册会计师。

如果计划要求组成部分注册会计师执行组成部分财务信息的相关工作，集团项目组应当了解下列事项：

1. 组成部分注册会计师是否了解并将遵守与集团审计相关的职业道德要求，特别是独立性要求。

2. 组成部分注册会计师是否具备专业胜任能力。

3. 集团项目组参与组成部分注册会计师工作的程度是否足以获取充分、适当的审计证据。

4. 组成部分注册会计师是否处于积极的监管环境中。

考点5　了解组成部分注册会计师

【考点母题——万变不离其宗】了解组成部分注册会计师

职业道德要求	（1）下列与集团审计相关的职业道德要求的说法，正确的是（　）。
	A. 组成部分注册会计师需要遵守与集团审计相关的职业道德要求
组成部分注册会计师的专业胜任能力	（2）在集团审计中，组成部分注册会计师的专业胜任能力包括（　）。
	A. 组成部分注册会计师是否对适用于集团审计的审计准则和其他**职业准则**有充分的了解 B. 组成部分注册会计师是否拥有对特定组成部分财务信息执行相关工作所必需的专门**技能** C. 组成部分注册会计师是否对适用的财务报告编制基础（集团管理层向组成部分下达的指令，通常说明适用的财务报告编制基础的特征）有充分的了解
利用对组成部分注册会计师的了解	（3）在审计集团财务报表时，导致集团项目组不应利用组成部分注册会计师对组成部分财务信息执行的相关工作，即集团项目组应亲自获取充分、适当的审计证据的情形有（　）。
	A. 对组成部分注册会计师是否了解并将遵守与集团审计相关的职业道德要求有重大疑虑 B. 对组成部分注册会计师是否具备专业胜任能力有重大疑虑 C. 对集团项目组参与组成部分注册会计师工作的程度是否足以获取充分、适当的审计证据有重大疑虑 D. 组成部分注册会计师不符合与集团审计相关的**独立性**要求
	（4）集团项目组通过参与组成部分注册会计师的工作、实施追加的风险评估程序或对组成部分财务信息实施进一步审计程序，**能消除**的影响有（　）。
	A. 对组成部分注册会计师专业胜任能力的并非重大疑虑 B. 组成部分注册会计师未处于积极有效的监管环境中

【考点子题——举一反三，真枪实练】

［5］（经典例题•单选题）在审计集团财务报表时，下列情形中，导致集团项目组无法利用组成部分注册会计师工作的是（　）。

A. 组成部分注册会计师未处于积极有效监管环境中

B. 组成部分注册会计师不符合与集团审计相关的独立性要求

C. 集团项目组对组成部分注册会计师的专业胜任能力存有并非重大的疑虑

D. 组成部分注册会计师无法向集团项目组提供所有审计工作底稿

［6］（2015 年•单选题）在了解组成部分注册会计师后，下列情形中，集团项目组可以采取措施消除其疑虑或影响的是（　）。

A. 组成部分注册会计师不符合与集团审计相关的独立性要求

B. 集团项目组对组成部分注册会计师的专业胜任能力存有重大疑虑

C. 集团项目组对组成部分注册会计师的职业道德存有重大疑虑

D. 组成部分注册会计师未处于积极有效的监管环境中

第六节 重要性

考点6 集团及组成部分重要性

【考点母题——万变不离其宗】集团及组成部分重要性

集团重要性	（1）下列关于集团重要性的说法中，正确的有（ ）。
	A. 在制定集团总体审计策略时，集团项目组确定集团财务报表整体的重要性 B. 可确定适用于特定类别交易、账户余额或披露的一个或多个重要性水平
组成部分重要性	（2）下列关于组成部分重要性的说法中，正确的有（ ）。
	A. 组成部分注册会计师对组成部分财务信息实施审计或审阅，集团项目组应当基于集团审计目的确定组成部分重要性 B. **集团项目组**应当将组成部分重要性设定为**低于**集团财务报表整体的重要性（无需按比例分配、无需汇总等于集团重要性） C. 在审计组成部分财务信息时，**组成部分注册会计师**（或集团项目组）需要确定组成部分层面**实际执行的重要性** D. 组成部分注册会计师需要将在组成部分财务信息中识别出的超过临界值的错报通报给集团项目组 E. 基于集团审计目的，由组成部分注册会计师对组成部分财务信息执行审计工作，集团项目组**应当评价**在组成部分层面确定的**实际执行的重要性的适当性**

【考点子题——举一反三，真枪实练】

［7］（2020年•单选题）对于集团财务报表审计，下列有关组成部分重要性的说法中，错误的是（ ）。

A. 组成部分重要性应当小于集团财务报表整体的重要性

B. 不同组成部分的组成部分重要性可以相同

C. 集团项目组应当评价组成部分注册会计师确定的组成部分重要性是否适当

D. 并非所有组成部分都需要组成部分重要性

［8］（2017年•多选题）下列各项中，注册会计师在执行一项财务报表审计业务时可以对其确定多项金额的有（ ）。

A. 财务报表整体的重要性

B. 特定交易类别，账户余额或披露的重要性水平

C. 实际执行的重要性

D. 明显微小错报的临界值

[9]（2015 年 • 多选题）下列各项中，应当由集团项目组确定的有（　）。

A. 集团明显微小错报临界值　　B. 集团整体重要性

C. 组成部分重要性　　D. 组成部分实际执行重要性

第七节　针对评估的风险采取的应对措施

注册会计师应当针对评估的财务报表重大错报风险设计和实施恰当的应对措施。

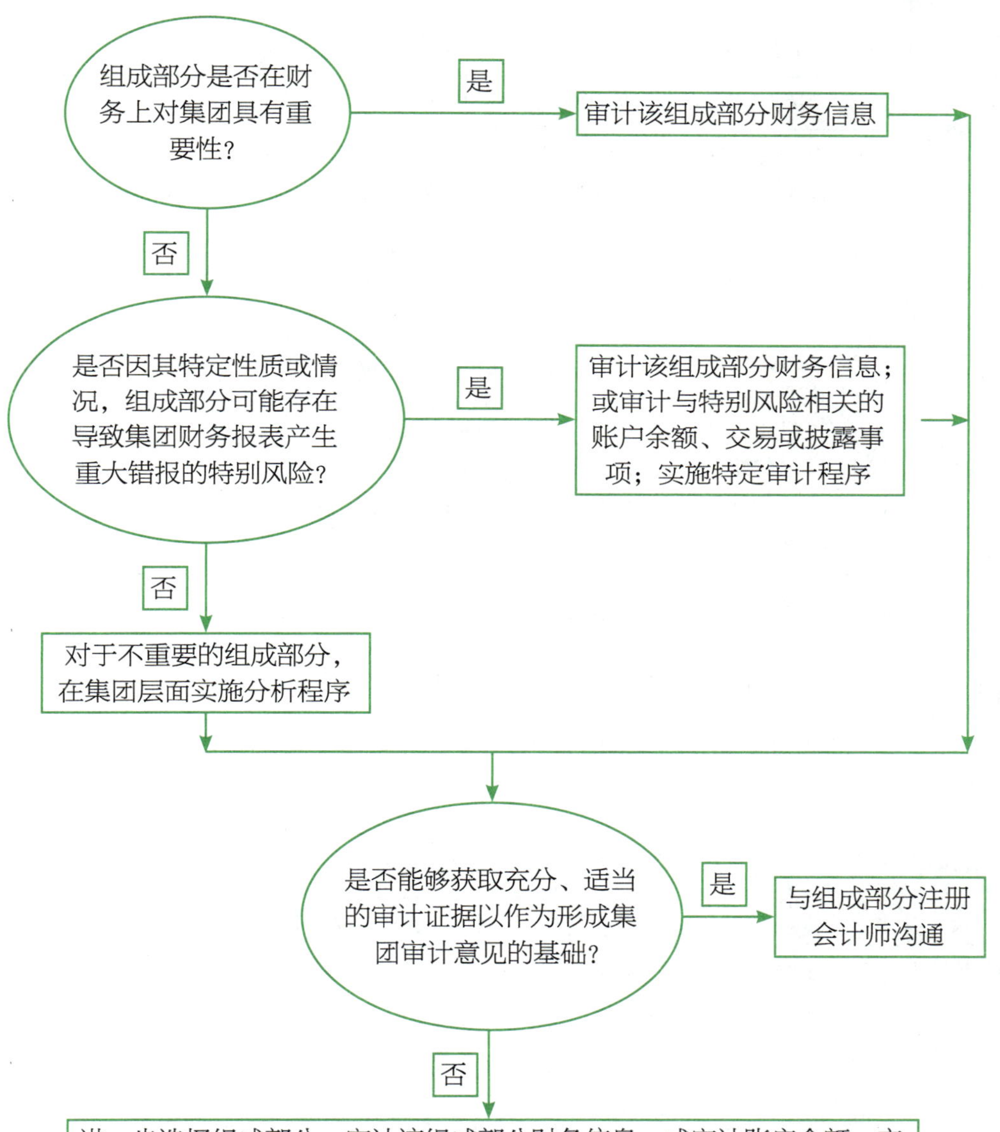

集团项目组确定对组成部分财务信息拟执行工作的类型以及参与组成部分注册会计师工作的程度，受下列因素影响：

1. 组成部分的重要程度。
2. 识别出的可能导致集团财务报表发生重大错报的特别风险。
3. 对集团层面控制的设计的评价，以及其是否得到执行的判断。
4. 集团项目组对组成部分注册会计师的了解。

考点7 针对评估的风险采取的应对措施

【考点母题——万变不离其宗】针对评估的风险采取的应对措施

<table>
<tr><td rowspan="4">对重要组成部分需执行的工作</td><td colspan="2">（1）下列属于对重要组成部分需执行的工作的有（　）。</td></tr>
<tr><td colspan="2">A. 对于具有财务重大性的单个组成部分，集团项目组或代表集团项目组的组成部分注册会计师应当运用该组成部分的重要性，对组成部分财务信息实施审计</td></tr>
<tr><td rowspan="2">B. 对由于其特定性质或情况，可能存在导致集团财务报表发生重大错报的特别风险的重要组成部分，集团项目组或代表集团项目组的组成部分注册会计师应执行（一项或多项）工作</td><td>（2）可能存在导致集团财务报表发生重大错报的特别风险的重要组成部分，集团项目组或代表集团项目组的组成部分注册会计师应当执行的工作可能有（　）。</td></tr>
<tr><td>A. 使用组成部分重要性对组成部分财务信息实施审计
B. 针对与可能导致集团财务报表发生重大错报的特别风险相关的一个或多个账户余额、一类或多类交易或披露实施审计
C. 针对可能导致集团财务报表发生重大错报的特别风险实施特定的审计程序</td></tr>
<tr><td rowspan="2">对不重要的组成部分需执行的工作</td><td colspan="2">（3）下列关于对不重要组成部分需执行的工作的是（　）。</td></tr>
<tr><td colspan="2">A. 集团项目组应当在集团层面实施分析程序</td></tr>
<tr><td rowspan="4">已执行的工作仍不能提供充分、适当审计证据时的处理</td><td colspan="2">（4）下列关于对已执行的工作仍不能提供充分、适当审计证据时的处理，说法正确的有（　）。</td></tr>
<tr><td rowspan="2">A. 集团项目组应选择某些不重要的组成部分，并对已选择的组成部分财务信息执行或要求组成部分注册会计师执行相关程序</td><td>（5）下列属于对集团项目组不重要的组成部分，执行或要求组成部分注册会计师执行的程序有（　）。</td></tr>
<tr><td>A. 使用组成部分重要性对组成部分财务信息实施审计
B. 对一个或多个账户余额、一类或多类交易或披露实施审计
C. 使用组成部分重要性对组成部分财务信息实施审阅
D. 实施特定程序</td></tr>
<tr><td colspan="2">B. 集团项目组应在一段时间后更换所选择的组成部分（增加不可预见性）</td></tr>
</table>

续表

<table>
<tr><td rowspan="2">参与组成部分注册会计师的工作</td><td>（6）下列关于参与组成部分注册会计师的工作的说法，正确的有（　）。</td></tr>
<tr><td>A. 组成部分注册会计师对重要组成部分财务信息执行审计，集团项目组应当参与组成部分注册会计师实施的风险评估程序，以识别导致集团财务报表发生重大错报的特别风险
B. 如果在由组成部分注册会计师执行相关工作的组成部分内，识别出可能导致集团财务报表发生重大错报的特别风险，集团项目组应当评价针对识别出的特别风险拟实施的进一步审计程序的恰当性，根据对组成部分注册会计师的了解，集团项目组应当确定是否有必要参与进一步审计程序
C. 组成部分注册会计师对不重要组成部分财务信息执行审计，集团项目组参与组成部分注册会计师工作的性质、时间安排和范围，将根据集团项目组对组成部分注册会计师的了解的不同而不同，而该组成部分不是重要组成部分这一事实，成为次要考虑的因素</td></tr>
</table>

【考点子题——举一反三，真枪实练】

［10］（2017 年 • 单选题）在审计集团财务报表时，下列工作类型中，不适用于重要组成部分的是（　）。

A. 特定项目审计　　B. 财务信息审阅

C. 财务信息审计　　D. 实施特定审计程序

［11］（经典例题 • 多选题）对于集团财务报表审计，可能对评估的有特别风险的组成部分，采取以下（　）措施。

A. 对一个或多个账户余额、一类或多类交易或披露实施审计

B. 在集团层面实施分析程序

C. 使用组成部分重要性对组成部分财务信息实施审计

D. 使用组成部分重要性对组成部分财务信息实施审阅

［12］（经典例题 • 多选题）在审计集团财务报表时，下列各项工作中，应当由集团项目组执行的有（　）。

A. 确定对组成部分执行的工作类型　　B. 测试集团层面控制运行的有效性

C. 对重要组成部分实施风险评估程序　　D. 了解合并过程

［13］（2015 年 • 综合题部分）甲集团公司是 ABC 会计师事务所的常年审计客户，主要从事化妆品的生产、批发和零售。A 注册会计师负责审计甲集团公司 2014 年度财务报表，确定集团财务报表整体的重要性为 600 万元。

资料一：A 注册会计师在审计工作底稿中记录了审计计划，部分内容摘录如下：

（1）子公司乙公司从事新产品研发。2014 年度新增无形资产 1000 万元，为自行研发的产品专利。A 注册会计师拟仅针对乙公司的研发支出实施审计程序。

（2）子公司丙公司负责生产，产品全部在集团内销售。A 注册会计师认为丙公司的

成本核算存在可能导致集团财务报表发生重大错报的特别风险，拟仅针对与成本核算相关的财务报表项目实施审计。

（3）甲集团公司的零售收入来自40家子公司，每家子公司的主要财务报表项目金额占集团的比例均低于1%。A注册会计师认为这些子公司均不重要，拟实施集团层面分析程序。

（4）DEF会计师事务所作为组成部分注册会计师负责审计联营企业丁公司的财务信息，其审计项目组按丁公司利润总额的3%确定组成部分重要性为300万元，实际执行的重要性为150万元。

（5）子公司戊公司负责甲集团公司主要原材料的进口业务，通过外汇掉期交易管理外汇风险。A注册会计师拟使用50万元的组成部分重要性对戊公司财务信息实施审阅。

资料二：A注册会计师在审计工作底稿中记录了甲集团公司的财务数据，部分内容摘录如下：

金额单位：万元

集团／组成部分	2014年（未审数）		
	资产总额	营业收入	利润总额
甲集团公司（合并）	80000	60000 其中：批发收入38000 零售收入20000 其他2000	12000
乙公司	1900	200	（300）
丙公司	60000	40000	8000
丁公司	20000	50000	10000
戊公司	2000	200	50

要求：针对资料一第（1）～（5）项，结合资料二，假定不考虑其他条件，逐项指出资料一所列审计计划是否恰当。如不恰当，简要说明理由。

第八节 合并过程及期后事项

集团项目组应当了解集团层面的控制和合并过程，包括集团管理层向组成部分下达的指令。

考点 8　合并过程及期后事项

【考点母题——万变不离其宗】合并过程及期后事项

下列关于合并过程及期后事项的说法中，正确的有（　）。
A. 如果合并相关的控制预期有效，或仅实施实质性程序不能提供认定层次充分、适当的审计证据时，集团项目组应当测试或要求组成部分注册会计师代为测试集团层面控制的有效性 B. 集团项目组应当针对合并过程设计和实施进一步审计程序，以应对评估的、由合并过程导致的集团财务报表发生重大错报的风险 C. 集团项目组应当评价合并调整和重分类事项的适当性、完整性和准确性，并评价是否存在舞弊风险因素或可能存在管理层偏向的迹象 D. 集团项目组应当确定，组成部分注册会计师在沟通与集团项目组得出集团审计结论相关的事项时，提及的财务信息是否就是包括在集团财务报表中的财务信息 E. 如果集团项目组或组成部分注册会计师对组成部分财务信息实施审计，集团项目组或组成部分注册会计师应当实施审计程序，以识别组成部分自组成部分财务信息日至对集团财务报表出具审计报告日之间发生的、可能需要在集团财务报表中调整或披露的事项 F. 如果组成部分注册会计师执行组成部分财务信息审计以外的工作，集团项目组应当要求组成部分注册会计师告知其注意到的、可能需要在集团财务报表中调整或披露的期后事项

【考点子题——举一反三，真枪实练】

[14]（经典例题•多选题）在集团财务报表审计中，下列关于集团项目组或代表集团项目组的组成部分注册会计师的说法中，正确的有（　）。

A. 集团项目组应当针对合并过程设计和实施进一步审计程序，以应对评估的、由合并过程导致的集团财务报表发生重大错报的风险

B. 集团项目组不需要了解集团管理层向组成部分下达的指令

C. 组成部分注册会计师可以代表集团项目组测试集团层面控制运行的有效性

D. 集团项目组应当确定组成部分注册会计师上报的财务信息是否就是包括在集团财务报表中的财务信息

第九节　与组成部分注册会计师的沟通

如果集团项目组与组成部分注册会计师之间未能建立有效的双向沟通关系，则存在集团项目组可能无法获取形成集团审计意见所依据的充分、适当的审计证据的风险。

考点 9 与组成部分注册会计师的沟通

【考点母题——万变不离其宗】与组成部分注册会计师的沟通

集团项目组向组成部分册会计师通报的内容	（1）下列属于集团项目组向组成部分注册会计师通报的内容有（　）。
	A．明确组成部分注册会计师应执行的工作和集团项目组对其工作的利用，以及组成部分注册会计师与集团项目组沟通的形式和内容 B．在组成部分注册会计师知悉集团项目组将利用其工作的前提下，要求组成部分注册会计师确认其将配合集团项目组的工作 C．与集团审计相关的职业道德要求，特别是独立性要求 D．在对组成部分财务信息实施审计或审阅的情况下，组成部分的重要性水平以及临界值 E．识别出的与组成部分注册会计师工作相关的、由于舞弊或错误导致集团财务报表发生重大错报的特别风险 F．集团管理层编制的关联方清单和集团项目组知悉的任何其他关联方
组成部分注册会计师向集团项目组沟通的内容	（2）下列属于组成部分注册会计师向集团项目组沟通的内容有（　）。
	A．组成部分注册会计师是否已遵守与集团审计相关的职业道德要求，包括对独立性和专业胜任能力的要求 B．组成部分注册会计师是否已遵守集团项目组的要求 C．指出作为组成部分注册会计师出具报告对象的组成部分财务信息 D．因违反法律法规而可能导致集团财务报表发生重大错报的信息 E．组成部分财务信息中未更正错报的清单 F．表明可能存在管理层偏向的迹象 G．描述识别出的组成部分层面值得关注的内部控制缺陷 H．组成部分注册会计师向组成部分治理层已通报或拟通报的其他重大事项 I．可能与集团审计相关或者组成部分注册会计师期望集团项目组加以关注的其他事项 G．组成部分注册会计师的总体发现、得出的结论和形成的意见
集团项目组应当评价与组成部分注册会计师的沟通	（3）下列属于集团项目组评价与组成部分注册会计师沟通所采取措施的有（　）。
	A．与组成部分注册会计师、组成部分管理层或集团管理层（如适用）讨论在评价过程中发现的重大事项 B．确定是否有必要复核组成部分注册会计师审计工作底稿的相关部分

【考点子题——举一反三，真枪实练】

［15］（经典例题·多选题）下列各项中，属于集团项目组向组成部分注册会计师通报的内容有（　）。

A．组成部分注册会计师应执行的工作和集团项目组对其工作的利用

B．识别出的与组成部分注册会计师工作相关的、由于舞弊或错误导致集团财务报表发生重大错报的特别风险

C. 集团管理层编制的关联方清单和集团项目组知悉的任何其他关联方

D. 组成部分注册会计师与集团项目组沟通的形式和内容

第十节　评价审计证据的充分性和适当性

考点 10　评价审计证据的充分性和适当性

【考点母题——万变不离其宗】评价审计证据的充分性和适当性

下列关于评价审计证据的充分性和适当性的说法，正确的有（　）。
A. 集团项目未能获取充分、适当的审计证据时，集团项目组可以要求组成部分注册会计师对组成部分财务信息实施追加的程序 B. 如果实施追加的程序不可行，集团项目组可以直接对组成部分财务信息实施程序 C. 集团项目合伙人应当评价未更正错报（无论该错报是由集团项目组识别出还是由组成部分注册会计师告知）和未能获取充分、适当审计证据的情况对集团审计意见的影响 D. 集团项目合伙人对错报汇总影响的评价，使其能够确定集团财务报表整体是否存在重大错报

【考点子题——举一反三，真枪实练】

[16]（经典例题•单选题）在集团财务报表审计中下列各项关于评价审计证据的充分性和适当性的说法，不正确的是（　）。

A. 基于集团审计目的，代表集团项目组的组成部分注册会计师可以评价未更正错报和未能获取充分、适当的审计证据的情况下对集团审计意见的影响

B. 集团项目组应当评价，通过对合并过程实施的审计程序以及由集团项目组和组成部分注册会计师对组成部分财务信息执行的工作，是否已获取充分、适当的审计证据，作为形成集团审计意见的基础

C. 如果认为未能获取充分、适当的审计证据作为形成集团审计意见的基础，集团项目组可以要求组成部分注册会计师对组成部分财务信息实施追加的程序

D. 如果认为未能获取充分、适当的审计证据作为形成集团审计意见的基础，集团项目组可能直接对组成部分财务信息实施程序

第十一节 与集团管理层和集团治理层的沟通

考点11 与集团管理层和集团治理层的沟通

【考点母题——万变不离其宗】与集团管理层和集团治理层的沟通

下列关于集团项目组与集团管理层及治理层沟通的说法中，正确的有（ ）。
A. 集团项目组应确定哪些识别出的内部控制缺陷需要向集团治理层和管理层通报 B. 如果集团项目组识别出舞弊或组成部分注册会计师提请集团项目组关注舞弊，或者有关信息表明可能存在舞弊，集团项目组应当及时向适当层级的集团管理层通报 C. 如果组成部分注册会计师需要对组成部分财务报表发表审计意见，集团项目组应要求集团管理层告知组成部分管理层尚未知悉的相应情况 D. 集团项目组向集团治理层通报的事项，可能包括组成部分注册会计师提请集团项目组关注，并且集团项目组根据职业判断认为与集团治理层责任相关的重大事项

【考点子题——举一反三，真枪实练】

[17]（经典例题·单选题）下列与集团管理层和集团治理层沟通的说法中，不正确的是（ ）。

A. 如果集团项目组识别出舞弊，应当及时向适当层级的集团管理层通报，以便管理层告知主要负责防止和发现舞弊事项的人员

B. 集团项目组应当按照规定，确定哪些识别出的内部控制缺陷需要向集团治理层和集团管理层通报

C. 集团项目组向集团治理层通报的事项，可能包括组成部分注册会计师提请集团项目组关注，并且集团项目组根据职业判断认为与集团治理层责任相关的重大事项

D. 与集团治理层的沟通应当在审计的完成阶段进行

[18]（2019年·简答题）ABC会计师事务所的A注册会计师负责审计甲集团公司2018年度财务报表。与集团审计相关的部分事项如下：

（1）A注册会计师将资产总额、营业收入或利润总额超过设定金额的组成部分识别为重要组成部分，其余作为不重要的组成部分。

（2）乙公司为重要组成部分，各项主要财务指标均占集团财务报表相关财务指标的50%以上。A注册会计师亲自担任组成部分注册会计师，选取乙公司财务报表中所有金额超过组成部分重要性的项目执行了审计工作，结果满意。

（3）A 注册会计师对不重要组成部分的财务报表执行了集团层面分析程序，并对这些组成部分的年末银行存款、借款和与金融机构往来其他信息实施了函证程序，结果满意。

（4）A 注册会计师评估认为重要组成部分丙公司的组成部分注册会计师具备专业胜任能力，复核后认可了其确定的组成部分重要性和组成部分实际执行的重要性。

（5）A 注册会计师要求所有组成部分注册会计师汇报组成部分的控制缺陷和超过组成部分实际执行重要性的未更正错报，将其与集团层面的控制缺陷和未更正错报汇总评估后认为：甲集团公司不存在值得关注的内部控制缺陷；集团财务报表不存在重大错报。

要求：对上述第（1）～（5）项，逐项指出 A 注册会计师的做法是否恰当。如不恰当，简要说明理由。

［本章考点子题答案与解析］

［1］【答案：ACD】母公司、子公司、合营企业以及按权益法或成本法核算的被投资实体，或集团本部、分支机构可能被视为组成部分；对于一些可能按照职能部门、生产过程、单项产品或劳务或地区来编制财务信息并将其包括在集团财务报表中的集团，职能部门、生产过程、单项产品或劳务或地区也可能被视为组成部分，所以选项 ACD 正确，供应商不属于集团财务报表审计中的组成部分。

［2］【答案：ABD】选项 C，如果组成部分注册会计师对重要组成部分财务信息执行审计，集团项目组应当参与组成部分注册会计师实施的风险评估程序，而不是由集团项目组执行。

［3］【答案：BC】选项 A 错误，审计的目的是改善财务报表的质量或内涵，增强预期使用者对财务报表的信赖程度，但是并不能减轻被审计单位管理层对财务报表的责任；选项 D 错误，集团项目组应当了解集团及其环境、集团组成部分及其环境，以足以识别可能的重要组成部分。

［4］【答案：ABCD】项目组成员应对集团及其环境、集团组成部分及其环境获取充分的了解，以评估由于舞弊或错误导致集团财务报表发生重大错报的风险。包括了解集团管理层下达的指令、舞弊风险等。

［5］【答案：B】如果组成部分注册会计师不符合与集团审计相关的独立性要求，集团项目组不能通过参与组成部分注册会计师的工作、实施追加的风险评估程序或对组成部分财务信息实施进一步审计程序，以消除组成部分注册会计师不具有独立性的影响（选项 B 属于无法利用组成部分注册会计师的工作的情形）。

［6］【答案：D】如果组成部分注册会计师不符合与集团审计相关的独立性要求，或集团项目组对组成部分注册会计师职业道德、专业胜任能力存在重大疑虑，集团项目组应当就组成部分财务信息亲自获取充分、适当的审计证据，而不应要求组成部分注册会计师对组成部分财务信息执行相关工作，故选项 ABC 错误；组成部分注册会计师未处于积极有效的监管环境中，可以通过集团项目组

参加组成部分注册会计师的工作，实施追加的风险评估程序或对组成部分财务信息实施进一步审计程序消除组成部分注册会计师未处于积极有效的监管环境中的影响，选项D正确。

[7]【答案：C】如果组成部分注册会计师对组成部分财务信息实施审计或审阅，集团项目组应当基于集团审计目的，为这些组成部分确定组成部分重要性。如果基于集团审计的目的，由组成部分注册会计师对组成部分财务信息执行审计工作，集团项目组应当评价在组成部分层面应确定的实际执行的重要性的适当性，选项C错误。

[8]【答案：BCD】选项B，根据被审计单位的特定情况，应确定适用于这些交易、账户余额或披露的一个或多个重要性水平。选项C，实际执行的重要性，是指注册会计师确定的低于财务报表整体重要性的一个或多个金额，旨在将未更正和未发现错报的汇总数超过财务报表整体的重要性的可能性降至适当的低水平。选项D，如果有重分类错报，可能会单独确定更高的临界值。

[9]【答案：ABC】选项D，组成部分实际执行的重要性应当由集团项目组或组成部分注册会计师确定。

[10]【答案：B】对于具有财务重大性的单个组成部分，集团项目组或代表集团项目组的组成部分注册会计师应当运用该组成部分的重要性，对组成部分财务信息实施审计；对由于其特定性质或情况，可能存在导致集团财务报表发生重大错报的特别风险的重要组成部分，集团项目组或代表集团项目组的组成部分注册会计师应当执行下列一项或多项工作：（1）使用组成部分重要性对组成部分财务信息实施审计；（2）针对与可能导致集团财务报表发生重大错报的特别风险相关的一个或多个账户余额、一类或多类交易或披露事项实施审计；（3）针对可能导致集团财务报表发生重大错报的特别风险实施特定的审计程序。

[11]【答案：AC】对于评估的有特别风险的重要组成部分，集团项目组或代表集团项目组的组成部分注册会计师应当执行下列一项或多项工作：（1）使用组成部分重要性对组成部分财务信息实施审计（选项C）；（2）针对与可能导致集团财务报表发生重大错报的特别风险相关的一个或多个账户余额、一类或多类交易或披露事项实施审计（选项A）；（3）针对可能导致集团财务报表发生重大错报的特别风险实施特定的审计程序。

[12]【答案：AD】选项B错误，如果对合并过程执行工作的性质、时间安排和范围基于预期集团层面控制有效运行，或者仅实施实质性程序不能提供认定层次的充分、适当的审计证据，集团项目组应当亲自测试或要求组成部分注册会计师代为测试集团层面控制运行的有效性；选项C错误，如果组成部分注册会计师对重要组成部分财务信息执行审计，集团项目组应当参与组成部分注册会计师实施的风险评估程序，以识别导致集团财务报表发生重大错报的特别风险（可能仅参与而非亲自实施）。

[13]【答案】

事项序号	是否恰当（是/否）	理由
（1）	是	——
（2）	否	丙公司是具有财务重大性的重要组成部分，应当对丙公司的财务信息实施审计

续表

（3）	否	零售收入占集团营业收入的 1/3，金额重大，对这 40 家子公司仅在集团层面实施分析程序不足够
（4）	否	组成部分重要性应当由集团项目组确定
（5）	否	戊公司的业务涉及外汇掉期交易，属于可能存在导致集团财务报表发生重大错报的特别风险的重要组成部分，应当实施审计程序

[14]【答案：ACD】选项 B 错误，集团项目组应当了解集团层面的控制和合并过程。

[15]【答案：ABCD】选项 ABCD，都属于集团项目组向组成部分注册会计师的沟通内容。

[16]【答案：A】选项 A 错误，集团项目合伙人应当评价未更正错报和未能获取充分适当的审计证据的情况下对集团审计意见的影响。

[17]【答案：D】选项 D 错误，与集团治理层的沟通可以在集团审计过程中的不同时点进行。

[18]【答案】

（1）不恰当。在识别重要组成部分时还要考虑可能存在导致集团财务报表发生重大错报的特别风险的组成部分。

（2）不恰当。乙公司是具有财务重大性的重要组成部分，应当对乙公司财务信息执行审计。

（3）恰当。

（4）不恰当。应当由集团项目组确定组成部分重要性。

（5）不恰当。应当要求组成部分注册会计师汇报超过集团层面明显微小错报临界值的错报。

第 17 章　其他特殊项目的审计

本章思维导图

第十七章 其他特殊项目的审计

- 审计会计估计和相关披露
  - 考点1 会计估计的性质
  - 考点2 风险评估程序和相关活动
  - 考点3 识别和评估重大错报风险
  - 考点4 应对评估的重大错报风险
  - 考点5 其他相关审计程序
- 关联方审计
  - 考点6 风险评估程序和相关工作
  - 考点7 识别和评估重大错报风险
  - 考点8 针对重大错报风险的应对措施
  - 考点9 其他相关审计程序
- 考虑持续经营假设
  - 考点10 持续经营假设相关的责任
  - 考点11 评价管理层对持续经营能力作出的评估
  - 考点12 识别出事项或情况时实施追加的审计程序
  - 考点13 对审计报告的影响
  - 考点14 与治理层的沟通
- 首次接受委托时对期初余额的审计
  - 考点15 期初余额的概念
  - 考点16 期初余额的审计目标
  - 考点17 审计程序
  - 考点18 审计结论和审计报告

近三年本章考试题型及分值分布

题型	2022 年	2021 年	2020 年
单选题	2 题 2 分	2 题 2 分	—
多选题	1 题 2 分	1 题 2 分	2 题 4 分
简答题	—	—	8 题 8 分
综合题	2 题 2 分	1 题 1 分	—
合计	6 分	5 分	12 分

第一节　审计会计估计和相关披露

本节思维导图

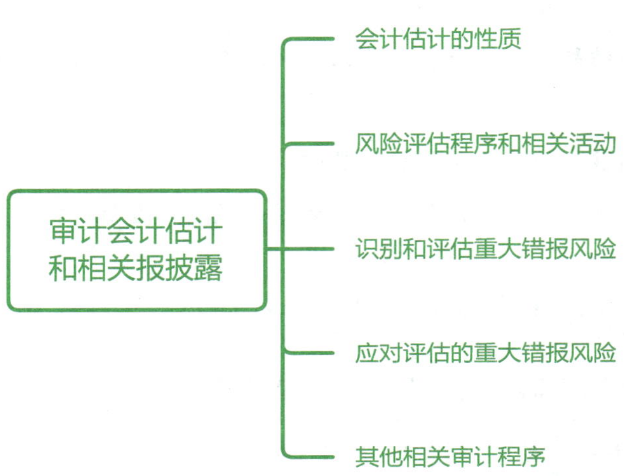

考点1　会计估计的性质

【考点母题——万变不离其宗】会计估计的性质

<table>
<tr><td rowspan="2">相关责任</td><td>（1）下列关于注册会计师会计估计审计责任的说法中，正确的有（　）。</td></tr>
<tr><td>A. 被审计单位管理层对包括在财务报表中的会计估计负责
B. 注册会计师应当获取充分、适当的审计证据，评价被审计单位作出的会计估计是否合理、披露是否充分
C. 注册会计师应当确定会计估计的重大错报风险是否属于特别风险</td></tr>
</table>

续表

错报分辨	（2）下列关于会计估计的财务报表错报说法中，正确的是（　）。
	A. 会计估计的结果与财务报表中原来已确认或披露的金额存在差异，并不必然表明财务报表存在错报

【考点子题——举一反三，真枪实练】

[1]（经典例题•单选题）下列关于审计会计估计的说法中，不正确的是（　）。

A. 获取充分、适当的审计证据，评价被审计单位做出的会计估计是否合理、披露是否充分，是注册会计师的责任

B. 会计估计的结果与财务报表中原来已确认或披露的金额存在差异，表明财务报表存在错报

C. 会计估计的准确程度取决于管理层对不确定的交易或事项的结果作出的主观判断

D. 注册会计师应当确定会计估计的重大错报风险是否属于特别风险

考点2 风险评估程序和相关活动

【考点母题——万变不离其宗】风险评估程序和相关活动

（1）注册会计师在实施风险评估程序及相关活动时，应当采取的措施有（　）。	
	（2）在了解被审计单位及其环境、适用的财务报告编制基础和内部控制体系时，需要关注下列（　）方面。
A. 了解被审计单位及其环境、适用的财务报告编制基础和内部控制体系各要素	A. 可能需要作出会计估计并在财报中确认披露，或可能导致会计估计发生变化的交易、事项或情况 B. 适用的财务报告编制基础（为注册会计师与管理层讨论其是否遵守规定提供了基础） C. 与被审计单位会计估计相关的监管因素，包括与审慎监管相关的监管框架 D. 注册会计师初步认为应当反映在被审计单位财务报表中的会计估计和相关披露的性质 E. 被审计单位针对会计估计相关的财务报告过程的监督和治理措施 F. 对是否需要运用与会计估计相关的专业技能或知识，管理层是怎样决策的，以及管理层怎样运用与会计估计相关的专门技能或知识，包括利用管理层的专家的工作 G. 被审计单位如何识别和应对与会计估计相关的风险 H. 被审计单位与会计估计相关的信息系统 I. 在控制活动中识别的、针对管理层对于相关交易类别、账户余额和披露涉及的会计估计和相关披露做出会计估计过程的控制 J. 管理层如何复核以前期间会计估计的结果以及如何应对该复核结果

续表

B. 复核以前期间会计估计的结果或管理层对以前期间会计估计作出的后续重新估计	（3）注册会计师实施追溯复核可以获得下列（ ）信息。
	A. 关于以前期间会计估计过程有效性的信息，据此能够获取关于当前过程的有效性的审计证据 B. 有关可能需要在财务报表中披露的事项的审计证据 C. 关于与会计估计相关的复杂性或估计不确定性的信息 D. 关于会计估计对管理层偏向的敏感性的信息，或者显示可能存在管理层偏向的信息
	（4）下列有关注册会计师复核上期会计估计的说法中，正确的有（ ）。
	A. 注册会计师应当复核上期财务报表中会计估计的结果（上期高度不确定的，更加详细复核），或者复核管理层在本期财务报表中对上期会计估计作出的后续重新估计（如适用） B. 在确定复核的性质和范围时，注册会计师应当考虑会计估计的性质以及复核时获取的信息是否与识别和评估本期财务报表中会计估计的重大错报风险相关 C. 注册会计师复核的目的不是质疑上期依据当时可获得的信息而作出的判断 D. 会计估计的结果与上期财务报表中已确认金额之间的差异，并不必然表明上期财务报表存在错报 E. 由于没有运用或错误运用在上期财务报表编制完成阶段管理层可以获得的信息，或者合理预期管理层已经获得并在编制和列报财务报表时已予以考虑的信息而产生的差异，可能表明上期财务报表存在错报
C. 确定是否需要专业技能或知识	（5）对会计估计进行审计时，注册会计师应当确定，为开展下列（ ）工作，项目组是否需要具备专门技能或知识。
	A. 实施风险评估程序，以识别和评估重大错报风险 B. 设计和实施审计程序，以应对重大错报风险 C. 评价获取的审计证据

【考点子题——举一反三，真枪实练】

[2]（2015 年 • 单选题）下列与会计估计审计相关的程序中，注册会计师应当在风险评估阶段实施的是（　）。

A. 确定管理层是否恰当运用与会计估计相关的账务报告编制基础

B. 复核上期账务报表中会计估计的结果

C. 评估会计估计的合理性

D. 确定管理层做出会计估计的方法是否恰当

[3]（2021 年 • 单选题）有关注册会计师复核上期财务报表中会计估计的结果的说法中，错误的是（　）。

A. 复核的目的不是质疑上期依据当时可获得的信息而作出的判断

B. 会计估计的结果与上期财务报表中已确认金额的差异不必然表明上期财务报表存在错报

C. 复核上期财务报表中会计估计的结果通常不能提供有关会计估计流程有效性的信息

D. 在确定复核的性质和范围时，注册会计师应当考虑会计估计的性质

考点3 识别和评估重大错报风险

注册会计师应当考虑下列事项，以识别重大错报风险和评估固有风险：

1. 估计不确定性的程度。

2. 复杂性、主观性和其他固有风险因素对下列方面的影响程度：

（1）管理层作出会计估计时，对方法、假设和数据的选择和运用。

（2）管理层对财务报表中的点估计的选择，以及作出的相关披露。

【考点母题——万变不离其宗】识别和评估重大错报风险

估计不确定性	（1）注册会计师在考虑估计不确定性时，可以考虑的事项有（　）。
	A. 适用的财务报告编制基础是否要求 B. 经营环境（如市场动荡数据不易观察） C. 管理层是否有可能采取相关措施
复杂性或主观性	（2）在考虑复杂性对作出会计估计所使用方法的选择和运用的影响程度时，注册会计师可以考虑下列（　）事项。
	A. 管理层需要具备专门技能或知识（可能表明用以作出会计估计的方法具有固有复杂性，因此会计估计可能更易于发生重大错报） B. 适用的财务报告编制基础规定的计量基础的性质
	（3）在考虑复杂性对作出会计估计所使用数据的选择和运用的影响程度时，注册会计师可以考虑下列（　）事项。
	A. 数据生成过程的复杂性，并考虑数据来源的相关性和可靠性 B. 在保持数据准确性、完整性和有效性时存在的固有复杂性 C. 是否需要解读复杂合同条款
	（4）在考虑主观性对方法、假设或数据的选择和运用的影响程度时，注册会计师可以考虑下列（　）事项。
	A. 适用的财务报告编制基础在多大程度上未对估计方法中使用的估值方法、概念、技术和和因素予以明确 B. 金额或时间的不确定性，包括预测期的长度
其他固有风险因素和特别风险	（5）与会计估计相关的主观性程度会影响会计估计发生因管理层偏向或影响固有风险的其他舞弊风险因素导致的错报的可能性。在确定特别风险时，注册会计师可以考虑的事项有（　）。
	A. 由于舞弊导致会计估计和相关披露发生重大错报的可能性 B. 会计估计和相关披露是否受近期经济环境、会计处理方法的重大变化、重大关联方交易以及异常或超出正常经营过程的重大交易的影响

【考点子题——举一反三，真枪实练】

[4]（2013 年 • 多选题）下列各项中，构成错报的有（　）。

A. 管理层对导致特别风险的会计估计的估计不确定性的披露不充分

B. 管理层作出的点估计小于注册会计师作出的区间估计的最小值

C. 管理层作出的点估计与注册会计师作出的点估计存在差异

D. 会计估计的结果与财务报表中原已确认的金额存在差异

考点 4　应对评估的重大错报风险

注册会计师应当针对评估的认定层次重大错报风险，在考虑形成风险评估结果的依据的基础上，设计和实施进一步审计程序。

注册会计师应当实施下列一项或多项审计程序：

（1）从截至审计报告日发生的事项获取审计证据。

（2）测试管理层如何做出会计估计。

（3）作出注册会计师的点估计或区间估计。

【考点母题——万变不离其宗】应对评估的重大错报风险

注册会计师的进一步审计程序	（1）下列各项中，影响注册会计师进一步审计程序性质、时间安排和范围的因素有（　）。
	A. 评估中的重大错报风险 B. 形成评估的重大错报风险的依据
注册会计师拟信赖控制运行有效性时实施的审计程序	（2）下列各项中，属于在确定会计估计相关的控制测试的性质、时间安排和范围时，注册会计师可考虑的因素有（　）。
	A. 交易的性质、频率和数量 B. 控制的设计有效性以及治理效力 C. 特定控制对总体控制目标和被审计单位已建立的流程的重要性，包括支持交易的信息系统的复杂程度 D. 对控制的监督以及已识别的内部控制缺陷 E. 控制旨在应对的风险的性质 F. 控制活动所涉人员的胜任能力 G. 执行控制活动的频率 H. 执行控制活动的证据
注册会计师为应对特别风险实施的审计程序	（3）针对会计估计相关的特别风险，注册会计师可能实施的细节测试有（　）。
	A. 检查，如检查合同以佐证条款或假设 B. 重新计算，如核实模型计算的准确性 C. 检查所使用的的假设与支持性文件是否相符

第17章

续表

从截至审计报告日发生的事项获取审计证据	（4）下列确定截至审计报告日发生的事项提供有关会计估计的审计证据的说法，正确有（　）。
	A. 如果进一步审计程序包括从截至审计报告日发生的事项获取审计证据，注册会计师应当评价这些审计证据是否充分、适当，以应对与会计估计相关的重大错报风险 B. 某些情况下，从截至审计报告日发生的事项获取审计证据可能提供充分、适当的审计证据以应对重大错报风险 C. 对于某些会计估计，截至审计报告日发生的事项不太可能提供有关会计估计的充分、适当的审计证据
测试管理层如何作出会计估计	（5）在测试管理层如何做出会计估计时，注册会计师应当针对（　）方面取得充分、适当的审计证据。
	A. 管理层作出会计估计时，对方法、重大假设和数据的选择和运用 B. 管理层如何选择点估计，并就估计不确定性作出披露
作出注册会计师的点估计或使用注册会计师的区间估计	（6）有关注册会计师作出点估计或区间估计以评价管理层点估计及估计不确定相关的披露中，下列说法正确的是（　）。
	A. 无论使用的是管理层的方法、假设或数据，还是注册会计师的方法、假设和数据，注册会计师均应当就这些方法、假设或数据，设计和实施进一步审计程序
	（7）下列（　）情形中，注册会计师作出点估计或区间估计以评价管理层的点估计以及与估计不确定性相关的披露，可能是适当的方法。
	A. 注册会计师对管理层在上期财务报表中作出的类似事项的会计估计进行复核后认为管理层本期的会计估计过程预期是无效的 B. 被审计单位针对作出的会计估计过程的控制没有得到有效设计或恰当执行 C. 管理层在需要考虑财务报表日至审计报告日之间发生的交易或事项时未予以恰当考虑，且这些交易或事项似乎与管理层的点估计相互矛盾 D. 存在适当的替代性假设或数据来源，能够被用于作出注册会计师的点估计或区间估计 E. 管理层没有采取适当的措施以了解和应对估计不确定性
	（8）注册会计师作出区间估计时，应当采取的措施有（　）。
	A. 确定区间估计范围内的金额均有充分、适当的审计证据支持，并根据适用的财务报告编制基础中的计量目标和其他规定，确定区间估计范围内的金额均是合理的（而非可能的） B. 针对所评估的、与估计不确定性的披露有关的重大错报风险，设计和实施进一步审计程序，以获取充分、适当的审计证据

【考点子题——举一反三，真枪实练】

［5］（2019年·单选题）下列有关注册会计师作出区间估计以评价管理层的点估计的说法中，错误的是（　）。

A. 注册会计师作出区间估计时可以使用与管理层不同的假设

B. 在极其特殊的情况下，注册会计师可能缩小区间估计直至审计证据指向点估计

C. 注册会计师作出的区间估计需要包括所有可能的结果

D. 如果注册会计师难以将区间估计的区间缩小至低于实际执行的重要性，可能意味着与会计估计相关的估计不确定性可能导致特别风险

[6]（经典例题•多选题）下列有关注册会计师作出区间估计以评价管理层的点估计的说法中，正确的有（　）。

A. 注册会计师作出的区间估计需要包括所有合理的结果

B. 注册会计师作出区间估计时应当使用与管理层相同的假设

C. 如果注册会计师难以将区间估计的区间缩小至低于实际执行的重要性，可能意味着与会计估计相关的估计不确定性可能导致特别风险

D. 在极其特殊的情况下，注册会计师可能缩小区间估计直至审计证据指向点估计

考点 5　其他相关审计程序

【考点母题——万变不离其宗】其他相关审计程序

（1）注册会计师针对会计估计实施的其他相关审计程序有（　）。	
A. 关注与会计估计相关的披露	（2）下列关于关注与会计估计相关的披露要求的说法中，正确的有（　）。
	A. 注册会计师应当针对所评估的、与会计估计相关披露有关的认定层次重大错报风险，设计和实施进一步审计程序，以获取充分、适当的审计证据 B. 针对管理层作出的、与估计不确定性相关的披露，注册会计师需要考虑适用的财务报告编制基础的规定
B. 识别可能存在管理层偏向的迹象	（3）下列事项中，属于可能与会计估计相关、可能存在管理层偏向迹象的情形有（　）。
	A. 管理层主观地认为环境已经发生变化，并相应地改变会计估计或估计方法 B. 管理层选择或作出重大假设或数据以产生有利于管理层目标的点估计 C. 选择带有乐观或悲观倾向的点估计
C. 获取书面声明（管理层有关会计估计的保证）	（4）注册会计师应当要求管理层和治理层（如适用）就以下（　）事项提供书面声明。
	A. 根据适用的财务报告编制基础有关确认、计量或披露的规定，管理层和治理层（如适用）作出会计估计和相关披露时使用的方法、重大假设和数据是适当的
	（5）注册会计师还应当考虑是否需要获取关于特定会计估计（包括所使用的方法、假设或数据）的声明。有关特定会计估计的书面声明可能包括（　）。

续表

C. 获取书面声明（管理层有关会计估计的保证）	A. 作出会计估计时作出的重大判断已经考虑了管理层知悉的所有相关信息 B. 管理层作出会计估计时对所使用的方法、假设和数据的选择或运用的一致性和适当性 C. 假设适当地反映了管理层代表被审计单位采取特定行动的意图和能力（当这些意图和能力与会计估计和披露相关时） D. 在适用的财务报告编制基础下与会计估计相关的披露（包括与估计不确定性相关的披露）的完整性和合理性 E. 作出会计估计时已运用适当的专门技能或知识 F. 不存在需要对财务报表中会计估计和相关披露作出调整的期后事项 G. 对于未在财务报表中确认或披露的会计估计，管理层关于这些会计估计不满足适用的财务报告编制基础规定的确认或披露标准的决策是否适当

【考点子题——举一反三，真枪实练】

[7]（2013年·单选题）下列有关管理层偏向的说法中，错误的是（　）。

A. 某些形式的管理层偏向为主观决策所固有，在作出这些决策时，如果管理层有意误导财务报表使用者，则管理层偏向具有欺诈性质

B. 会计估计对管理层偏向的敏感性随着管理层作出估计的主观性的增加而增加

C. 在得出某项会计估计是否合理的结论时，存在管理层偏向的迹象表明存在错报

D. 对于连续审计，以前审计中识别出的可能存在管理层偏向的迹象，会对注册会计师本期计划审计工作、风险识别和评估活动产生影响

第二节　关联方审计

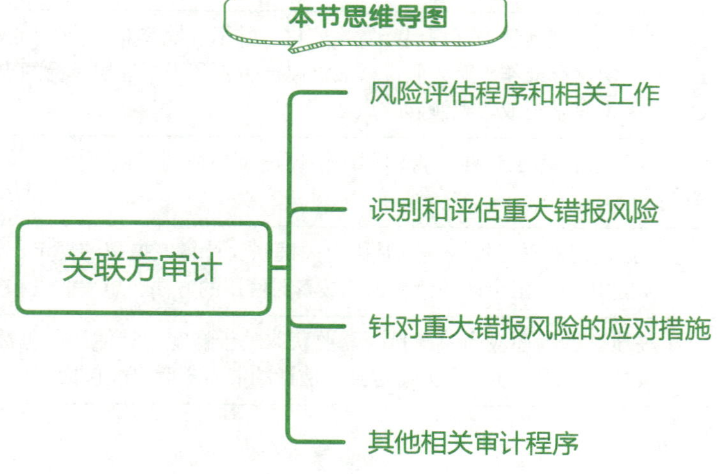

关联方关系及其交易的性质可能导致关联方交易比非关联方交易具有更高的财务报表重大错报风险：

注册会计师审计关联方的目的：

（1）无论适用的财务报告编制基础是否对关联方作出规定，充分了解关联方关系及其交易，以便能够确认由此产生的、与识别和评估由于舞弊导致的重大错报风险相关的舞弊风险因素（如有）；根据获取的审计证据，就财务报表受到关联方关系及其交易的影响而言，确定财务报表是否实现公允反映。

（2）如果适用的财务报告编制基础对关联方作出规定，获取充分、适当的审计证据，确定关联方关系及其交易是否已按照适用的财务报告编制基础得到恰当识别、会计处理和披露。

考点 6　风险评估程序和相关工作

【考点母题——万变不离其宗】风险评估程序和相关工作

<table>
<tr><td colspan="2">（1）注册会计师进行关联方审计所实施的风险评估程序和相关工作包括（　）。</td></tr>
<tr><td rowspan="2">A. 项目组内部讨论</td><td>（2）下列各项中，属于项目组内部讨论的内容有（　）。</td></tr>
<tr><td>A. 关联方关系及其交易的性质和范围
B. 强调在整个审计过程中对关联方关系及其交易导致的潜在重大错报风险保持职业怀疑的重要性
C. 可能显示管理层以前未识别或未向注册会计师披露的关联方关系或关联方交易的情形或状况
D. 可能显示存在关联方关系或关联方交易的记录或文件
E. 管理层和治理层对关联方关系及其交易进行识别、恰当会计处理和披露的重视程度，以及管理层凌驾于相关控制之上的风险
F. 在对舞弊进行讨论时，项目组内部讨论的内容还可能包括对关联方可能如何参与舞弊的特殊考虑</td></tr>
</table>

续表

B. 询问管理层	（3）在审计关联方时，注册会计师**应当**向管理层询问的事项有（　）。
	A. 关联方的名称和特征，包括关联方自上期以来发生的变化 B. 被审计单位和关联方之间关系的性质 C. 被审计单位在本期是否与关联方发生交易，如发生，交易的类型、定价政策和目的
C. 与关联方关系及其交易相关的控制	（4）如果管理层建立与关联方及其交易相关的控制，注册会计师应了解的内容有（　）。
	A. 按照适用的财务报告编制基础，对关联方关系及其交易进行识别、会计处理和披露 B. 授权和批准重大关联方交易和安排 C. 授权和批准超出正常经营过程的重大交易和安排
	（5）导致被审计单位可能不存在与关联方关系及其交易相关控制或控制存在缺陷的原因有（　）。【如控制无效或不存在，注册会计师需要考虑其对审计意见的影响】
	A. 管理层对识别和披露关联方关系及其交易的重视程度较低 B. 缺乏治理层的适当监督 C. 由于披露关联方可能会泄露管理层认为敏感的某些信息（如关联方交易涉及管理层家庭成员），管理层有意忽视相关控制 D. 管理层未能充分了解适用的财务报告编制基础对关联方的有关规定 E. 适用的财务报告编制基础没有对关联方披露做出规定

【考点子题——举一反三，真枪实练】

[8]（经典例题•多选题）下列关于关联方交易的说法中，不正确的有（　）。

A. 如果无法获取充分、适当的审计证据，合理确信管理层关于关联方交易是公平交易的披露，且被审计单位不同意撤销披露，注册会计师应当考虑对审计报告的影响

B. 在适用的财务报告编制基础作出规定的情况下，注册会计师有责任实施审计程序，以识别、评估和应对被审计单位未能按照适用的财务报告编制基础对关联方关系及其交易进行恰当会计处理或披露导致的重大错报风险

C. 关联方交易比非关联方交易具有更低的财务报表重大错报风险

D. 在适用的财务报告编制基础对关联方没有作出规定的情况下，注册会计师无须了解被审计单位的关联方关系及其交易，无须确定财务报表是否实现公允反映

[9]（经典例题•多选题）了解关联方关系及其交易时，注册会计师应当向管理层询问（　）。

A. 关联方的名称和特征，包括关联方自上期以来发生的变化

B. 关联方的经营情况

C. 本期发生的关联方交易的类型、定价政策和目的

D. 被审计单位在本期是否与关联方发生交易

识别和评估重大错报风险

注册会计师应当识别和评估关联方关系及其交易导致的重大错报风险，并确定这些风险是否为特别风险。

【考点母题——万变不离其宗】识别和评估重大错报风险

<table>
<tr><td colspan="2">（1）关联方关系可能导致的重大错报风险有（　）。</td></tr>
<tr><td colspan="2">A. 超出被审计单位正常经营过程的重大关联方交易导致的重大错报风险（注册会计师应当将识别出的、超出被审计单位正常经营过程的重大关联方交易导致的风险确定为特别风险）</td></tr>
<tr><td rowspan="4">B. 存在具有支配性影响的关联方导致的重大错报风险</td><td>（2）关联方施加的支配性影响可能体现在下列（　）方面。</td></tr>
<tr><td>A. 关联方否决管理层或治理层作出的重大经营决策
B. 重大交易需经关联方的最终批准
C. 日常经营（采购、销售或技术支持）高度依赖关联方或关联方提供的资金支持
D. 对关联方提出的业务建议，管理层和治理层未曾或很少进行讨论即获得通过
E. 对涉及关联方（或与关联方关系密切的家庭成员）的交易，管理层和治理层极少进行独立复核和批准
F. 管理层或治理层成员由关联方选定，独立董事实质上不独立，或者与关联方存在密切关系
G. 存在实际控制人、控股股东或者单一大股东，并利用其影响力凌驾于被审计单位内部控制之上，或使被审计单位管理层在作出决策时只关注单方面的利益，且相关决策在治理层（如董事会）缺乏充分的讨论
H. 关联方在被审计单位的设立和日后经营管理中均发挥主导作用</td></tr>
<tr><td>（3）可能表明存在舞弊导致的特别风险的情形有（　）。</td></tr>
<tr><td>A. 异常频繁地变更高级管理人员或专业顾问（例如，法律或财务顾问等），可能表明被审计单位为关联方谋取利益而从事不道德或虚假的交易
B. 通过中间机构开展的重大交易，且难以判断通过中间机构开展该交易的必要性以及交易是否具有合理的商业理由，这可能表明关联方或被审计单位出于舞弊目的，通过控制这些中间机构从交易中获利
C. 有证据显示关联方过度干涉或关注会计政策的选择或重大会计估计的作出，可能表明存在虚假财务报告</td></tr>
<tr><td rowspan="2">C. 管理层未能识别出或未向注册会计师披露的关联方关系或重大关联方交易导致的重大错报风险</td><td>（4）下列有关未识别出的关联方关系或重大关联方交易的说法中，正确的有（　）。</td></tr>
<tr><td>A. 管理层未能识别出或未向注册会计师披露某些关联方关系或重大关联方交易可能是无意的，但在其他大多数情况下，管理层不向注册会计师披露某些关联方关系或重大关联方交易可能是有意的
B. 某些安排或其他信息可能显示存在管理层未向注册会计师披露的关联方关系或关联方交易，包括与其他机构或人员组成不具有法人资格的合伙企业、按照超出正常经营过程的交易条款和条件向特定机构或人员提供服务的安排、担保和被担保关系
C. 注册会计师在审计过程中需要对管理层可能未披露的关联方关系及其交易保持警觉</td></tr>
</table>

续表

D. 管理层披露关联方交易是公平交易时可能存在的重大错报风险	（5）管理层披露关联方交易是公平交易时可能存在的重大错报风险的情形有（　）。 A. 被审计单位简单认为如果交易价格是按照类似公平交易的价格执行，该项交易就是公平交易，而忽略了该项交易的其他条款和条件（如信用条款、对产品的质量要求等）是否与独立各方之间通常达成的交易条款相同 B. 被审计单位可能出于误导财务报表使用者的目的，有意忽略交易价格之外的其他条款，并披露关联方交易是公平交易
E. 管理层未能按照适用的财务报告编制基础对特定关联方关系及其交易进行恰当会计处理和披露导致的重大错报风险	（6）管理层未能按照适用的财务报告编制基础对特定关联方关系及其交易进行恰当会计处理和披露导致的重大错报风险，产生的原因有（　）。 A. 被审计单位管理层不熟悉相关财务报告编制基础 B. 被审计单位粉饰财务报表（如被审计单位以明显高于公允市价的价格向其控股股东出售不动产，并将其作为一笔产生损益的交易进行会计处理）

【考点子题——举一反三，真枪实练】

[10]（2017年•单选题）下列有关超出被审计单位正常经营过程的重大关联方交易的说法中，错误的是（　）。

A. 此类交易导致的风险可能不是特别风险

B. 注册会计师应当评价此类交易是否已按照适用的财务报告编制基础得到恰当会计处理和披露

C. 注册会计师应当检查与此类交易相关的合同或协议，以评价交易的商业理由

D. 此类交易经过恰当授权和批准，不足以就其不存在由于舞弊或错误导致的重大错报风险得出结论

[11]（经典例题•多选题）下列各项中，属于关联方施加的支配性影响的可能表现有（　）。

A. 日常经营高度依赖关联方或关联方提供的资金支持

B. 管理层或治理层可以直接决定重大交易

C. 关联方在被审计单位的设立和日后管理中均发挥主导作用

D. 对关联方提出的业务建议，管理层和治理层需要进行充分的讨论，以决定是否可以通过

考点 8　针对重大错报风险的应对措施

针对评估的与关联方关系及其交易相关的重大错报风险，注册会计师应当设计和实施进一步审计程序，以获取充分、适当的审计证据。

应对的重大错报风险	审计程序
应对超出被审计单位正常经营过程的重大关联方交易导致的重大错报风险	（1）属于应对超出被审计单位正常经营过程的重大关联方交易导致的重大错报风险的措施有（　）。 A. 检查相关合同或协议（如有）（评价交易的**商业理由**，交易条款是否与管理层的解释一致，关联方交易是否已按照适用的财务报告编制基础得到恰当会计处理和披露） B. 获取交易已经恰当授权和批准的审计证据（授权和批准本身**不足以**就是否不存在由于舞弊或错误导致的重大错报风险得出结论）
应对**存在具有支配性影响的关联方**导致的重大错报风险	（2）如果存在具有支配性影响的关联方，并且因此存在由于舞弊导致的重大错报风险，注册会计师将其评估为一项特别风险。注册会计师对此可以实施（　）审计程序。 A. 询问管理层和治理层并与之讨论 B. 询问关联方 C. 检查与关联方之间的重要合同 D. 通过互联网或某些外部商业信息数据库，进行适当的背景调查 E. 如果被审计单位保留了员工的举报报告，查阅该报告
应对**管理层未能识别出或未向注册会计师披露的关联方关系或重大关联方交易**导致的重大错报风险	（3）为应对**管理层未能识别出或未向注册会计师披露的关联方关系或重大关联方交易**导致的重大错报风险，注册会计师的做法恰当的有（　）。 A. 注册会计师检查在实施审计程序时获取的银行和律师询证函回函、股东会和治理层会议纪要，以及其认为必要的其他记录和文件 B. 注册会计师认为必要且可行，可以考虑实施其他程序，如访谈被审计单位的控股股东、实施背景调查、运用数据分析等 C. 如果注册会计师识别出重大异常情况，使其对某些供应商、客户或其他交易对方是否为被审计单位关联方存有重大疑虑，注册会计师还可考虑实施相关程序，如针对交易对方实施背景调查、查询对方股权架构、获取管理层提供的当期新增客户和供应商清单等
应对**管理层披露关联方是公平交易时**可能存在的重大错报风险	（4）为应对**管理层披露关联方是公平交易时**可能存在的重大错报风险，注册会计师的做法恰当的有（　）。 A. 评价管理层如何支持关联交易是公平交易（①考虑管理层用于支持其认定的程序是否恰当；②验证支持管理层认定的内部或外部数据来源，对这些数据进行测试，以判断其准确性、完整性和相关性；③评价管理层认定所依据的重大假设的合理性） B. 如果无法获取充分、适当的审计证据，合理确信管理层关于关联方交易是公平交易的披露，注册会计师可以要求管理层撤销此披露 C. 如果管理层不同意撤销，注册会计师应当考虑其对审计报告的影响 D. 如果管理层未在财务报表中披露关联方交易，则可能隐含关联方交易按照等同于公平交易中的条款执行

续表

应对**管理层未能按照适用的财务报告编制基础对特定关联方关系及其交易进行恰当会计处理和披露**导致的重大错报风险	（5）为应对**管理层未能按照适用的财务报告编制基础对特定关联方关系及其交易进行恰当会计处理和披露**导致的重大错报风险，以下说法恰当的有（　）。
	A. 注册会计师应当评价识别出的关联方关系及其交易是否已按照适用的财务报告编制基础得到恰当会计处理和披露 B. 注册会计师应当评价关联方关系及其交易是否导致财务报表未实现公允反映 C. 表明管理层对关联交易的披露可能不具有可理解性的情况包括关联方交易的商业理由以及交易对财务报表的影响披露不清楚，或存在错报，以及未适当披露为理解关联方交易所必需的关键条款、条件或其他要素

【考点子题——举一反三，真枪实练】

[12]（2014年•多选题）对于识别出的超出正常经营过程的重大关联方交易，如有相关合同或协议，注册会计师应当予以检查。下列各项中，注册会计师在检查时应当评估的有（　）。

A. 交易的商业理由

B. 交易条款是否与管理层的解释一致

C. 关联方交易是否已按照适用的财务报告编制基础得到恰当会计处理

D. 关联方交易是否已按照适用的财务报告编制基础得到恰当披露

[13]（经典例题•单选题）下列关于管理层在财务报表中作出认定的说法中，正确的是（　）。

A. 管理层在财务报表中的认定都是明确表达的

B. 注册会计师应当检查关联方交易披露的充分性，同时就关联方交易为公平交易的披露进行评价

C. 如果无法获取充分、适当的审计证据，合理确信管理层关于关联方交易是公平交易的披露，注册会计师应出具无法表示意见的审计报告

D. 有些财务报告编制基础要求披露未按照等同于公平交易中通行的条款执行的关联方交易，在这种情况下，如果管理层未在财务报表中披露关联方交易，则可能隐含着一项认定，即关联方交易均不是按照等同于公平交易中通行的条款执行的

考点 9　其他相关审计程序

【考点母题——万变不离其宗】其他相关审计程序

获取书面声明	（1）下列属于注册会计师应向管理层和治理层获取的书面声明的有（　）。
	A. 已经向注册会计师披露了全部已知的关联方名称和特征、关联方关系及其交易 B. 已经按照适用的财务报告编制基础的规定，对关联方关系及其交易进行了恰当的会计处理和披露
	（2）下列属于注册会计师向治理层获取书面声明的情况有（　）。
	A. 治理层批准某项特定关联方交易，该项交易可能对财务报表产生重大影响或涉及管理层 B. 治理层就某些关联方交易的细节向注册会计师作出口头声明 C. 治理层在关联方或关联方交易中享有财务或者其他利益
与治理层沟通	（3）下列属于注册会计师与治理层沟通的事项有（　）。
	A. 管理层有意或无意未向注册会计师披露关联方关系或重大关联方交易 B. 识别出的未经适当授权和批准的、可能产生舞弊嫌疑的重大关联方交易 C. 注册会计师与管理层在按照适用的财务报告编制基础的规定披露重大关联方交易方面存在分歧 D. 违反适用的法律法规有关禁止或限制特定类型关联方交易的规定 E. 在识别被审计单位最终控制方时遇到的困难
评价会计处理和披露	（4）下列各项中，属于注册会计师应当评价的内容有（　）。
	A. 识别出的关联方关系及其交易是否已按照适用的财务报告编制基础得到恰当会计处理和披露 B. 关联方关系及其交易是否导致财务报表未实现公允反映
	（5）下列（　）情况，表明管理层对关联方交易的披露可能不具有可理解性。
	A. 关联方交易的商业理由以及交易对财务报表的影响披露不清楚，或存在错报 B. 未适当披露为理解关联方交易所必需的关键条款、条件或其他要素

【考点子题——举一反三，真枪实练】

[14]（2012 年 • 多选题）在适用的财务报告编制基础对关联方作出规定的情况下，下列各项中，应当包含在被审计单位管理层和治理层（如适用）书面声明中的有（　）。

A. 已向注册会计师披露了全部已知的关联方名称和特征

B. 已向注册会计师披露了全部已知的关联方关系及其交易

C. 已按照适用的财务报告编制基础的规定，对关联方关系和交易进行了恰当的会计处理

D. 已按照适用的财务报告编制基础的规定，对关联方关系和交易进行了恰当的披露

[15]（经典例题 • 单选题）下列关于关联方关系及其交易相关的其他审计程序的说法中，

不正确的是（　）。

A. 关联方交易的商业理由以及交易对财务报表的影响披露不清楚，表明管理层对关联方交易的披露可能不具有可理解性

B. 注册会计师可能决定就管理层作出的某项特殊认定获取书面声明，如管理层对特殊关联方交易不涉及某些未予披露的“背后协议”的声明

C. 在识别被审计单位最终控制方时遇到的困难属于与关联方相关的重大事项

D. 如果适用的财务报告编制基础对关联方作出规定，注册会计师仅需要向管理层和治理层（如适用）获取对关联方关系及其交易进行了恰当的会计处理和披露的书面声明

第三节　考虑持续经营假设

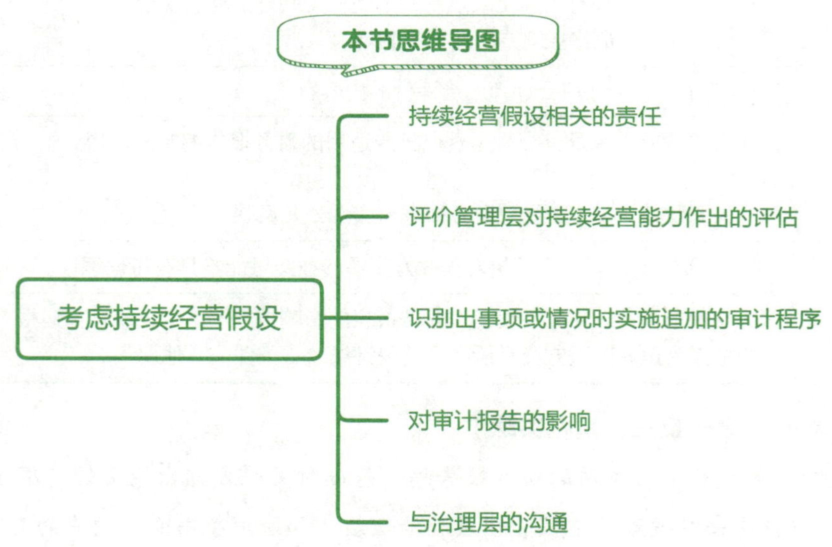

考点10　持续经营假设相关的责任

【考点母题——万变不离其宗】持续经营假设相关的责任

管理层的责任	（1）下列关于**持续经营假设审计中管理层责任的说法，正确的是**（　）。
	A. 无论财务报告编制基础是否做出明确规定，管理层**都需要**在编制财务报表时评估持续经营能力

续表

注册会计师的责任	（2）下列关于**持续经营假设审计中注册会计师的责任的说法，正确的有（　）**。
	A. 持续经营假设审计中注册会计师的责任是就管理层在编制和列报财务报表时运用持续经营假设的适当性获取充分、适当的审计证据，并就持续经营能力是否存在重大不确定性得出结论 B. 即使编制财务报表时采用的财务报告编制基础没有明确要求管理层对持续经营能力作出专门评估，注册会计师的这种责任仍然存在 C. 注册会计师未在审计报告中提及持续经营的不确定性，不能被视为对被审计单位持续经营能力的保证

【考点子题——举一反三，真枪实练】

[16]（2014 年 • 单选题）下列有关注册会计师对持续经营假设的审计责任的说法中，错误的是（　）。

A. 注册会计师有责任就管理层在编制和列报财务报表时运用持续经营假设的适当性获取充分、适当的审计证据

B. 如果适用的财务报告编制基础不要求管理层对持续经营能力作出专门评估，注册会计师没有责任对被审计单位的持续经营能力是否存在重大不确定性作出评估

C. 除询问管理层外，注册会计师没有责任实施其他审计程序，以识别超出管理层评估期间并可能导致对被审计单位持续经营能力产生重大疑虑的事项或情况

D. 注册会计师未在审计报告中提及持续经营能力的不确定性，不能被视为对被审计单位持续经营能力的保证

考点 11　评价管理层对持续经营能力作出的评估

【考点母题——万变不离其宗】评价管理层对持续经营能力作出的评估

管理层评估涵盖的期间	（1）下列有关管理层评估涵盖期间的说法中，正确的有（　）。
	A. 管理层对持续经营能力的合理评估期间应是自财务报表日起的下一个会计期间 B. 如果管理层评估持续经营能力涵盖的期间短于自财务报表日起的12个月，注册会计师应当提请管理层将其至少延长至自财务报表日起的12个月
管理层的评估、支持性分析和注册会计师的评价	（2）下列有关注册会计师评价的说法中，正确的有（　）。
	A. 纠正管理层缺乏分析的错误**不是**注册会计师的责任 B. 在某些情况下，管理层缺乏详细分析以支持其评估，可能**不妨碍**注册会计师确定管理层运用持续经营假设是否适合具体情况 C. 在其他情况下，注册会计师评价管理层对被审计单位持续经营能力所作的评估，**可能包括**评价管理层作出评估时遵循的程序、评估依据的假设、管理层的未来应对计划及其可行性 D. 注册会计师需要考虑管理层对相关事项或情况结果的预测所依据的假设是否合理
超出管理层评估期间的事项或情况	（3）关于超出管理层评估期间的事项或情况，下列说法中正确的有（　）。
	A. 只有持续经营事项的迹象达到重大时，注册会计师才需考虑采取进一步措施 B. 除询问管理层外，注册会计师没有责任实施其他任何审计程序，以识别超出管理层评估期间并可能导致对被审计单位持续经营能力产生重大疑虑的事项或情况

【考点子题——举一反三，真枪实练】

[17]（2012年·单选题）注册会计师对被审计单位2011年1月至6月财务报表进行审计，并于2011年8月31日出具审计报告。下列各项中，管理层在编制2011年1月至6月财务报表时，评估其持续经营能力应当涵盖的最短期间是（　）。

A. 2011年7月1日至2012年6月30日止期间

B. 2011年9月1日至2012年8月31日止期间

C. 2011年7月1日至2011年12月31日止期间

D. 2011年7月1日至2012年12月31日止期间

[18]（2014年·单选题）注册会计师应当评价管理层对持续经营能力作出的评估。下列说法中，错误的是（　）。

A. 在某些情况下，管理层缺乏详细分析以支持其评估，并不妨碍注册会计师确定管理层运用持续经营假设是否适合具体情况

B. 注册会计师应当考虑管理层作出的评估是否已经考虑所有相关信息，这些信息不包括注册会计师实施审计程序时获取的信息

C. 如果管理层评价持续经营能力涵盖的期间短于自财务报表日起的十二个月，注册会计师应当要求管理层延长评估期间

D. 注册会计师应当考虑管理层对相关事项或情况结果的预测所依据的假设是否合理

考点 12　识别出事项或情况时实施追加的审计程序

如果识别出可能导致对持续经营能力产生重大疑虑的事项或情况，注册会计师应当通过实施追加的审计程序（包括考虑缓解因素），获取充分、适当的审计证据，以确定是否存在重大不确定性。

【考点母题——万变不离其宗】识别出事项或情况时实施追加的审计程序

下列各项中，属于注册会计师用以识别出事项或情况时实施追加的审计程序的有（　）。
A. 如果管理层尚未对被审计单位持续经营能力作出评估，提请其进行评估 B. 评价管理层与持续经营能力评估相关的未来应对计划，这些计划的结果是否可能改善目前的状况，以及管理层的计划对于具体情况是否可行 C. 如果被审计单位已编制现金流量预测，且对预测的分析是评价管理层未来应对计划时所考虑的事项或情况的未来结果的重要因素，评价用于编制预测的基础数据的可靠性，并确定预测所基于的假设是否具有充分的支持 D. 考虑自管理层作出评估后是否存在其他可获得的事实或信息 E. 要求管理层和治理层（如适用）提供有关未来应对计划及其可行性的书面声明

【考点子题——举一反三，真枪实练】

[19]（2020 年 • 多选题）如果识别出可能导致对被审计单位持续经营能力产生重大疑虑的事项或情况，注册会计师应当实施追加的审计程序，以确定是否存在重大不确定性。下列各项审计程序中，注册会计师应当实施的有（　）。

A. 要求管理层提供有关未来应对计划及其可行性的书面声明

B. 评价与管理层评估持续经营能力相关的内部控制是否运行有效

C. 考虑自管理层作出评估后是否存在其他可获得的事实或信息

D. 如果管理层未对被审计单位持续经营能力作出评估，提请管理层进行评估

[20]（2015 年 • 综合题部分）甲集团公司是 ABC 会计师事务所的常年审计客户，主要从事化妆品的生产、批发和零售。A 注册会计师负责审计甲集团公司 2014 年度财务报表，确定集团财务报表整体的重要性为 600 万元。

资料四：

A 注册会计师在审计工作底稿中记录了重大事项的处理情况，部分内容摘录如下：

（2）化妆品行业将于 2016 年执行更严格的化学成分限量标准，甲集团公司的主要产品可能因此被淘汰。管理层提供了其对该事项的评估及相关书面声明，A 注册会计师据此认为该事项不影响甲集团公司的持续经营能力。

要求：针对资料四第（2）项，假定不考虑其他条件，A 注册会计师的做法是否恰当。如不恰当，简要说明理由。

考点13 对审计报告的影响

【考点母题——万变不离其宗】对审计报告的影响

被审计单位运用持续经营假设适当但存在重大不确定性	（1）在运用持续经营假设适当，但存在重大不确定性时，注册会计师的行为正确的有（　）。
	A. 如果运用持续经营假设是适当的，但存在重大不确定性，且**财务报表**对重大不确定性已作出**充分披露**，注册会计师应当发表**无保留意见**，并在审计报告中增加以**“与持续经营相关的重大不确定性”**为标题的单独部分 B. 在极其特殊的情况下，可能存在多个不确定事项，尽管注册会计师对每个单独的不确定事项获取了充分、适当的审计证据，但由于不确定事项之间可能存在相互影响，以及可能对财务报表产生累积影响，注册会计师应当发表**无法表示意见** C. 如果财务报表未作出充分披露，注册会计师应当发表**保留意见或否定意见**
运用持续经营假设不适当	（2）在运用持续经营假设不适当时，注册会计师的行为正确的有（　）。
	A. 如果财务报表按照持续经营基础编制，而注册会计师运用职业判断认为管理层在编制财务报表时运用持续经营假设是不适当的，则无论财务报表中对管理层运用持续经营假设的不适当性是否作出披露，注册会计师均应发表**否定意见** B. 如果在具体情况下运用持续经营假设是不适当的，但管理层被要求或自愿选择编制财务报表，则可以采用替代基础（如清算基础）编制财务报表，注册会计师可发表**无保留意见**，或可能**带强调事项段**
严重拖延对财务报表的批准	（3）在管理层或治理层严重拖延对财务报表的批准时，注册会计师的行为正确的是（　）。
	A. 注册会计师应当询问拖延的原因，实施追加审计程序，考虑其对审计结论的影响（如发表保留意见或无法表示意见）

【考点子题——举一反三，真枪实练】

[21]（2012年•多选题）根据对被审计单位持续经营能力的审计结论，注册会计师在判断应出具何种类型的审计报告时，下列说法中，正确的有（　）。

A. 如果被审计单位运用持续经营假设适当但存在重大不确定性，且财务报表附注已作充分披露，应当发表无保留意见，并在审计报告中增加与持续经营相关的重大不确定性为标题的单独部分

B. 如果存在多项对财务报表整体具有重要影响的重大不确定性，且财务报表附注已作充分披露，在极少数情况下，可能认为发表无法表示意见是适当的

C. 如果存在可能导致对被审计单位持续经营能力产生重大疑虑的事项和情况，且财务报表附注未作充分披露，应当发表保留意见

D. 如果管理层编制财务报表时运用持续经营假设不适当，应当发表否定意见

[22]（经典例题•单选题）下列因持续经营假设对审计报告产生的影响的说法中，错误的是（　）。

A. 如果已识别出可能导致对被审计单位持续经营能力产生重大疑虑的事项或情况，但根据获取的审计证据，注册会计师认为不存在重大不确定性，则注册会计师应当根据适用的财务报告编制基础的规定，评价财务报表是否对这些事项或情况作出充分披露

B. 持续经营假设适当但存在重大不确定性，如果财务报表未作出充分披露，注册会计师应当发表保留意见或否定意见

C. 如果运用持续经营假设是适当的，注册会计师应当发表无保留意见，并在审计报告中增加以“与持续经营相关的重大不确定性”为标题的单独部分

D. 如果在具体情况下运用持续经营假设是不适当的，则无论财务报表中对管理层运用持续经营假设的不适当性是否作出披露，注册会计师均应发表否定意见

考点14　与治理层的沟通

注册会计师应当与治理层就识别出的可能导致对被审计单位持续经营能力产生重大疑虑的事项或情况进行沟通，除非治理层全部成员参与管理被审计单位。

【考点母题——万变不离其宗】与治理层的沟通

下列属于注册会计师与治理层沟通的内容的有（　）。
A. 识别出的可能导致对被审计单位持续经营能力产生重大疑虑的事项或情况是否构成重大不确定性 B. 管理层在编制财务报表时运用持续经营假设是否适当 C. 财务报表中的相关披露是否充分　　D. 对审计报告的影响（如适用）

【考点子题——举一反三，真枪实练】

[23]（经典例题•多选题）如果注册会计师识别出可能导致对被审计单位持续经营能力产生重大疑虑的事项或情况，下列说法中，错误的有（　）。

A. 注册会计师应当通过实施追加的审计程序，以确定这些事项或情况是否存在重大不确定性

B. 注册会计师应当考虑是否有必要就识别出的事项或情况与被审计单位治理层进行沟通

C. 注册会计师应当根据对这些事项或情况是否存在重大不确定性的评估结果，确定是否与治理层沟通

D. 注册会计师应当评价管理层与持续经营能力评估相关的未来应对计划对于具体情况是否可行

第四节 首次接受委托时对期初余额的审计

本节思维导图

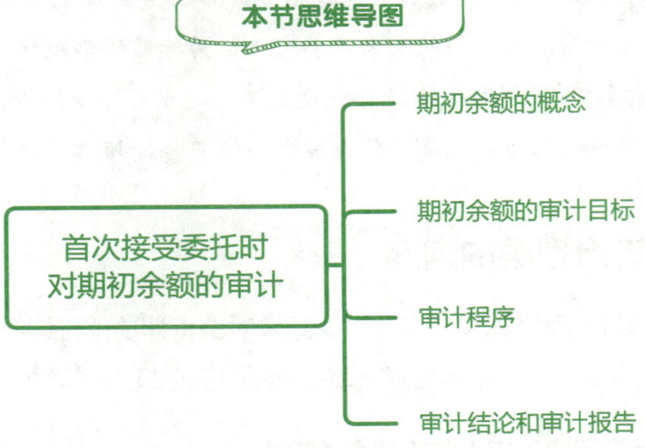

考点15 期初余额的概念

期初余额是指期初存在的账户余额。期初余额以上期期末余额为基础，反映了以前期间的交易和事项以及上期采用的会计政策的结果。

注册会计师对财务报表进行审计，是对被审计单位所审期间财务报表发表审计意见，一般无须专门对期初余额发表审计意见，但因为期初余额是本期财务报表的基础，所以要对期初余额实施适当的审计程序。

【考点母题——万变不离其宗】期初余额的概念

（1）下列有关期初余额的说法中，正确的有（ ）。		
A. 期初余额是期初已存在的账户余额（不一定与上期期末余额相等，如会计政策变更） B. 期初余额反映了以前期间的交易和事项以及上期采用的会计政策的结果 C. 期初余额与注册会计师首次审计业务相联系		
（2）期初余额对本期财务报表的影响程度可能体现在下列（ ）方面。		
A. 上期结转至本期的金额	B. 上期所采用的会计政策	C. 上期期末已存在的或有事项及承诺

【考点子题——举一反三，真枪实练】

[24]（2012年·单选题）注册会计师首次接受委托对被审计单位财务报表进行审计时，下列说法中，正确的是（ ）。

A. 应当实施必要的审计程序，获取充分、适当的审计证据，对本期财务报表中的对应数据发表审计意见

B. 可以不与前任注册会计师沟通

C. 如果期初余额存在明显微小的错报，无需对此提出审计调整或披露建议

D. 如果前任注册会计师对上期财务报表发表了无保留意见，即使上期运用的会计政策不恰当，也无需提请被审计单位调整上期财务报表

考点 16　期初余额的审计目标

【考点母题——万变不离其宗】期初余额的审计目标

注册会计师执行首次审计业务时，注册会计师针对期初余额的审计目标有（　）。
A. 确定期初余额是否含有对本期财务报表产生重大影响的错报 B. 确定期初余额反映的恰当的会计政策是否在本期财务报表中得到一贯运用，或会计政策的变更是否已按照适用的财务报告编制基础作出恰当的会计处理和充分的列报与披露

【考点子题——举一反三，真枪实练】

[25]（2018 年 • 单选题）首次接受委托时，下列审计工作中，注册会计师应当执行的是（　）。

A. 评价期初余额是否含有对上期财务报表产生重大影响的错报

B. 为期初余额确定财务报表整体的重要性和实际执行的重要性

C. 查阅前任注册会计师的审计工作底稿

D. 确定期初余额反映的恰当的会计政策是否在本期财务报表中得到一贯应用

考点 17　审计程序

【考点母题——万变不离其宗】审计程序

<table>
<tr><td colspan="2">（1）为实现期初余额审计目标，注册会计师应实施的审计程序包括（　）。</td></tr>
<tr><td colspan="2">A. 确定上期期末余额是否已正确结转至本期，或在适当的情况下已作出重新表述
B. 确定期初余额是否反映对恰当会计政策的运用
C. 如上期财务报表已审计，查阅前任注册会计师的工作底稿，以获取有关期初余额的审计证据
D. 评价本期实施的审计程序是否提供了有关期初余额的审计证据</td></tr>
<tr><td rowspan="2">E. 实施其他专门的审计程序，以获取有关期初余额的审计证据</td><td>（2）为了获取有关期初余额的审计证据，实施其他专门的审计程序包括（　）。</td></tr>
<tr><td>A. 对于流动资产和流动负债，注册会计师可以通过本期实施的审计程序获取部分审计证据（然而，对于存货，注册会计师有必要实施追加的审计程序，如监盘并调整数量，对期初存货计价实施审计程序，对毛利和存货截止实施审计程序）
B. 对于非流动资产和非流动负债，注册会计师可以通过检查形成期初余额的会计记录和其他信息获取审计证据</td></tr>
</table>

续表

（3）影响注册会计师对期初余额审计程序的性质和范围的因素包括（ ）。
A. 被审计单位运用的会计政策 B. 账户余额、各类交易和披露的性质以及本期财务报表存在的重大错报风险 C. 期初余额相对于本期财务报表的重要程度 D. 上期财务报表是否经过审计，如果经过审计，前任注册会计师的意见是否为非无保留意见

【考点子题——举一反三，真枪实练】

[26]（2015年•多选题）有关注册会计师首次接受委托时就初期余额获取审计证据的说法中，正确的有（ ）。

A. 对非流动资产和非流动负债，注册会计师可以通过检查形成期初余额的会计记录和其他信息获取有关期初余额的审计证据

B. 对流动资产和流动负债，注册会计师可以通过本期实施的审计程序获取有关期初余额的审计证据

C. 如果上期财务报表已经审计，注册会计师可以通过查阅前任注册会计师的审计工作底稿获取有关期初余额的审计证据

D. 注册会计师可以通过向第三方函证获取有关期初余额的审计证据

[27]（经典例题•多选题）下列各项中，属于注册会计师对期初余额实施的恰当审计程序的有（ ）。

A. 在本期实施专门的审计程序，以获取有关期初余额的审计证据

B. 确定期初余额是否反映对恰当会计政策的运用

C. 通过检查等方法确定上期期末余额是否已正确结转至本期，或在适当的情况下已作出重新表述

D. 如果上期财务报表已经审计，查阅前任注册会计师的审计工作底稿

考点18 审计结论和审计报告

【考点母题——万变不离其宗】审计结论和审计报告

审计后不能获取有关期初余额的充分、适当的审计证据	（1）如果不能针对期初余额获取充分、适当的审计证据，注册会计师应当在审计报告中发表**非无保留意见的类型有（ ）。**
	A. 发表适合具体情况的保留意见或无法表示意见 B. 除非法律法规禁止，对经营成果和现金流量（如相关）发表保留意见或无法表示意见，而对财务状况发表无保留意见

续表

期初余额存在对本期财务报表产生重大影响的错报	（2）下列关于期初余额存在对本期财务报表产生重大影响的错报对审计报告的影响的说法中，正确的有（ ）。
	A. 注册会计师应当告知管理层 B. 如果上期财务报表由前任注册会计师审计，注册会计师还应当提请管理层告知前任注册会计师 C. 如果错报的影响未能得到正确的会计处理和恰当的列报与披露，注册会计师应当对财务报表发表**保留意见或否定意见**
会计政策变更对审计报告的影响	（3）关于会计政策变更对审计报告的影响的说法中，正确的是（ ）。
	A. 如果认为按照适用的财务报告编制基础与期初余额相关的会计政策未能在本期得到一贯运用，或者会计政策的变更未能得到恰当的会计处理或适当的列报与披露，注册会计师应当对财务报表发表**保留意见或否定意见**
前任注册会计师对上期财务报表发表了非无保留意见	（4）下列关于前任注册会计师对上期财务报表发表了非无保留意见对审计报告的影响，说法正确的有（ ）。
	A. 如果导致出具非无保留意见审计报告的事项对本期财务报表仍然相关和重大，注册会计师应当对本期财务报表发表**非无保留意见** B. 如果导致前任注册会计师发表非无保留意见的事项可能与对本期财务报表发表的意见**既不相关也不重大**，则注册会计师在本期审计时无须因此而发表非无保留意见

【考点子题——举一反三，真枪实练】

[28]（2020 年 • 多选题）下列有关首次审计业务的期初余额审计的说法中，正确的有（ ）。

A. 如果前任注册会计师对上期财务报表发表了非无保留意见，注册会计师在评估本期财务报表重大错报风险时，应当评价导致对上期财务报表发表非无保留意见的事项的影响

B. 为确定期初余额是否含有对本期财务报表产生重大影响的错报，注册会计师应当确定适用于期初余额的重要性水平

C. 查阅前任注册会计师审计工作底稿获取的信息可能影响后任注册会计师对期初余额实施审计程序的范围

D. 即使上期财务报表未经审计，注册会计师也无需专门对期初余额发表审计意见

[29]（2019 年 • 简答题）ABC 会计师事务所首次接受委托审计甲公司 2018 年度财务报表，委派 A 注册会计师担任项目合伙人。与首次承接审计业务相关的部分事项如下：

（1）DEF 会计师事务所审计了甲公司 2017 年度财务报表。XYZ 会计师事务所接受委托审计甲公司 2018 年度财务报表，但未完成审计工作。A 注册会计师将 DEF 会计师事务所确定为前任注册会计师，与其进行了沟通。

（2）A注册会计师在与甲公司签署审计业务约定书并征得管理层同意后，与前任注册会计师进行了口头沟通，沟通内容包括：是否发现甲公司管理层存在诚信方面的问题；前任注册会计师与甲公司管理层在重大会计、审计等问题上存在的意见分歧；向甲公司治理层通报的管理层舞弊、违反法律法规行为以及值得关注的内部控制缺陷；甲公司变更会计师事务所的原因。

（3）对于长期股权投资的期初余额，A注册会计师检查了形成期初余额的会计记录，以及包括投资协议和被投资单位工商登记信息在内的相关支持性文件，结果满意。

（4）A注册会计师对2018年末的存货实施了监盘，将年末存货数量调节至期初存货数量，并抽样检查了2018年度存货数量的变动情况，据此认可了存货的期初余额。

（5）在征得甲公司管理层同意，并向前任注册会计师承诺不对任何人作出关于其是否遵循审计准则的任何评论后，A注册会计师通过查阅前任注册会计师的审计工作底稿，获取了有关甲公司固定资产期初余额的审计证据，并在审计报告的其他事项段中提及部分依赖了前任注册会计师的工作。

要求：针对上述第（1）～（5）项，逐项指出A注册会计师的做法是否恰当。如不恰当，简要说明理由。

附录：

1．应对管理层未能识别出或未向注册会计师披露的关联方关系或重大关联方交易导致的重大错报风险：

（1）注册会计师检查在实施审计程序时获取的银行和律师询证函回函、股东会和治理层会议纪要，以及其认为必要的其他记录和文件

（2）注册会计师认为必要且可行，可以考虑实施的程序：

①访谈被审计单位的控股股东、实际控制人、治理层以及关键管理人员等，必要时就访谈内容获取上述人员的书面确认或执行函证程序

②背景调查

③运用数据分析工具

④亲自获取被审计单位的企业信用报告

⑤检查被审计单位银行对账单中与疑似关联方的大额资金往来交易，关注对账单中是否存在异常的资金流动，关注资金或商业汇票往来是否以真实、合理的交易为基础

⑥识别被审计单位银行对账单中与实际控制人、控股股东或高级管理人员的大额资金往来交易，关注是否存在异常的资金流动，关注资金往来是否以真实、合理的交易为基础

⑦在获得被审计单位授权后，向为被审计单位提供过税务和咨询服务的有关人员询问其对关联方的了解

⑧获取诉讼信息

（3）如果注册会计师识别出重大异常情况，使其对某些供应商、客户或其他交易对方是否为被审计单位关联方存有重大疑虑，注册会计师可考虑实施的程序：

①针对交易对方实施背景调查并比对相关名单

②查询交易对方股权架构的变动情况

③获取新增客户和供应商清单

④询问基层员工

⑤实施函证和实地走访

⑥利用其他专业人士或机构的工作

2. 可能导致对持续经营假设产生重大疑虑的事项

财务方面	（1）净资产为负或营运资金出现负数 （2）定期借款即将到期，但预期不能展期或偿还，或过度依赖短期借款为长期资产筹资 （3）存在债权人撤销财务支持的迹象 （4）历史财务报表或预测性财务报表表明经营活动产生的现金流量净额为负数 （5）关键财务比率不佳 （6）发生重大经营亏损或用以产生现金流量的资产的价值出现大幅下跌 （7）拖欠或停止发放股利 （8）在到期日无法偿还债务 （9）无法履行借款合同的条款 （10）与供应商由赊购变为货到付款 （11）无法获得开发必要的新产品或进行其他必要的投资所需的资金
经营方面	（1）管理层计划清算被审计单位或终止经营 （2）关键管理人员离职且无人替代 （3）失去主要市场、关键客户、特许权、执照或主要供应商 （4）出现用工困难问题 （5）重要供应短缺 （6）出现非常成功的竞争者
其他方面	（1）违反有关资本或其他法定要求 （2）未决诉讼或监管程序，可能导致其无法支付索赔金额 （3）法律法规或政府政策的变化预期会产生不利影响 （4）对发生的灾害未购买保险或保额不足

[本章考点子题答案及解析]

[1] 【答案：B】会计估计的结果与财务报表中原来已确认或披露的金额存在差异，并不必然表明财务

报表存在错报，选项 B 错误。

[2]【答案：B】选项 B，复核上期账务报表中会计估计的结果是属于风险评估阶段实施的。

[3]【答案：C】复核上期财务报表中会计估计的结果可能可以提供有关会计估计流程有效性的信息，选项 C 错误。

[4]【答案：ABC】会计估计的结果与财务报表中原来已确认或披露的金额存在差异，并不必然表明财务报表存在错报。这对于公允价值会计估计而言尤其如此，因为任何已观察到的结果都不可避免地受到作出会计估计的时点后所发生的事项或情况的影响。

[5]【答案：C】当注册会计师认为运用区间估计（注册会计师的区间估计）来评价管理层点估计的合理性是恰当的时，作出的区间估计需要包括所有"合理"的结果而不是所有可能的结果，选项 C 错误。

[6]【答案：ACD】选项 B 错误，注册会计师作出区间估计时可以使用与管理层不同的假设。

[7]【答案：C】注册会计师应当复核管理层在作出会计估计时的判断和决策，以识别是否可能存在管理层偏向的迹象。在得出某项会计估计是否合理的结论时，可能存在管理层偏向的迹象本身并不构成错报。

[8]【答案：CD】在某些情况下，关联方关系及其交易的性质可能导致关联方交易比非关联方交易具有更高的财务报表重大错报风险，选项 C 错误；即使适用的财务报告编制基础对关联方作出很少的规定或没有作出规定，注册会计师仍然需要了解被审计单位的关联方关系及其交易以足以确定财务报表（就其受到关联方关系及其交易的影响而言）是否实现公允反映，选项 D 错误。

[9]【答案：ACD】了解关联方关系及其交易时，注册会计师应当向管理层询问下列事项：（1）关联方的名称和特征，包括关联方自上期以来发生的变化（选项 A）；（2）被审计单位和关联方之间关系的性质；（3）被审计单位在本期是否与关联方发生交易，如发生交易的类型、定价政策和目的（选项 CD）。

[10]【答案：A】注册会计师应当将识别出的、超出被审计单位正常经营过程的重大关联方交易导致的风险确定为特别风险。

[11]【答案：AC】选项 AC 正确，关联方否决管理层或治理层作出的重大经营决策、关联方在被审计单位的设立和日后经营管理中均发挥主导作用均属于关联方施加的支配性影响的可能表现。

[12]【答案：ABCD】如果检查相关合同或协议，注册会计师应当评价：（1）交易的商业理由是否表明被审计单位从事交易的目的可能是为了对财务信息作出虚假报告或为了隐瞒侵占资产的行为（选项 A）；（2）交易条款是否与管理层的解释一致（选项 B）；（3）关联方交易是否已按照适用的财务报告编制基础得到恰当会计处理和披露（选项 CD）。

[13]【答案：B】被审计单位管理层对财务报表组成要素的确认、计量、列报作出的认定可以是明确的，也可以是隐含表达的，选项 A 错误；如果无法获取充分、适当的审计证据合理确信管理层关于关联方交易是公平交易的披露，注册会计师可以要求管理层撤销此披露。如果管理层不同意撤销，注册会计师应当考虑其对审计报告的影响，选项 C 错误；有些财务报告编制基础要求披露未按照等同于公平交易中通行的条款执行的关联方交易，在这种情况下，如果管理层未在财务报表中披露关联方交易，则可能隐含着一项认定，即关联方交易是按照等同于公平交易中通行的条款执行的，选项 D 错误。

[14]【答案：ABCD】如果适用的财务报告基础对关联方作出规定，注册会计师应当向被审计单位管理层和治理层（如适用）获取下列书面声明：（1）已向注册会计师披露了全部已知的关联方名称和特征、关联方关系及其交易；（2）已按照适用的财务报告编制基础的规定，对关联方关系和交易进行了恰当的会计处理和披露，选项 ABCD 均正确。

[15]【答案：D】选项 D 错误，如果适用的财务报告编制基础对关联方作出规定，注册会计师应当向管理层和治理层（如适用）获取下列书面声明：①已经向注册会计师披露了全部已知的关联方名称和特征、关联方关系及其交易；②已经按照适用的财务报告编制基础的规定，对关联方关系及其交易进行了恰当的会计处理和披露。

[16]【答案：B】选项 B，即使编制财务报表时采用的财务报告编制基础没有明确要求管理层对持续经营能力作出专门评估，注册会计师的这种责任仍然存在。

[17]【答案：A】选项 A 正确，管理层在编制 2011 年 1 月至 6 月财务报表时，评估其持续经营能力应当涵盖的最短期间涵盖自财务报表日起的 12 个月。

[18]【答案：B】在评价管理层作出的评估时，注册会计师应当考虑管理层作出评估的过程、依据的假设以及应对计划。注册会计师应当考虑管理层作出的评估是否已考虑所有相关信息，其中包括注册会计师实施审计程序获取的信息。

[19]【答案：ACD】如果识别出可能导致对持续经营能力产生重大疑虑的事项或情况，注册会计师应当通过实施追加的审计程序（包括考虑缓解因素），获取充分、适当的审计证据，以确定是否存在重大不确定性。这些程序应当包括：（1）如果管理层尚未对被审计单位持续经营能力作出评估，提请其进行评估（选项 D）；（2）评价管理层与持续经营能力评估相关的未来应对计划，这些计划的结果是否可能改善目前的状况，以及管理层的计划对于具体情况是否可行；（3）如果被审计单位已编制现金流量预测，且对预测的分析是评价管理层未来应对计划时所考虑的事项或情况的未来结果的重要因素，评价用于编制预测的基础数据的可靠性，并确定预测所基于的假设是否具有充分的支持；（4）考虑自管理层作出评估后是否存在其他可获得的事实或信息（选项 C）；（5）要求管理层和治理层（如适用）提供有关未来应对计划及其可行性的书面声明（选项 A）。

[20]【答案】

事项序号	是否恰当（是／否）	理由
（2）	否	如果识别出可能导致对持续经营能力产生重大疑虑的事项，注册会计师应当通过实施追加的审计程序，获取充分、适当的审计证据，以确定是否存在重大不确定性 / 未对管理层的评估实施进一步审计程序 / 书面声明本身并不为所涉及的任何事项提供充分、适当的审计证据

[21]【答案：ABD】选项 C 错误，如果存在可能导致对被审计单位持续经营能力产生重大疑虑的事项和情况，且财务报表附注未作充分披露，应当发表保留意见或否定意见。

[22]【答案：C】选项 C 错误，如果运用持续经营假设是适当的，但存在重大不确定性，且财务报表对重大不确定性已作出充分披露，注册会计师应当发表无保留意见并在审计报告中增加以“与持续经营相关的重大不确定性”为标题的单独部分。

[23]【答案：BC】选项 BC 错误，注册会计师应当与治理层就识别出的可能导致对被审计单位持续经营

能力产生重大疑虑的事项或情况进行沟通（无论是否存在重大不确定性），除非治理层全部成员参与管理被审计单位。

[24]【答案：C】选项C正确，注册会计师可能将低于某一金额的错报界定为明显微小的错报，对这类错报不需要累积，因为注册会计师认为这些错报的汇总数明显不会对财务报表产生重大影响；选项A错误，注册会计师是对本期财务报表进行审计，不需要专门对对应数据发表审计意见；选项B错误，在接受委托前，必须与前任进行沟通；选项D错误，如果被审计单位上期运用的会计政策不恰当或与本期不一致，注册会计师在实施期初余额审计时应提请被审计单位进行调整或予以披露。

[25]【答案：D】在执行首次审计业务时，注册会计师针对期初余额的目标是，获取充分、适当的审计证据以确定：（1）期初余额是否含有对本期财务报表产生重大影响的错报；（2）期初余额反映的恰当的会计政策是否在本期财务报表中得到一贯运用，或会计政策的变更是否已按照适用的财务报告编制基础作出恰当的会计处理和充分的列报与披露，选项D正确。

[26]【答案：ABCD】选项ABCD均正确。

[27]【答案：ABCD】期初余额以上期期末余额为基础，反映了以前期间的交易和事项以及上期采用的会计政策的结果。审计人员在首次接受委托时，应当对期初余额实施相应的审计程序来确定期初余额的准确性。

[28]【答案：ACD】注册会计师对财务报表进行审计，是对被审计单位所审期间财务报表发表审计意见，一般无须专门对期初余额发表审计意见，因为也无须确定适用于期初余额的重要性水平，选项B错误。

[29]【答案】

（1）不恰当。前任注册会计师还包括XYZ会计师事务所/在后任注册会计师之前接受委托对当期财务报表进行审计但未完成审计工作的会计师事务所。

（2）不恰当。应在接受委托前/签署业务约定书前与前任注册会计师进行沟通。

（3）恰当。

（4）不恰当。还应对期初存货的计价实施审计程序。

（5）不恰当。后任注册会计师应当对自身实施的审计程序/得出的审计结论负责。

第 18 章　完成审计工作

本章思维导图

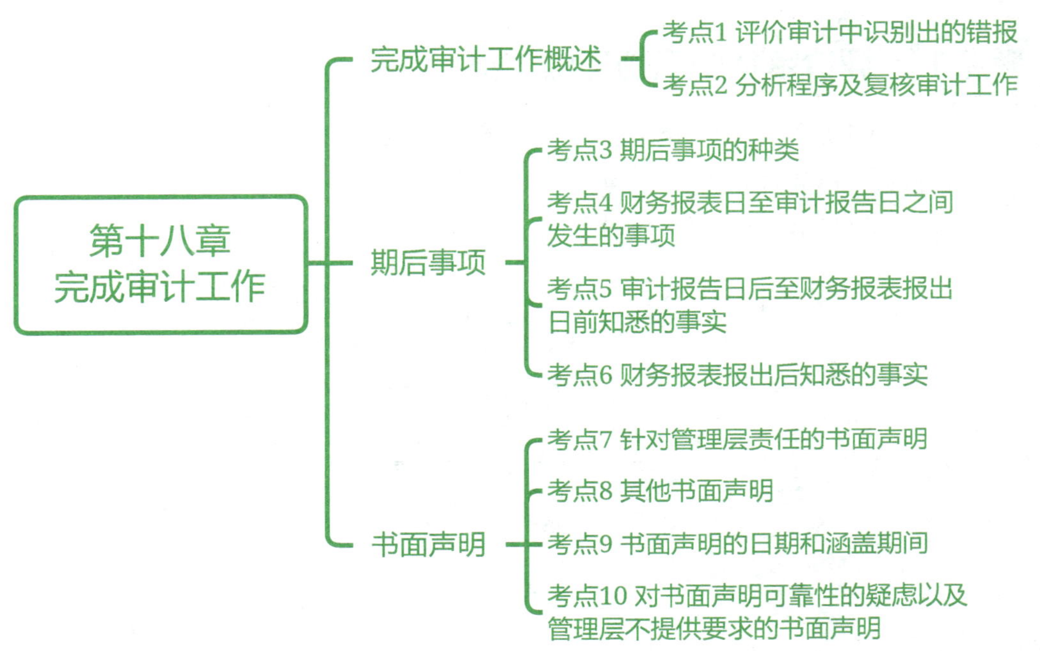

近三年本章考试题型及分值分布

题型	2022 年	2021 年	2020 年
单选题	1 题 1 分	1 题 1 分	1 题 1 分
多选题	1 题 2 分	1 题 2 分	—
简答题	—	1 题 1 分	1 题 1 分
综合题	2 题 2 分	1 题 1 分	3 题 3 分
合计	5 分	5 分	5 分

第一节 完成审计工作概述

评价审计中识别出的错报

在评价审计过程中识别出的错报时，注册会计师的目标是：

（1）评价识别出的错报对审计的影响。

（2）评价未更正错报对财务报表的影响。

【考点母题——万变不离其宗】评价审计过程中识别出的错报

<table>
<tr><td colspan="2">（1）下列有关注册会计师评价审计中识别出的错报的说法中，正确的有（　）。</td></tr>
<tr><td colspan="2">A. 注册会计师应当累积审计过程中识别出的错报，除非错报明显微小</td></tr>
<tr><td rowspan="2">B. 出现特定情形时，注册会计师应当确定是否需要修改总体审计策略和具体审计计划</td><td>（2）出现特定情形时，注册会计师应当确定是否需要修改总体审计策略和具体审计计划，这里的特定情形有（　）</td></tr>
<tr><td>A. 识别出的错报的性质以及错报发生的环境表明可能存在其他错报，并且可能存在的其他错报与审计过程中累积的错报合计起来可能是重大的
B. 审计过程中累积的错报合计数接近重要性</td></tr>
<tr><td colspan="2">C. 如果管理层应注册会计师的要求，检查了某类交易、账户余额或披露并更正了已发现的错报，注册会计师应当实施追加的审计程序，以确定错报是否仍然存在</td></tr>
<tr><td colspan="2">（3）下列注册会计师就错报与管理层沟通与更正错报的相关说法中，正确的有（　）。</td></tr>
<tr><td colspan="2">A. 除非法律法规禁止，注册会计师应当及时将审计过程中累积的所有错报（超过明显微小错报的）与适当层级的管理层进行沟通，注册会计师还应当要求管理层更正这些错报
B. 如果管理层拒绝更正沟通的部分或全部错报，注册会计师应当了解管理层不更正错报的理由，并在评价财务报表整体是否不存在重大错报时考虑该理由</td></tr>
</table>

续表

（4）下列有关注册会计师评价未更正错报影响的说法中，正确的有（　）。
A. 在评价未更正错报的影响之前，注册会计师应当**重新评估重要性**，可能有必要依据实际的财务结果对重要性作出修改 B. 如果注册会计师对重要性（水平）进行重新评估，导致需要确定**较低金额**，则应**重新考虑**实际执行的重要性和进一步审计程序的性质、时间安排和范围的适当性 C. 注册会计师应当确定未更正错报**单独**或**汇总**起来是否重大 D. 注册会计师需要考虑每一项与金额相关的错报，以评价其对相关类别的交易、账户余额或披露的影响，包括评价该项错报是否超过特定类别的交易、账户余额或披露的重要性水平 E. 注册会计师应当考虑与以前期间相关的未更正错报对相关类别的交易、账户余额或披露以及财务报表整体的影响 F. 确定一项分类错报是否重大，需要进行定性评估（不能光看数量） G. 除非法律禁止，注册会计师应当与治理层沟通未更正错报，以及这些错报单独或**汇总**起来可能对审计意见产生的影响 H. 注册会计师应当与治理层沟通未更正错报，以及这些错报单独或汇总起来可能对审计意见产生的影响。在沟通时，注册会计师应当**逐项**指明**重大**的未更正错报 I. 如果存在大量单项不重大的未更正错报，注册会计师可能就未更正错报的笔数和总金额的影响进行沟通，而不是逐笔沟通单项未更正错报的细节 J. 注册会计师应当与治理层沟通**与以前期间相关**的未更正错报对相关类别的交易、账户余额或披露以及财务报表整体的影响 K. 注册会计师应当要求管理层和治理层（如适用）提供书面声明，说明其是否认为未更正错报单独或汇总起来对财务报表整体的影响不重大
（5）下列有关注册会计师评价未更正错报影响的说法中，错误的有（　）。
A. 注册会计师认为某一项单独错报是重大的，该项错报大多数情况下能被其他错报抵销 B. 对于同一账户余额或同一类别的交易内部的错报，抵销都是不适当的 C. 与以前期间相关的非重大未更正错报的累积影响，对本期财务报表不会产生重大影响

【考点子题——举一反三，真枪实练】

[1]（经典例题•多选题）下列有关评价审计过程中发现的错报的说法中，正确的有（　）。

A. 注册会计师应当要求管理层更正审计过程中发现的超过明显微小错报临界值的错报

B. 通常情况下，单项重大错报大多可以被其他错报抵销

C. 某些情况下，即使某些错报低于财务报表整体的重要性，也可能将这些错报评价为重大错报

D. 除非法律法规禁止，注册会计师应当及时将审计过程中累积的所有错报与适当层级的管理层进行沟通

[2]（2020 年•综合题部分）甲公司是 ABC 会计师事务所的常年审计客户，主要从事家电产品的生产、批发和零售。A 注册会计师负责审计甲公司 2019 年度财务报表，确

定财务报表整体的重要性为800万元，明显微小错报的临界值为40万元。

资料五：A注册会计师在审计工作底稿中记录了重大事项的处理情况，部分内容摘录如下：

（1）A注册会计师在审计过程中发现了一笔300万元的重分类错报，因金额较小未提出审计调整，要求管理层在书面声明中说明该错报对财务报表整体的影响不重大。

（2）甲公司某重要客户于2020年1月初申请破产清算。管理层在计提2019年末坏账准备时考虑了这一情况。A注册会计师检查了相关法律文件、评估了计提金额的合理性，结果满意，据此认可了管理层的处理。

（3）甲公司总经理因新冠肺炎疫情滞留外地，无法签署书面声明。A注册会计师与总经理视频沟通。总经理表示同意书面声明的内容，并授权副总经理在书面声明上签字并加盖了公章。A注册会计师接受了甲公司的做法。

要求：针对资料五第（1）~（3）项，假定不考虑其他条件，逐项指出A注册会计师的做法是否恰当。如不恰当，简要说明理由。

考点2 分析程序及复核审计工作

【考点母题——万变不离其宗】分析程序及复核审计工作

<table>
<tr><td colspan="2">（1）下列有关实施分析程序的说法中，正确的有（　）。</td></tr>
<tr><td colspan="2">A. 在临近审计结束时，注册会计师应当运用分析程序，帮助其对财务报表形成总体结论，以确定财务报表是否与其对被审计单位的了解一致
B. 实施分析程序的结果可能有助于注册会计师识别出以前未识别的重大错报风险</td></tr>
<tr><td colspan="2">（2）下列属于复核审计工作的有（　）。</td></tr>
<tr><td rowspan="4">A. 项目组内部复核</td><td>（3）下列关于项目组内部复核的说法，正确的有（　）。</td></tr>
<tr><td>A. 应由经验较为丰富的项目组成员对经验较为缺乏的项目组成员的工作进行指导、监督和复核，对一些较为复杂、审计风险较高的领域，需要指派经验丰富的项目组成员执行复核，必要时可以由项目合伙人执行复核（复核人员）
B. 审计项目复核贯穿审计全过程（复核时间）</td></tr>
<tr><td>（4）下列关于项目组内部复核时项目合伙人复核的说法中，正确的有（　）。</td></tr>
<tr><td>A. 项目合伙人应当对管理和实现审计项目的高质量承担总体责任
B. 项目合伙人应当在审计过程中的适当时点复核审计工作底稿（包括重大事项，重大判断，根据项目合伙人职业判断与其职责有关的其他事项）
C. 在审计报告日或审计报告日之前，项目合伙人应当通过复核审计工作底稿与项目组讨论，确信已获取充分、适当的审计证据，支持得出的结论和拟出具的审计报告
D. 项目合伙人应当在签署审计报告前复核财务报表、审计报告以及相关的审计工作底稿，包括对关键审计事项的描述（如适用），项目合伙人应当在与管理层、治理层或相关监管机构签署正式书面沟通文件之前对其进行复核
E. 项目合伙人应记录复核的范围和时间</td></tr>
</table>

续表

B. 项目质量复核（会计师事务所应当就项目质量复核制定政策和程序，并对有必要实施项目质量复核的审计业务或其他业务实施项目质量复核）

【考点子题——举一反三，真枪实练】

［3］（2019 年 • 单选题）下列有关审计工作底稿复核的说法中，错误的是（　　）。

A. 项目合伙人应当复核所有审计工作底稿

B. 审计工作底稿中应当记录复核人员姓名及其复核时间

C. 项目质量复核人员应当在审计报告出具前复核审计工作底稿

D. 应当由项目组内经验较多的人员复核经验较少的人员编制的审计工作底稿

［4］（经典例题 • 单选题）下列有关审计工作的相关说法中，错误的是（　　）。

A. 在审计工作底稿中作出适当的书面记录，有利于提高职业判断的可辩护性

B. 在审计结束或临近结束时，运用分析程序确定经审计调整后的财务报表整体是否与对被审计单位的了解一致，是否具有合理性，是一项必要的工作

C. 项目合伙人应当在审计报告日后开始复核审计工作底稿并与项目组讨论，确信已获取充分、适当的审计证据，支持得出的结论和出具的报告

D. 在进行项目组内部复核时，对一些较为复杂、审计风险较高的领域，可以由项目合伙人执行复核

第二节　期后事项

期后事项是指财务报表日至审计报告日之间发生的事项，以及注册会计师在审计报告日后知悉的事实。

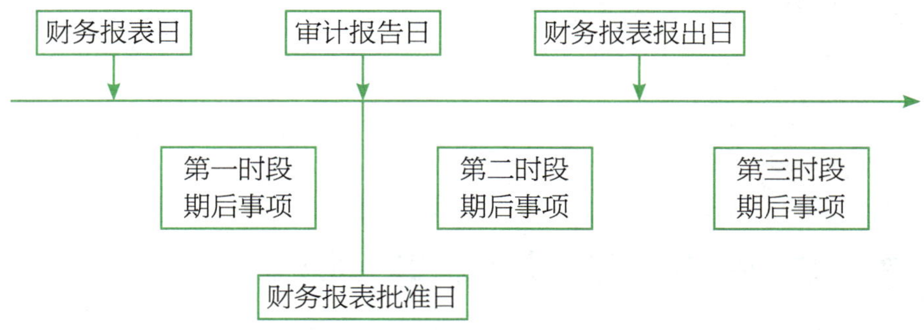

考点3 期后事项的种类

【考点母题——万变不离其宗】期后事项的种类

（1）下列有关期后事项种类的说法中，正确的有（ ）。
A. 财务报表日后调整事项是对财务报表日**已经存在**的情况提供了新的或进一步证据的事项，这类事项影响财务报表金额，需提请被审计单位管理层**调整**财务报表及与之相关的披露信息 B. 财务报表日后非调整事项是表明财务报表**日后发生**的情况的事项，这类事项虽不影响财务报表金额，但可能影响对财务报表的正确理解，需提请被审计单位管理层在财务报表附注中作适当**披露**
（2）下列属于财务报表日后调整事项的有（ ）。
A. 财务报表日后诉讼案件结案，法院判决证实了企业在财务报表日已经存在现时义务，需要调整原先确认的与该诉讼案件相关的预计负债，或确认一项新负债 B. 财务报表日后取得确凿证据，表明某项资产在财务报表日发生了减值或需要调整该项资产原先确认的减值金额 C. 财务报表日后进一步确定了财务报表日前购入资产的成本或售出资产的收入 D. 财务报表日后发现了财务报表舞弊或差错
（3）下列属于财务报表日后非调整事项的有（ ）。
A. 财务报表日后发生重大诉讼、仲裁、承诺 B. 财务报表日后资产价格、税收政策、外汇汇率发生重大变化 C. 财务报表日后因自然灾害导致资产发生重大损失 D. 财务报表日后发行股票和债券以及其他巨额举债 E. 财务报表日后资本公积转增资本 F. 财务报表日后发生巨额亏损 G. 财务报表日后发生企业合并或处置子公司 H. 财务报表日后企业利润分配方案中拟分配的以及经审议批准宣告发放的股利或利润

【考点子题——举一反三，真枪实练】

[5]（经典例题·单选题）下列财务报表日后发生的事项中，不属于财务报表日后非调整事项的是（ ）。

A. 资产负债表日前的诉讼案件结案

B. 处置子公司

C. 资产价格发生重大变化

D. 财务报表日后因自然灾害导致资产发生重大损失

考点4 财务报表日至审计报告日之间发生的事项

注册会计师应当设计和实施审计程序，获取充分、适当的审计证据，以确定所有在财务报表日至审计报告日之间发生的、需要在财务报表中调整或披露的事项均已得到识别。

【考点母题——万变不离其宗】财务报表日至审计报告日之间发生的事项

（1）下列有关财务报表日至审计报告日之间发生的事项的说法中，正确的有（ ）。
A. 注册会计师应当**主动识别**第一时段期后事项，并根据这些事项的性质判断其对财务报表的影响，进而确定是进行调整还是披露 B. 注册会计师**并不需要**对之前已实施审计程序并已得出满意结论的事项执行追加的审计程序 C. 注册会计师应当按照审计准则的规定实施审计程序，以使审计程序能够涵盖财务报表日至审计报告日（或尽可能接近审计报告日）之间的期间 D. **知悉**对财务报表有重大影响的期后事项时，如果注册会计师识别出对财务报表有重大影响的期后事项，应当确定这些事项是否按照适用的财务报告编制基础的规定在财务报表中得到恰当反映，属于调整事项的关注被审计单位是否做出适当调整，属于非调整事项的，关注是否在财务报表附注中充分披露 E. 注册会计师应当要求管理层和治理层（如适用）提供**书面声明**，确认所有在财务报表日后发生的、按照适用的财务报告编制基础的规定应予调整或披露的事项均已得到调整或披露

【考点子题——举一反三，真枪实练】

［6］（经典例题•多选题）X 会计师事务所负责审计 A 公司 2021 年财务报表，在 2022 年 2 月 25 日发现 B 公司于 2021 年 11 月 10 日对甲公司提起的诉讼案件已经于 2022 年 2 月 5 日结案，财务报表批准日和审计报告日均为 2022 年 3 月 12 日，则下列相关说法中，正确的有（ ）。

A. 注册会计师应在接近财务报表日专门实施审计程序识别该事项

B. 该事项属于第一时段期后事项

C. 注册会计师负有主动识别的义务

D. 注册会计师越接近审计报告日实施针对期后事项的审计程序，遗漏该事项的可能性也就越小

考点 5 审计报告日后至财务报表报出日前知悉的事实

在审计报告日后至财务报表报出日前，如果知悉了某事实，且若在审计报告日知悉可能导致修改审计报告，注册会计师应当与管理层和治理层（如适用）讨论该事项；确定财务报表是否需要修改；如果需要修改，询问管理层将如何在财务报表中处理该事项。

【考点母题——万变不离其宗】审计报告日后至财务报表报出日前知悉的事实

（1）下列有关注册会计师在审计报告日后至财务报表报出日前知悉的事实的说法中，正确的有（ ）。
A. 在审计报告日后，注册会计师**没有义务**针对财务报表实施任何审计程序（被动识别） B. 管理层有责任将发现的可能影响财务报表的事实告知注册会计师

续表

<table>
<tr><td colspan="2">（2）如果管理层修改财务报表，下列有关注册会计师决策的说法中，正确的有（ ）。</td></tr>
<tr><td colspan="2">A. 注册会计师应当根据具体情况对有关修改实施必要的审计程序，除非特定情形适用，注册会计师应当将用以识别期后事项的审计程序延伸至新的审计报告日，并针对修改后的财务报表出具新的审计报告（新的审计报告日不应早于修改后的财务报表被批准的日期）</td></tr>
<tr><td rowspan="2">B. 如果管理层对财务报表的修改仅限于反映导致修改的期后事项的影响，注册会计师可以仅针对有关修改将用以识别期后事项的上述审计程序延伸至新的审计报告日（简称特定情形）</td><td>（3）特定情形下，注册会计师应当采取的处理方式有（ ）。</td></tr>
<tr><td>A. 修改审计报告，针对财务报表修改部分增加补充报告日期，从而表明注册会计师对期后事项实施的审计程序仅限于财务报表相关附注所述的修改
B. 出具新的或经修改的审计报告，在强调事项段或其他事项段中说明注册会计师对期后事项实施的审计程序仅限于财务报表相关附注所述的修改</td></tr>
<tr><td colspan="2">（4）管理层不修改财务报表时，下列有关注册会计师处理方法的说法中，正确的有（ ）。</td></tr>
<tr><td colspan="2">A. 当审计报告未提交时，注册会计师应发表非无保留意见，然后再提交审计报告
B. 当审计报告已提交时，注册会计师应当通知管理层和治理层（除非治理层全员参与管理）在财务报表做出必要修改前，不要向第三方报出。如果财务报表在未经必要修改的情况下仍被报出，注册会计师应当采取适当措施，以设法防止财务报表使用者信赖该审计报告</td></tr>
</table>

【考点子题——举一反三，真枪实练】

[7]（2012年•多选题）下列有关期后事项审计的说法中，正确的有（ ）。

A. 期后事项是指财务报表日至财务报表报出日之间发生的事项

B. 期后事项是指财务报表日至审计报告日之间发生的事项，以及注册会计师在审计报告日后知悉的事实

C. 注册会计师仅需主动识别财务报表日至审计报告日之间发生的期后事项

D. 审计报告日后，如果注册会计师知悉某项若在审计报告日知悉将导致修改审计报告的事实，且管理层已就此修改了财务报表，应当对修改后的财务报表实施必要的审计程序，出具新的或经修改的审计报告

考点6 财务报表报出后知悉的事实

【考点母题——万变不离其宗】财务报表报出后知悉的事实

（1）下列有关注册会计师在财务报表报出后知悉的事实的说法中，正确的有（ ）。
A. 注册会计师没有义务针对财务报表实施任何审计程序（没有义务识别第三时段的期后事项） B. 如果知悉了某事实，且若在审计报告日知悉可能导致修改审计报告，注册会计师应当与管理层和治理层（如适用）讨论该事项、确定财务报表是否需要修改，如果需要修改，询问管理层将如何在财务报表中处理该事项

续表

（2）如果管理层修改财务报表，下列有关注册会计师决策的说法中，正确的有（　）。
A. 根据具体情况对有关修改实施必要的审计程序（确定修改是否适当） B. 复核管理层采取的措施能否确保所有收到原财务报表和审计报告的人士了解这一情况 C. 延伸实施审计程序，并针对修改后的财务报表出具新的审计报告 D. 特定情形下，修改审计报告或提供新的审计报告
（3）如果管理层未采取任何行动，下列有关注册会计师决策的说法中，正确的有（　）。
A. 注册会计师应当通知管理层和治理层（除非治理层全员参与管理）采取必要措施 B. 如果注册会计师已经通知管理层或治理层，而管理层或治理层没有采取必要措施，注册会计师应当采取适当措施，以设法防止财务报表使用者信赖该审计报告

【考点子题——举一反三，真枪实练】

[8]（经典例题•多选题）下列有关期后事项审计的说法中，正确的有（　）。

A. 期后事项是指财务报表日至审计报告日之间发生的事项，以及注册会计师在审计报告日后知悉的事实

B. 注册会计师应当恰当应对在审计报告日后知悉的、且如果在审计报告日知悉可能导致注册会计师修改审计报告的事实

C. 在财务报表报出后，注册会计师应当设计和实施审计程序以识别期后事项

D. 如果识别出的第二时段期后事项导致财务报表需要修改，而管理层没有进行修改且审计报告尚未提交给被审计单位，注册会计师应当发表非无保留意见

第三节　书面声明

书面声明**不包括**财务报表及其认定，以及支持性账簿和相关记录。

书面声明本身**并不为**所涉及的任何事项提供充分、适当的审计证据。而且，管理层已提供可靠书面声明的事实，**并不影响**注册会计师就管理层责任履行情况或具体认定获取的其他审计证据的性质和范围。

考点 7　针对管理层责任的书面声明

针对财务报表的编制，注册会计师**应当**要求管理层提供书面声明，确认其根据审计业务约定条款，履行了按照适用的财务报告编制基础编制财务报表并使其实现公允反映（如适用）的责任。

【考点母题——万变不离其宗】针对管理层责任的书面声明

（1）针对提供的信息和交易的完整性，注册会计师应当要求管理层提供书面声明的内容有（ ）。
A. 按照审计业务约定条款，已向注册会计师提供所有相关信息，并允许注册会计师不受限制地接触所有相关信息以及被审计单位内部人员和其他相关人员 B. 所有交易均已记录并反映在财务报表中
（2）下列有关书面声明和管理层责任的说法中，正确的有（ ）。
A. 如果未从管理层获取其确认已履行责任的书面声明，注册会计师在审计过程中获取的有关管理层已履行这些责任的其他审计证据是不充分的 B. 基于管理层认可并理解在审计业务约定条款中提及的管理层的责任，注册会计师可能还要求管理层在书面声明中再次确认其对自身责任的认可与理解

【考点子题——举一反三，真枪实练】

[9]（2017年•单选题）下列有关管理层书面声明的作用的说法中，错误的是（ ）。

A. 书面声明为财务报表审计提供了必要的审计证据

B. 管理层已提供可靠书面声明的事实，可能影响注册会计师就具体认定获取的审计证据的性质和范围

C. 书面声明可以促使管理层更加认真地考虑声明所涉及的事项

D. 书面声明本身不为所涉及的任何事项提供充分、适当的审计证据

[10]（经典例题•单选题）下列有关管理层书面声明的说法中，错误的是（ ）。

A. 在审计报告中提及的所有期间内，如果现任管理层均尚未就任，注册会计师仅需要向现任管理层获取涵盖其就任后的相关期间的书面声明

B. 为支持与财务报表或某项具体认定相关的其他审计证据，注册会计师可以要求管理层提供关于财务报表或特定认定的书面声明

C. 书面声明本身不为所涉及的任何事项提供充分、适当的审计证据

D. 书面声明为财务报表审计提供了必要的审计证据

考点8 其他书面声明

其他书面声明可能是对基本书面声明的补充，但不构成其组成部分。

【考点母题——万变不离其宗】其他书面声明

（1）财务报表的额外书面声明可能包括的事项有（ ）。
A. 会计政策的选择和运用是否适当

续表

B. 是否按照适用的财务报告编制基础对相关事项进行了确认、计量、列报或披露	（2）注册会计师可能要求管理层提供按照适用的财务报告编制基础对相关事项进行了确认、计量、列报或披露的书面声明，相关事项可能有（　）。
	A. 可能影响资产和负债账面价值或分类的计划或意图 B. 负债（包括实际负债和或有负债） C. 资产的所有权或控制权，资产的留置权或其他物权，用于担保的抵押资产 D. 可能影响财务报表的法律法规及合同（包括违反法律法规及合同的行为）
（3）下列有关与向注册会计师提供信息有关的额外书面声明的说法中，正确的是（　）。	
A. 除了针对管理层提供的信息和交易的完整性的书面声明外，注册会计师可能认为有必要要求管理层提供书面声明，确认其已将注意到的所有内部控制缺陷向注册会计师通报	
（4）下列有关特定认定的书面声明的说法中，正确的有（　）。	
A. 注册会计师可能认为有必要要求管理层提供有关财务报表特定认定的书面声明，尤其是支持注册会计师就管理层的判断或意图或者完整性认定从其他审计证据中获取的了解 B. 如果管理层的意图对投资的计价基础非常重要，但若不能从管理层获取有关该项投资意图的书面声明，注册会计师就**不可能**获取充分、适当的审计证据	

【考点子题——举一反三，真枪实练】

[11]（2020 年 • 单选题）下列有关书面声明的作用的说法中，错误的是（　）。

A. 书面声明是审计证据的重要来源

B. 要求管理层提供书面声明而非口头声明，可以提高管理层声明的质量

C. 在某些情况下，书面声明可能可以为相关事项提供充分、适当的审计证据

D. 书面声明可能影响注册会计师需要获取的审计证据的性质和范围

书面声明的日期和涵盖期间

【考点母题——万变不离其宗】书面声明的日期和涵盖期间

下列有关书面声明日期和涵盖期间的说法中，正确的有（　）。
A. 书面声明的日期应当尽量接近对财务报表出具审计报告的日期，但**不得**在审计报告日后 B. 书面声明应当涵盖审计报告针对的**所有财务报表和期间** C. 在管理层签署书面声明前，注册会计师不能发表审计意见，也不能签署审计报告 D. 某些情况下，注册会计师在审计过程中获取有关财务报表特定认定的书面声明可能是适当的（可能有必要要求管理层更新或再次确认书面声明） E. 现任管理层均尚未就任这一事实**并不能**减轻现任管理层对财务报表整体的责任，注册会计师仍然需要向现任管理层获取涵盖整个相关期间的书面声明

【考点子题——举一反三，真枪实练】

[12]（2016 年 • 单选题）下列有关书面声明的说法中，错误的是（　）。

A. 即使管理层已提供可靠的书面声明，也不影响注册会计师就管理责任履行情况或具体认定获取的其他审计证据的性质和范围

B. 为支持与财务报表或某项具体认定相关的其他审计证据，注册会计师可以要求管理层提供关于财务报表或特定认定的书面声明

C. 如果管理层不向注册会计师提供所有交易均已记录并反映在财务报表中的书面声明，注册会计师应当对财务报表发表保留意见或无法表示意见

D. 如果在审计报告中提及的所有期间内，现任管理层均尚未就任，注册会计师也需要向现任管理层获取涵盖整个相关期间的书面声明

[13]（2013年•单选题）注册会计师负责审计甲公司2012年度财务报表。审计报告日为2013年3月31日，财务报表批准报出日为2013年4月1日。下列有关书面声明日期的说法中，正确的是（　）。

A. 应当为2012年12月31日

B. 应当尽量接近2013年3月31日，但不得晚于2013年3月31日

C. 应当为2013年4月1日

D. 应当为2013年4月1日以后

对书面声明可靠性的疑虑以及管理层不提供要求的书面声明

【考点母题——万变不离其宗】对书面声明可靠性的疑虑以及管理层不提供要求的书面声明

（1）对书面声明可靠性的疑虑的情形包括（　）。
A. 对管理层的胜任能力、诚信、道德价值观或勤勉尽责存在疑虑 B. 书面声明与其他审计证据不一致
（2）对书面声明可靠性产生疑虑时，注册会计师的下列应对措施中，正确的有（　）。
A. 对管理层的胜任能力、诚信、道德价值观或勤勉尽责存在重大疑虑（以至于审计工作无法进行），除非治理层采取适当的纠正措施，否则注册会计师可能需要考虑解除业务约定 B. 治理层采取的纠正措施可能并不足以使注册会计师发表无保留意见

续表

<table>
<tr><td rowspan="2">C. 书面声明与其他审计证据不一致时，注册会计师应设法解决这些问题</td><td>（3）书面声明与其他审计证据不一致时，注册会计师应采取的措施有（　）。</td></tr>
<tr><td>A. 注册会计师可能需要考虑风险评估结果是否仍然适当
B. 如果认为不适当，注册会计师需要修改风险评估结果，并确定进一步审计程序的性质、时间安排和范围，以应对评估的风险
C. 如果问题仍未解决，注册会计师应当重新考虑对管理层的胜任能力、诚信、道德价值观或勤勉尽责的评估，或者重新考虑对管理层在这些方面的承诺或贯彻执行的评估，并确定书面声明与其他审计证据的不一致对书面或口头声明和审计证据总体的可靠性可能产生的影响
D. 如果认为书面声明不可靠，注册会计师应当采取适当措施，包括确定其对审计意见的影响</td></tr>
<tr><td colspan="2">（4）管理层不提供要求的书面声明时，注册会计师的下列应对措施中，正确的有（　）。</td></tr>
<tr><td colspan="2">A. 与管理层讨论该事项
B. 重新评价管理层的诚信，并评价该事项对书面或口头声明和审计证据总体的可靠性可能产生的影响
C. 采取适当措施，包括确定该事项对审计意见可能产生的影响</td></tr>
<tr><td rowspan="2">D. 可能发表无法表示意见</td><td>（5）管理层不提供要求的书面声明时，注册会计师发表无法表示意见的情形有（　）。</td></tr>
<tr><td>A. 注册会计师对管理层的诚信产生重大疑虑，以至于认为其针对管理层责任作出的书面声明不可靠
B. 管理层不提供针对管理层责任的书面声明</td></tr>
</table>

【考点子题——举一反三，真枪实练】

[14]（经典例题•多选题）下列关于书面声明的相关说法中，错误的有（　）。

A. 如果管理层不向注册会计师提供所有交易均已记录并反映在财务报表中的书面声明，注册会计师应当对财务报表发表否定意见

B. 就某些交易获取的单独书面声明可以晚于审计报告日

C. 书面声明要涵盖审计报告中提及的所有期间

D. 在管理层签署书面声明前，注册会计师可以发表审计意见

[15]（2015 年•单选题）下列有关书面声明的说法中，正确的是（　）。

A. 书面声明的日期应当和审计报告日在同一天，且应当涵盖审计报告针对的所有财务报表期间

B. 管理层已提供可靠书面声明的事实，影响注册会计师就管理层责任履行情况或具体审计程序的性质

C. 如果书面声明与其他审计证据不一致，注册会计师应当要求管理修改书面声明

D. 如果对管理层的诚信产生重大疑虑，以至于认为其作出的书面声明不可靠，注册会计师应该出具无法表示意见审计报告

附录：

1. 项目组内部复核范围：

（1）审计工作是否已按照职业准则和适用的法律法规的规定执行；

（2）重大事项是否已提请进一步考虑；

（3）相关事项是否已进行适当咨询，由此形成的结论是否已得到记录和执行；

（4）是否需要修改已执行审计工作的性质、时间安排和范围；

（5）已执行的审计工作是否支持形成的结论，并已得到适当记录；

（6）已获取的审计证据是否充分、适当；

（7）审计程序的目标是否已实现。

2. 注册会计师要求管理层在书面声明中再次确认其对自身责任的认可与理解所适用的场景：

（1）代表被审计单位签订审计业务约定条款的人员不再承担相关责任；

（2）审计业务约定条款是在以前年度签订的；

（3）有迹象表明管理层误解了其责任；

（4）情况的改变需要管理层再次确认其责任。

［本章考点子题答案及解析］

［1］【答案：ACD】选项B错误，如果注册会计师认为某一单项错报是重大的，则该项错报不大可能被其他错报抵销。

［2］【答案】

（1）	否	应当要求管理层更正所有超过明显微小错报临界值的错报／累积的错报
（2）	是	——
（3）	是	——

【知识点回顾】除非法律法规禁止，注册会计师应当及时将审计过程中累积的所有错报（即超过明显微小错报临界值的所有错报）与适当层级的管理层进行沟通。注册会计师还应当要求管理层更正这些错报。

［3］【答案：A】项目合伙人无需复核所有的审计工作底稿，根据审计准则的规定，项目合伙人应当对管理和实现审计项目的高质量承担总体责任。项目合伙人应当在审计过程中的适当时点复核审计工作底稿，包括与下列方面相关的工作底稿：（1）重大事项；（2）重大判断，包括在审计中遇到的困难或有争议事项相关的判断，以及得出的结论；（3）根据项目合伙人的职业判断，与项目合伙人的职责有关的其他事项，选项A错误。

[4] 【答案: C】选项 C 错误，在审计报告日或审计报告日之前，项目合伙人应当通过复核审计工作底稿与项目组讨论，确信已获取充分、适当的审计证据，支持得出的结论和拟出具的审计报告。

[5] 【答案: A】选项 A，属于财务报表日后调整事项。

[6] 【答案: BCD】选项 A 错误，针对期后事项的专门审计程序，其实施时间越接近审计报告日越好。

[7] 【答案: BCD】选项 A 错误，期后事项是指财务报表日至审计报告日之间发生的事项，以及注册会计师在审计报告日后知悉的事实。

[8] 【答案: ABD】选项 C 错误，在财务报表报出后，注册会计师没有义务针对财务报表实施任何审计程序。

[9] 【答案: B】选项 B 错误，书面声明是必要审计证据，但非充分审计证据，管理层已提供可靠书面声明的事实，并不影响注册会计师就管理层责任履行情况或具体认定获取的其他审计证据的性质和范围。

[10] 【答案: A】选项 A 错误，即使在审计报告中提及的所有期间内，现任管理层均尚未就任，注册会计师仍然需要向现任管理层获取涵盖整个相关期间的书面声明。

[11] 【答案: C】尽管书面声明提供了必要的审计证据，但其本身并不为所涉及的任何事项提供充分、适当的审计证据，选项 C 错误。

[12] 【答案: C】如果管理层不向注册会计师提供所有交易均已记录并反映在财务报表中的书面声明，注册会计师应当对财务报表发表无法表示意见，选项 C 错误。

[13] 【答案: B】书面声明的日期应当尽量接近对财务报表出具审计报告的日期（2013 年 3 月 31 日），但不得在审计报告日（2013 年 3 月 31 日）后，选项 B 正确。

[14] 【答案: ABD】选项 A 错误，如果管理层不向注册会计师提供所有交易均已记录并反映在财务报表中的书面声明，注册会计师应当对财务报表发表无法表示意见；选项 B 错误，书面声明的日期不得在审计报告日后；选项 D 错误，由于书面声明是必要的审计证据，在管理层签署书面声明前，注册会计师不能发表审计意见，也不能签署审计报告。

[15] 【答案: D】选项 A，书面声明的日期不一定与审计报告日为同一天，书面声明的日期不能晚于审计报告日；选项 B，尽管书面声明提供了必要的审计证据，但是其本身并不为所涉及的任何事项提供充分、适当的审计证据。而且，管理层已提供可靠书面声明的事实，并不影响注册会计师就管理层责任履行情况或具体认定获取的其他审计证据的性质和范围；选项 C，首先应该调查原因，之后再确定修改哪些审计证据。

第 19 章　审计报告

本章思维导图

- 第十九章 审计报告
  - 审计报告概述
  - 审计意见的形成 —— 考点1 得出审计结论时的考虑因素及审计意见类型
  - 审计报告的基本内容 —— 考点2 审计报告的基本内容
  - 在审计报告中沟通关键审计事项
    - 考点3 确定关键审计事项
    - 考点4 在审计报告中沟通关键审计事项
  - 非无保留意见审计报告
    - 考点5 发表非无保留意见的情况及类型
    - 考点6 非无保留意见审计报告的格式和内容
  - 在审计报告中增加强调事项段和其他事项段
    - 考点7 强调事项段
    - 考点8 其他事项段
  - 比较信息
    - 考点9 比较信息概述
    - 考点10 审计报告
  - 注册会计师对其他信息的责任 —— 考点11 其他信息

近三年本章考试题型及分值分布

题型	2022 年	2021 年	2020 年
单选题	—	—	—
多选题	—	—	—
简答题	5 题 5 分	3 题 3 分	3 题 3 分
综合题	1 题 1 分	—	—
合计	6 分	3 分	3 分

第一节　审计报告概述

审计报告是注册会计师在完成审计工作后向委托人提交的最终产品。

审计报告的作用：鉴证作用、保护作用、证明作用。

第二节　审计意见的形成

考点1　得出审计结论时的考虑因素及审计意见类型

【考点母题——万变不离其宗】得出审计结论时的考虑因素及审计意见类型

<table>
<tr><td colspan="2">（1）在得出审计结论时，注册会计师应当考虑的事项有（　）。</td></tr>
<tr><td colspan="2">A. 是否已获得充分、适当的审计证据
B. 未更正错报单独或汇总起来是否构成重大错报
C. 评价财务报表是否在所有重大方面按照适用的财务报告编制基础编制
D. 评价财务报表是否实现公允反映
E. 评价财务报表是否恰当提及或说明适用的财务报告编制基础</td></tr>
<tr><td rowspan="2">无保留意见</td><td>（2）下列有关无保留意见的说法中，正确的是（　）。</td></tr>
<tr><td>A. 如果认为财务报表在所有重大方面按照适用的财务报告编制基础编制并实现公允反映，注册会计师应当发表无保留意见</td></tr>
<tr><td rowspan="2">非无保留意见</td><td>（3）下列有关非无保留意见的说法中，正确的有（　）。</td></tr>
<tr><td>A. 根据获取的审计证据，得出财务报表整体存在重大错报的结论
B. 无法获取充分、适当的审计证据，不能得出财务报表整体不存在重大错报的结论
C. 非无保留意见包括保留意见、否定意见以及无法表示意见</td></tr>
</table>

【考点子题——举一反三，真枪实练】

[1]（经典例题•单选题）下列有关审计意见形成的说法中，错误的是（　）。

A. 在审计意见形成前，注册会计师应评价是否已获取充分、适当的审计证据

B. 得出审计结论时，注册会计师可以考虑未更正错报单独或汇总起来是否构成重大错报

C. 若注册会计师根据获取的审计证据，认为财务报表整体存在重大错报，应出具非无保留意见

D. 注册会计师发表无保留的意见的前提是财务报表在所有重大方面按照适用的财务报告编制基础编制并实现公允反映

第三节　审计报告的基本内容

审计报告的基本内容

【考点母题——万变不离其宗】审计报告的基本内容

形成审计意见的基础	（1）审计报告应当包含标题为“形成审计意见的基础”的部分，形成审计意见的基础部分包括的有（　）。
	A. 说明注册会计师按照审计准则的规定执行了审计工作 B. 提及审计报告中用于描述审计准则规定的注册会计师责任的部分 C. 声明注册会计师按照与审计相关的职业道德要求对被审计单位保持了独立性，并履行了职业道德方面的其他责任 D. 说明注册会计师是否相信获取的审计证据是充分、适当的，为发表审计意见提供了基础
管理层对财务报表的责任	（2）审计报告应当包含标题为“管理层对财务报表的责任”的部分，管理层对财务报表的责任部分包括（　）。
	A. 按照适用的财务报告编制基础编制财务报表，使其实现公允反映，并设计、执行和维护必要的内部控制，以使财务报表不存在由于舞弊或错误导致的重大错报 B. 评估被审计单位的持续经营能力和使用持续经营假设是否适当，并披露与持续经营相关的事项（如适用）
注册会计师对财务报表审计的责任	（3）审计报告应当包含标题为“注册会计师对财务报表审计的责任”的部分，注册会计师对财务报表审计的责任部分包括（　）。
	A. 说明注册会计师的目标是对财务报表整体是否不存在由于舞弊或错误导致的重大错报获取**合理保证**，并出具包含审计意见的审计报告 B. 说明合理保证是高水平的保证，但按审计准则执行的审计并不能保证一定会发现存在的重大错报 C. 说明错报可能由于舞弊或错误导致 D. 注册会计师对职业判断、自身责任等内容的说明

续表

报告日期	（4）下列关于报告日期的说法正确的有（ ）。
	A. 审计报告应当注明报告日期 B. 审计报告日**不应早于**注册会计师获取**充分、适当的审计证据**，并在此基础上对财务报表形成审计意见的日期（构成整套财务报表的所有报表（含披露）已编制完成的审计证据**和**被审计单位的董事会、管理层或类似机构已经认可其对财务报表负责的审计证据） C. 如果法律法规没有对财务报表在报出前获得批准作出规定，则注册会计师在正式**签署审计报告前**，通常把审计报告草稿随同附管理层已按审计调整建议修改后的财务报表一起提交给管理层 D. 如果管理层签署已按审计调整建议修改后的财务报表，注册会计师即可签署审计报告 E. 注册会计师签署审计报告的日期可能与管理层签署已审计财务报表的日期为同一天，也可能晚于管理层签署已审计财务报表的日期
与财务报表一同列报的补充信息	（5）下列关于与财务报表一同列报的补充信息的说法，正确的有（ ）。
	A. 如果补充信息构成财务报表的必要组成部分，应当将其涵盖在审计意见中 B. 如果补充信息不构成已审计财务报表的必要组成部分，注册会计师应当评价这些补充信息的列报方式是否充分、清楚地使其与已审计财务报表相区分 C. 如果未能充分、清楚地区分，注册会计师应当要求管理层改变未审计补充信息的列报方式 D. 如果管理层拒绝改变，注册会计师应当指出未审计的补充信息，并在审计报告中说明补充信息未审计

【考点子题——举一反三，真枪实练】

[2]（2016年•单选题）下列有关审计报告日的说法中，错误的是（ ）。

A. 审计报告日可以晚于管理层签署已审计财务报表的日期

B. 审计报告日不应早于管理层书面声明的日期

C. 在特殊情况下，注册会计师可以出具双重日期的审计报告

D. 审计报告日应当是注册会计师获取充分、适当的审计证据，并在此基础上对财务报表形成审计意见的日期

第四节 在审计报告中沟通关键审计事项

关键审计事项是指注册会计师根据职业判断认为对当期财务报表审计**最为重要的事项**。

考点3 确定关键审计事项

【考点母题——万变不离其宗】确定关键审计事项

<table>
<tr><td colspan="2">（1）下列属于注册会计师在确定关键审计事项时的步骤有（　）。</td></tr>
<tr><td colspan="2">A. 以“与治理层沟通过的事项”为起点（注册会计师应当从与治理层沟通过的事项中选取关键审计事项）</td></tr>
<tr><td rowspan="2">B. 从“与治理层沟通过的事项”中确定“在执行审计工作时重点关注过的事项”</td><td>（2）注册会计师在确定“重点关注过”的事项时，应考虑的因素有（　）。</td></tr>
<tr><td>A. 评估的重大错报风险较高的领域或识别出的特别风险
B. 与财务报表中涉及重大管理层判断的领域（包括被认为具有高度不确定性的会计估计）相关的重大审计判断
C. 本期重大交易或事项对审计的影响</td></tr>
<tr><td rowspan="2">C. 从“在执行审计工作时重点关注过的事项”中确定哪些事项对本期财务报表审计“最为重要”，从而构成关键审计事项</td><td>（3）注册会计师在确定“最为重要”的事项时，应考虑的因素有（　）。</td></tr>
<tr><td>A. 该事项对预期使用者理解财务报表整体的重要程度，尤其是对财务报表的重要性
B. 与该事项相关的会计政策的性质或者与同行业其他实体相比，管理层在选择适当的会计政策时涉及的复杂程度或主观程度
C. 从定性和定量方面考虑，与该事项相关的由于舞弊或错误导致的已更正错报和累积未更正错报（如有）的性质和重要程度
D. 为应对该事项所需要付出的审计努力的性质和程度
E. 在实施审计程序、评价实施审计程序的结果、获取相关和可靠的审计证据以作为发表审计意见的基础时，注册会计师遇到的困难的性质和严重程度
F. 识别出的与该事项相关的控制缺陷的严重程度
G. 该事项是否涉及数项可区分但又相互关联的审计考虑（如，长期合同的收入确认、诉讼或其他或有事项等方面，可能需要重点关注，并且可能影响其他会计估计）</td></tr>
<tr><td colspan="2">（4）下列各项中，属于关键审计事项不能代替的内容有（　）。</td></tr>
<tr><td colspan="2">A. 管理层按照适用的财务报告编制基础在财务报表中作出的披露，或为使财务报表实现公允反映而作出的披露（如适用）
B. 注册会计师按照相关规定，按照审计业务的具体情况发表非无保留意见
C. 当可能导致对被审计单位持续经营能力产生重大疑虑的事项或情况存在重大不确定性时，注册会计师按照相关规定进行报告
D. 就单一事项单独发表意见</td></tr>
</table>

【考点子题——举一反三，真枪实练】

［3］（2020•简答题部分）ABC会计师事务所的A注册会计师负责审计多家上市公司2019年度财务报表，遇到下列与审计报告相关的事项：

（4）丁公司2019年度营业收入和毛利率均大幅增长，A注册会计师评估认为存在较高的舞弊风险，将收入确认作为审计中最为重要的事项与治理层进行了沟通。A注册会计师实施审计程序后未发现收入确认存在重大错报。拟将收入确认作为审计报告中的关键审计事项，并在审计应对部分说明，丁公司的收入确认符合企业会计准则的规定，在所有重大方面公允反映了丁公司 2019 年度的营业收入。

要求：指出 A 注册会计师的做法是否恰当。如不恰当，简要说明理由。

[4]（2018 年 • 简答题部分）ABC 会计师事务所的 A 注册会计师负责审计多家上市公司 2017 年度财务报表，遇到下列与审计报告相关的事项：

（5）己公司的某重要子公司因环保问题被监管部门调查并停业整顿。A 注册会计师将该事项识别为关键审计事项。因己公司管理层未在财务报表附注中披露该子公司停业整顿的具体原因，A 注册会计师拟在审计报告的关键审计事项部分进行补充说明。

要求：针对上述第（5）项，指出 A 注册会计师的做法是否恰当，如不恰当，简要说明理由。

考点 4　在审计报告中沟通关键审计事项

对某项关键审计事项的描述是否充分属于职业判断。

在描述关键审计事项时，注册会计师应注意：

1. 不暗示注册会计师在对财务报表形成审计意见时尚未恰当解决该事项。
2. 不对财务报表单一要素发表意见，也不暗示是对财务报表单一要素单独发表意见。

【考点母题——万变不离其宗】在审计报告中沟通关键审计事项

<table>
<tr><td colspan="2">（1）下列各项关于在审计报告中沟通关键审计事项的说法，正确的有（　）。</td></tr>
<tr><td colspan="2">A. 在审计报告中单设关键审计事项部分</td></tr>
<tr><td rowspan="4">B. 描述单一关键审计事项</td><td>（2）在描述单一关键审计事项时，注册会计师应说明的内容有（　）。</td></tr>
<tr><td>A. 该事项被认定为审计中最为重要的事项之一，因而被确定为关键审计事项的原因
B. 该事项在审计中是如何应对的</td></tr>
<tr><td>（3）在描述如何应对时，注册会计师可描述的内容有（　）。</td></tr>
<tr><td>A. 审计应对措施或审计方法中，与该事项最为相关或对评估的重大错报风险最有针对性的方面
B. 对已实施审计程序的简要概述
C. 实施审计程序的结果
D. 对该事项的主要看法</td></tr>
<tr><td colspan="2">（4）下列各项中，属于不在审计报告中沟通关键审计事项情形的有（　）。</td></tr>
<tr><td colspan="2">A. 法律法规禁止公开披露某事项
B. 在极少数情况下，如果合理预期在审计报告中沟通某事项造成的负面后果超过产生的公众利益方面的益处，注册会计师确定不应在审计报告中沟通该事项</td></tr>
<tr><td colspan="2">（5）下列有关“关键审计事项”特殊情形的说法，正确的有（　）。</td></tr>
</table>

续表

A. 如果根据被审计单位和审计业务的具体事项和情况，注册会计师确定不存在需要沟通的关键审计事项，可以在审计报告单设的关键审计事项部分表述为“我们确定不存在需要在审计报告中沟通的关键审计事项。” B. 仅有的需要沟通的关键审计事项是导致**发表保留意见或否定意见的事项**，或者是可能导致对被审计单位**持续经营能力**产生**重大疑虑**的事项或情况存在**重大不确定性**，注册会计师可以在审计报告单设的关键审计事项部分表述为“除形成保留（否定）意见的基础部分或与持续经营相关的重大不确定性部分所描述的事项外，我们确定不存在其他需要在审计报告中沟通的关键审计事项。” C. 如果根据相关规定，确定对财务报表发表无法表示意见，注册会计师不得在审计报告中沟通关键审计事项，除非法律法规要求沟通 D. 如果注册会计师认为有必要在审计报告中增加**强调事项段或其他事项段**，审计报告中的强调事项段或其他事项段需要与关键审计事项部分分开列示。如果某事项被确定为关键审计事项，则不能以强调事项或其他事项代替对关键审计事项的描述
（6）下列各项中，属于注册会计师就关键审计事项需要与治理层沟通的内容有（ ）。
A. 注册会计师确定的关键审计事项 B. 根据被审计单位和审计业务的具体情况，注册会计师确定不存在需要在审计报告中沟通的关键审计事项（如适用）

第19章

【考点子题——举一反三，真枪实练】

[5]（经典例题·多选题）下列针对上市实体的审计报告中沟通的关键审计事项的说法中，正确的有（ ）。

A. 为便于财务报表预期使用者理解全部关键审计事项，注册会计师应当在审计报告中逐项描述每一关键审计事项

B. 除非法律法规另有规定，当对财务报表发表无法表示意见时，注册会计师不得在审计报告中包含关键审计事项部分

C. 导致非无保留意见的事项需要在关键审计事项部分披露

D. 未得到满意解决的事项需要在关键审计事项部分披露

第五节 非无保留意见审计报告

考点5 发表非无保留意见的情况及类型

导致发表非无保留意见的事项的性质	这些事项对财务报表产生或可能产生影响的广泛性	
	重大但不具有广泛性	重大且具有广泛性

续表

财务报表存在重大错报	保留意见	否定意见
无法获取充分、适当的审计证据	保留意见	无法表示意见

【考点母题——万变不离其宗】发表非无保留意见的情况及类型

<table>
<tr><td colspan="3">（1）下列情形中，注册会计师应在审计报告中发表非无保留意见的表述，正确的有（　）。</td></tr>
<tr><td rowspan="7">A. 根据获取的审计意见，得出财务报表整体存在重大错报的结论（保留意见或否定意见）</td><td colspan="2">（2）下列各项中，属于重大错报可能产生原因的有（　）。</td></tr>
<tr><td rowspan="2">A. 选择会计政策不恰当</td><td>（3）下列情形，属于选择会计政策不恰当的有（　）。</td></tr>
<tr><td>A. 选择的会计政策与适用的财务报告编制基础不一致
B. 财务报表**没有正确描述**与资产负债表、利润表、所有者权益变动表或现金流量表中的重大项目相关的会计政策
C. 财务报表没**有按照公允反映**的方式列报交易和事项</td></tr>
<tr><td rowspan="2">B. 对所选择的会计政策运用不当</td><td>（4）下列情形，属于对所选择的会计政策运用不当的有（　）。</td></tr>
<tr><td>A. 管理层没有按照适用的财务报告编制基础的要求**一贯运用**所选择的会计政策
B. 不当运用所选择的会计政策</td></tr>
<tr><td rowspan="2">C. 财务报表披露的恰当性和充分性不足</td><td>（5）下列情形，属于财务报表披露的恰当性和充分性不足的有（　）。</td></tr>
<tr><td>A. 财务报表没有包括适用的财务报告编制基础要求的**所有披露**
B. 财务报表的披露没有按照适用的财务报告编制基础**列报**
C. 财务报表没有作出适用的财务报告编制基础特定要求之外的其他必要的披露以实现**公允反映**</td></tr>
<tr><td rowspan="2">B. 无法获取充分、适当的审计证据，不能得出财务报表整体不存在重大错报的结论（保留意见或无法表示意见）</td><td colspan="2">（6）下列各项中，可能导致注册会计师无法获取充分、适当的审计证据的有（　）。</td></tr>
<tr><td colspan="2">A. 超出被审计单位控制（如被审计单位会计记录已被毁坏、重要组成部分的会计记录已被政府有关机构无限期查封）
B. 与注册会计师工作的性质或时间安排相关的情形（如注册会计师无法获取有关联营企业财务信息的充分、适当的审计证据以评价是否恰当运用了权益法；注册会计师接受审计委托的时间安排，使注册会计师**无法实施存货监盘**；注册会计师确定仅**实施实质性程序是不充分**的，但被审计单位的**控制是无效**的）
C. 管理层对审计范围施加限制（如管理层阻止注册会计师实施存货监盘、管理层阻止注册会计师对特定账户余额实施函证）
D. 如果注册会计师能够通过实施替代程序获取充分、适当的审计证据，则无法实施特定的程序**并不构成**对审计范围的限制</td></tr>
</table>

续表

<table>
<tr><td colspan="2">C. 如果认为有必要对财务报表整体发表否定意见或无法表示意见，注册会计师不应在同一审计报告中对按照相同财务报告编制基础编制的单一财务报表或者财务报表特定要素、账户或项目发表无保留意见</td></tr>
<tr><td colspan="2">（7）在确定非无保留意见类型时，注册会计师应考虑的因素有（　）。</td></tr>
<tr><td colspan="2">A. 导致非无保留意见的事项的性质（财务报表存在的重大性错报——保留、否定意见、无法获取充分适当的审计证据——保留、无法表示意见）</td></tr>
<tr><td rowspan="2">B. 注册会计师就导致非无保留意见的事项对财务报表产生或可能产生影响的广泛性做出的判断</td><td>（8）对财务报表的影响具有广泛性的情形包括（　）。</td></tr>
<tr><td>A. 不限于对财务报表的特定要素、账户或项目产生影响
B. 虽然仅对财务报表的特定要素、账户或项目产生影响，但这些要素、账户、项目是或可能是财务报表的主要组成部分
C. 当与披露相关时，产生的影响对财务报表使用者理解财务报表至关重要</td></tr>
<tr><td colspan="2">C. 极少数情况下，存在多项不确定事项，尽管注册会计师对每个单独的不确定事项获取了充分、适当的审计证据，但由于不确定事项之间可能存在相互影响，注册会计师应发表无法表示意见</td></tr>
</table>

【考点子题——举一反三，真枪实练】

[6]（2016 年 • 简答题部分）A 注册会计师负责审计己公司 2015 年度财务报表，遇到下列审计报告相关的事项：

（5）A 注册会计师认为己公司的商誉年末存在重大减值，但管理层未计提减值准备，因缺少相关信息，A 注册会计师无法对减值金额作出估计，因此在审计报告中增加强调事项段。提请财务报表使用者关注财务报表附注中加入与商誉相关的披露。

要求：指出 A 注册会计师出具的审计报告类型是否恰当，如不恰当，简要说明理由，并指出应当出具何种类型的审计报告。

[7]（2020 年 • 简答题部分）ABC 会计师事务所的 A 注册会计师负责审计多家上市公司 2019 年度财务报表，遇到下列与审计报告相关的事项：

（3）丙公司管理层以无法做出准确估计为由未对 2019 年末的长期股权投资、固定资产和无形资产计提减值准备。A 注册会计师实施审计程序获取充分、适当审计证据后，认为上述事项导致的错报对财务报表具有重大且广泛的影响，拟对财务报表发表无法表示意见。

要求：指出 A 注册会计师的做法是否恰当。如不恰当，简要说明理由。

[8]（经典例题 • 单选题）下列各项中，关于在审计报告中发表非无保留意见的说法，错误的是（　）。

A. 如果因无法获取充分、适当的审计证据而导致发表非无保留意见，注册会计师应当在导致非无保留意见的事项段中说明无法获取审计证据的原因

B. 除非法律法规禁止，如果管理层对审计范围施加限制导致注册会计师发表保留意见不足以反映情况的严重性，注册会计师应当在可行时解除业务约定

C. 在某些情况下，可以对经营成果、现金流量发表无法表示意见，而对财务状况发表无保留意见

D. 如果由于管理层对审计范围施加限制导致注册会计师解除业务约定，在解除业务约定前，注册会计师应当与治理层沟通在审计过程中发现的所有错报事项

考点6 非无保留意见审计报告的格式和内容

【考点母题——万变不离其宗】非无保留意见审计报告的格式和内容

下列各项中，属于非无保留审计意见报告内容和要求的有（　）。
A. 如果财务报表中存在与定性披露相关的重大错报，注册会计师应当在形成审计意见的基础部分解释该错报错在何处 B. 如果财务报表中存在与应披露而未披露信息相关的重大错报，注册会计师应当**与治理层讨论未披露信息的情况、在形成审计意见的基础部分描述未披露信息的性质、如果可行并且已针对未披露信息获取了充分、适当的审计证据，在形成审计意见的基础部分包含对未披露信息的披露**，除非法律法规禁止 C. 如果因无法获取充分、适当的审计证据而导致发表非无保留意见，注册会计师应当在形成审计意见的基础部分说明无法获取审计证据的原因

【考点子题——举一反三，真枪实练】

[9]（2017年·简答题部分）ABC会计师事务所的A注册会计师负责审计多家上市公司2016年度财务报表，遇到下列与审计报告相关的事项：

（1）A注册会计师对甲公司关联方关系及交易实施审计程序并与治理层沟通后，对是否存在未在财务报表中披露的关联方关系及交易仍存有疑虑，拟将其作为关键审计事项在审计报告中沟通。

（6）A注册会计师认为，己公司财务报表附注中未披露其对外提供的多项担保，构成重大错报，因拟就已公司持续经营问题对财务报表发表无法表示意见，不再在审计报告中说明披露错报。

要求：针对上述事项，逐项指出A注册会计师的做法是否恰当。如不恰当，简要说明理由。

第六节　在审计报告中增加强调事项段和其他事项段

考点 7　强调事项段

审计报告的强调事项段，是指审计报告中含有的一个段落，该段落提及**已在财务报表中恰当列报或披露的**事项，且根据注册会计师的职业判断，该事项对财务报表使用者理解财务报表**至关重要**。

【考点母题——万变不离其宗】强调事项段

（1）下列各项中，属于增加强调事项段需要同时满足的条件有（　）。
A. 该事项**不会导致**注册会计师发表非无保留意见 B. 该事项**未被确定为**在审计报告中沟通的关键审计事项
（2）下列各项中，属于需要增加强调事项段的情形有（　）。
A. 法律法规规定的财务报告编制基础不可接受，但其是基于法律或法规作出的规定 B. 提醒财务报表使用者注意财务报表按照特殊目的编制基础编制 C. 注册会计师在审计报告日后知悉了某些事实（即期后事项），并且出具了新的或经修改的审计报告
（3）下列各项中，属于注册会计师可能认为需要增加强调事项段的情形有（　）。
A. 异常诉讼或监管行动的未来结果存在不确定性 B. 在财务报表日至审计报告日之间发生的重大期后事项 C. 在允许的情况下，提前应用对财务报表有重大影响的新会计准则 D. 存在已经或持续对被审计单位财务状况产生重大影响的特大灾难
（4）审计报告包含强调事项段时，注册会计师应采取的措施有（　）。
A. 将强调事项段作为单独的一部分置于审计报告中，并使用包含“强调事项”这一术语的适当标题 B. 明确提及被强调事项以及相关披露的位置，以便能够在财务报表中找到对该事项的详细描述。强调事项段应当仅提及已在财务报表中列报或披露的信息 C. 指出审计意见没有因该强调事项而改变
（5）下列情形中，属于强调事项段不能替代的有（　）。

续表

A. 根据审计业务的具体情况，按照《中国注册会计师审计准则第 1502 号——在审计报告中发表非无保留意见》的规定发表非无保留意见
B. 适用的财务报告编制基础要求管理层在财务报表中作出的披露，或为实现公允列报所需的其他披露
C. 按照《中国注册会计师审计准则第 1324 号——持续经营》的规定，当可能导致对被审计单位持续经营能力产生重大疑虑的事项或情况存在重大不确定性时作出的报告

【考点子题——举一反三，真枪实练】

[10]（2012 年·单选题）下列事项中，不会导致注册会计师在审计报告中增加强调事项段的是（　）。

A. 在允许的情况下，提前应用对财务报表有广泛影响的新会计准则

B. 所审计财务报表采用特殊编制基础编制

C. 含有已审计财务报表的文件中的其他信息与财务报表存在重大不一致，并且需要对其他信息作出修改，但管理层拒绝修改

D. 存在已经或持续对被审计单位财务状况产生重大影响的特大灾难

[11]（2020 年·简答题部分）ABC 会计师事务所的 A 注册会计师负责审计多家上市公司 2019 年度财务报表，遇到下列与审计报告相关的事项：

（5）戊公司管理层在 2019 年度财务报表附注中充分披露了与持续经营相关的多项重大不确定性。因无法判断管理层采用持续经营假设编制财务报表是否适当，A 注册会计师拟发表无法表示意见，并在审计报告中增加强调事项段，提醒报表使用者关注戊公司因连续亏损已触发证券交易所退市标准的风险提示公告。

要求：针对上述事项，指出 A 注册会计师的做法是否恰当。如不恰当，简要说明理由。

考点 8　其他事项段

其他事项段，是指审计报告中含有的一个段落，该段落提及**未**在财务报表中列报或**披露**的事项，且根据注册会计师的职业判断，该事项与财务报表使用者**理解**审计工作、注册会计师的责任或审计报告相关。

【考点母题——万变不离其宗】其他事项段

（1）下列各项中，属于增加其他事项段需要同时满足的条件有（　）。
A. 未被法律法规禁止 B. 该事项**未被**确定为在审计报告中沟通的关键审计事项

续表

（2）下列各项中，属于需要增加其他事项段的情形有（　）。
A. 与使用者理解审计工作相关的情形（如极少数情况下，管理层对注册会计师施加限制，但注册会计师不能解除业务约定时） B. 与使用者理解注册会计师的责任或审计报告相关的情形 C. 对两套以上财务报表出具审计报告的情形 D. 限制审计报告分发和使用的情形
（3）下列各项中，不涉及需要增加其他事项段的情形有（　）。
A. 除根据审计准则的规定有责任对财务报表出具审计报告外，注册会计师还有其他报告责任 B. 注册会计师可能被要求实施额外的规定的程序并予以报告，或对特定事项发表意见 C. 法律法规或其他执业准则禁止注册会计师提供的信息 D. 要求管理层提供的信息
（4）下列选项中，属于限制审计报告分发和使用的情形是（　）。
A. 为特定目的编制的财务报表可能按照通用目的编制基础编制（因为财务报表预期使用者已确定这种通用目的财务报表能够满足他们对财务信息的需求）

【考点子题——举一反三，真枪实练】

[12]（2017年·简答题部分）ABC会计师事务所的A注册会计师负责审计多家上市公司2016年度财务报表，遇到下列与审计报告相关的事项：

（3）ABC会计师事务所首次接受委托，审计丙公司2016年度财务报表。A注册会计师拟在审计报告中增加其他事项段，说明上期财务报表由前任注册会计师审计及其出具的审计报告的日期。

（5）戊公司管理层在2016年度财务报表附注中披露了2017年1月发生的一项重大收购。A注册会计师认为该事项对财务报表使用者理解财务报表至关重要，拟在审计报告中增加其他事项段予以说明。

要求：针对上述事项，分别指出A注册会计师的做法是否恰当。如不恰当，简要说明理由。

第七节　比较信息

当期财务报表的列报，至少应当提供所有列报上一可比会计期间的**比较数据**，以及与理解当期财务报表相关的说明。

比较信息，是指包含于财务报表中的、符合适用的财务报告编制基础的、与一个或多个以前期间相关的金额和披露。

考点9 比较信息概述

【考点母题——万变不离其宗】比较信息概述

<table>
<tr><td colspan="2">（1）下列关于比较信息的说法，正确的有（　）。</td></tr>
<tr><td colspan="2">A. 对应数据指作为本期财务报表组成部分的上期金额和相关披露（这些金额和披露只能与本期相关的金额和披露联系起来阅读），审计意见仅提及本期
B. 比较财务报表指为了与本期财务报表相比较而包含的上期金额和相关披露。审计意见提及列报的财务报表所属的各期</td></tr>
<tr><td colspan="2">（2）对于比较信息，下列各项中，属于注册会计师的目标的有（　）。</td></tr>
<tr><td colspan="2">A. 获取充分、适当的审计证据，确定在财务报表中包含的比较信息是否在所有重大方面按照适用的财务报告编制基础有关比较信息的要求进行列报
B. 按照注册会计师的报告责任出具审计报告</td></tr>
<tr><td colspan="2">（3）下列有关比较信息审计程序的说法中，正确的有（　）。</td></tr>
<tr><td rowspan="2">A. 一般审计程序</td><td>（4）下列有关比较信息一般审计程序目标和内容的说法中，正确的有（　）。</td></tr>
<tr><td>A. 注册会计师应当确定财务报表中是否包括适用的财务报告编制基础要求的比较信息，以及比较信息是否得到恰当分类
B. 比较信息是否与上期财务报表列报的金额和相关披露一致，如果必要，比较信息是否已经重述
C. 在比较信息中反映的会计政策是否与本期采用的会计政策一致，如果会计政策已发生变更，这些变更是否得到恰当处理并得到充分列报与披露</td></tr>
<tr><td rowspan="4">B. 注意到比较信息可能存在重大错报时的审计要求</td><td>（5）比较信息可能存在重大错报时，注册会计师应实施的程序有（　）。</td></tr>
<tr><td>A. 注册会计师应当根据实际情况追加必要的审计程序，获取充分、适当的审计证据，以确定是否存在重大错报
B. 如果上期财务报表已经得到更正，注册会计师应当确定比较信息与更正后的财务报表是否一致</td></tr>
<tr><td>（6）下列各项中，属于比较信息出现重大错报的情形有（　）。</td></tr>
<tr><td>A. 上期财务报表存在重大错报，该财务报表虽经审计，但注册会计师因未发现而未在针对上期财务报表出具的审计报告中对该事项发表非无保留意见，本期财务报表中的比较信息未作更正
B. 上期财务报表存在重大错报，该财务报表未经注册会计师审计，比较信息未作更正
C. 上期财务报表不存在重大错报，但比较信息与上期财务报表存在重大不一致，由此导致重大错报
D. 上期财务报表不存在重大错报，但在某些特殊情形下，比较信息未按照适用的财务报告编制基础的要求恰当重述</td></tr>
</table>

续表

C. 注册会计师应按照相关规定，获取与审计意见中提及的所有期间相关的书面声明，对管理层作出的、更正上期财务报表中影响比较信息的重大错报的任何重述，注册会计师还应当获取特定书面声明

【考点子题——举一反三，真枪实练】

[13]（经典例题•单选题）下列关于比较信息的说法中，错误的是（　）。

A. 比较信息包括对应数据和比较财务报表

B. 在比较财务报表的情形下，注册会计师需要要求管理层提供与审计意见所提及的所有期间相关的书面声明

C. 比较信息是指作为本期财务报表组成部分的上期金额和相关披露

D. 对于对应数据，注册会计师需要要求管理层仅就本期财务报表提供书面声明

审计报告

【考点母题——万变不离其宗】审计报告

<table>
<tr><td colspan="2">（1）下列有关审计报告中对应数据的说法正确的有（　）。</td></tr>
<tr><td colspan="2">A. 当财务报表中列报对应数据时，由于审计意见是针对包括对应数据的本期财务报表整体的，审计意见通常不提及对应数据（总体要求）</td></tr>
<tr><td rowspan="4">B. 特殊情形下需要提及对应数据</td><td>（2）导致对上期财务报表发表非无保留意见的事项在本期仍未解决时，注册会计师应对本期财务报表发表非无保留意见的情形包括（　）。</td></tr>
<tr><td>A. 对上期财务报表发表了否定意见或无法表示意见，且事项仍未解决，且这些事项对本期财务报表的影响或可能产生的影响仍然重大且具有广泛性，注册会计师应当对本期财务报表发表否定意见或无法表示意见；如果这些未解决事项对本期财务报表的影响或可能产生的影响仍然重大，但影响程度降低或影响范围缩小，不再具有广泛性，则注册会计师应当对本期财务报表发表保留意见
B. 对上期财务报表发表了保留意见，且事项仍未解决，注册会计师应当对本期财务报表发表非无保留意见
C. 对上期财务报表发表了非无保留意见，且事项未解决，该未解决事项可能与本期数据无关。但是，由于未解决事项对本期数据和对应数据的可比性存在影响或可能存在影响，仍需要对本期财务报表发表非无保留意见</td></tr>
<tr><td>（3）上期财务报表存在重大错报，注册会计师针对不同情况应采取的应对措施恰当的有（　）。</td></tr>
<tr><td>A. 注册会计师已经获取上期财务报表存在重大错报的审计证据，而以前对该财务报表发表了无保留意见，且对应数据未经适当重述或恰当披露，注册会计师应当就包括在财务报表中的对应数据，在审计报告中对本期财务报表发表保留意见或否定意见
B. 如果存在错报的上期财务报表尚未更正，并且没有重新出具审计报告，但对应数据已在本期财务报表中得到适当重述或恰当披露。此时，注册会计师可以在审计报告中增加强调事项段，以描述这一情况，并提及详细描述该事项的相关披露在财务报表中的位置</td></tr>
</table>

续表

<table>
<tr><td colspan="2">C. 上期财务报表未经审计时的报告要求：注册会计师应当在审计报告的其他事项段中说明对应数据未经审计（但不减轻注册会计师责任）</td></tr>
<tr><td colspan="2">D. 上期财务报表已由前任注册会计师审计时的报告要求：注册会计师在审计报告中可以提及前任注册会计师对对应数据出具的审计报告（提及时，在其他事项段说明）</td></tr>
<tr><td colspan="2">（4）下列有关审计报告中比较财务报表的说法，正确的有（　）。</td></tr>
<tr><td colspan="2">A. 当列报比较财务报表时，审计意见应当提及列报财务报表所属的各期，以及发表的审计意见涵盖的各期（总体要求）
B. 当因本期审计而对上期财务报表发表审计意见时，如果对上期财务报表发表的意见与以前发表的意见不同，注册会计师应当在其他事项段中披露导致不同意见的实质性原因
C. 上期财务报表已由前任注册会计师审计，除非前任注册会计师对上期财务报表出具的审计报告与财务报表一同对外提供，注册会计师应当在其他事项段中说明上期财务报表已由前任注册会计师审计、前任注册会计师发表的意见的类型（如果是非无保留意见还应说明理由）、前任注册会计师出具的审计报告的日期</td></tr>
<tr><td rowspan="2">D. 如果认为存在影响上期财务报表的重大错报，而前任注册会计师以前出具了无保留意见的审计报告，注册会计师应当就此与适当层级的管理层、治理层（如适当）沟通，并要求其告知前任注册会计师</td><td>（5）如果认为存在影响上期财务报表的重大错报，而前任注册会计师以前出具了无保留意见的审计报告，注册会计师的如下处理，正确的有（　）。</td></tr>
<tr><td>A. 如果上期财务报表已经更正，且前任注册会计师同意对更正后的上期财务报表出具新的审计报告，注册会计师应当仅对本期财务报表出具审计报告
B. 如果前任注册会计师无法或不愿对上期财务报表重新出具审计报告，注册会计师可以在审计报告中增加其他事项段，指出前任注册会计师对更正前的上期财务报表出具了报告</td></tr>
<tr><td colspan="2">E. 上期财务报表未经审计，注册会计师应当在其他事项段中说明比较财务报表未经审计（并不减轻注册会计师的责任）</td></tr>
</table>

【考点子题——举一反三，真枪实练】

[14]（2016年•简答题部分）甲公司是ABC会计师事务所的常年审计客户。A注册会计师负责审计甲公司2015年度财务报表，确定财务报表整体的重要性为200万元，审计工作底稿中与会计估计审计相关的部分事项摘录如下：

（5）因2014年末少计无形资产减值准备300万元，A注册会计师对甲公司2014年度财务报表发表了保留意见，甲公司于2015年处置了相关无形资产并在2015年度财务报表中确认了处置损益，A注册会计师认为导致对上期财务报表发表保留意见的事项已经解决，不影响2015年度审计报告。

要求：指出A注册会计师做法是否恰当。如不恰当，简要说明理由。

[15]（2015年•单选题）下列有关在审计报告中提及相关人员的说法中，错误的是（　）。

A. 如果上期财务报表已由前任注册会计师审计，注册会计师不应发表无保留意见

B. 注册会计师不应在无保留意见的审计报告中提及专家的相关工作，除非法律法规另有规定

C. 注册会计师对集团财务报表出具的审计报告不应提及组成部分注册会计师

D. 注册会计师不应在无保留意见的审计报告中提及服务机构注册会计师的相关工作

第八节　注册会计师对其他信息的责任

其他信息，指在被审计单位年度报告中包含的除财务报表和审计报告之外的财务信息和非财务信息。注册会计师应当阅读和考虑其他信息（**但不对其他信息发表意见**）。

其他信息

【考点母题——万变不离其宗】其他信息

（1）为获取其他信息，注册会计师应当采用的程序有（　）。
A. 通过与管理层讨论，确定哪些文件组成年度报告，以及被审计单位计划公布这些文件的方式和时间安排 B. 就及时获取组成年度报告的文件的最终版本与管理层作出适当安排。如果可能在审计报告日之前获取 C. 如果组成年度报告的部分或全部文件在审计报告日后才能取得，要求管理层提供书面声明，声明上述文件的最终版本将在可获取时并且在被审计单位公布前提供给注册会计师
（2）下列各项中，有关治理层和注册会计师对其他信息责任的说法中，正确的有（　）。
A. 如果治理层需要在被审计单位发布其他信息前批准其他信息，其他信息的最终版本应为治理层已经批准的用于发布的版本 B. 注册会计师在阅读其他信息时，应考虑其他信息和财务报表之间是否存在重大不一致 C. 注册会计师在阅读其他信息时，在已获取审计证据并已得出审计结论的背景下，应考虑其他信息与注册会计师在审计中了解到的情况是否存在重大不一致 D. 对与财务报表或注册会计师在审计中了解到的情况不相关的其他信息中似乎存在重大错报的迹象保持警觉
（3）当似乎存在重大不一致或其他信息似乎存在重大错报时，有关注册会计师风险应对程序说法正确的有（　）。
A. 注册会计师应当与管理层讨论该事项 B. 必要时，实施其他程序以确定相关事项（如其他信息是否存在重大错报、财务报表是否存在重大错报、注册会计师对被审计单位及其环境的了解是否需要更新）

续表

（4）当注册会计师认为其他信息存在重大错报时，下列应对措施正确的有（　）。
A. 如果管理层同意作出更正，注册会计师应当确定更正已经完成 B. 如果管理层拒绝作出更正，注册会计师应当就该事项与治理层进行沟通，并要求作出更正 C. **审计报告日前**获取的其他信息存在重大错报且在与治理层沟通后其他信息仍未得到更正，注册会计师应当考虑对审计报告的影响，并就注册会计师计划如何在审计报告中处理重大错报与治理层进行沟通；在相关法律法规允许的情况下，解除业务约定 D. **审计报告日后**获取的其他信息存在重大错报，如果其他信息已更正，注册会计师应实施必要程序，确定更正已完成；如果与治理层沟通后，其他信息未更正，注册会计师应当考虑其法律权利和义务，并采取适当措施提醒审计报告使用者恰当关注未更正的重大错报
（5）当财务报表存在重大错报或注册会计师需要更新风险评估证据时，可能更新的信息有（　）。
A. 注册会计师对被审计单位及其环境的了解，因而可能表明需要修改注册会计师对风险的评估 B. 注册会计师评价已识别的错报对审计的影响和未更正错报（如有）对财务报表的影响的责任 C. 注册会计师关于期后事项的责任

【考点子题——举一反三，真枪实练】

[16]（2020年•简答题部分）ABC会计师事务所的A注册会计师负责审计多家上市公司2019年度财务报表，遇到下列与审计报告相关的事项：

（1）A注册会计师在审计报告日后获取并阅读了甲公司2019年年度报告的最终版本，发现其他信息存在重大错报。因与管理层和治理层沟通后该错报未得到更正，A注册会计师拟在甲公司股东大会上通报该事项，但不重新出具审计报告。

要求：指出A注册会计师的做法是否恰当。如不恰当，简要说明理由。

[17]（2018年•简答题部分）ABC会计师事务所的A注册会计师负责审计多家上市公司2017年年度财务报表，遇到下列与审计报告相关的事项：

（2）A注册会计师无法就丙公司年末与重大诉讼相关的预计负债获取充分、适当的审计证据，拟对财务报表发表保留意见。A注册会计师在审计报告日前取得并阅读了丙公司2017年年度报告，未发现其他信息与财务报表有重大不一致或存在重大错报，拟在保留意见审计报告的其他信息部分说明无任何需要报告的事项。

要求：针对上述第（2）项，指出A注册会计师的做法是否恰当，如不恰当，简要说明理由。

[18]（经典例题•多选题）根据法律法规或惯例，下列文件可能属于其他信息的有（　）。

A. 风险和不确定事项　　B. 内部控制自我评价报告

C. 财务报表　　D. 审计报告

[19]（2019年•简答题部分）ABC会计师事务所的A注册会计师负责审计多家上市公司2018年度财务报表，遇到下列与审计报告相关的事项：

（1）A注册会计师无法就乙公司2018年末存放在第三方的存货获取充分、适当的审计证据，对财务报表发表了保留意见。A 注册会计师认为除这一事项外，不存在其他关键审计事项，因此，未在审计报告中包含关键审计事项部分。

（2）丙公司某子公司于 2019 年 1 月 1 日起停止营业并开始清算，债权人申报的债权金额比该子公司 2018 年末相应的账面余额多 5 亿元，占丙公司 2018 年末合并财务报表净资产的 15%。丙公司管理层解释系该子公司与债权人就工程款存在争议，最终需要支付的金额尚不确定，故未在财务报表中予以确认。A 注册会计师认为该事项对财务报表使用者理解财务报表至关重要，在无保留意见的审计报告中增加了强调事项段提醒报表使用者关注。

（3）丁公司的某重要子公司 2018 年末处于停产状态，其核心技术人员已离职成立新公司，与丁公司竞争并占据主要市场份额。管理层拟在三年内自主研发替代性技术，基于该假设编制的预计未来现金流量现值显示，收购该子公司形成的大额商誉不存在减值。A 注册会计师认为技术研发成功的可能性存在重大不确定性，在无保留意见的审计报告中增加了强调事项段提醒报表使用者关注。

（4）戊公司 2016 年度和 2017 年度连续亏损，2018 年度实现净利润 1.4 亿元，其中包括控股股东债务豁免收益 2 亿元。A 注册会计师认为该交易不具有商业实质，对 2018 年度财务报表发表了保留意见。

要求：针对上述第（1）～（4）项，逐项指出 A 注册会计师的做法是否恰当。如不恰当，简要说明理由。

附录：

审计报告模板 1：

审计报告

ABC 股份有限公司全体股东：

一、对财务报表出具的审计报告

（一）审计意见

我们审计了 ABC 股份有限公司（以下简称“ABC 公司”）财务报表，包括 20×1 年 12 月 31 日的资产负债表，20×1 年度的利润表、现金流量表、股东权益变动表以及相关财务报表附注。

我们认为，后附的财务报表在所有重大方面按照企业会计准则的规定编制，公允反映了 ABC 公司 20×1 年 12 月 31 日的财务状况以及 20×1 年度的经营成果和现金流量。

（二）形成审计意见的基础

我们按照中国注册会计师审计准则的规定执行了审计工作。审计报告的“注册会计师对财务报表审计的责任”部分进一步阐述了我们在这些准则下的责任。按照中国注册会计师职业道德守则，我们独立于ABC公司，并履行了职业道德方面的其他责任。我们相信，我们获取的审计证据是充分、适当的，为发表审计意见提供了基础。

（三）关键审计事项

关键审计事项是根据我们的职业判断，认为对本期财务报表审计最为重要的事项。这些事项是在对财务报表整体进行审计并形成意见的背景下进行处理的，我们不对这些事项提供单独的意见。

[按照《中国注册会计师审计准则第1504号——在审计报告中沟通关键审计事项》的规定描述每一关键审计事项。]

（一）事项描述

公司开发了大量的系统运行软件以及业务相关技术，并正在进一步开发其他技术以提高效率和产能。本年度，公司资本化的研发费用为×××万元。

由于资本化的研发费用金额较大，且评估其是否达到企业会计准则规定的资本化标准涉及重大的管理层判断（特别是以下领域），因此该领域是关键审计事项。

1. 项目的技术可行性；

2. 项目产生足够未来经济利益的可能性。

我们尤其注意到公司目前正在投资开发新技术以满足其未来发展的需要，因此我们重点关注了这些在建项目的未来经济利益是否能够支撑资本化金额，这些项目包括：

1. 为提高公司开发、运营和拓展能力，重建其技术平台的项目，如能够投入使用，其经济利益需要在较长的期限内实现，因此涉及更多判断；

2. 由于某些开发技术的创新性而使其未来经济利益涉及重大判断的项目。鉴于新软件和系统的开发，我们也关注了已经资本化的现有软件及系统的账面余额是否发生减值

（二）实施的审计程序及结果

我们获取了本年度资本化的研发费用的明细表，并将其调节至总账中记录的金额。未发现重大异常。

我们测试了资本化金额超过××万元的所有项目和剩余样本中抽取的金额较小的项目，具体如下：

1. 我们获取了管理层就这些项目进行资本化的原因作出的解释，包括项目的技术可行性以及项目产生足够未来经济利益的可能性等方面。我们还与负责各选定项目的项目开发经理进行访谈，以印证上述解释并了解具体项目，从而使我们能够独立评估这些项目是否满足企业会计准则规定的资本化条件。我们发现项目经理给出的解释与我们从管理层获得的解释，以及我们对业务发展的理解一致，并认可管理层得出的这些支出满足资本化条件的评价。

2. 我们询问了管理层及相关项目经理，新软件和系统的开发是否代替了资产负债表中任何现有资产或使其减值。除财务报表附注 ×× 所披露的 ×× 万元的减值准备外，我们未发现进一步的减值迹象。我们还根据我们对于新建项目及现有项目的了解，考虑是否存在任何项目中的软件因受开发活动的影响而停止使用或减少使用年限。我们未发现重大异常。

3. 为确定支出是否可直接归属于各个项目，我们获取了单个项目耗用工时的清单，抽查了项目记录的某些工时数，并与相关项目经理讨论以了解项目，确认所测试的员工的确参与了项目，并确定这些员工所执行工作的性质。我们通过将耗用工时清单中某位员工的总工时数与其标准费率相乘来确认记录的工时工资与资本化的金额相一致。

4. 我们还按照相当于公司技术开发小组平均工资的每小时费率对上述的标准小时费率进行了调节。我们认为所用费率能恰当反映内部开发员工的薪酬水平，未发现重大异常。

（四）其他信息

［按照《中国注册会计师审计准则第1521号——注册会计师对其他信息的责任》的规定报告］

（五）管理层和治理层对财务报表的责任

管理层负责按照企业会计准则的规定编制财务报表，使其实现公允反映，并设计、执行和维护必要的内部控制，以使财务报表不存在由于舞弊或错误导致的重大错报。

在编制财务报表时，管理层负责评估ABC公司的持续经营能力，披露与持续经营相关的事项（如适用），并运用持续经营假设，除非计划清算ABC公司、停止营运或别无其他现实的选择。

治理层负责监督ABC公司的财务报告过程。

（六）注册会计师对财务报表审计的责任

我们的目标是对财务报表整体是否不存在由于舞弊或错误导致的重大错报获取合理保证，并出具包含审计意见的审计报告。合理保证是高水平的保证，但并不能保证按照审计准则执行的审计在某一重大错报存在时总能被发现。错报可能由于舞弊或错误导致，如果合理预期错报单独或汇总起来可能影响财务报表使用者依据财务报表作出的经济决策，则通常认为错报是重大的。

在按照审计准则执行审计的过程中，我们运用职业判断，并保持职业怀疑。同时，我们也执行下列工作：

（1）识别和评估由于舞弊或错误导致的财务报表重大错报风险；对这些风险有针对性地设计和实施审计程序；获取充分、适当的审计证据，作为发表审计意见的基础。由于舞弊可能涉及串通、伪造、故意遗漏、虚假陈述或凌驾于内部控制之上，未能发现由于舞弊导致的重大错报的风险高于未能发现由于错误导致的重大错报的风险。

（2）了解与审计相关的内部控制，以设计恰当的审计程序，但目的并非对内部控制的有效性发表意见。

（3）评价管理层选用会计政策的恰当性和作出会计估计及相关披露的合理性。

（4）对管理层使用持续经营假设的恰当性得出结论。同时，根据获取的审计证据就可能导致对ABC公司持续经营能力产生重大疑虑的事项或情况是否存在重大不确定性得出结论。如果我们得出结论认为存在重大不确定性，审计准则要求我们在审计报告中提请报表使用者注意财务报表中的相关披露；如果披露不充分，我们应当发表非无保留意见。我们的结论基于审计报告日可获得的信息。然而，未来的事项或情况可能导致ABC公司不能持续经营。

（5）评价财务报表的总体列报、结构和内容，并评价财务报表是否公允反映相关交易和事项。

我们与治理层就计划的审计范围、时间安排和重大审计发现等事项进行沟通，包括沟通我们在审计中识别出的值得关注的内部控制缺陷。

我们还就已遵守与独立性相关的职业道德要求向治理层提供声明，并与治理层沟通可能被合理认为影响我们独立性的所有关系和其他事项，以及相关的防范措施（如适用）。

从与治理层沟通的事项中，我们确定哪些事项对本期财务报表审计最为重要，因而构成关键审计事项。我们在审计报告中描述这些事项，除非法律法规禁止公开披露这些事项，或在极其罕见的情形下，如果合理预期在审计报告中沟通某事项造成的负面后果超过在公众利益方面产生的益处，我们确定不应在审计报告中沟通该事项。

二、按照相关法律法规的要求报告的事项

[本部分的格式和内容，取决于法律法规对其他报告责任的性质的规定。本部分应当说明相关法律法规规范的事项（其他报告责任），除非其他报告责任涉及的事项与审计准则规定的报告责任涉及的事项相同。如果涉及相同的事项，其他报告责任可以在审计准则规定的同一报告要素部分中列示。当其他报告责任和审计准则规定的报告责任涉及同一事项，并且审计报告中的措辞能够将其他报告责任与审计准则规定的责任（如差异存在）予以清楚地区分时，可以将两者合并列示（即包含在“对财务报表出具的审计报告”部分中，并使用适当的副标题）。]

×× 会计师事务所　　　　中国注册会计师：×××（项目合伙人）

（盖章）　　　　　　　　（签名并盖章）

中国注册会计师：×××

（签名并盖章）

中国 ×× 市　　　　　　二○×二年×月×日

[本章考点子题答案及解析]

[1] 【答案：B】在得出审计结论时，注册会计师应当考虑未更正错报单独或汇总起来是否构成重大错报。

[2] 【答案：D】审计报告日不应早于注册会计师获取充分、适当的审计证据，并在此基础上对财务报表形成审计意见的日期，选项 D 错误。

[3] 【答案】不恰当。关键审计事项不能包含对财务报表单一要素单独发表的意见。

[4] 【答案】不恰当。注册会计师不应在关键审计事项部分描述被审计单位的原始信息 / 关键审计事项不能替代管理层的披露 / 应要求管理层作出补充披露。

【知识点回顾】管理层未在财务报表附注中披露该子公司停业整顿的具体原因，注册会计师应要求管理层作出补充披露，不应该在审计报告的关键审计事项部分进行补充说明。

[5] 【答案：AB】选项 C 错误，导致非无保留意见的事项、可能导致对被审计单位持续经营能力产生重大疑虑的事项或情况存在重大不确定性等，在审计报告中专门的部分披露，不在关键审计事项部分披露；选项 D 错误，在关键审计事项部分披露的关键审计事项是已经得到满意解决的事项，既不存在审计范围受到限制，也不存在注册会计师与被审计单位管理层意见分歧的情况。

[6] 【答案】不恰当，未对商誉计提减值准备，注册会计师无法对减值金额作出会计估计，应当出具保留意见或无法表示意见审计报告。

【知识点回顾】商誉存在重大减值，但管理层未计提减值准备，因缺少相关信息，无法对减值金额作出估计，属于审计范围受到限制。

[7] 【答案】不恰当。财务报表存在重大且广泛的错报 / 应发表否定意见。

[8] 【答案：D】选项 D 错误，如果由于管理层对审计范围施加限制导致注册会计师解除业务约定，在解除业务约定前，注册会计师应当与治理层沟通在审计过程中发现的、将会导致发表非无保留意见的所有错报事项。

[9] 【答案】

（1）不恰当。关键审计事项必须是已经得到满意解决的事项 / 关键审计事项不能替代非无保留意见 / 应当发表非无保留意见。

（6）不恰当。应当在形成无法表示意见的基础部分说明存在的披露错报。

【知识点回顾】

（1）注册会计师对甲公司关联方关系及交易实施审计程序并与治理层沟通后，对是否存在未在财务报表中披露的关联方关系及交易仍存有疑虑，属于沟通事项未满意解决，故不能作为关键审计事项。

（6）已公司财务报表附注中未披露其对外提供的多项担保，构成重大错报，即使拟就已公司持续经营问题对财务报表发表无法表示意见，也应该在审计报告中说明披露错报。

[10] 【答案：C】选项 C，不会导致注册会计师在审计报告中增加强调事项段。

[11] 【答案】不恰当。强调事项段应提及已在财务报表中披露的事项 / 不符合强调事项段的定义。

[12] 【答案】

（3）不恰当。应当说明前任注册会计师发表的审计意见类型。

（5）不恰当。应当增加强调事项段 / 其他事项段用于提及未在财务报表附注中列报或披露的事项 / 其他事项段与财务报表使用者理解审计工作、注册会计师的责任或审计报告相关。

【知识点回顾】

（3）会计师事务所首次接受委托，审计丙公司2016年度财务报表，涉及期初余额的审计，注册会计师在审计报告中增加其他事项段，说明上期财务报表由前任注册会计师审计及其出具的审计报告的日期以及前任注册会计师发表的审计意见类型。

（5）管理层在2016年度财务报表附注中披露了2017年1月发生的一项重大收购，属于在财务报表列报或披露的事项，这样就不能作为其他事项段予以说明。

[13]【答案：C】选项C错误，比较信息是指包含于财务报表中的、符合适用的财务报告编制基础的、与一个或多个以前期间相关的金额和披露。

[14]【答案】不恰当。该事项对本期财务报表影响重大。A注册会计师应当考虑该事项对2015年审计意见的影响。

【知识点回顾】尽管导致对上期财务报表发表保留意见的事项已经解决，但是影响2015年度审计报告。

[15]【答案：A】如果上期财务报表已由前任注册会计师审计，注册会计师在审计报告中可以提及前任注册会计师对对应数据出具的审计报告。当注册会计师决定提及时，应当在审计报告的其他事项段中说明：（1）上期财务报表已由前任注册会计师审计；（2）前任注册会计师发表的意见的类型（如果是非无保留意见，还应当说明发表非无保留意见的理由）；（3）前任注册会计师出具的审计报告的日期。

[16]【答案】恰当。

【知识点回顾】注册会计师审计报告日后获取并阅读了2019年年度报告的最终版本，发现其他信息存在重大错报，与管理层和治理层沟通后，该错报未得到更正。与监管机构沟通未更正的重大错报，但不重新出具审计报告，符合准则的要求。

[17]【答案】不恰当。注册会计师需要考虑导致保留意见的事项对其他信息的影响/注册会计师需要在其他信息部分说明无法判断与导致保留意见的事项相关的其他信息是否存在重大错报。

【知识点回顾】注册会计师无法就与重大诉讼相关的预计负债获取充分、适当的审计证据，拟对财务报表发表保留意见（处理合理）。注册会计师即使在审计报告日前取得并阅读了年度报告，未发现其他信息与财务报表有重大不一致或存在重大错报，也需要在其他信息部分说明无法判断与导致保留意见的事项相关的其他信息是否存在重大错报。

[18]【答案：AB】选项CD，不属于其他信息，其他信息是指在被审计单位年度报告中包含的除财务报表和审计报告以外的财务信息和非财务信息。

[19]【答案】

（1）不恰当。A注册会计师应当在关键审计事项部分提及形成保留意见的基础部分。

（2）不恰当。未在财务报表中确认应确认的金额，A注册会计师应当发表非无保留意见，而不是增加强调事项段。

（3）不恰当。丁公司的持续经营假设适当，但是存在重大不确定性，A注册会计师应当在无保留意见的审计报告中增加“与持续经营相关的重大不确定性”的单独部分，而不是增加强调事项段。

（4）不恰当。应出具否定意见的审计报告。

第 20 章　企业内部控制审计

本章思维导图

第二十章 企业内部控制审计

- 内部控制审计的概念 —— 考点1 内部控制审计的概念
- 计划内部控制审计工作 —— 考点2 计划审计工作时应当考虑的事项
- 自上而下的方法 —— 考点3 自上而下的方法
- 测试控制的有效性 —— 考点4 控制测试
- 企业层面控制的测试
- 业务流程、应用系统或交易层面的控制测试
- 信息系统控制的测试
- 内部控制缺陷评价
  - 考点5 控制缺陷的分类
  - 考点6 评价控制缺陷
  - 考点7 内部控制缺陷整改
- 完成内部控制审计工作
  - 考点8 获取书面声明
  - 考点9 沟通相关事项
- 出具内部控制审计报告 —— 考点10 内部控制审计报告的意见类型

近三年本章考试题型及分值分布

题型	2022 年	2021 年	2020 年
单选题	—	—	—
多选题	—	—	1 题 2 分
简答题	5 题 5 分	5 题 5 分	—
综合题	—	—	—
合计	5 分	5 分	2 分

第一节 内部控制审计的概念

内部控制审计是指会计师事务所接受委托，对特定基准日内部控制设计与运行的有效性进行审计。

考点1 内部控制审计的概念

【考点母题——万变不离其宗】内部控制审计的概念

（1）下列有关内部控制审计的描述中，正确的有（ ）。
A. 注册会计师执行内部控制审计严格限定在财务报告内部控制审计 B. 针对财务报告内部控制，注册会计师对其有效性发表审计意见 C. 针对非财务报告内部控制的重大缺陷，在内部控制审计报告中增加“非财务报告内部控制重大缺陷描述段”予以披露
（2）下列有关内部控制审计基准日的说法中，正确的有（ ）。
A. 内部控制审计基准日，是指注册会计师评价内部控制在某一时日是否有效所涉及的基准日，也是被审计单位评价基准日，即最近一个会计期间截止日 B. 注册会计师对**特定基准日**内部控制的有效性发表意见，**并不意味**着注册会计师只测试基准日这一天的内部控制，而是需要考察足够长**一段时间**内部控制设计和运行的情况（时间越长，证据越多） C. 在整合审计中，控制测试所涵盖的期间应当尽量与财务报表审计中拟信赖内部控制的期间保持一致
（3）下列关于整合审计的说法中，正确的是（ ）。
A. 整合审计指注册会计师将内部控制审计和财务报表审计整合进行
（4）下列有关内部控制审计与财务报表审计的描述中，正确的有（ ）。
A. 差异：具体目标、测试范围、测试期间、评价标准、报告类型（内部控制审计没有保留意见） B. 联系：都采用风险导向审计，均需要识别重要账户、重要类别交易，审计模式、程序、方法存在共同之处，风险识别、评估和应对等工作内容相近

【考点子题——举一反三，真枪实练】

[1]（经典例题•多选题）下列有关财务报表审计与内部控制审计的共同点的说法中，不正确的有（　）。

A. 两者识别的重要账户、列报及其相关认定相同

B. 两者了解和测试内部控制设计和运行有效性的审计程序类型相同

C. 两者测试内部控制运行有效性的范围相同

D. 两者的审计报告意见类型相同

[2]（经典例题•单选题）下列有关内部控制审计的说法中，错误的是（　）。

A. 内部控制审计是指会计师事务所接受委托，对特定基准日内部控制设计与运行的有效性进行审计

B. 对控制有效性的测试涵盖的期间越长，提供的控制有效性的审计证据越多

C. 注册会计师需要测试基准日之前足够长一段时间内部控制的设计和运行情况，才能对基准日内部控制的有效性发表意见

D. 在整合审计中，控制测试所涵盖的期间比财务报表审计中拟信赖内部控制的期间长

第二节　计划内部控制审计工作

考点 2　计划审计工作时应当考虑的事项

【考点母题——万变不离其宗】计划审计工作时应当考虑的事项

（1）在计划审计工作时，注册会计师应考虑的事项有（　）。
A. 与企业相关的风险 B. 相关法律法规和行业概况（重点关注直接影响财务报表金额与披露的法律法规） C. 企业组织结构、经营特点和资本结构等相关重要事项 D. 企业内部控制最近发生变化的程度 E. 与企业沟通过的内部控制缺陷 F. 重要性、风险等与确定内部控制重大缺陷相关的因素 G. 对内部控制有效性的初步判断 H. 可获取的、与内部控制有效性相关的证据的类型和范围 I. 应对舞弊风险的考虑
（2）下列各项中，属于内部控制审计中总体审计策略内容的有（　）。

续表

A. 确定审计业务的特征，以界定审计范围 B. 明确审计业务的报告目标，以计划审计的时间安排和所需沟通的性质 C. 根据职业判断，考虑用以指导项目组工作方向的重要因素 D. 考虑初步业务活动的结果，并考虑对被审计单位执行其他业务时获得的经验是否与内部控制审计业务相关 E. 确定执行业务所需资源的性质、时间安排和范围
（3）下列各项中，属于内部控制审计中具体审计计划内容的有（　）。
A. 了解和识别内部控制的程序的性质、时间安排和范围 B. 测试控制设计有效性的程序的性质、时间安排和范围 C. 测试控制运行有效性的程序的性质、时间安排和范围

【考点子题——举一反三，真枪实练】

[3]（经典例题•单选题）在拟执行内部控制审计时，对于内部控制可能存在重大缺陷的业务流程，下列做法中，不正确的是（　）。

A. 选择更多的组成部分进行测试

B. 缩小内部控制的控制测试范围

C. 亲自测试相关内部控制而非利用他人工作

D. 在接近内部控制评价基准日的时间测试内部控制

第三节　自上而下的方法

注册会计师应当采用自上而下的方法选择拟测试的控制。

考点3　自上而下的方法

【考点母题——万变不离其宗】自上而下的方法

（1）下列属于注册会计师选择拟测试控制时采用的步骤（自上而下的方法）的有（　）。	
A. 从财务报表层次初步了解内部控制整体风险	
B. 识别、了解和测试企业层面控制	（2）在内部控制审计中，注册会计师需要识别、了解和测试企业层面控制，以下关于企业层面控制的相关表述，恰当的有（　）。
	A. 企业层面控制通常为应对企业财务报表整体层面的风险而设计，或作为其他控制运行的“基础设施” B. 企业层面控制对其他控制及其测试的影响（增加或减少其他控制、或本身就足够）

续表

C. 识别重要账户、列报及其相关认定	（3）注册会计师应当基于财务报表层次识别重要账户、列报及其相关认定，在识别重要账户、列报及其相关认定时，下列做法恰当的有（　）。
	A. 需要从**定性和定量**两个方面评价 B. 在识别重要账户、列报及其相关认定时，注册会计师不应考虑控制的影响，因为内部控制审计的目标本身就是评价控制的有效性
D. 了解潜在错报的来源并识别相应的控制	（4）注册会计师应当实现下列（　）目标，以进一步了解潜在错报的来源，并为选择拟测试的控制奠定基础。
	A. 了解与相关认定有关的交易的处理流程 B. 验证注册会计师识别出的业务流程中可能发生重大错报的环节 C. 识别被审计单位用于应对这些错报或潜在错报的控制 D. 识别被审计单位用于及时防止或发现并纠正未经授权的、导致重大错报的资产取得、使用或处置的控制
	（5）下列情形中，注册会计师通常会实施穿行测试的有（　）。
	A. 存在较高**固有风险**的复杂领域 B. 以前年度审计中识别出的缺陷（需要考虑其严重程度） C. 由于引进新员工、新系统、收购和采取新的会计政策而导致流程发生重大变化
E. 选择拟测试的控制	（6）内部控制审计中，下列关于注册会计师选择拟测试的控制的基本要求和考虑因素的相关说法，恰当的有（　）。
	A. 注册会计师应当针对**每一相关认定**获取控制有效性的审计证据，对内部控制整体有效性发表意见，但**没有责任**对单项控制的有效性发表意见 B. 注册会计师应当对被审计单位的控制是否足以应对评估的每个相关认定的错报风险形成结论 C. 注册会计师**没有必要**测试与某项相关认定有关的所有控制 D. 每个重要账户、认定或重大错报风险至少应当有一个对应的关键控制 E. 企业管理层在执行内部控制自我评价时选择测试的控制，可能多于注册会计师认为为了评价内部控制的有效性有必要测试的控制（但并不影响注册会计师的控制测试决策）

【考点子题——举一反三，真枪实练】

[4]（经典例题•多选题）对于内部控制审计，下列有关重要账户的说法中，正确的有（　）。

A. 在识别重要账户时，注册会计师应当考虑控制的影响

B. 重要账户的金额未必超过财务报表整体的重要性

C. 在识别重要账户时，注册会计师无需确定重大错报的可能来源

D. 存在舞弊风险的账户，即使其金额小于财务报表整体重要性，仍是重要账户

[5]（2017 年•单选题）下列有关识别重要账户、列报及其相关认定的说法中，错误的是（　）。

A. 注册会计师应当从定性和定量两个方面识别重要账户、列报及其相关认定

B. 注册会计师通常将超过报表整体重要性的账户认定为重要账户

C. 在确定重要账户、列报及其相关认定时，注册会计师应当考虑控制的影响

D. 在识别重要账户、列报及其相关认定时，注册会计师应当确定重大错报的可能来源

[6]（2018年•单选题）在执行内部控制审计时，下列有关注册会计师选择拟测试的控制的说法中，错误的是（　）。

A. 注册会计师应当选择测试对形成内部控制审计意见有重大影响的控制

B. 注册会计师无须测试即使有缺陷也合理预期不会导致财务报表重大错报的控制

C. 注册会计师选择拟测试的控制，应当涵盖企业管理层在执行内部控制自我评价时测试的控制

D. 注册会计师通常选择能够为一个或多个相关认定提供最有效果或最有效率的证据进行测试

第四节　测试控制的有效性

内部控制的有效性包括内部控制设计的有效性和运行的有效性。

考点4 控制测试

【考点母题——万变不离其宗】控制测试

（1）下列有关控制相关风险的描述中，正确的有（　）。
A. 与控制相关的风险越高，注册会计师需要获取的证据越多 B. 在连续审计中，注册会计师还需关注以前审计相关的风险因素
（2）下列属于注册会计师测试控制有效性的程序的有（　）。
A. 询问（仅询问不构成充分、适当的审计证据） B. 观察（仅限于观察发生的时点） C. 检查（用于确认控制是否得到执行） D. 重新执行（重新执行的目的是评价控制的有效性，而不是测试特定交易或余额的存在或准确性，即定性而非定量，因此一般不必选取大量的项目，也不必特意选取金额重大的项目进行测试）
（3）下列有关控制测试时间安排的描述中，正确的有（　）。

续表

A. 注册会计师应权衡：尽量在接近**基准日**实施控制测试（证据越有力）& 实施的测试需要涵盖**足够长的期间**（证据越多） B. 整合审计中的测试可以按既定样本规模进行期中测试，然后对剩余期间实施前推测试，或将样本分成两部分，一部分在期中测试，另一部分在期末测试（风险越高，越偏向期末测试） C. 如果注册会计师认为，新的控制能够满足控制的相关目标，且运行足够长的时间，足以评估其设计和运行的有效性，则注册会计师不再需要测试被取代的控制的设计和运行的有效性 D. 对于内部控制审计，除考虑对自动化信息处理控制实施与基准相比较的策略外，注册会计师**不能利用**以前审计中获取的有关控制运行有效性的审计证据（需要每年获取） E. 如果信息技术一般控制有效且关键的自动化控制未发生任何变化，注册会计师不需要对该自动化控制实施前推测试，但注册会计师在期中对重要的信息技术一般控制实施了测试，通常还需要对其实施前推程序
（4）下列有关控制测试范围的说法中，正确的有（　）。

A. 测试人工控制的最小样本规模区间：

控制运行频率	控制运行的总次数	测试的最小样本规模区间
每年 1 次	1	1
每季 1 次	4	2
每月 1 次	12	2–5
每周 1 次	52	5–15
每天 1 次	250	20–40
每天多次	大于 250 次	25–60

此外，当预期偏差率不为 0 时，注册会计师应当扩大样本规模

B. 测试自动化信息处理控制的最小样本规模：除非系统发生变动，注册会计师通常无须扩大控制测试范围

C. 有效的内控不能为实现控制目标提供绝对保证，因此单项控制并非一定要毫无偏差地运行才被认为有效

D. 如果发现控制偏差是系统性偏差或人为有意造成的偏差，注册会计师应当考虑舞弊的可能迹象以及对审计方案的影响（此时扩大样本规模可能无法应对）

【考点子题——举一反三，真枪实练】

[7]（2020 年 • 多选题）在执行内部控制审计时，下列有关控制偏差的说法中，正确的有（　）。

A. 如果发现的控制偏差是系统性偏差，注册会计师应当考虑对审计方案的影响

B. 如果发现的控制偏差是系统性偏差，注册会计师应当扩大样本规模进行测试

C. 如果发现控制偏差，注册会计师应当确定偏差对与所测试控制相关的风险评估的影响

D. 如果发现的控制偏差是人为有意造成，注册会计师应当考虑舞弊的可能迹象

[8]（2019年·单选题）对于内部控制审计业务，下列有关控制测试的时间安排的说法中，错误的是（　）。

A. 注册会计师应当获取内部控制在基准日之前一段足够长的期间内有效运行的审计证据

B. 注册会计师对控制有效性测试的实施越接近基准日，提供的控制有效性的审计证据越有力

C. 如果被审计单位在所审计年度内对控制作出改变，注册会计师应当对新的控制和被取代的控制分别实施控制测试

D. 如果已获取有关控制在期中运行有效性的审计证据，注册会计师应当获取补充证据，将期中测试结果前推至基准日

[9]（经典例题·多选题）对于内部控制审计业务，下列有关控制测试的时间安排的说法中，正确的有（　）。

A. 对控制有效性测试的实施时间越接近审计报告日，提供的控制有效性的证据越有力

B. 在整合审计中，注册会计师控制测试所涵盖的期间应尽量与财务报表审计中拟信赖内部控制的期间保持一致

C. 除考虑对自动化信息处理控制实施与基准相比较的策略外（完全自动化的控制通常不会因人为失误而失效），注册会计师不能利用以前审计中获取的有关控制运行有效性的审计证据

D. 对控制有效性的测试涵盖的期间越长，提供的控制有效性的证据越多

第五节　企业层面控制的测试

（略，详细内容见本章后附附录）

第六节　业务流程、应用系统或交易层面的控制的测试

（略，详细内容见本章后附附录）

第七节　信息系统控制的测试

（略，详细内容见本章后附附录）

第八节　内部控制缺陷评价

考点 5　控制缺陷的分类

【考点母题——万变不离其宗】控制缺陷的分类

下列有关不同类型控制缺陷的描述中，正确的有（　）。
A. **设计缺陷**是指缺少为实现控制目标所必需的控制，或现有控制设计不适当，即使正常运行也难以实现预期的控制目标 B. **运行缺陷**是指现存设计适当的控制没有按设计意图运行，或执行人员没有获得必要授权或缺乏胜任能力，无法有效地实施内部控制 C. **重大缺陷**是内部控制中存在的、可能导致不能及时防止或发现并纠正财务报表出现重大错报的一项控制缺陷或多项控制缺陷的组合 D. **重要缺陷**是内部控制中存在的、其严重程度不如重大缺陷但足以引起负责监督被审计单位财务报告的人员（如审计委员会或类似机构）关注的一项控制缺陷或多项控制缺陷组合 E. **一般缺陷**是内部控制中存在的、除重大缺陷和重要缺陷之外的控制缺陷

【考点子题——举一反三，真枪实练】

[10]（2017 年 • 单选题）在执行企业内部控制审计时，下列有关评价控制缺陷的说法中，错误的是（　）。

A. 如果某项内部控制缺陷存在补偿性控制，注册会计师不应将该控制缺陷评价为重大缺陷

B. 注册会计师在评价控制缺陷是否可能导致错报时，无需量化错报发生的概率

C. 注册会计师在评价控制缺陷导致的潜在错报的金额大小时，应当考虑本期或未来期间受控制缺陷影响的账户余额或各类交易涉及的交易量

D. 注册会计师评价控制缺陷的严重程度时，无需考虑错误是否已经发生

考点6 评价控制缺陷

注册会计师应当评价其识别的各项控制缺陷的严重程度，以确定这些缺陷单独或组合起来，是否构成内部控制的重大缺陷。在计划和实施审计工作时，不要求注册会计师寻找单独或组合起来不构成重大缺陷的控制缺陷。

【考点母题——万变不离其宗】评价控制缺陷

（1）下列属于影响控制缺陷严重程度的因素有（　）。
A. 控制不能防止或发现并纠正账户或列报发生错报的可能性的大小 B. 因一项或多项控制缺陷导致的潜在错报的金额大小 C. 控制缺陷的严重程度与错报是否发生无关，而取决于控制不能防止或发现并纠正错报的可能性的大小
（2）下列属于评价控制缺陷导致错报可能性的考虑因素有（　）。
A. 所涉及的账户、列报及其相关认定的性质　B. 相关资产或负债易于发生损失或舞弊的可能性 C. 确定相关金额时所需判断的主观程度、复杂程度和范围 D. 该项控制与其他控制的相互作用或关系　E. 控制缺陷之间的相互作用 F. 控制缺陷在未来可能产生的影响 G. 注册会计师**无须**将错报发生的概率量化为某特定的百分比或区间
（3）下列属于评价控制缺陷导致潜在错报金额大小时的考虑因素有（　）。
A. 受控制缺陷影响的财务报表金额或交易总额 B. 在本期或预计的未来期间受控制缺陷影响的账户余额或各类交易涉及的交易量 C. 通常，小金额错报比大金额错报发生的概率更高
（4）下列关于评价补偿性控制的说法中，正确的有（　）。
A. 注册会计师应当评价补偿性控制的影响 B. 注册会计师应当考虑补偿性控制是否有足够的精确度以防止或发现并纠正可能发生的重大错报

【考点子题——举一反三，真枪实练】

[11]（经典例题·多选题）注册会计师执行内部控制审计时，下列有关评价控制缺陷的说法中，正确的有（　）。

A. 注册会计师应当寻找单独或组合起来不构成重大缺陷的控制缺陷

B. 控制缺陷的严重程度取决于控制不能防止或发现并纠正错报的可能性大小

C. 存在多项控制缺陷时，如果这些缺陷从单项看不重要，组合起来则不会构成重大缺陷

D. 如果多项控制缺陷影响财务报表的同一账户或列报，错报发生的概率会增加

考点 7　内部控制缺陷整改

【考点母题——万变不离其宗】内部控制缺陷整改

（1）下列有关内部控制缺陷整改的说法中，正确的有（　）。

A. 如果被审计单位在**基准日前**对存在缺陷的控制进行了整改，整改后的控制需要运行**足够长的时间**，才能使注册会计师得出其是否有效的审计结论（如果没运行足够长时间，应视为基准日存在内部控制重大缺陷）

B. 注册会计师应当根据控制的性质和与控制相关的风险，合理运用职业判断，确定整改后控制运行的最短期间（或整改后控制的最少运行次数）以及最少测试数量

控制运行频率	整改后控制运行的最短期间或最少运行次数	最少测试数量
每季 1 次	2 个季度	2
每月 1 次	2 个月	2
每周 1 次	5 周	5
每天 1 次	20 天	20
每天多次	25 次（分布于涵盖多天的期间，通常不少于 15 天）	25

【考点子题——举一反三，真枪实练】

[12]（经典例题•多选题）在执行内部控制审计时，下列有关注册会计师评价控制缺陷的说法中，错误的有（　）。

A. 如果多项控制缺陷影响财务报表的同一账户或列报，错报发生的概率会增加

B. 注册会计师评价控制缺陷是否可能导致错报时，无须量化错报发生的概率

C. 在评价一项控制缺陷或多项控制缺陷的组合是否构成重大缺陷时，注册会计师不需要考虑补偿性控制的影响

D. 如果被审计单位在基准日完成了对所有存在重大缺陷的内部控制的整改，注册会计师可以认为内部控制在基准日运行有效

第九节　完成内部控制审计工作

注册会计师应当获取被审计单位签署的书面声明。

对于重大缺陷和重要缺陷，注册会计师应当以书面形式与管理层和治理层沟通。

考点8 获取书面声明

【考点母题——万变不离其宗】获取书面声明

注册会计师应当获取经被审计单位签署的书面声明。书面声明的内容应当包括（　）。
A. 被审计单位董事会认可其对建立健全和有效实施内部控制负责 B. 被审计单位已对内部控制进行了评价，并编制了内部控制评价报告 C. 被审计单位没有利用注册会计师在内部控制审计和财务报表审计中执行的程序及其结果作为评价的基础 D. 被审计单位根据内部控制标准评价内部控制有效性得出的结论 E. 被审计单位已向注册会计师披露识别出的所有内部控制缺陷，并单独披露其中的重大缺陷和重要缺陷 F. 被审计单位已向注册会计师披露导致财务报表发生重大错报的所有舞弊，以及其他不会导致财务报表发生重大错报，但涉及管理层、治理层和其他在内部控制中具有重要作用的员工的所有舞弊 G. 注册会计师在以前年度审计中识别出的且已与被审计单位沟通的重大缺陷和重要缺陷是否已经得到解决，以及哪些缺陷尚未得到解决 H. 在基准日后，内部控制是否发生变化，或者是否存在对内部控制产生重要影响的其他因素，包括被审计单位针对重大缺陷和重要缺陷采取的所有纠正措施

考点9 沟通相关事项

【考点母题——万变不离其宗】沟通相关事项

在内部控制审计中，下列关于注册会计师与管理层和治理层沟通控制缺陷的说法，恰当的有（　）。
A. 对于重大缺陷和重要缺陷，注册会计师应当以书面形式与管理层和治理层沟通 B. 注册会计师应当以书面形式与管理层沟通其在审计过程中识别的所有其他内部控制缺陷，并在沟通完成后告知治理层 C. 虽然并不要求注册会计师执行足以识别所有控制缺陷的程序，但是，注册会计师应当沟通其注意到的内部控制的所有缺陷 D. 注册会计师不应在内部控制审计报告中声明，在审计过程中没有发现严重程度低于重大缺陷的控制缺陷

第十节　出具内部控制审计报告

考点 10　内部控制审计报告的意见类型

【考点母题——万变不离其宗】内部控制审计报告的意见类型

<table>
<tr><td colspan="2">（1）下列属于对内部控制审计报告出具无保留意见需同时满足的条件有（　）。</td></tr>
<tr><td colspan="2">A. 在基准日，被审计单位按照适用的内部控制标准的要求，在所有重大方面保持了有效的内部控制
B. 注册会计师已经按照《企业内部控制审计指引》的要求计划和实施审计工作，在审计过程中未受到限制</td></tr>
<tr><td colspan="2">（2）下列属于对内部控制审计报告出具非无保留意见的情形有（　）。</td></tr>
<tr><td rowspan="2">A. 财务报告内部控制存在重大缺陷</td><td>（3）在内部控制审计中，如果财务报告内部控制存在重大缺陷，则下列表述恰当的有（　）。</td></tr>
<tr><td>A. 如果认为财务报告内部控制存在一项或多项重大缺陷，除非审计范围受到限制，注册会计师应当对财务报告内部控制发表否定意见
B. 如果对财务报告内部控制的有效性发表否定意见，注册会计师应当确定该意见对财务报表审计意见的影响，并在内部控制审计报告中予以说明
C. 如果重大缺陷尚未包含在企业内部控制评价报告中，注册会计师应当在内部控制审计报告中说明重大缺陷已经识别、但没有包含在企业内部控制评价报告中
D. 如果企业内部控制评价报告中包含了重大缺陷，但注册会计师认为这些重大缺陷未在所有重大方面得到公允反映，注册会计师应当在内部控制审计报告中说明这一结论，并公允表达有关重大缺陷的必要信息</td></tr>
<tr><td rowspan="2">B. 审计范围受到限制</td><td>（4）针对内部控制审计中审计范围受到限制的情形，注册会计师的下列做法恰当的有（　）。</td></tr>
<tr><td>A. 如果审计范围受到限制，注册会计师应当解除业务约定或出具无法表示意见的内部控制审计报告（相关法律豁免规定除外—在强调事项段或注册会计师责任段中体现）
B. 出具无法表示意见时，注册会计师不应在内部控制审计报告中指明所执行的程序，也不描述内部控制审计的特征</td></tr>
<tr><td colspan="2">（5）下列属于内部控制审计报告增加强调事项段的情形有（　）。</td></tr>
<tr><td colspan="2">A. 认为内部控制虽然不存在重大缺陷，但仍有一项或多项重大事项需要提请内部控制审计报告使用者注意
B. 确定企业内部控制评价报告对要素的列报不完整或不恰当</td></tr>
</table>

续表

(6) 下列有关非财务报告内部控制重大缺陷的描述中，正确的有（　）。
A. 如果认为非财务报告内部控制缺陷为一般缺陷，注册会计师应当与企业进行沟通，提醒企业加以改进，但**无须**在内部控制审计报告中说明 B. 如果认为非财务报告内部控制缺陷为重要缺陷，注册会计师应当以书面形式与企业董事会和管理层沟通，提醒企业加以改进，但**无须**在内部控制审计报告中说明 C. 如果认为非财务报告内部控制缺陷为重大缺陷，注册会计师应当以书面形式与企业董事会和管理层沟通，提醒企业加以改进；同时应当在内部控制审计报告中增加非财务报告内部控制重大缺陷描述段

【考点子题——举一反三，真枪实练】

[13]（2018年•多选题）在执行内部控制审计时，如果审计范围受到限制，导致注册会计师无法获取充分、适当的审计证据，下列做法中，正确的有（　）。

A. 在内部控制审计报告中指明已执行的有限程序

B. 出具无法表示意见的内部控制审计报告

C. 在内部控制审计报告中对在已执行的有限程序中发现的内部控制重大缺陷进行详细说明

D. 在内部控制审计报告中指明审计范围受到限制

[14]（经典例题•多选题）在执行内部控制审计时，如果审计范围受到限制，导致注册会计师无法获取充分、适当的审计证据，下列做法中，正确的有（　）。

A. 在内部控制审计报告中指明审计范围受到限制

B. 在审计报告中增加强调事项段

C. 出具无法表示意见的内部控制审计报告

D. 在内部控制审计报告中指明已执行的有限程序

[15]（2021年•简答题）ABC会计师事务所的A注册会计师负责审计上市公司甲公司2020年度财务报表和2020年末财务报告内部控制，采用整合审计方法执行审计。与内部控制审计相关的部分事项如下：

（1）2020年5月，甲公司对其部分业务信息系统和财务信息系统进行升级，与采购业务相关的内部控制因此发生变化。考虑到审计效率，A注册会计师仅测试了变更之后的内部控制设计和运行的有效性。

（2）甲公司共有30个银行账户，A注册会计师将财务经理每月复核银行存款余额调节表识别为一项关键控制。因该控制执行频率为每月一次，A注册会计师选取5份银行存款余额调节表测试了该控制，结果满意。

（3）期中审计时，A注册会计师发现甲公司某项每月执行一次的控制存在缺陷。甲公司于2020年12月完成整改。A注册会计师测试了整改后的控制，认为该控制在2020年12月31日是有效的。

（4）甲公司实际控制人于 2020 年 12 月归还了其年内违规占用的甲公司大额资金，A 注册会计师据此认为与资金占用相关的内部控制在 2020 年末不存在缺陷。

（5）因受疫情影响无法对甲公司境外重要联营企业执行审计工作，A 注册会计师对甲公司 2020 年度财务报表发表了保留意见。考虑到内部控制审计范围不包括联营企业的内部控制，A 注册会计师认为该事项不影响内部控制审计意见。

要求：对上述第（1）－（5）项，逐项指出 A 注册会计师的做法是否恰当。如不恰当，简要说明理由。

附录：控制测试的具体实施：

第五节 企业层面控制的测试

1. 与控制环境相关的控制

   a. 控制环境包括治理职能和管理职能，以及治理层和管理层对内部控制及其重要性的态度、认识和行动。

   b. 良好的控制环境是实施有效内部控制的基础。

   c. 了解控制环境时，应考虑：

   管理层的理念和经营风格是否促进了有效的财务报告内部控制；

   管理层在治理层的监督下，是否营造并保持了诚信和合乎道德的文化；

   治理层是否了解并监督财务报告过程和内部控制。

2. 针对管理层和治理层凌驾于控制之上的风险而设计的控制

   a. 总体要求：注册会计师可以根据对被审计单位进行的舞弊风险评估作出判断，选择相关的企业层面控制进行测试，并评价这些控制是否能有效应对已识别的可能导致财务报表发生重大错报的凌驾风险

   b. 针对凌驾风险采用的控制包括但不限于：

   针对重大的异常交易（尤其是那些导致会计分录延迟或异常的交易）的控制；

   针对关联方交易的控制；

   与管理层的重大估计相关的控制；

   能够减弱管理层伪造或不恰当操纵财务结果的动机及压力的控制；

   建立内部举报投诉制度。

3. 被审计单位的风险评估过程

4. 对内部信息传递和期末财务报告流程的控制

   a. 期末财务报告流程通常发生在管理层评价日之后，因此，注册会计师一般只能在该日之后测试相关控制；

   b. 注册会计师还应了解管理层为确保识别期后事项而建立的程序。

5. 对控制有效性的内部监督和内部控制评价

a. 管理层是否定期地将会计系统中记录的数额与实务资产进行核对；

b. 管理层是否为保证内部审计活动的有效性而建立了相应的控制；

c. 管理层是否建立了相关的控制以保证自我评价或定期的系统评价的有效性；

d. 管理层是否建立了相关的控制以保证监督性控制能够在一个集中的地点有效进行。

6. 集中化的处理和控制

7. 监督经营成果的控制

8. 针对重大经营控制及风险管理实务的政策

第六节　业务流程、应用系统或交易层面的控制测试

1. 预防性控制：

a. 预防性控制通常用于正常业务流程的每一项交易，以防止错报的发生；

b. 对于处理大量业务的复杂业务流程，被审计单位通常使用对程序修改的控制和访问控制，来确保自动化控制的持续有效；

c. 实施针对程序修改的控制，是为了确保所有对计算机程序的修改在实施前都经过适当的授权、测试以及核准；

d. 实施访问控制，是为了确保只有经过授权的人员和程序才有权访问数据，且只能在预先授权情况下才能处理数据（如查询、执行和更新）；

e. 程序修改的控制和访问控制通常不能直接防止错报，但对于确保自动化控制在整个拟信赖期间内的有效性有着十分重要的作用。

2. 检查性控制：

a. 检查性控制的目的是发现流程中可能发生的错报；

b. 检查性控制通常并不适用于业务流程中的所有交易，而适用于一般业务流程以外的已经处理或部分处理的某类交易；

c. 如果确信存在以下情况，则可以将检查性控制作为一个主要的手段，来合理保证某特定认定发生重大错报的可能性较小：

控制所检查的数据是完整、可靠的；

控制对于发现重大错报足够敏感；

发现的所有重大错报都将被纠正。

第七节　信息系统控制的测试

1. 信息技术一般控制测试

a. 信息系统一般控制是指为了保证信息系统的安全，对整个信息系统以及外部各种环境要素实施的、对所有的应用或控制模块具有普遍影响的控制措施；

b. 信息技术一般控制通常会对实现部分或全部财务报告认定做出间接贡献，在

有些情况下，信息技术一般控制也可能对实现信息处理目标和财务报告认定做出直接贡献；

c. 信息技术一般控制包括程序开发、程序变更、程序和数据访问以及计算机运行四个方面。

2. 信息处理控制测试

a. 信息处理控制既包括人工进行的控制，也包括自动化控制；

b. 信息处理控制一般要经过输入、处理及输出等环节，与人工控制一样，自动化信息处理控制同样关注信息处理目标的四要素：完整性、准确性、授权和访问限制。

内部控制缺陷评价流程图：

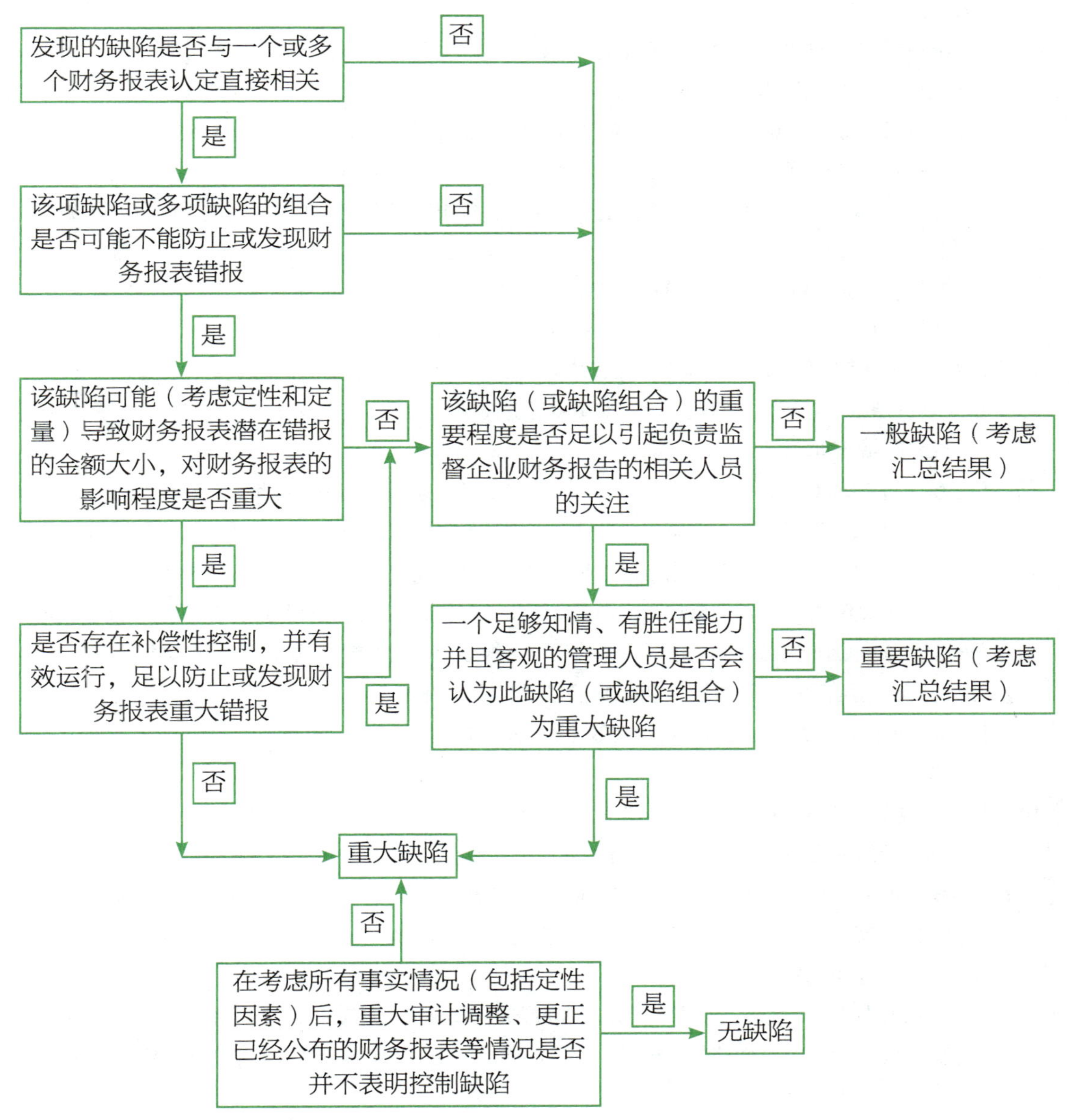

［本章考点子题答案及解析］

［1］【答案：CD】选项C错误，两者测试内部控制运行有效性的范围不相同；选项D错误，两者的审计报告意见类型不相同，如内部控制审计报告没有保留意见类型。

［2］【答案：D】在整合审计中，控制测试所涵盖的期间应当尽量与财务报表审计中拟信赖内部控制的期间保持一致。

［3］【答案：B】选项B错误，对于内部控制可能存在重大缺陷的业务流程，注册会计师需要扩大相关内部控制的控制测试范围。

［4］【答案：BD】选项A错误，注册会计师在识别重要账户、列报及其相关认定时，不应考虑控制的影响；选项C错误，在识别重要账户、列报及其相关认定时，注册会计师应当确定重大错报的可能来源（影响性质）。

［5］【答案：C】在识别重要账户、列报及其相关认定时，注册会计师不应考虑控制的影响，因为内部控制审计的目标本身就是评价控制的有效性。

［6］【答案：C】注册会计师应当选择测试那些对形成内部控制审计意见有重大影响的控制，选项A正确；注册会计师无须测试那些即使有缺陷也合理预期不会导致财务报表重大错报的控制，选项B正确；注册会计师在选取拟测试的控制时，通常不会选取整个流程中的所有控制，而是选择关键控制，即能够为一个或多个重要账户或列报的一个或多个相关认定提供最有效果或最有效率的证据的控制，选项D正确；企业管理层在执行内部控制自我评价时选择测试的控制，可能多于注册会计师认为为了评价内部控制的有效性有必要测试的控制，选项C错误。

［7］【答案：ACD】如果发现控制偏差是系统性偏差或人为有意造成的偏差，注册会计师应当考虑舞弊的可能迹象以及对审计方案的影响。如果发现的控制偏差是系统性偏差，扩大样本规模无法达到审计目标，故选项B错误。

［8］【答案：C】选项C错误，如果被审计单位为了提高控制效果和效率或整改控制缺陷面对控制作出改变，注册会计师应当考虑这些变化并适当予以记录。如果注册会计师认为新的控制能够满足控制的相关目标，而且新控制已运行足够长的时间，足以使注册会计师通过实施控制测试评估其设计和运行的有效性，则注册会计师不再需要测试被取代的控制的设计和运行有效性，但是如果被取代的控制的运行有效性对注册会计师执行财务报表审计时的控制风险评估具有重要影响，注册会计师应当适当测试这些被取代的控制的设计和运行的有效性。

［9］【答案：BCD】选项A错误，对控制有效性测试的实施时间越接近基准日，提供的控制有效性的证据越有力。

［10］【答案：A】即使存在补偿性控制，在满足一定的条件下也有可能评估为重大缺陷（应当考虑补偿性控制，而非只要是补偿性，一定非重大）。

［11］【答案：BD】选项A错误，在计划和实施审计工作时，不要求注册会计师寻找单独或组合起来不构成重大缺陷的控制缺陷；选项C错误，存在多项控制缺陷时，即使这些缺陷从单项看不重要，但组合起来也可能构成重大缺陷。

［12］【答案：CD】选项C错误，在评价一项控制缺陷或多项控制缺陷的组合是否构成重大缺陷时，注册会计师应当考虑补偿性控制的影响；选项D错误，如果被审计单位在基准日前对存在重大缺陷

的内部控制进行了整改，但新控制尚没有运行足够长的时间，注册会计师应当将其视为内部控制在基准日存在重大缺陷。

[13]【答案：BCD】注册会计师不应在内部控制审计报告中指明所执行的程序，也不应描述内部控制审计的特征，以避免对无法表示意见的误解，如果在已执行的有限程序中发现内部控制存在重大缺陷，注册会计师应当在内部控制审计报告中对重大缺陷做出详细说明，选项 A 错误，选项 C 正确；如果审计范围受到限制，注册会计师应当解除业务约定或出具无法表示意见的内部控制审计报告，选项 B 正确；在出具无法表示意见的内部控制审计报告时，注册会计师应当在内部控制审计报告中指明审计范围受到限制，无法对内部控制的有效性发表意见，并单设段落说明无法表示意见的实质性理由，选项 D 正确。

[14]【答案：AC】注册会计师应当出具无法表示意见的内部控制审计报告，而非增加强调事项段，选项 B 错误；注册会计师不应在内部控制审计报告中指明所执行的程序，也不应描述内部控制审计的特征，以避免报告使用者对无法表示意见的误解，选项 D 错误。

[15]【答案】（1）恰当。

（2）不恰当。控制共发生 360 次 / 应采用控制频率为每天多次的样本量 / 应选取 25 至 60 份银行存款余额调节表。

（3）不恰当。整改后的控制在基准日前没有运行足够长的时间 / 整改后的控制应当至少运行 2 个月。

（4）不恰当。归还资金无法证明不存在缺陷 / 违规占用大额资金表明存在控制缺陷。

(5）恰当。

第 21 章　会计师事务所业务质量管理

本章思维导图

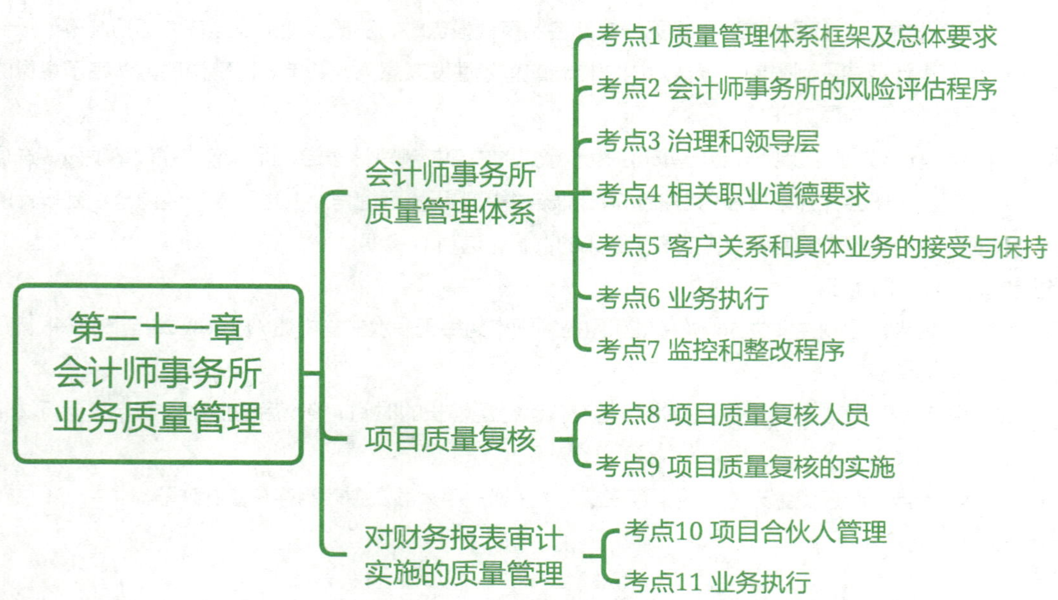

近三年本章考试题型及分值分布

题型	2022 年	2021 年	2020 年
单选题	—	—	1 题 1 分
多选题	—	—	3 题 6 分
简答题	5 题 5 分	5 题 5 分	—
综合题	—	—	—
合计	5 分	5 分	7 分

扫码畅听增值课

第一节　会计师事务所质量管理体系

考点1　质量管理体系框架及总体要求

【考点母题——万变不离其宗】质量管理体系框架及总体要求

<table>
<tr><td colspan="2">（1）下列各项中，属于会计师事务所质量管理体系总体要求的有（　）。</td></tr>
<tr><td colspan="2">A. 在全所范围内统一设计、实施和运行质量管理体系（人事、财务、业务、技术标准和信息管理统一管理）
B. 如果会计师事务所通过合并、新设等方式成立分所（分部），应将该分所（分部）纳入质量管理体系中统一实施质量管理</td></tr>
<tr><td rowspan="2">C. 会计师事务所在设计、实施和运行质量管理体系时，应当采用风险导向思路</td><td>（2）事务所在设计、实施和运行质量管理体系时，应当采用风险导向思路，按照风险导向思路，会计师事务所应当采取的步骤包括（　）。</td></tr>
<tr><td>A. 针对质量管理体系的各个要素设定质量目标
B. 识别和评估质量风险（质量风险一旦发生，将单独或连同其他风险对质量目标的实现产生不利影响）
C. 设计和采取应对措施以应对质量风险</td></tr>
<tr><td colspan="2">D. 质量管理体系应不断优化和完善</td></tr>
</table>

【考点子题——举一反三，真枪实练】

[1]（经典例题•单选题）下列关于会计师事务所质量管理体系的说法中，错误的是（　）。

A. 会计师事务所应当确保对质量管理体系的运行承担责任的人员、对质量管理体系特定方面的运行承担责任的人员，能够直接与对质量管理体系承担最终责任的人员沟通

B. 会计师事务所各分所可根据实际情况制定自身的质量管理体系

C. 会计师事务所应当指定专门的合伙人（或类似职位的人员）对质量管理体系的运行承担责任

D. 会计师事务所领导层向会计师事务所人员传递“质量至上”的执业理念，培育以质量为导向的文化

考点 2 会计师事务所的风险评估程序

【考点母题——万变不离其宗】会计师事务所的风险评估程序

（1）下列属于注册会计师识别和评估质量风险时需要识别的事项有（　）。
A. 会计师事务所的性质和具体情况　　　　B. 会计师事务所业务的性质和具体情况
（2）下列属于注册会计师对风险评估进行动态调整的措施有（　）。
A. 设定额外的质量目标或调整之前设定的额外质量目标 B. 识别和评估额外的质量风险、调整之前评估的质量风险或重新评估质量风险 C. 设计和采取额外的应对措施，或调整已采取的应对措施

【考点子题——举一反三，真枪实练】

[2]（经典例题·多选题）下列各项关于会计师事务所对风险评估程序的动态调整的说法中，正确的有（　）。

A. 设定额外的质量目标　　　　B. 识别和评估额外的质量风险

C. 重新评估质量风险　　　　D. 设计和采取额外的应对措施

考点 3 治理和领导层

【考点母题——万变不离其宗】治理和领导层

（1）针对治理和领导层，会计师事务所应当设立的质量目标有（　）。
A. 在全所范围内形成一种“**质量至上**”的文化，树立质量意识 B. 会计师事务所的领导层对质量负责，并通过**实际行动**展示出其对质量的重视 C. 会计师事务所领导层向会计师事务所人员传递“质量至上”的执业**理念**，培育以质量为导向的**文化** D. 会计师事务所的组织结构以及对相关人员**角色、职责、权限的分配**是恰当的，能够满足质量管理体系设计、实施和运行的需要 E. 会计师事务所的**资源**（包括财务资源）需求得到恰当的**计划**，并且资源的取得和分配能够为会计师事务所持续高质量地执行业务提供保障

续表

（2）下列有关会计师事务所质量管理领导体系的说法中，正确的有（　）。
A. 会计师事务所应当在其质量管理领导层中设定三种角色 B. 会计师事务所主要负责人（如首席合伙人、主任会计师或者同等职位的人员），应当对质量管理体系承担最终责任 C. 会计师事务所应当指定专门的合伙人，对质量管理体系的运行承担责任 D. 会计师事务所应当指定专门的合伙人，对质量管理体系特定方面的运行承担责任
（3）会计师事务所对质量管理体系承担责任的三类人员应**同时**满足的条件包括（　）。
A. 具备适当的知识、经验和资质 B. 在会计师事务所内具有履行其责任所需要的权威性和影响力 C. 具有充足的时间和资源履行其责任 D. 充分理解其应负的责任并接受对这些责任履行情况的问责 对质量管理体系承担最终责任的人员（事务所主要负责人） （沟通的方向） 对质量管理体系的运行承担责任的人员（如质量管理主管合伙人） 对质量管理体系特定方面的运行承担责任的人员（如职业道德主管合伙人、监控与整改主管合伙人）
（4）下列有关人员管理的表述中，正确的有（　）。
A. 会计师事务所应当建立实施统一的人员管理制度，制定统一的人员聘用、定级、晋升、业绩考核、薪酬、培训等方面的政策与程序并确保有效执行、培训、考核、分配、转入、退出的管理 B. 不得以承接和执行业务的收入或利润作为晋升合伙人的首要指标 C. 会计师事务所应当对分所（或分部）的负责人、质量管理负责人、财务负责人等关键管理人员实施统一委派、监督和考核，在全所范围内实施统一的调度和配置

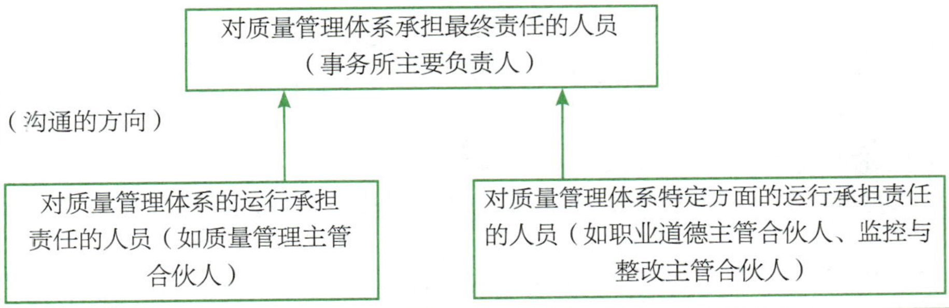

【考点子题——举一反三，真枪实练】

[3]（经典例题•简答题）ABC 会计师事务所的质量管理制度部分内容摘录如下：

质量管理部负责会计师事务所质量管理制度的设计和监控，其部门主管合伙人对质量管理体系承担最终责任。

要求：指出 ABC 会计师事务所的质量管理制度的内容是否恰当，如不恰当，简要说明理由。

[4]（经典例题•多选题）下列有关治理和领导层责任的相关说法中，正确的有（　）。

A. 会计师事务所主要负责人应当对质量管理体系承担最终责任

B. 会计师事务所应当在全所范围内统一进行合伙人考核和收益分配。在进行考核和收益分配时，不得以承接和执行业务的收入或利润作为首要指标

C. 会计师事务所应当制定监控政策和程序，以合理保证质量管理制度中的政策和程序是相关、适当的，并正在有效运行

D. 会计师事务所应当针对合伙人的晋升制定以执业收入为主要指标的衡量体系

考点4 相关职业道德要求

【考点母题——万变不离其宗】相关职业道德要求

（1）为确保会计师事务所执业人员按照相关职业道德要求履行职责，会计师事务所应设定的质量目标有（　）。
A. 会计师事务所及其人员充分了解相关职业道德要求，并严格按照这些职业道德要求履行职责 B. 受相关职业道德要求约束的其他组织或人员（如网络事务所及其人员），充分了解与其相关的职业道德要求，并严格按照这些职业道德要求履行职责
（2）为确保会计师事务所执业人员按照相关职业道德要求履行职责，会计师事务所应制定的政策和程序有（　）。
A. 识别、评价和应对对遵守相关职业道德要求的不利影响 B. 识别、沟通、评价和报告任何违反相关职业道德要求的情况，并针对这些情况的原因和后果及时作出适当应对 C. 至少**每年一次**向所有需要按照相关职业道德要求保持独立性的人员获取其已遵守独立性要求的**书面确认**
（3）下列有关关键审计合伙人轮换机制的说法中，正确的有（　）。
A. 对关键合伙人轮换情况进行监督和管理 B. 每年对轮换情况实施复核，并在全所范围内统一进行轮换 C. 会计师事务所应当定期评价利益分配机制的设计和执行情况

下列有关关键【考点子题——举一反三，真枪实练】

［5］（经典例题•多选题）下列关于会计师事务所为实现相关职业道德要求的质量目标所制定的政策和程序的说法中，正确的有（　）。

A. 需要按照相关职业道德要求保持独立性的人员每三年签署一次其已遵守独立性要求的书面确认

B. 需要按照相关职业道德要求保持独立性的人员每年签署一次其已遵守独立性要求的书面确认

C. 需要按照相关职业道德要求保持独立性的人员每两年签署一次其已遵守独立性要求的书面确认

D. 需要按照相关职业道德要求保持独立性的人员半年签署一次其已遵守独立性要求的书面确认

考点 5　客户关系和具体业务的接受与保持

【考点母题——万变不离其宗】客户关系和具体业务的接受与保持

（1）下列属于针对客户关系和具体业务的接受与保持，会计师事务所设定的质量目标有（　）。
A. 会计师事务所就是否接受或保持某项客户关系或具体业务所作出的判断是适当的，充分考虑：会计师事务所是否针对业务的性质和具体情况以及客户（包括客户的管理层和治理层）的诚信和道德价值观获取了足以支持上述判断的充分信息；会计师事务所是否具备按照适用的法律法规和职业准则的规定执行业务的能力 B. 会计师事务所在财务和运营方面对优先事项的安排，并不会导致对是否接受或保持客户关系或具体业务作出不恰当的判断
（2）下列有关注册会计师树立风险意识的描述中，正确的有（　）。
A. 会计师事务所应当充分考虑相关职业道德要求、管理层和治理层的诚信状况、业务风险以及是否具备执行业务所必需的时间和资源，审慎作出承接与保持的决策 B. 对于会计师事务所认定存在高风险的业务，应当设计和实施专门的质量管理程序
（3）对于存在高风险的业务，事务所应当设计和实施的专门的质量管理程序包括（　）。
A. 加强与前任注册会计师的沟通　　B. 加强与相关监管机构沟通 C. 访谈拟承接客户以了解有关情况　　D. 加强内部质量复核

【考点子题——举一反三，真枪实练】

[6]（2018 年 • 多选题）下列各项中，会计师事务所在执行客户接受与保持程序时应当获取相关信息的有（　）。

A. 具有执行业务必要的素质和专业胜任能力

B. 没有信息表明客户缺乏诚信

C. 能够遵守相关职业道德要求

D. 具有执行业务必要的时间和资源

考点 6　业务执行

业务执行包括相关质量目标，业务分派，对项目合伙人的要求，项目组内部复核，项目质量复核，意见分歧，出具业务报告以及投诉和指控七方面。

会计师事务所应当实行矩阵式管理，即结合所服务客户的行业特点和业务性质，以及本会计师事务所分所（或分部）的地域分布，对业务团队进行专业化设置，以团队专业能力的匹配度为依据分配业务。

【考点母题——万变不离其宗】业务执行

(1) 下列对于项目合伙人及其要求的表述，恰当的有（ ）。
A. 项目合伙人，是指会计师事务所中负责某项业务及其执行，并代表会计师事务所在出具的报告上签字的合伙人 B. 会计师事务所应当制定政策和程序，在全所范围内**统一委派**具有足够专业胜任能力、时间，并且无不良执业诚信记录的项目合伙人执行业务
(2) 下列有关项目组、项目组内部复核与项目质量复核的表述中，正确的有（ ）。
A. 项目组是指执行某项业务的所有合伙人和员工，以及为该项业务实施程序的所有其他人员，但**不包括**外部专家，也**不包括**为项目组提供直接协助的内部审计人员 B. 项目组内部复核是指在项目组内部实施的复核 C. 项目质量复核，是指在报告日或报告日之前，项目质量复核人员对项目组作出的重大判断及据此得出的结论作出的客观评价
(3) 会计师事务所应当就下列（ ）业务实施项目质量复核。
A. 上市实体财务报表审计业务 B. 法律法规要求实施项目质量复核的审计业务或其他业务 C. 会计师事务所认为，为应对一项或多项质量风险，有必要实施项目质量复核的审计业务或其他业务
(4) 下列有关项目组内部复核和项目质量复核的区别，表述正确的有（ ）。
A. 复核主体：项目质量复核是由**独立于**项目组的项目质量复核人员进行，项目组内部复核是由项目组内部人员执行的复核 B. 业务范围：项目质量复核仅适用于上市实体财务报表审计业务或按相关规定提及的审计业务或其他业务，项目组内部复核适用于所有业务 C. 复核内容：项目质量复核聚焦于项目组作出的重大判断以及根据重大判断得出的结论，项目组内部复核内容涉及项目的各个方面
(5) 下列属于解决意见分歧相关政策和程序应包括的方面有（ ）。
A. 明确要求项目合伙人和项目质量复核人员复核并评价项目组是否已就疑难问题或意见分歧事项进行适当咨询，以及咨询得出的结论是否得到执行 B. 明确要求在业务工作底稿中适当记录意见分歧的解决过程和结论 C. 确保所执行的项目在意见分歧解决后才能出具业务报告
(6) 下列有关出具业务报告相关的描述中，正确的有（ ）。
A. 业务报告出具前，应当经项目合伙人、项目质量复核人员复核确认，确保其内容、格式符合职业准则的规定，并由项目合伙人及其他适当人员签署 B. 会计师事务所应当按照本所统一的技术标准执行业务并出具报告

【考点子题——举一反三，真枪实练】

[7]（经典例题•单选题）在业务执行中，针对项目组内部、项目组与被咨询者之间以及项目合伙人与项目质量复核人员之间的意见分歧，下列说法中不恰当的是（ ）。

A. 对业务问题的意见出现分歧是正常现象，对此进行充分的讨论，所形成的结论应当得以记录和执行

B. 在意见分歧得到解决前，注册会计师可以出具审计报告

C. 会计师事务所应当制定与解决意见分歧相关的政策和程序

D. 项目合伙人需要复核并评价项目组是否已就疑难问题或涉及意见分歧的事项进行适当咨询，以及咨询得出的结论是否得到执行

[8]（2017 年•简答题部分）ABC 会计师事务所的质量管理制度部分内容摘录如下：

（5）项目合伙人对会计师事务所分派的业务的总体质量负责。如项目合伙人和项目质量复核人存在意见分歧，以项目合伙人的意见为准。

要求：针对上述第（5）项，指出 ABC 会计师事务所的质量管理制度的内容是否恰当。如不恰当，简要说明理由。

 监控和整改程序

【考点母题——万变不离其宗】监控和整改程序

（1）下列有关监控和整改程序的说法中，正确的有（　）。
A. 每个周期内，对每个项目合伙人，至少选择一项已完成的项目进行检查 B. 对承接上市实体审计业务的每个项目合伙人，**检查周期最长不得超过三年** C. 会计师事务所应当统一安排质量检查抽取的项目和执行检查工作的人员
（2）注册会计师执行监管活动的人员应当符合的要求有（　）。
A. 具备有效执行监控活动所必需的胜任能力、时间和权威性 B. 具有客观性，项目组成员和项目质量复核人员不得参与对其项目的监控活动
（3）下列有关会计师事务所对质量管理体系进行评价的说法中，正确的有（　）。
A. 会计师事务所**主要负责人**应当代表会计师事务所对质量管理体系进行评价 B. 质量管理体系评价应当以某一时间为基准，至少每年一次

【考点子题——举一反三，真枪实练】

[9]（经典例题•单选题）针对上市实体审计业务，会计师事务所应当周期性地选取每个项目合伙人已完成的业务进行检查，下列关于检查的说法中，错误的是（　）。

A. 在确定检查范围时，会计师事务所应当考虑质量管理体系发生的变化

B. 每个周期内应对每个项目合伙人已完成的业务至少选取一项进行检查

C. 会计师事务所选择已完成的业务进行检查的周期最长不得超过 5 年

D. 会计师事务所可以每 2 年至少选取每个项目合伙人的一项已完成的业务进行检查

[10]（2017年•简答题部分）ABC会计师事务所的质量管理制度部分内容摘录如下：

（3）每6年为一个周期，对每个项目合伙人已完成的业务至少选取两项进行检查。

要求：指出ABC会计师事务所的质量管理制度的内容是否恰当，如不恰当，简要说明理由。

第二节 项目质量复核

考点8 项目质量复核人员

会计师事务所应当在全所范围内（包括分所和分部）**统一委派**项目质量复核人员，并确保负责实施委派工作的人员具有必要的胜任能力和权威性。

负责委派项目质量复核人员的人员需要独立于项目组。

项目组成员不能负责委派本项目的项目质量复核人员。

为确保项目质量复核人员能够独立、客观、公正地实施项目质量复核，该人员的业绩考评、晋升与薪酬不应受到被复核的项目组的干预或影响。

【考点母题——万变不离其宗】项目质量复核人员

（1）下列有关项目质量复核人员资质要求的说法中，正确的有（ ）。
A. 项目质量复核人员应当独立于执行业务的项目组 B. 具备适当的胜任能力，包括充足的时间和适当的权威性以实施项目质量复核（项目质量复核人员的胜任能力应当至少与项目合伙人相当） C. 遵守相关职业道德要求，并在实施项目质量复核时保持独立、客观、公正 D. 遵守与项目质量复核人员任职资质要求相关的法律法规（如有）
（2）下列描述中，属于影响项目质量复核人员客观性的情况有（ ）。
A. 项目之间交叉实施项目质量复核（尽量避免） B. 某一项目的前任项目合伙人被委任为该项目的项目质量复核人员（冷却期至少2年）
（3）下列有关项目质量复核人员不再符合任职资质要求时的应对措施，正确的有（ ）。
A. 当项目质量复核人员不再符合任职资质要求时，应当通知会计师事务所适当人员，并采取适当措施 B. 如果项目质量复核尚未开始，不再承担项目质量复核责任 C. 如果项目质量复核已经开始实施，立即停止实施项目质量复核

【考点子题——举一反三，真枪实练】

[11]（经典例题•单选题）以下有关项目质量复核具体要求的表述中，错误的是（　）。

A. 会计师事务所应当尽量在同一年度内交叉实施项目质量复核

B. 为了确保协助人员的客观性，项目合伙人和项目组其他成员不得为本项目的项目质量复核提供协助

C. 会计师事务所的政策和程序需要考虑复核人员在一定时间内承担过多的项目质量复核任务可能对实现项目质量复核目标产生不利影响

D. 在实施项目质量复核的过程中可以利用相关人员提供协助，项目质量复核人员仍然应当对项目质量复核的实施承担总体责任，并负责确定对协助人员进行指导、监督和复核的性质、时间安排和范围

[12]（2020 年•多选题）下列情形中，可能损害项目质量复核人员客观性的有（　）。

A. 项目质量复核人员曾经担任所复核项目的签字注册会计师

B. 项目质量复核人员由项目合伙人推荐

C. 项目合伙人就审计意见类型向项目质量复核人员进行咨询

D. 项目质量复核人员在会计师事务所担任高级领导职务

考点 9　项目质量复核的实施

【考点母题——万变不离其宗】项目质量复核的实施

<table>
<tr><td colspan="2">（1）在实施项目质量复核时，项目质量复核人员应当实施的程序有（　）。</td></tr>
<tr><td rowspan="2">A. 阅读并了解相关信息</td><td>（2）在实施项目质量复核时，项目质量复核人员阅读并了解的相关信息包括（　）。</td></tr>
<tr><td>A. 与项目组就项目和客户的性质和具体情况进行沟通获取的信息
B. 与会计师事务所就监控和整改程序进行沟通获取的信息（特别是针对可能与项目组的重大判断相关或影响该重大判断的领域识别出的缺陷进行的沟通）</td></tr>
<tr><td colspan="2">B. 与项目合伙人及项目组其他成员讨论重大事项，以及在项目计划、实施和报告时作出的重大判断
C. 基于实施上述 A，B 程序获取的信息，选取部分与项目组作出的重大判断相关的业务工作底稿进行复核
D. 对于财务报表审计业务，评价项目合伙人确定独立性要求已得到遵守的依据
E. 评价是否已就疑难问题或争议事项、涉及意见分歧的事项进行适当咨询，并评价咨询得出的结论</td></tr>
<tr><td rowspan="2">F. 对于财务报表审计业务，评价项目合伙人得出结论的依据</td><td>（3）在财务报表审计业务中，项目质量复核人员应当评价项目合伙人得出（　）结论的依据。</td></tr>
<tr><td>A. 项目合伙人对整个审计过程的参与程度是充分且适当的
B. 项目合伙人能够确定作出的重大判断和得出的结论适合项目的性质和具体情况</td></tr>
</table>

续表

G. 实施复核程序	（4）项目质量复核人员应当针对下列（ ）实施复核。
	A. 针对财务报表审计业务，复核被审计财务报表和审计报告，以及审计报告中对关键审计事项的描述（如适用） B. 针对财务报表审阅业务：复核被审阅财务报表或财务信息，以及拟出具的审阅报告 C. 针对其他鉴证服务或相关服务业务：复核业务报告和鉴证对象信息（如适用）

【考点子题——举一反三，真枪实练】

[13]（经典例题•多选题）在实施项目质量复核时，项目质量复核人员应当实施的程序有（ ）。

A. 与项目合伙人及项目组其他成员讨论重大事项

B. 针对审阅业务，复核对关键审计事项的描述

C. 针对其他鉴证服务，复核业务报告和鉴证对象信息

D. 评价是否已就疑难问题或争议事项、涉及意见分歧的事项进行适当咨询

第三节 对财务报表审计实施的质量管理

考点10 项目合伙人管理

审计项目合伙人，是指会计师事务所中负责某项审计业务及其执行，并代表会计师事务所在出具的审计报告上签字的合伙人。项目合伙人应当对管理和实现审计项目的高质量承担总体责任。

【考点母题——万变不离其宗】项目合伙人管理

（1）下列各项中，属于审计项目合伙人承担的责任有（ ）。
A. 为审计项目组营造良好环境 B. 强调会计师事务所对诚信和高质量的重视 C. 明确对审计项目组成员的行为期望 D. 审计项目合伙人应当充分、适当地参与整个审计过程，从而能够根据审计项目的性质和具体情况，确定审计项目组作出的重大判断和据此得出的结论是否适当
（2）下列各项中，属于审计项目组合伙人应当向审计项目组强调的职业理念有（ ）。

续表

A. 审计项目组所有成员都有责任为在项目层面管理和实现业务的高质量作出贡献 B. 审计项目组成员的职业价值观、职业道德和职业态度至关重要 C. 在审计项目组内部进行开放、顺畅、深入的沟通非常重要，这种沟通应当能够使每位审计项目组成员都能够提出自己的质疑，而不怕遭受报复 D. 审计项目组成员在整个审计项目中保持职业怀疑非常重要
（3）在签署审计报告前，审计项目合伙人应当确认的事项有（　）。
A. 审计项目合伙人已经充分、适当地参与了审计项目的全过程，能够确定审计项目组作出的重大判断和据此得出的结论是适当的 B. 考虑了审计项目的性质和具体情况、发生的任何变化，以及会计师事务所与之相关的政策和程序

【考点子题——举一反三，真枪实练】

[14]（经典例题•单选题）在执行财务报表审计业务时，下列有关业务执行的相关说法中，错误的是（　）。

A. 针对需要咨询的事项，审计项目合伙人应当确定咨询形成的结论已得到执行

B. 项目合伙人应当对项目组按照会计师事务所复核政策和程序实施的复核负责

C. 如果审计项目合伙人将设计或实施某些审计程序、执行某些审计工作或采取某些行动的任务分配给审计项目组其他成员，可以减轻其对管理和实现审计项目的高质量承担的总体责任

D. 审计项目合伙人应当确保审计项目组成员以及审计项目组成员以外提供直接协助的外部专家或内部审计人员作为一个集体，拥有适当的胜任能力，包括充足的时间执行审计项目

考点 11　财务报表审计中的业务执行

业务执行包括对项目组成员的指导、监督和复核，复核审计工作底稿等相关文件，咨询，项目质量复核以及意见分歧时的处理。

【考点母题——万变不离其宗】业务执行

（1）下列各项中，属于审计项目合伙人应复核的审计工作底稿的内容有（　）。
A. 重大事项 B. 重大判断，包括与在审计中遇到的困难或有争议事项的判断，以及得出的结论 根据审计项目合伙人的职业判断，与审计项目合伙人的职责有关的其他事项
（2）下列有关项目合伙人复核工作的描述中，正确的有（　）。
A. 在审计报告日（或之前），审计项目合伙人应当通过复核审计工作底稿以及与审计项目组讨论，确保已获取充分、适当的审计证据，以支持得出的结论和拟出具的审计报告 B. 在签署审计报告前，审计项目合伙人应当复核财务报表、审计报告以及相关的审计工作底稿，包括对关键审计事项的描述（如适用） C. 审计项目合伙人应当在与管理层、治理层或相关监管机构签署正式书面沟通文件之前对其进行复核

续表

(3)下列有关项目组进行咨询的说法中，正确的有（ ）。
A. 审计项目组在执行审计项目过程中，遇到不能在内部得到解决的问题时，有必要向审计项目组之外的适当人员咨询（如复杂的，有特别风险的，重大异常交易，管理层施加限制等情况） B. 咨询可以在会计师事务所内部，也可以在外部
(4)审计项目合伙人在咨询中应当承担的责任有（ ）。
A. 对审计项目组就下列事项进行咨询承担责任：困难或有争议的事项，以及会计师事务所政策和程序要求咨询的事项；审计项目合伙人根据职业判断认为需要咨询的其他事项 B. 确定审计项目组成员已在审计过程中就相关事项进行了适当咨询，咨询可能在审计项目组内部进行，或者在审计项目组与会计师事务所内部或外部的其他适当人员之间进行 C. 确定已与被咨询者就咨询的性质、范围以及形成的结论达成一致意见 D. 确定咨询形成的结论已得到执行

【考点子题——举一反三，真枪实练】

[15]（经典例题•单选题）在执行财务报表审计业务时，下列有关业务执行的相关说法中，错误的是（ ）。

A. 项目组内部复核的原则是项目组内经验较多的人员复核经验较少的人员的工作

B. 审计项目合伙人应当在审计报告日后通过复核审计工作底稿以及与审计项目组讨论，确保已获取充分、适当的审计证据，以支持得出的结论和拟出具的审计报告

C. 如没有完成项目质量复核，就不得出具报告

D. 审计项目合伙人应当与项目质量复核人员讨论在审计中遇到的重大事项和重大判断，包括在项目质量复核过程中识别出的重大事项和重大判断

[16]（2020年•单选题）下列有关项目组在业务执行过程中向其他专业人士进行咨询的说法中，错误的是（ ）。

A. 项目组在进行咨询前应当取得项目合伙人的批准

B. 如项目组遇到的疑难问题或争议事项不重大，可以不进行咨询

C. 咨询记录应当经被咨询者认可

D. 被咨询者可以是会计师事务所外部的其他专业人士

[17]（2019年•简答题）ABC会计师事务所的质量管理制度部分内容摘录如下：

（1）会计师事务所每年对业务收入考核排名前十位的合伙人奖励50万元，对业务质量考核排名后十位的合伙人罚款5万元。

（2）会计师事务所每三年至少一次向所有需要按照相关职业道德要求保持独立性的人员获取其遵守独立性政策和程序的书面确认函。

（3）对新晋升合伙人，事务所每年选取其已完成的一项业务进行质量检查。如连续五年合格，之后以三年为周期进行业务质量检查；如连续两个周期合格，之后以五年为周期进行业务质量检查。

（4）为确保客观性，项目质量复核人员不得为其复核的审计项目提供咨询。

（5）如果审计工作底稿中的纸质记录经扫描后以电子形式归档，原纸质记录应销毁，以确保对客户信息的保密。

要求：针对上述第（1）至（5）项，逐项指出 ABC 会计师事务所的质量管理制度的内容是否恰当。如不恰当，简要说明理由。

［本章考点子题答案及解析］

[1]【答案：B】选项 B 错误，会计师事务所质量管理体系应当在全所范围内统一设计、实施和运行。

[2]【答案：ABCD】注册会计师可采取的措施包括：（1）设定额外的质量目标或调整之前设定的额外质量目标；（2）识别和评估额外的质量风险、调整之前评估的质量风险或重新评估质量风险；（3）设计和采取额外的应对措施，或调整已采取的应对措施。

[3]【答案】不恰当。会计师事务所主要负责人（如首席合伙人、主任会计师或者同等职位的人员）应当对质量管理体系承担最终责任。

[4]【答案：ABC】选项 D 错误，不得以承接和执行业务的收入或利润作为晋升合伙人的首要指标。

[5]【答案：BD】选项 AC 错误，会计师事务所应当至少每年一次向所有需要按照相关职业道德要求保持独立性的人员获取其已遵守独立性要求的书面确认。

[6]【答案：ABCD】会计事务所应当制定有关客户关系和具体业务接受与保持的政策和程序，以合理保证只有在下列情况下，才能接受或保持客户关系和具体业务：（1）能够胜任该项业务，并具有执行该项业务必要的素质、时间和资源（选项 A、D）；（2）能够遵守相关职业道德要求（选项 C）；（3）客户的诚信，没有信息表明客户缺乏诚信（选项 B）。

[7]【答案：B】选项 B 错误，执行的项目在意见分歧解决后才能出具业务报告。

[8]【答案】不恰当。只有意见分歧得到解决，项目合伙人才能出具报告。

【知识点回顾】意见有分歧，不能以项目合伙人的意见为准。

[9]【答案：C】选项 C 错误，会计师事务所选择已完成的业务进行检查的周期最长不得超过 3 年。

[10]【答案】不恰当。会计师事务所应当在每个周期内，对每个项目合伙人，至少选择一项已完成的项目进行检查。对承接上市实体审计业务的每个项目合伙人，检查周期最长不得超过三年。

[11]【答案：A】选项 A 错误，除非出现特殊情况，否则会计师事务所应当尽量避免在同一年度内交叉实施项目质量复核。

[12]【答案：ABC】项目质量复核人员为保证客观性，应独立于项目组成员及相关工作。

[13]【答案：ACD】选项 B 错误，针对财务报表审阅业务，应复核被审阅财务报表或财务信息，以及拟出具的审阅报告。

[14]【答案：C】选项 C 错误，审计项目合伙人应当对管理和实现审计项目的高质量承担总体责任。

[15]【答案：B】选项 B 错误，在审计报告日或审计报告日之前，审计项目合伙人应当通过复核审计工作底稿以及与审计项目组讨论，确保已获取充分、适当的审计证据，以支持得出的结论和拟出具的审计报告。

[16]【答案：A】审计项目组是否咨询取决于在审计项目中遇到的问题能否在项目组内部解决，不涉及项目合伙人批准。（项目合伙人责任不包括批准项目组咨询）

[17]【答案】（1）不恰当。会计师事务所的奖惩制度没有体现以质量为导向。

（2）不恰当。对会计师事务所中需要按照职业道德要求保持独立性的人员，须每年至少一次获得这些人员遵守独立性政策和程序的书面确认函。

（3）不恰当。实施业务检查的周期最长不得超过3年。

（4）恰当。

（5）不恰当。原纸质记录应当予以保留。

第 22 章　职业道德基本原则和概念框架

本章思维导图

- 第二十二章 职业道德基本原则和概念框架
  - 职业道德基本原则
    - 考点1 职业道德基本原则
  - 职业道德概念框架
    - 考点2 不利影响
  - 注册会计师对职业道德概念框架的具体运用
    - 考点3 识别对职业道德基本原则的不利影响
    - 考点4 利益冲突
    - 考点5 专业服务委托
    - 考点6 第二意见
    - 考点7 收费
    - 考点8 利益诱惑

近三年本章考试题型及分值分布

题型	2022 年	2021 年	2020 年
单选题	—	—	—
多选题	—	—	—
综合题	—	—	—
合计	0 分	0 分	0 分

扫码畅听增值课

第一节 职业道德基本原则

与职业道德有关的基本原则包括：诚信、客观公正、独立性、专业胜任能力和勤勉尽责、保密、良好职业行为。

考点1 职业道德基本原则

【考点母题——万变不离其宗】职业道德基本原则

<table>
<tr><td colspan="2">（1）下列有关职业道德基本原则的描述中，正确的有（　）。</td></tr>
<tr><td rowspan="2">A. 诚信</td><td>（2）下列有关诚信原则的说法中，正确的有（　）。</td></tr>
<tr><td>A. 要求会员在所有的职业活动中保持正直、诚实可信
B. 不得与含有虚假记载、误导性陈述，缺乏充分根据的陈述或信息，存在遗漏或含糊其辞进而产生误导的信息发生关联
C. 如果注意到已与有问题的信息发生关联，应当采取措施消除关联
D. 在鉴证业务中，如果注册会计师根据职业准则的规定出具了恰当的业务报告（如非无保留意见），则不视为违反诚信原则</td></tr>
<tr><td>B. 客观公正</td><td>要求会员应当公正处事、实事求是，不得由于偏见、利益冲突或他人的不当影响而损害自己的职业判断</td></tr>
<tr><td rowspan="2">C. 独立性</td><td>（3）下列有关独立性原则的说法中，正确的有（　）。</td></tr>
<tr><td>A. 独立性通常是对注册会计师而不是非执业会员提出的要求
B. 在执行鉴证业务时，注册会计师必须保持独立性</td></tr>
</table>

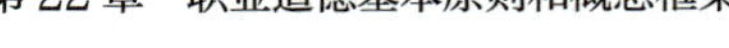

续表

<table>
<tr><td rowspan="4">D. 保密</td><td>（4）下列有关保密原则的说法中，正确的有（　）。</td></tr>
<tr><td>A. 要求会员应当对职业活动中获知的涉密信息保密
B. 在未经客户、工作单位授权的情况下，不得向会计师事务所、工作单位以外的第三方披露其所获知的涉密信息，除非法律法规或职业准则规定会员在这种情况下有权利或义务进行披露
C. 不得利用因职业关系而获知的涉密信息为自己或第三方谋取利益
D. 不得在职业关系结束后利用或披露因该职业关系获知的涉密信息
E. 警觉在社会交往中无意中泄密的可能性，特别要警觉无意中向关系密切的商业伙伴或近亲属泄密的可能性（近亲属是指配偶、父母、子女、兄弟姐妹、祖父母、外祖父母、孙子女、外孙子女）</td></tr>
<tr><td>（5）下列属于允许披露涉密信息的情况的有（　）。</td></tr>
<tr><td>A. 法律法规允许披露，并且取得客户或工作单位的授权
B. 根据法律法规的要求，为法律诉讼、仲裁准备文件或提供证据，以及向有关监管机构报告发现的违法行为
C. 法律法规允许的情况下，在法律诉讼、仲裁中维护自己的合法权益</td></tr>
<tr><td rowspan="2">E. 良好的职业行为</td><td>（6）下列有关良好的职业行为原则的说法中，正确的有（　）。</td></tr>
<tr><td>A. 会员应当遵守相关法律法规，避免发生任何可能损害职业声誉的行为
B. 会员在向公众传递信息以及推介自己和工作时，应当客观、真实、得体，不得损害职业形象
C. 会员应当诚实、实事求是，不得夸大宣传，不得贬低或无根据地比较他人的工作</td></tr>
</table>

【考点子题——举一反三，真枪实练】

[1]（经典例题•单选题）下列各项中，属于违反保密原则的是（　）。

A. 法律法规允许披露，并且取得客户或工作单位的授权

B. 根据法律法规要求，向监管机构报告所发现的违法行为

C. 接受注册会计师协会或监管机构的执业质量检查，答复其询问和调查

D. 利用所获知的涉密信息为自己或第三方谋取利益

第二节　职业道德概念框架

考点 2　不利影响

【考点母题——万变不离其宗】不利影响

下列属于对职业道德基本原则的不利影响有（　）。
A. 自身利益：指由于某项经济利益或其他利益可能不当影响会员的判断或行为，而对职业道德基本原则产生的不利影响

续表

B. 自我评价：指会员在执行当前业务的过程中，其判断需要依赖其本人（或所在会计师事务所或工作单位的其他人员）以往执行业务时作出的判断或得出的结论，而该会员可能不恰当地评价这些以往的判断或结论，从而对职业道德基本原则产生的不利影响 C. 过度推介：指会员倾向客户或工作单位的立场，导致该会员的客观公正原则受到损害而产生的不利影响 D. 密切关系：指会员由于与客户或工作单位存在长期或密切的关系，导致过于偏向他们的利益或过于认可他们的工作，从而对职业道德基本原则产生的不利影响 E. 外在压力：指会员迫于实际存在的或可感知到的压力，导致无法客观行事而对职业道德基本原则产生的不利影响

【考点子题——举一反三，真枪实练】

[2]（经典例题•多选题）下列各项中，属于可能对职业道德基本原则产生不利影响的因素有（　）。

A. 外在压力　　B. 密切关系　　C. 自身利益　　D. 过度推介

第三节　注册会计师对职业道德概念框架的具体运用

考点 3　识别对职业道德基本原则的不利影响

【考点母题——万变不离其宗】识别对职业道德基本原则的不利影响

（1）下列情形中，属于对职业道德基本原则存在不利影响的有（　）。	
A. 因自身利益产生不利影响	（2）下列各项中，属于因自身利益产生不利影响的情形有（　）。 A. 注册会计师在客户中拥有直接经济利益 B. 会计师事务所的收入过分依赖某一客户 C. 会计师事务所以较低的报价获得新业务，而该报价过低，可能导致注册会计师难以按照适用的职业准则要求执行业务 D. 注册会计师与客户之间存在密切的商业关系 E. 注册会计师能够接触到涉密信息，而该涉密信息可能被用于谋取个人私利 F. 注册会计师在评价所在会计师事务所以往提供的专业服务时，发现了重大错误
B. 因自我评价产生不利影响	（3）下列各项中，属于因自我评价产生不利影响的情形有（　）。 A. 注册会计师在对客户提供财务系统的设计或实施服务后，又对系统的运行有效性出具鉴证报告 B. 注册会计师为客户编制用于生成有关记录的原始数据，而这些记录是鉴证业务的对象

续表

C. 因过度推介产生不利影响	（4）下列各项中，属于因过度推介产生不利影响的情形有（　）。 A. 注册会计师推介客户的产品、股份或其他利益 B. 当客户与第三方发生诉讼或纠纷时，注册会计师为该客户辩护 C. 注册会计师站在客户的立场上影响某项法律法规的制定
D. 因密切关系产生不利影响	（5）下列各项中，属于因密切关系产生不利影响的情形有（　）。 A. 审计项目团队成员的**近亲属**担任审计客户的董事或高级管理人员 B. 鉴证客户的董事、高级管理人员，或所处职位能够对鉴证对象施加重大影响的员工，最近曾担任注册会计师所在会计师事务所的项目合伙人 C. 审计项目团队成员与审计客户之间存在长期业务关系
E. 因外在压力导致不利影响	（6）下列各项中，属于因外在压力导致不利影响的情形有（　）。 A. 注册会计师因对专业事项持有不同意见而受到客户解除业务关系或被会计师事务所解雇的威胁 B. 由于客户对所沟通的事项更具有专长，注册会计师面临服从该客户判断的压力 C. 注册会计师被告知，除非其同意审计客户某项不恰当的会计处理，否则计划中的晋升将受到影响 D. 注册会计师接受了客户赠予的重要礼品，并被威胁将公开其收受礼品的事情

【考点子题——举一反三，真枪实练】

[3]（经典例题•单选题）下列各项中，属于因自身利益导致对职业道德基本原则产生不利影响的情形是（　）。

A. 鉴证业务项目组成员与鉴证客户存在重要且密切的商业关系

B. 会计师事务所推介审计客户的股份

C. 由于客户员工对所讨论的事项更具有专长，注册会计师面临服从其判断的压力

D. 会计师事务所受到客户解除业务关系的威胁

[4]（经典例题•单选题）下列各项，不属于注册会计师因自身利益产生不利影响的是（　）。

A. 会计师事务所的收入过分依赖某一客户

B. 注册会计师推介客户的产品、股份或其他利益

C. 注册会计师能够接触到涉密信息，而该涉密信息可能被用于谋取个人私利

D. 注册会计师在客户中拥有直接经济利益

考点4 利益冲突

【考点母题——万变不离其宗】利益冲突

（1）下列各项中，属于注册会计师对利益冲突的考虑因素的有（　）。

续表

A. 注册会计师不得因利益冲突损害其职业判断。利益冲突通常对客观公正原则产生不利影响，也可能对其他职业道德基本原则产生不利影响 B. 注册会计师为两个或多个存在利益冲突的客户提供专业服务，可能产生不利影响 C. 注册会计师的利益与客户的利益存在冲突，也可能产生不利影响
（2）下列各项中，属于可能产生利益冲突情形的有（　）。
A. 向某一客户提供交易咨询服务，该客户拟收购注册会计师的某一审计客户，而注册会计师已在审计过程中获知了可能与该交易相关的涉密信息 B. 同时为两家客户提供建议，而这两家客户是收购同一家公司的竞争对手，并且注册会计师的建议可能涉及双方相互竞争的立场 C. 在同一项交易中同时向买卖双方提供服务 D. 同时为两方提供某项资产的估值服务，而这两方针对该资产处于对立状态 E. 针对同一事项同时代表两个客户，而这两个客户正处于法律纠纷中 F. 针对某项许可证协议，就应收的特许权使用费为许可证授予方出具鉴证报告，并同时向被许可方就应付金额提供建议 G. 建议客户投资一家企业，而注册会计师的主要近亲属在该企业拥有经济利益 H. 建议客户买入一项产品或服务，但同时与该产品或服务的潜在卖方订立佣金协议

【考点子题——举一反三，真枪实练】

[5]（经典例题•多选题）下列情形中，可能产生利益冲突的有（　）。

A. 针对同一事项同时代表两个客户，而这两个客户正处于法律纠纷中

B. 建议客户买入一项产品或服务，但同时与该产品或服务的潜在卖方订立佣金协议

C. 针对某项许可证协议，就应收的特许权使用费为许可证授予方出具鉴证报告，并同时向被许可方就应付金额提供建议

D. 建议客户投资一家企业，而注册会计师的主要近亲属在该企业拥有经济利益

考点 5　专业服务委托

【考点母题——万变不离其宗】专业服务委托

（1）下列有关客户关系和业务的承接与保持的描述中，正确的有（　）。
A. 在接受客户关系前，注册会计师应当确定接受客户关系是否对职业道德基本原则产生不利影响 B. 如果项目组不具备或不能获得恰当执行业务所必需的胜任能力，将因自身利益对专业胜任能力和勤勉尽责原则产生不利影响 C. 在承接某项业务之后，注册会计师可能发现客户实施不当的盈余管理，或者资产负债表中的估值不当，这些事项可能因自身利益对诚信原则产生不利影响
（2）下列情形中，属于注册会计师应确定是否有理由拒绝承接业务的有（　）。
A. 潜在客户要求其取代另一注册会计师　　B. 考虑以投标方式接替另一注册会计师执行的业务 C. 考虑执行某些工作作为对另一注册会计师工作的补充

续表

(3) 下列有关专业服务委托变更的描述中，正确的有（　）。
A. 如果注册会计师并未知悉所有相关事实就承接业务，可能因自身利益对专业胜任能力和勤勉尽责原则产生不利影响 B. 如果客户要求注册会计师执行某些工作以作为对现任或前任注册会计师工作的补充，可能因自身利益对专业胜任能力和勤勉尽责原则产生不利影响

【考点子题——举一反三，真枪实练】

[6]（经典例题·多选题）下列情形中，可能对专业胜任能力和勤勉尽责原则产生不利影响的有（　）。

A. 注册会计师为获得客户而支付业务介绍费

B. 项目组不具备或不能获得恰当执行业务所必需的胜任能力

C. 向非现有客户提供第二意见

D. 注册会计师并未知悉所有相关事实就承接业务

考点6 第二意见

注册会计师可能被要求就某实体或以其名义运用相关准则处理特定交易或事项的情况（如前任注册会计师处理的情况）提供第二意见，而这一实体并非注册会计师的现有客户。

【考点母题——万变不离其宗】第二意见

下列有关第二意见的描述中，正确的有（　）。
A. 如果第二意见不是以现任或前任注册会计师所获得的相同事实为基础，或依据的证据不充分，可能因自身利益对专业胜任能力和勤勉尽责原则产生不利影响 B. 如果要求提供第二意见的实体不允许与现任或前任注册会计师沟通，注册会计师应当决定是否提供第二意见

【考点子题——举一反三，真枪实练】

[7]（经典例题·单选题）下列有关注册会计师出具第二意见的描述中，错误的是（　）。

A. 向非现有客户出具第二意见，可能因自身利益因素或其他因素对职业道德基本原则产生不利影响

B. 注册会计师在出具第二意见之前，可以征得客户同意，与现任或前任注册会计师沟通

C. 注册会计师提供第二意见违反了职业道德基本原则

D. 注册会计师应考虑客户不允许与前任注册会计师沟通的情况

考点 7　收费

【考点母题——万变不离其宗】收费

（1）下列有关收费水平的说法中，正确的有（　）。
A. 如果报价水平过低，以致注册会计师难以按照适用的职业准则执行业务，则可能因自身利益对专业胜任能力和勤勉尽责原则产生不利影响 B. 如果收费报价明显低于前任注册会计师或其他会计师事务所的相应报价，会计师事务所应当确保在提供专业服务时，遵守执业准则和相关职业道德规范的要求，使工作质量不受损害，并使客户了解专业服务的范围和收费基础
（2）下列有关或有收费的说法中，正确的有（　）。
A. 除非法律法规允许外，注册会计师不得以**或有收费**方式提供鉴证服务 B. 尽管某些非鉴证服务可以采用或有收费，或有收费仍然可能对职业道德基本原则产生不利影响
（3）下列有关介绍费和佣金的说法中，正确的有（　）。
A. 注册会计师不得收取与客户相关的介绍费或佣金（可能因自身利益对客观公正、专业胜任能力和勤勉尽责原则产生非常严重的不利影响） B. 注册会计师不得向客户或其他方支付业务介绍费（可能因自身利益对客观公正、专业胜任能力和勤勉尽责原则产生非常严重的不利影响）

【考点子题——举一反三，真枪实练】

[8]（2017 年·简答题部分）ABC 会计师事务所委派 A 注册会计师担任上市公司甲公司 2016 年度财务报表审计项目合伙人。ABC 会计师事务所和 XYZ 公司处于同一网络。审计项目组在审计中遇到下列事项：

（6）ABC 会计师事务所推荐甲公司与某开发区管委会签订了投资协议，因此获得开发区管委会的奖励 10 万元。

要求：针对上述第（6）项，指出是否违反中国注册会计师职业道德守则有关职业道德和独立性规定的情况，并简要说明理由。

考点 8　利益诱惑

利益诱惑是指影响其他人员行为的物质、事件或行为，但利益诱惑并不一定具有不当影响该人员行为的意图。利益诱惑的形式可能包括：礼品、款待、娱乐活动、捐助、意图建立友好关系、工作岗位或其他商业机会、特殊待遇、权利或优先权。

【考点母题——万变不离其宗】利益诱惑

下列有关利益诱惑的说法中，正确的有（　）。

续表

A. 注册会计师不得提供或接受，或授意他人提供或接受任何意图不当影响接受方或其他人员行为的利益诱惑，无论这种利益诱惑是存在不当影响行为的意图，还是注册会计师认为理性且掌握充分信息的第三方很可能会视为存在不当影响行为的意图
B. 如果注册会计师知悉被提供的利益诱惑存在或被认为存在不当影响行为的意图，即使注册会计师拒绝接受利益诱惑，仍可能对职业道德基本原则产生不利影响
C. 注册会计师应对其近亲属向现有或潜在客户提供利益诱惑或者接受利益诱惑的情况保持警觉
D. 如果注册会计师认为某项利益诱惑不存在不当影响接受方或其他人员行为的意图，应当运用职业道德概念框架识别、评价和应对可能因该利益诱惑产生的不利影响

【考点子题——举一反三，真枪实练】

[9]（经典例题•单选题）下列关于对职业道德概念框架的具体运用的说法中，错误的是（　）。

A. 如果客户资金或其他资产来源于非法活动（如洗钱），注册会计师不得提供保管资产服务

B. 注册会计师知悉被提供的利益诱惑存在或被认为存在不当影响行为的意图时，如果注册会计师拒绝接受利益诱惑，则不会对职业道德基本原则产生不利影响

C. 如果会计师事务所的商业利益与客户存在利益冲突，注册会计师应当告知客户这一情况，并获得客户同意以在此情况下执行业务

D. 注册会计师在向客户提供专业服务的过程中，知悉或怀疑客户存在违反或涉嫌违反法律法规的行为时，可能因自身利益或外在压力对诚信和良好职业行为原则产生不利影响

[本章考点子题答案及解析]

[1]【答案：D】选项D，利用所获知的涉密信息为自己或第三方谋取利益，违反保密原则。

[2]【答案：ABCD】可能对职业道德基本原则产生不利影响的因素包括：自身利益、自我评价、过度推介、密切关系和外在压力。

[3]【答案：A】选项B，属于因过度推介产生的不利影响的情形；选项CD，属于因外在压力产生的不利影响的情形。

[4]【答案：B】选项B，属于因过度推介产生不利影响的情形。

[5]【答案：ABCD】选项ABCD，都属于存在客户间或注册会计师与客户的利益冲突情形。

[6]【答案：ABCD】选项ABCD，均可能对专业胜任能力和勤勉尽责原则产生不利影响。

[7]【答案：C】出具第二意见，并不意味着一定违反职业道德基本原则。

[8]【答案】违反。

【知识点回顾】根据注册会计师职业道德要求，注册会计师不得收取与客户相关的介绍费或佣金。ABC会计师事务所收取与甲公司相关的介绍费（收到的政府奖励实质构成介绍费），将因自身利

益对客观公正、专业胜任能力和勤勉尽责原则产生非常严重的不利影响，导致没有防范措施能够消除不利影响或将其降低至可接受的水平。

[9] 【答案：B】选项 B 错误，如果注册会计师知悉被提供的利益诱惑存在或被认为存在不当影响行为的意图，即使注册会计师拒绝接受利益诱惑，仍可能对职业道德基本原则产生不利影响。

第 23 章　审计业务对独立性的要求

本章思维导图

近三年本章考试题型及分值分布

题型	2022 年	2021 年	2020 年
单选题	—	—	—
多选题	—	—	—
简答题	6 题 6 分	6 题 6 分	6 题 6 分
综合题	—	—	—
合计	6 分	6 分	6 分

扫码畅听增值课

第一节　基本概念和要求

保持独立性是注册会计师执行审计业务的**前提**。独立性包括实质性的独立和形式上的独立。注册会计师应当根据职业判断，定期就可能影响独立性的关系和其他事项与治理层沟通。

考点 1　基本概念

【考点母题——万变不离其宗】基本概念

（1）下列有关审计相关概念的描述中，正确的有（　　）。
A. 网络事务所：指属于某一网络的会计师事务所或实体。如果某一会计师事务所被视为网络事务所，应当与网络中**其他会计师事务所的审计客户**保持**独立** B. 公众利益实体：包括上市公司、法律法规界定的公众利益实体以及法律法规规定按照上市公司审计独立性的要求接受审计的实体（如拥有数量众多且分布广泛的利益相关者）

续表

<table>
<tr><td colspan="2">C. 关联实体：如果审计客户是上市公司，审计客户包括该客户的所有关联实体；如果审计客户不是上市公司，审计客户仅包括该客户直接或间接控制的关联实体
D. 保持独立性的期间：注册会计师应当在业务期间和财务报表涵盖的期间独立于审计客户；如果审计业务具有连续性，业务期间结束日应以其中一方通知解除业务关系或出具最终审计报告两者时间孰晚为准
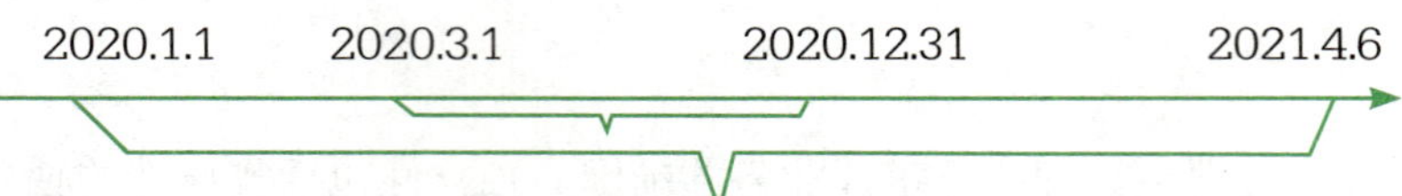
</td></tr>
<tr><td rowspan="4">E. 违反独立性规定需要采取应对措施</td><td>（2）下列有关违反独立性时采取的应对措施的描述中，正确的有（　）。</td></tr>
<tr><td>A. 终止、暂停或消除引发违规的利益或关系，并处理违规后果
B. 考虑是否存在适用于该违规行为的法律法规，如果存在，遵守该法律法规的规定，并考虑向相关监管机构报告该违规行为
C. 按照会计师事务所的政策和程序，立即就该违规行为与项目合伙人、负责独立性相关政策和程序的人员、会计师事务所和网络中的其他相关人员、根据职业道德守则的要求需要采取适当行动的人员等沟通
D. 评价违规行为的严重程度及其对会计师事务所的客观公正和出具审计报告能力的影响
E. 根据违规行为的严重程度，确定是否终止审计业务，或者是否能够采取适当行动以妥善处理违规后果</td></tr>
<tr><td>（3）下列表述中，属于会计师事务所根据违规的严重程度采取的必要措施有（　）。</td></tr>
<tr><td>A. 将相关人员调离审计项目团队
B. 由其他人员对受影响的审计工作实施额外复核或必要时重新执行该工作
C. 建议审计客户委托其他会计师事务所复核或必要时重新执行受影响的审计工作
D. 如果违规涉及影响会计记录或财务报表金额的非鉴证服务，由其他会计师事务所评价非鉴证服务的结果，或重新执行非鉴证服务，使得其他会计师事务所能够对该非鉴证服务承担责任</td></tr>
</table>

【考点子题——举一反三，真枪实练】

[1]（2014年•简答题部分）上市公司甲公司系ABC会计师事务所的常年审计客户，从事房地产开发业务。XYZ公司是ABC会计师事务所的网络事务所。在对甲公司2013年度财务报表执行审计的过程中存在下列事项：

（1）2013年10月，甲公司收购了乙公司25%的股权，乙公司成为甲公司的重要联营公司。审计项目组经理A注册会计师在收购生效日前一周得知其妻子持有乙公司发行的价值1万元的企业债券，承诺将在收购生效日后一个月内出售该债券。

要求：针对第（1）项，指出是否可能存在违反中国注册会计师职业道德守则有关独立性规定的情况，并简要说明理由。

[2]（经典例题•单选题）下列不属于公众利益实体的是（　）。

A. 大型非上市金融企业　　B. 上市公司

C. 个体工商户　　D. 全国大型医药连锁店

[3]（经典例题•单选题）ABC 会计师事务所于 2022 年 2 月 15 日承接并执行甲公司 2021 年度财务报表的审计业务，2022 年 4 月 13 日出具审计报告，4 月 15 日甲公司对外报出审计报告以及后附的已审计财务报表，则注册会计师应当独立于甲公司的期间正确的是（　）。

A. 2021 年 1 月 1 日至 2021 年 12 月 31 日

B. 2021 年 1 月 1 日至 2022 年 4 月 13 日

C. 2021 年 2 月 15 日至 2022 年 4 月 13 日

D. 2021 年 1 月 1 日至 2022 年 4 月 15 日

第二节　经济利益

考点 2　对独立性产生不利影响的情形和防范措施

【考点母题——万变不离其宗】对独立性产生不利影响的情形和防范措施

在审计客户中拥有经济利益	（1）下列各主体中，属于**不得**在审计客户中拥有直接经济利益或重大间接经济利益的有（　）。
	A. 会计师事务所、审计项目团队成员及其主要**近亲属** B. 与执行审计业务的项目合伙人同处一个分部的**其他合伙人**及其主要近亲属 C. 为审计客户提供**非审计服务**的其他合伙人、管理人员及其主要近亲属
	（2）如果与执行审计业务的项目合伙人同处一个分部的其他合伙人的主要近亲属，或者为审计客户提供非审计服务的其他合伙人或管理人员的主要近亲属，**同时满足**下列（　）条件，该主要近亲属可以在审计客户中拥有直接经济利益或重大间接经济利益。
	A. 该主要近亲属作为审计客户的员工有权（例如通过退休金或股票期权计划）取得该经济利益，并且会计师事务所在必要时**能够应对**因该经济利益产生的不利影响 B. 当该主要近亲属拥有或取得处置该经济利益的权利，或者在股票期权中，有权行使期权时，能够**尽快处置**或放弃该经济利益

续表

在控制审计客户的实体中拥有经济利益	（3）当一个实体在审计客户中拥有控制性的权益，并且审计客户对该实体重要时，以下对独立性影响的表述中，正确的是（　）。 A. 当一个实体在审计客户中拥有控制性的权益，并且审计客户对该实体重要时，**会计师事务所、审计项目团队成员**及其主要近亲属**不得**在该实体中拥有直接经济利益或重大间接经济利益
作为受托管理人拥有经济利益	（4）作为受托管理人，除非**同时**满足以下条件，否则不得在审计客户中拥有直接经济利益或重大间接经济利益，这些条件包括（　）。
	A. 受托管理人、审计项目团队成员、两者的主要近亲属，会计师事务所均**不是**受托财产的**受益人** B. 通过信托而在审计客户中拥有的经济利益对于该项信托而言并**不重大** C. 该项信托不能对审计客户施加重大影响 D. 受托管理人、审计项目团队成员、两者的主要近亲属，会计师事务所对涉及审计客户经济利益的投资决策没有重大影响
与审计客户拥有共同经济利益	（5）如果与审计客户在某一实体拥有共同经济利益，除非满足下列条件**之一**，否则**不得**在该实体中拥有经济利益，这些条件包括（　）。
	A. 经济利益对会计师事务所、审计项目团队成员及其主要近亲属，以及审计客户**均不重要** B. 审计客户无法对该实体施加重大影响
无意中获取的经济利益	（6）如果会计师事务所、审计项目团队成员及其主要近亲属无意中从审计客户获取经济利益，应当采取的应对措施有（　）。
	A. 如果会计师事务所、审计项目团队成员或其主要近亲属获得经济利益，应当**立即处置**全部经济利益，或处置全部直接经济利益并处置足够数量的间接经济利益以使剩余经济利益**不再重大** B. 如果审计项目团队以外的人员或其主要近亲属获得经济利益，应当在合理期限内**尽快处置**全部经济利益，或处置全部直接经济利益并处置足够数量的间接经济利益，以使剩余经济利益不再重大

【考点子题——举一反三，真枪实练】

［4］（经典例题•单选题）下列关于经济利益的相关说法中，错误的是（　）。

A. 当一个实体在审计客户中拥有控制性的权益，并且审计客户对该实体重要时，审计项目团队成员的主要近亲属在该实体中拥有重大间接经济利益，可以采取防范措施将因自身利益产生的不利影响降低至可接受的水平

B. 某信托能够对审计客户施加重大影响，审计项目团队成员的主要近亲属不能作为信托的受托管理人在审计客户中拥有重大间接经济利益

C. 如果审计项目团队某一成员的其他近亲属在审计客户中拥有直接经济利益或重大间接经济利益，将因自身利益产生非常严重的不利影响

D. 受益人可能通过集合投资工具、信托等投资工具拥有经济利益

［5］（2020 年 • 简答题部分）上市公司甲公司是 ABC 会计事务所的常年审计客户。XYZ 公司和 ABC 会计师事务所处于同一网络。审计项目组在甲公司 2019 年度财务报表审计中遇到下列事项：

（2）甲公司是上市公司乙公司的重要联营企业。项目经理 B 注册会计师的父亲于 2020 年 1 月 6 日购买了乙公司股票 2000 股。乙公司不是 ABC 会计师事务所的审计客户。

要求：针对第（2）项，指出是否可能存在违反中国注册会计师职业道德守则有关独立性规定的情况，并简要说明理由。

［6］（经典例题 • 多选题）ABC 会计师事务所和 DEF 公司处于同一网络。ABC 会计师事务所的常年审计客户甲公司，与上市公司乙公司为同一母公司的重要子公司，乙公司不是 ABC 会计师事务所的审计客户。A 注册会计师担任甲公司审计项目合伙人，在甲公司 2022 年度财务报表审计中遇到下列事项中，构成关联实体关系对注册会计师独立性不利影响的有（　）。

A. 项目合伙人 A 注册会计师的父亲于 2022 年 5 月买入乙公司股票 1000 股，该股权对 A 注册会计师的父亲而言不属于重大经济利益

B. 审计项目组成员 C 的妻子于 2022 年 9 月购买了某金融机构金融产品 5000000 元。根据其金融机构及资金使用方签署的三方协议，该资金用于补充甲公司某不重要子公司的短期流动资金

C. 2022 年 8 月，甲公司在海外设立子公司，聘请 DEF 公司提供设立申请服务，以及业务流程和财务流程文档的编制服务

D. 2022 年 12 月，DEF 公司的合伙人 E 应邀参加了甲公司为其经销商举办的研讨会，介绍了数据保护相关的监管要求及 DEF 公司的相关服务

第三节 贷款和担保以及商业关系、家庭和私人关系

考点3 贷款与担保

【考点母题——万变不离其宗】贷款与担保

从银行或类似**金融机构**等审计**客户**取得贷款或获得贷款担保	（1）下列有关从银行或类似**金融机构**等审计**客户**取得贷款或获得贷款担保的说法中，正确的有（　）。
	A. 贷款或担保是按照**正常**的程序、条款和条件进行的，通常不会对独立性产生影响 B. 但如果该贷款对审计客户或取得贷款的会计师事务所是**重要的**，**可能**因自身利益对独立性产生不利**影响** C. 禁止会计师事务所、审计项目团队成员或其主要近亲属按非正常程序、条款和条件向客户进行贷款或担保
从不属于银行或类似金融机构等审计客户获取贷款或由其提供担保	（2）下列有关从不属于银行或类似金融机构等审计客户获取贷款或由其提供担保的说法中，正确的是（　）。
	A. 会计师事务所、审计项目团队成员或其主要近亲属**不得**从不属于银行或类似金融机构的审计客户取得贷款，或由此类审计客户提供贷款担保（自身利益因素）
向审计客户提供贷款或为其提供担保	（3）下列有关向审计客户提供贷款或为其提供担保的说法中，正确的是（　）。
	A. 会计师事务所、审计项目团队成员或其主要近亲属**不得**向审计客户提供贷款或为其提供担保（自身利益因素）
在审计客户开立存款或经纪账户	（4）下列有关在审计客户开立存款或经纪账户的说法中，正确的是（　）。
	A. 会计师事务所、审计项目团队成员或其主要近亲属**不得**在银行或类似金融机构等审计客户开立存款或经纪账户，**除非**该存款或经纪账户是按**正常**的商业条件开立的

【考点子题——举一反三，真枪实练】

［7］（经典例题•单选题）下列关于贷款和担保的表述中，不会产生不利影响的是（　）。

A. 审计客户甲不按照正常的程序、条款和条件为审计项目团队成员的主要近亲属提供贷款或担保

B. 会计师事务所按照正常商业条件在审计客户乙银行开立存款账户

C. 会计师事务所从不属于银行或类似金融机构的审计客户丙处取得贷款

D. 审计项目团队成员的主要近亲属为审计客户丁提供担保

考点 4　商业关系

会计师事务所、审计项目团队成员**不得**与审计客户或其高级管理人员建立密切的商业关系。

如果审计项目团队成员的主要近亲属与审计客户或其高级管理人员存在此类商业关系，注册会计师应当评价不利影响的严重程度，并在必要时采取防范措施消除不利影响或将其降低至可接受的水平。

【考点母题——万变不离其宗】商业关系

<table>
<tr><td colspan="2">（1）下列各项中，属于禁止的商业关系的有（　）。</td></tr>
<tr><td colspan="2">A. 与客户或其控股股东、董事、高级管理人员或其他为该客户执行高级管理活动的人员共同开办企业
B. 按照协议，将会计师事务所的产品或服务与客户的产品或服务结合在一起，并以双方名义捆绑销售
C. 按照协议，会计师事务所销售或推广客户的产品或服务，或者客户销售或推广会计师事务所的产品或服务</td></tr>
<tr><td colspan="2">（2）下列各项中，有关不同商业关系对独立性影响的描述中，正确的有（　）。</td></tr>
<tr><td rowspan="2">A. 与审计客户或其利益相关者一同在某股东人数有限的实体中拥有利益，通常会对独立性产生影响</td><td>（3）会计师事务所、审计项目团队成员或其主要近亲属不得拥有会涉及该实体经济利益的商业关系，除非同时满足下列（　）条件。</td></tr>
<tr><td>A. 这种商业关系对于会计师事务所、审计项目团队成员或其主要近亲属以及审计客户均不重要
B. 该经济利益对上述投资者或投资组合并不重大
C. 该经济利益不能使上述投资者或投资组合控制该实体</td></tr>
<tr><td rowspan="2">B. 从审计客户购买商品或服务，可能对独立性产生影响</td><td>（4）下列有关从审计客户购买商品或服务的描述中，正确的有（　）。</td></tr>
<tr><td>A. 会计师事务所、审计项目团队成员或其主要近亲属按照正常的商业程序公平交易，通常不会对独立性产生不利影响
B. 如果交易性质特殊或金额较大，可能因自身利益产生不利影响</td></tr>
</table>

【考点子题——举一反三，真枪实练】

[8]（2019 年 • 简答题部分）上市公司甲公司是 ABC 会计师事务所的常年审计客户。XYZ 公司和 ABC 会计师事务所处于同一网络。审计项目组在甲公司 2018 年度财务报表审计中遇到下列事项：

（6）甲公司研发的新型电动汽车于 2018 年 12 月上市。甲公司在 ABC 会计师事务所年会上为其员工举办了专场试驾活动，并宣布事务所员工可以按照甲公司给其同类大客户的优惠价格购车。

要求：针对上述第（6）项，指出是否可能存在违反《中国注册会计师职业道德守则》有关独立性规定的情况，并简要说明理由。

[9]（2017年•简答题部分）ABC会计师事务所委派A注册会计师担任上市公司甲公司2016年度财务报表审计项目合伙人。ABC会计师事务所和XYZ公司处于同一网络。审计项目组在审计中遇到下列事项：

（4）D注册会计师和A注册会计师同处一个分部，不是甲公司审计项目团队成员。D的母亲和甲公司某董事共同开办了一家早教机构。

要求：针对上述第（4）项，指出是否存在违反《中国注册会计师职业道德守则》有关职业道德和独立性规定的情况，并简要说明理由。

考点5 家庭和私人关系

如果审计项目团队成员与审计客户的董事、高级管理人员，或某类员工（取决于该员工在审计客户中担任的角色）存在**家庭**和**私人关系**，可能因自身利益、密切关系或外在压力对独立性产生不利影响。

【考点母题——万变不离其宗】家庭和私人关系

（1）下列有关审计项目团队成员主要近亲属的家庭和私人关系及其对独立性影响的描述中，正确的有（　）。
A. 如果审计项目团队成员的主要近亲属是审计客户的**董事**、**高级管理人员**或担任能够对被审计财务报表或**会计记录的编制**施加**重大影响**的职位的**员工**（特定员工），**或者在业务期间或财务报表涵盖的期间曾担任上述职务**，将对独立性产生非常**严重**的**不利影响** B. 没有防范措施能够消除该不利影响或将其降低至可接受的水平（拥有此类关系的人员不得成为审计项目团队成员） C. 如果审计项目团队成员的主要近亲属在审计客户中所处职位能够对客户的财务状况、经营成果和现金流量施加**重大影响**，将**可能**因自身利益、密切关系或外在压力对独立性产生不利影响
（2）下列有关审计项目团队成员其他近亲属的家庭和私人关系及其对独立性影响的描述中，正确的是（　）。
A. 如果审计项目团队成员的其他近亲属是审计客户的董事、高级管理人员或特定员工，将因自身利益、密切关系或外在压力对独立性产生不利影响
（3）下列有关审计项目团队成员其他密切关系的描述中，正确的是（　）。
A. 如果与审计项目团队成员存在密切关系的员工是审计客户的董事、高级管理人员或特定员工时，也将对独立性产生不利影响
（4）下列有关审计项目团队成员以外人员的家庭和私人关系的描述中，正确的是（　）。
A. 会计师事务所中审计项目团队以外的合伙人或员工，与审计客户的董事、高级管理人员或特定员工之间存在家庭或私人关系，可能因自身利益、密切关系或外在压力产生不利影响

【考点子题——举一反三，真枪实练】

[10]（2019 年 • 简答题部分）上市公司甲公司是 ABC 会计师事务所的常年审计客户。XYZ 公司和 ABC 会计师事务所处于同一网络。审计项目组在甲公司 2018 年度财务报表审计中遇到下列事项：

（3）审计项目团队成员 C 曾担任甲公司成本会计，2018 年 5 月离职加入 ABC 会计师事务所，同年 10 月加入甲公司审计项目团队，负责审计固定资产。

要求：针对上述第（3）项，指出是否可能存在违反中国注册会计师职业道德守则有关独立性规定的情况，并简要说明理由。

第四节　与审计客户发生人员交流

考点 6　与审计客户发生雇佣关系

如果审计客户的董事、高级管理人员或特定员工，曾经是审计项目团队的成员或会计师事务所的合伙人，可能因密切关系或外在压力产生不利影响。

【考点母题——万变不离其宗】与审计客户发生雇佣关系

审计项目团队**前任**成员或会计师事务所前任合伙人担任审计客户的**重要职位且与事务所保持重要联系**	（1）下列有关审计项目团队前任成员担任客户重要职位时的影响，正确的有（　）。
	A. 通常将产生非常严重的不利影响，导致没有防范措施能够消除不利影响或将其降低至可接受的水平 B. 除非同时满足相关条件，否则对独立性产生非常严重的不利影响（条件包括：该人员**无**权从会计师事务所获取**报酬**或福利，除非报酬或福利是按照预先确定的固定金额支付的；应付该人员的金额（如有）对会计师事务所**不重要**；该人员**未继续参与**，并且在外界看来未参与会计师事务所的经营活动或职业活动） C. 即使同时满足相关条件，**仍可能**因密切关系或外在压力对独立性产生不利影响
会计师事务所前任合伙人**加入**的某一实体成为审计客户	（2）下列有关前任合伙人加入某一实体成为审计客户影响的说法中，正确的是（　）。
	A. 如果会计师事务所前任合伙人加入某一实体并担任董事、高级管理人员或特定员工，而该实体随后成为会计师事务所的审计客户，则可能因密切关系或外在压力对独立性产生不利影响
	（3）下列有关前任合伙人加入某一实体成为审计客户应对措施的说法中，正确的有（　）。
	A. 修改审计计划 B. 向审计项目团队分派与该人员相比经验更加丰富的人员 C. 由适当复核人员复核前任审计项目团队成员已执行的工作
审计项目团队某成员**拟加入**审计客户	（4）下列有关审计项目团队成员拟计入审计客户的影响的说法中，正确的是（　）。
	A. 将因自身利益产生不利影响
	（5）下列有关审计项目组成员拟加入审计客户的应对措施的说法中，正确的有（　）。
	A. 将该成员**调离**审计项目团队，可能能够消除不利影响 B. 由审计项目团队以外的适当复核人员复核该成员在审计项目团队中作出的重大判断，可能能够将其不利影响降低至可接受的水平
属于公众利益实体的审计客户	（6）当审计客户属于公众利益实体时，下列有关于客户发生雇佣关系的描述中，正确的有（　）。
	A. **关键审计合伙人（项目合伙人、项目质量复核人员、对财务报表重大事项作出关键决策或判断的其他审计合伙人）加入**审计客户担任重要职位（董、高、特），除非特殊情况，否则独立性将视为受到影响 B. 特殊情况为，除非该合伙人**不再担任**该公众利益实体的关键审计合伙人后，该公众利益实体**发布**的**已审计财务报表**涵盖期间不少于 12 个月（**发布日之后**），并且该合伙人**未参与**该财务报表的审计 C. 前任**高级合伙人（管理合伙人、同等职位的人员）**加入审计客户担任重要职位（董、高、特）时，除非该高级合伙人**不再担任该职位已超过** 12 个月，否则独立性将被视为受到损害

第23章

续表

属于公众利益实体的审计客户	D. 因企业合并原因导致前任成员加入审计客户担任重要职位（董、高、特）时，独立性可能受到损害	（7）如果同时满足下列（　）条件，不被视为独立性受到损害。 A. 当该人员接受该职务时，并未预料到会发生企业合并 B. 该人员在会计师事务所中应得的报酬或福利都已全额支付，除非报酬或福利是按照预先确定的固定金额支付的，并且应付该人员的金额对会计师事务所不重要 C. 该人员未继续参与，或在外界看来未参与会计师事务所的经营活动或职业活动 D. 已就该人员在审计客户中的职位与治理层讨论

【考点子题——举一反三，真枪实练】

[11]（2018 年 • 简答题部分）上市公司甲公司是 ABC 会计师事务所的常年审计客户。XYZ 公司和 ABC 会计师事务所处于同一网络。审计项目组在甲公司 2017 年度财务报表审计中遇到下列事项：

（2）B 注册会计师曾担任甲公司 2016 年度财务报表审计的项目质量复核人，于 2017 年 5 月退休，之后未和 ABC 会计师事务所保持交往。2018 年 1 月 1 日，B 注册会计师受聘担任甲公司独立董事。

要求：针对上述第（2）项，指出是否可能存在违反中国注册会计师职业道德守则有关独立性规定的情况，并简要说明理由。

[12]（经典例题 • 单选题）ABC 会计师事务所委派 M 注册会计师作为项目合伙人负责审计甲上市公司 2020 年度财务报表，未参与甲上市公司 2021 年度财务报表审计业务，2021 年的已审计财务报表于 2022 年 4 月 15 日发布，则 M 注册会计师最早可以加入审计客户担任董事的时间为（　）。

A. 2021 年 12 月 31 日　　B. 2022 年 1 月 1 日

C. 2022 年 4 月 15 日　　D. 2022 年 4 月 16 日

考点 7　其他交流情况

【考点母题——万变不离其宗】其他交流情况

（1）下列有关会计师事务所向审计客户临时出借员工的说法中，正确的有（　）。
A. 可能因自我评价、过度推介或密切关系产生不利影响

续表

<table>
<tr><td rowspan="2">B. 除非同时满足相应条件，否则不得向审计客户借出员工</td><td>（2）除非同时满足下列（　）条件，否则会计师事务所不得向审计客户借出员工。</td></tr>
<tr><td>A. 仅在短期内向客户借出员工
B. 借出的员工不参与注册会计师职业道德守则禁止提供的非鉴证服务
C. 该员工不承担审计客户的管理层职责，且审计客户负责指导和监督该员工的活动</td></tr>
<tr><td colspan="2">（3）下列有关最近曾担任审计客户重要职位（董、高、特）的说法中，正确的有（　）。</td></tr>
<tr><td colspan="2">A. 可能因自身利益、自我评价或密切关系产生不利影响
B. 在审计报告涵盖期间，不得将此类人员分派到审计项目团队
C. 在审计报告涵盖期间之前，应评价不利影响的严重程度
D. 会计师事务所的合伙人或员工不得兼任审计客户的董事或高级管理人员</td></tr>
</table>

【考点子题——举一反三，真枪实练】

[13]（2016年·简答题部分）ABC会计师事务所委派A注册会计师担任上市公司甲公司2015年度财务报表审计项目合伙人。ABC会计师事务所和XYZ公司处于同一网络。审计项目组在审计中遇到下列事项：

（3）审计项目团队成员C曾任甲公司重要子公司的出纳，2014年10月加入ABC会计师事务所，2015年9月加入甲公司审计项目团队，参与审计固定资产项目。

要求：针对上述第（3）项，指出是否存在违反中国注册会计师职业道德守则有关独立性规定的情况，并简要说明理由。

第23章

第五节　与审计客户长期存在业务关系

考点8　与审计客户长期存在业务关系

会计师事务所长期委派同一名合伙人或高级员工执行某一客户的审计业务，将因密切关系和自身利益对独立性产生不利影响。

【考点母题——万变不离其宗】与审计客户长期存在业务关系

（1）下列有关与审计客户长期存在业务关系一般要求的说法中，正确的有（　）。

续表

A. 如果审计客户属于公众利益实体，会计师事务所任何人员担任项目合伙人、项目质量复核人员、其他属于关键审计合伙人的职务中的一项或多项，其**累计**时间不得超过 5 年
B. 任期结束后，该人员应当遵守有关**冷却期**的规定
C. 任期内，某人员继担任项目合伙人之后不得在 2 **年内**担任该审计业务的项目质量复核人员
D. 在极特殊的情况下，会计师事务所可能因无法预见和控制的情况而不能按时轮换关键合伙人
E. 承担多项关键合伙人职责的，担任冷却期较长职位达到 3 年或以上的，以较长冷却期为准

适用于一般情况下已成为公众利益实体的审计客户

关键审计合伙人	任职期	冷却期	任职期特殊情况
项目合伙人	5 年	5 年	6 年
项目质量复核人员	5 年	3 年	6 年
其他关键审计合伙人	5 年	2 年	6 年

（2）下列有关审计客户成为公众利益实体情形下，关键审计合伙人轮换要求说法中，正确的是（　）。

A. 如果审计客户成为公众利益实体，在确定关键审计合伙人的任职时间时，会计师事务所应当考虑，在该客户成为公众利益实体之前，该合伙人作为关键审计合伙人已为该客户提供服务的时间
B. 如果在审计客户成为公众利益实体之前，该合伙人作为关键审计合伙人已为该客户服务的时间不超过三年，则该人员还可以为该客户继续提供服务的年限为五年减去已经服务的年限
C. 如果在审计客户成为公众利益实体之前，该合伙人作为关键审计合伙人已为该客户服务了四年或更长的时间，在取得客户治理层同意的前提下，该合伙人最多还可以继续服务二年
D. 如果审计客户是首次公开发行证券的公司，关键审计合伙人在该公司上市后连续执行审计业务的期限，不得超过二个完整会计年度

在审计客户成为公众利益实体前的服务年限（X 年）	成为公众利益实体后继续提供服务的年限	冷却期		
		项目合伙人	项目质量复核人员	其他关键审计合伙人
X ≤ 3 年	（5–X）年	5 年	3 年	2 年
X ≥ 4 年	2 年	5 年	3 年	2 年
如果客户是首次公开发行证券	2 年	5 年	3 年	2 年

【考点子题——举一反三，真枪实练】

[14]（经典例题•多选题）针对属于公众利益实体的审计客户，下列关于关键审计合伙人任职时间的表述中，正确的有（　）。

A. 关键审计合伙人任职时间不应超过五年，但任职结束后可作为项目组成员参与该项目

B. 会计师事务所人员担任审计项目合伙人的累计时间不得超过五年

C. 会计师事务所人员担任项目合伙人和项目质量复核人员累计达到三年或以上，但累计担任项目合伙人未达到三年，冷却期应当为连续三年

D. 会计师事务所某人员在担任项目合伙人之后第二年可以立即担任该审计业务项目质量复核人员

[15]（2020年•简答题部分）上市公司甲公司是ABC会计师事务所的常年审计客户。XYZ公司和ABC会计师事务所处于同一网络。审计项目组在甲公司2019年度财务报表审计中遇到下列事项：

（1）A注册会计师自2013年度起担任甲公司审计项目合伙人，2017年12月因个人原因调离甲公司审计项目组，2019年12月起重新担任甲公司审计项目合伙人。

要求：针对上述第（1）项，指出是否可能存在违反中国注册会计师职业道德守则有关独立性规定的情况，并简要说明理由。

第六节　为审计客户提供非鉴证服务

考点9　非鉴证服务对独立性的影响

【考点母题——万变不离其宗】非鉴证服务对独立性的影响

承担管理层职责	（1）下列关于承担管理层职责对独立性影响的表述中，恰当的是（　）。
	A. 承担管理层职责，将因自身利益、自我评价、密切关系、过度推介对独立性产生非常严重的不利影响，导致没有防范措施能够将其降低至可接受水平
会计和记账服务（自我评价）	（2）下列各项中，属于不对独立性产生不利影响的活动有（　）。
	A. 沟通审计相关的事项 B. 提供会计咨询服务（不承担审计客户的管理层职责时） C. 日常性或机械性的会计和记账服务
	（3）注册会计师对（非）公众利益实体提供会计和记账服务，除非同时满足下列（　）条件，否则会计师事务所不得向不属于公众利益实体的审计客户提供会计和记账服务。
	A. 该服务是日常性或机械性的 B. 会计师事务所能够采取防范措施应对因提供此类服务产生的超出可接受水平的不利影响

续表

<table>
<tr><td rowspan="2">会计和记账服务
（自我评价）</td><td colspan="2">（4）在同时满足下列（　）条件的情况下，会计师事务所可以向属于公众利益实体的审计客户的分支机构或关联实体提供会计和记账服务。</td></tr>
<tr><td colspan="2">A. 该服务是日常性或机械性的
B. 提供服务的人员不是审计项目团队成员
C. 接受该服务的分支机构或关联实体从整体上对被审计财务报表不具有重要性，或者该服务所涉及的事项从整体上对该分支机构或关联实体的财务报表不具有重要性</td></tr>
<tr><td rowspan="2">行政事务性服务</td><td colspan="2">（5）如果注册会计师为客户提供行政事务性服务，下列对独立性影响的说法中，正确的是（　）。</td></tr>
<tr><td colspan="2">A. 通常不会对独立性产生不利影响</td></tr>
<tr><td rowspan="2">评估服务</td><td colspan="2">（6）下列有关评估服务的表述中，正确的有（　）。</td></tr>
<tr><td colspan="2">A. 可能因自我评价或过度推介对独立性产生不利影响
B. 如果审计客户要求会计师事务所提供评估服务，以帮助其履行纳税申报义务或满足税务筹划目的，并且评估的结果不对财务报表产生直接影响，且间接影响并不重大，或者评估服务经税务机关或类似监管机构外部复核，则通常不对独立性产生不利影响
C. 如果评估结果涉及高度的主观性，且评估服务对被审计财务报表具有重大影响，会计师事务所不得向审计客户提供这种评估服务</td></tr>
<tr><td rowspan="4">税务服务</td><td colspan="2">（7）下列有关税务服务的表述中，正确的有（　）。</td></tr>
<tr><td colspan="2">A. 会计师事务所向审计客户提供某些税务服务，可能因自我评价、过度推介产生不利影响
B. 编制纳税申报表的服务：如果管理层对纳税申报表承担责任，会计师事务所提供此类服务通常不对独立性产生不利影响</td></tr>
<tr><td rowspan="2">C. 计算当期所得税或递延所得税负债（或资产）将对独立性产生不利影响</td><td>（8）关于计算当期所得税或递延所得税负债服务对独立性的影响，下列说法恰当的有（　）。</td></tr>
<tr><td>A. 将因自我评价产生不利影响
B. 审计客户不属于公众利益实体，可以采取防范措施将不利影响降至可接受水平
C. 审计客户属于公众利益实体，但为其计算的当期所得税或递延所得税对被审计财务报表不重要，可以采取防范措施将不利影响降至可接受水平
D. 审计客户属于公众利益实体时，会计师事务所不得计算当期所得税和递延所得税，以用于编制对被审计财务报表具有重大影响会计分录</td></tr>
</table>

第
23
章

续表

税务服务	D. 提供税务筹划或其他税务咨询服务可能对独立性产生不利影响	（9）如果税务建议的有效性取决于某项特定会计处理或财务报表列报，并且同时存在下列（　）情况，将因自我评价产生非常严重的不利影响，导致没有防范措施能够消除不利影响或将其降低至可接受的水平。 A. 审计项目团队对于相关会计处理或财务报表列报的适当性存有疑问 B. 税务建议的结果或执行后果将对被审计财务报表产生重大影响
	E. 协助解决税务纠纷：如果提供的税务服务涉及在公开审理或仲裁的税务纠纷中担任审计客户的辩护人，并且所涉金额对被审计财务报表具有重大影响，会计师事务所不得向审计客户提供涉及协助解决税务纠纷的税务服务	
内部审计服务	（10）下列有关内部审计服务的表述中，正确的有（　）。	
	A. 如果会计师事务所人员在为审计客户提供内部审计服务时承担管理层职责，将产生非常严重的不利影响，导致没有防范措施能够将其降低至可接受的水平 B. 会计师事务所不得向属于公众利益实体的审计客户提供与下列方面有关的内部审计服务：财务报告内部控制的组成部分；财务会计系统；单独或累积起来对被审计财务报表具有重大影响的金额或披露 C. 避免承担管理层职责，同时满足一定条件时，可以为审计客户提供内部审计服务	
信息技术系统服务	（11）下列有关信息技术系统服务的表述中，正确的有（　）。	
	A. 如果信息技术系统构成财务报告内部控制的重要组成部分，会计师事务所不得向属于公众利益实体的审计客户提供或设计与实施信息技术系统相关的服务 B. 如果信息技术系统生成的信息对会计记录或被审计财务报表影响重大，会计师事务所不得向属于公众利益实体的审计客户提供或设计与实施信息技术系统相关的服务 C. 如果会计师事务所不承担管理层职责，则提供某些信息技术系统服务不被视为对独立性产生不利影响	
诉讼支持及法律服务	（12）下列有关诉讼支持及法律服务的表述中，正确的有（　）。	
	A. 会计师事务所向审计客户提供诉讼支持服务，可能因自我评价或过度推介产生不利影响 B. 会计师事务所向审计客户提供法律咨询服务，可能因自我评价或过度推介对独立性产生不利影响（如担任“辩护人”且涉及金额对财务报表有重大影响，不得担任首席法律顾问）	
招聘服务	（13）下列有关招聘服务的表述中，正确的有（　）。	
	A. 在向审计客户提供招聘服务时，会计师事务所不得代表客户与应聘者进行谈判	

续表

<table>
<tr><td rowspan="2">招聘服务</td><td>B. 如果招聘董事、高管，会计师事务所不得提供某些服务</td><td>（14）如果属于审计客户拟招聘董事、高级管理人员，或所处职位能够对客户会计记录或被审计财务报表的编制施加重大影响的员工，会计师事务所不得提供下列（　）招聘服务。
A. 寻找或筛选候选人
B. 对候选人实施背景调查</td></tr>
<tr><td colspan="2">C. 当会计师事务所人员不承担管理职责时，提供某些招聘服务不会对独立性产生不利影响</td></tr>
<tr><td rowspan="3">公司财务服务</td><td colspan="2">（15）下列有关公司财务服务的表述中，正确的有（　）。</td></tr>
<tr><td colspan="2">A. 会计师事务所不得提供涉及推荐、交易或承销审计客户股票的公司财务服务</td></tr>
<tr><td>B. 某些情形下，会计师事务所不得提供此类财务建议</td><td>（16）如果财务建议的有效性取决于某一特定会计处理或财务报表列报，并且同时存在下列（　）情形，会计师事务所不得提供此类财务建议。
A. 根据相关财务报告编制基础，审计项目团队对相关会计处理或列报的适当性存有疑问
B. 公司财务建议的结果将对被审计财务报表产生重大影响</td></tr>
</table>

【考点子题——举一反三，真枪实练】

[16]（2019 年 • 简答题部分）上市公司甲公司是 ABC 会计师事务所的常年审计客户。XYZ 公司和 ABC 会计师事务所处于同一网络。审计项目组在甲公司 2018 年度财务报表审计中遇到下列事项：

（5）甲公司是丁公司的重要联营企业。2018 年 8 月，XYZ 公司接受丁公司委托对其拟投资的标的公司进行评估，作为定价参考。丁公司不是 ABC 会计师事务所的审计客户。

要求：针对上述第（5）项，指出是否可能存在违反中国注册会计师职业道德守则有关独立性规定的情况，并简要说明理由。

[17]（2015 年 • 简答题部分）上市公司甲公司是 ABC 会计师事务所的常年审计客户。乙公司是非公众利益实体，于 2014 年 6 月被甲公司收购，成为甲公司重要的全资子公司。XYZ 公司和 ABC 会计师事务所处于同一网络。审计项目组在甲公司 2014 年度财务报表审计中遇到下列事项：

（5）丙公司是甲公司新收购的海外子公司，为甲公司不重要的子公司。丙公司聘请 XYZ 公司将其按照国际财务报告准则编制的财务报表转化为按照中国企业会计准则编制的财务报表。

要求：针对上述第（5）项，指出是否可能存在违反中国注册会计师职业道德守则有关独立性规定的情况，并简要说明理由。

［18］（2020 年•简答题部分）上市公司甲公司是 ABC 会计师事务所的常年审计客户。XYZ 公司和 ABC 会计师事务所处于同一网络。审计项目组在甲公司 2019 年度财务报表审计中遇到下列事项：

（3）丙公司是甲公司的不重大子公司，其内审部聘请 XYZ 公司提供投资业务流程专项审计服务。提供该服务的项目组成员不是甲公司审计项目团队成员。

（4）2019 年 10 月，甲公司聘请 XYZ 公司提供招聘董事会秘书的服务，包括物色候选人、组织面试并向甲公司汇报面试结果。由甲公司董事会确定最终聘用人选。

要求：针对上述第（3）和（4）项，指出是否可能存在违反中国注册会计师职业道德守则有关独立性规定的情况，并简要说明理由。

第七节　收费

考点 10 收费

【考点母题——万变不离其宗】收费

收费结构	（1）下列有关会计师事务所的收费结构情形及其应对措施的表述中，正确的有（　）。	
	A. 从某一审计客户收取的全部费用占事务所总额比重很大，可能因自身利益或外在压力产生不利影响	（2）会计师事务所应当评价不利影响的严重程度，并在必要时采取下列（　）防范措施，消除不利影响或将其降低至可接受的水平。
		A. 扩大会计师事务所的客户群，从而降低对该客户的依赖程度 B. 实施外部质量复核 C. 就关键的审计判断向第三方咨询
	B. 从某一审计客户收取的全部费用占某一合伙人或分部收费总额比重很大，也将因自身利益或外在压力产生不利影响	（3）会计师事务所应当评价不利影响的严重程度，并在必要时采取下列（　）防范措施，消除不利影响或将其降低至可接受的水平。
		A. 扩大该合伙人或分部的客户群 B. 由审计项目团队以外的适当复核人员复核已执行的工作

续表

收费结构	C. 如果会计师事务所连续两年从某一属于**公众利益实体**的审计客户及其关联实体收取的全部费用，占其从所有客户收取的全部费用的比重超过 15%，会计师事务所应当向审计客户治理层披露这一事实，并讨论选择相应防范措施	（4）如果会计师事务所连续两年从某一属于公众利益实体的审计客户及其关联实体收取的全部费用，占其从所有客户收取的全部费用的比重超过 15%，会计师事务所采取的防范措施有（ ）。 A. 在对第二年度财务报表发表审计意见之前，由其他会计师事务所对该业务再次实施项目质量复核，或由其他专业机构实施相当于项目质量复核的复核 B. 在对第二年度财务报表发表审计意见之后、对第三年度财务报表发表审计意见之前，由其他会计师事务所对第二年度的审计工作再次实施项目质量复核，或由其他专业机构实施相当于项目质量复核的复核
逾期收费	（5）下列有关预期收费的表述中，正确的有（ ）。	
	A. 会计师事务所通常要求审计客户在审计报告出具前付清上一年度的费用 B. 如果在审计报告出具后审计客户仍未支付该费用，会计师事务所应当评价不利影响存在与否及其严重程度，并在必要时采取防范措施消除不利影响或将其降低至可接受的水平	
或有收费	（6）会计师事务所在提供审计服务时，下列关于或有收费对独立性影响的说法，恰当的是（ ）。 A. 直接或间接的或有收费均将因自身利益产生非常严重的不利影响，导致没有防范措施能够将其降低至可接受的水平	

【考点子题——举一反三，真枪实练】

[19]（经典例题•单选题）会计师事务所在考虑收费可能对独立性产生的不利影响时，下列说法中，错误的是（ ）。

A. 会计师事务所在提供审计服务时，以间接形式取得或有收费，不会对独立性产生不利影响

B. 如果一项收费是由法院或政府有关部门规定的，则该项收费不被视为或有收费，不会对独立性产生不利影响

C. 如果审计客户长期未支付应付的审计费用，尤其是相当部分的审计费用在出具下一年度审计报告前仍未支付，可能因自身利益产生不利影响

D. 如果从某一审计客户收取的全部费用占收费总额的比重很大，可能因自身利益或外在压力对独立性产生不利影响

【本章考点子题答案及解析】

[1] 【答案】

事项序号	是否可能违反（是／否）	理由
（1）	是	收购日后乙公司成为甲公司的关联实体，A 注册会计师及其主要近亲属不得在乙公司拥有直接经济利益 / 应在收购生效日前处置该直接经济利益 / 得知持有该直接经济利益后立即处置该利益，否则将因自身利益对独立性产生严重不利影响。

[2] 【答案：C】公众利益实体包括上市公司和拥有数量众多且分布广泛的利益相关者的实体等。

[3] 【答案：B】选项 B 正确，注册会计师应当在业务期间和财务报表涵盖的期间独立于审计客户。业务期间自审计项目组开始执行审计业务之日起，至出具审计报告之日止。

[4] 【答案：A】选项 A 错误，当一个实体在审计客户中拥有控制性的权益，并且审计客户对该实体重要时，如果会计师事务所、审计项目团队成员或其主要近亲属在该实体中拥有直接经济利益或重大间接经济利益，将因自身利益产生非常严重的不利影响，导致没有防范措施能够将其降低至可接受的水平。

[5] 【答案】

事项序号	是否违反（违反／不违反）	理由
（2）	违反	B 注册会计师的父亲在审计业务期间拥有甲公司关联实体的直接经济利益，因自身利益对独立性产生严重不利影响

[6] 【答案：ABC】审计项目组成员的主要近亲属在审计客户的关联实体中拥有直接经济利益，将造成因自身利益产生非常严重的不利影响，因此选择选项 A；审计项目组成员的主要近亲属不得在审计客户的关联实体中拥有重大间接经济利益，否则将因自身利益产生非常严重的不利影响，因此选择选项 B；DEF 公司和 ABC 会计师事务所处于同一网络，网络所为审计客户的关联实体提供构成财务报告内部控制重大组成部分的信息技术系统服务，将因自我评价产生不利影响，因此选择选项 C；选项 D 属于会计师事务所营销方式招揽服务，可能构成独立性的影响，因此不选择选项 D。

[7] 【答案：B】会计师事务所、审计项目团队成员及其主要近家属不得在银行或类似金融机构等审计客户开立存款或经纪账户，除非该存款或经纪账户是按照正常的商业条件开立的。

[8] 【答案】

事项序号	是否违反（违反／不违反）	理由
（6）	违反	该试驾活动被视为 ABC 会计师事务所向其员工推销甲公司产品／属于禁止的商业关系，将因自身利益对独立性产生严重不利影响

[9] 【答案】

续表

事项序号	是否违反（违反／不违反）	理由
（4）	不违反	D 注册会计师不是甲公司审计项目团队成员，其母亲与甲公司董事的合作不属于被禁止的商业关系

[10]【答案】

事项序号	是否可能违反（违反／不违反）	理由
（3）	违反	C 在财务报表涵盖的期间曾担任甲公司的特定员工／财务人员，因自身利益、自我评价或密切关系对独立性产生严重不利影响

[11]【答案】

事项序号	是否可能违反（违反／不违反）	理由
（2）	违反	B 注册会计师在 2017 年已审财务报表发布前就已担任甲公司独立董事，因密切关系或外在压力对独立性产生严重不利影响

[12]【答案：D】如果某一关键审计合伙人加入属于公众利益实体的审计客户，担任董事、高级管理人员或特定员工，除非该合伙人不再担任该公众利益实体的关键审计合伙人后，该公众利益实体发布的已审计财务报表涵盖期间不少于 12 个月，并且该合伙人未参与该财务报表的审计，否则独立性将视为受到损害。

[13]【答案】

事项序号	是否可能违反（违反／不违反）	理由
（3）	不违反	审计项目团队成员 C 在财务报表涵盖期间之前加入事务所，其在审计项目团队中的工作，不涉及评价其就职于甲公司的子公司时所作的工作／出纳工作，因此，不会对独立性产生不利影响

[14]【答案：BC】选项 A 错误，如果审计客户属于公众利益实体，在冷却期内，关键审计合伙人不得参与该客户的审计业务；选项 D 错误，在任期内，如果某人员继担任项目合伙人之后立即或短时间内担任项目质量复核人员，可能因自我评价对客观公正原则产生不利影响，该人员不得在二年内担任该审计业务的项目质量复核人员。

[15]【答案】

事项序号	是否可能违反（违反／不违反）	理由
（1）	违反	冷却期应从 2018 年度算起 /2017 年算作连续服务的第五年／ 2019 年还在冷却期内

[16]【答案】

第 23 章

续表

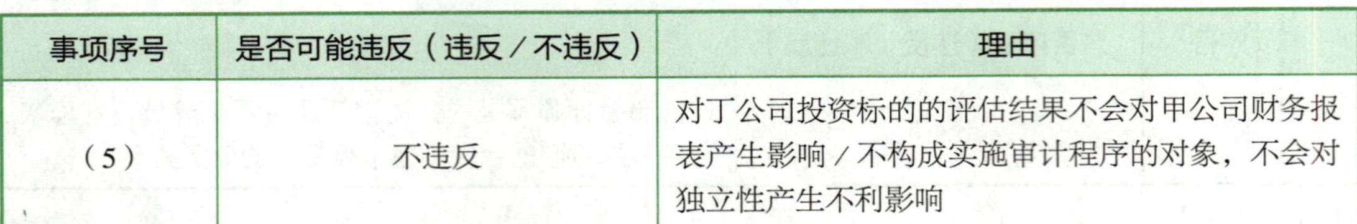

事项序号	是否可能违反（违反/不违反）	理由
（5）	不违反	对丁公司投资标的的评估结果不会对甲公司财务报表产生影响/不构成实施审计程序的对象，不会对独立性产生不利影响

[17]【答案】

事项序号	是否可能违反（违反/不违反）	理由
（5）	违反	该服务不属于日常性和机械性的工作，将因自我评价对独立性产生严重不利影响

[18]【答案】

事项序号	是否违反（违反/不违反）	理由
（3）	违反	所提供的内部审计服务涉及与财务报告相关的内部控制，因自我评价对独立性产生严重不利影响
（4）	违反	为属于公众利益实体的审计客户提供高级管理人员的招聘服务，包括物色候选人，因自身利益、密切关系或外在压力对独立性产生严重不利影响

[19]【答案：A】选项A错误，会计师事务所在提供审计服务时，以直接或间接形式取得或有收费，将因自身利益产生非常严重的不利影响，导致没有防范措施能够将其降低至可接受的水平。会计师事务所不得采用这种收费安排。

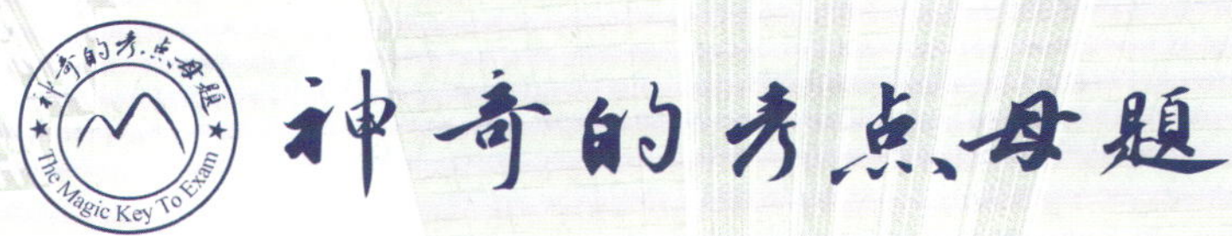

关于我们

神奇的考点母题以多位财政部会计财务评价中心专家为核心，联袂著名大学的博士、教授，秉承“四精”“三六”的教学理念，独创“神奇的考点母题”五步教学法，助力财会人才实现职业梦想。

核心业务

初级会计师　中级会计师　高级会计师

注册会计师　税务师

神母优势

1、**豪华的师资团队**：优秀专家团队，教授领衔、全博士阵容

2、**经过实践的通关保障**：丰富的考试研究经验和命题经验

3、**独特的教学理念**：独创五步教学法 、四精课程 “三六”原则

4、**硬核的《神奇的考点母题》系列教材**：精准定位考点 真题之源

5、**高质量的准真题和考前神奇密训卷**：聚焦考试重点，一题顶十题

神奇的考点母题 专注财经考试培训

致力成为财经考试培训标准领航者

神母豪华师资阵容

教授领衔 全博授课

王峰娟 教授 / 博士

北京工商大学商学院 教授、博士生导师
中央财经大学 博士

杨克智 副教授 / 博士

中央财经大学 会计学博士
北京工商大学MPAcc中心主任

张晓婷 教授 / 博士

北京师范大学 法学院教授
中国人民大学 博士

任翠玉 教授 / 博士

东北财经大学 会计学院 博士、教授

张旭娟 教授 / 博士

山西财经大学 法学院教授
中国政法大学 法学博士

宋迪 博士

中国政法大学 教师
中国人民大学会计学 博士

鄢翔 博士

上海财经大学 会计学博士
首都经济贸易大学 教师

于上尧 博士

中国人民大学财务与金融系 博士
北京工商大学财务系 副教授 硕士研究生导师

郝琳琳 教授 / 博士后

北京工商大学 法学院 教授
财政部科研院 博士后

刘胜 博士

北京工商大学 金融学博士
首都经济贸易大学 特聘导师

高瑜彬 副教授 / 博士

北京工商大学 会计系副主任、副教授
吉林大学管理学、会计学 博士

李静怡 副教授 / 博士

东北财经大学 副教授、经济学博士

李辰颖 副教授 / 博士后

北京林业大学 经济管理学院 副教授
中央财经大学 管理学 博士
上海财经大学 博士后

邹学庚 博士

中国政法大学民商法学 博士
中国政法大学民商经济法学院 教师

宋淑琴 教授 / 博士

东北财经大学教授，管理学博士
辽宁省教学名师

华忆昕 博士

中国政法大学民商法学博士
中国政法大学商学院教师

师资团队	授课明细
初级领航天团	杨克智 鄢翔 /《初级会计实务》、张晓婷 宋迪 /《经济法基础》
中级神奇天团	王峰娟 任翠玉 /《财务管理》、杨克智 /《会计实务》、张晓婷 张旭娟 /《经济法》
高级会计 - 核之队	王峰娟 杨克智 /《高级会计实务》
注会圆梦天团	杨克智 /《会计》、王峰娟 于上尧 /《财务成本管理》、张晓婷 /《经济法》 鄢翔 /《审计》、刘胜 /《战略》、郝琳琳 /《税法》
税务师梦之队	任翠玉 /《财务与会计》- 财务管理、高瑜彬 /《财务与会计》- 会计、 李辰颖 /《税法》(一)、李静怡 /《税法》(二)、 宋迪 /《涉税服务实务》、邹学庚 /《涉税服务相关法律》

考点母题 真题之源 聚焦考点 助力上岸

“四精”课程服务

高效通关有保障

精致

内容质量高

精准

考点定位准

精短

时间消耗少

精彩

专家讲授棒

神奇的考点母题——“三六”原则

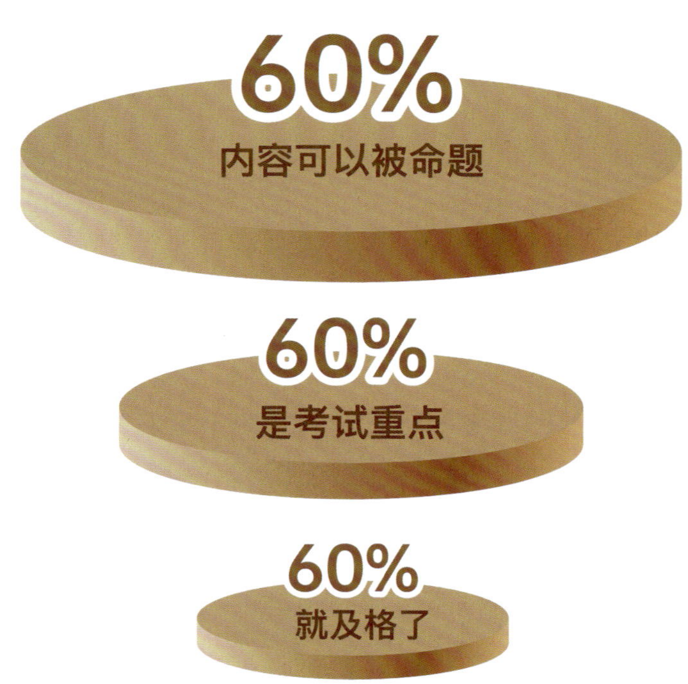

花少量的时间，掌握**关键内容**，

抓住重点你也可以轻松上岸

神奇的考点母题——五步教学法

五步教学法是一个教学闭环和通关阵法，环环相扣、互为依托，相辅相成。神奇的考点母题五步教学法通过大量实践，已经展现了其独特的魅力。

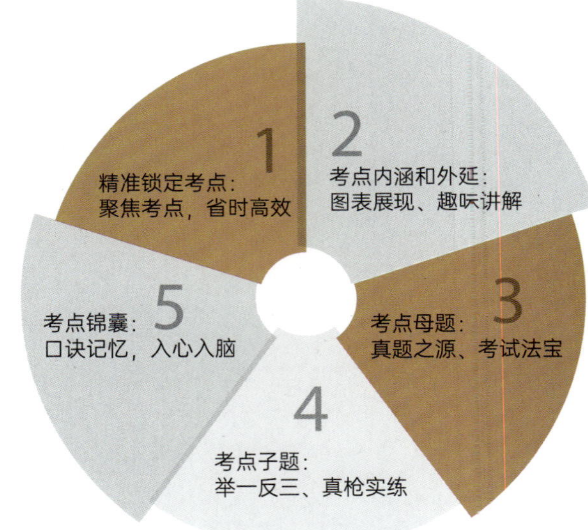

全程专家直播授课

全程直播授课

专家全程直播授课，"博士级"名师在线答疑

母题模式

母题讲解模式，摆脱题海战术， 以不变应万变

考点剖析精讲

浓缩考试精华，直击要点，考点全覆盖， 一题顶十题

其他培训机构	VS	神奇的考点母题	
机构讲师授课	VS	全国性考试前命题专家授课	✓
大部分为录播 +少部分课程直播	VS	全程100%直播+答疑	✓
常规讲解模式	VS	独创母题讲解模式	✓
无答疑或者 松散答题服务	VS	全国性考试前命题专家授课 +211，985具有博士学历 大学老师联合答疑	✓